本书为重庆大学中央高校基本科研业务费专项资金项目（文科振兴计划）"中国历史时期的国家治理与社会文化变迁"（2021CDJSKZX03）研究成果之一

廖涵 著

乡族与新政

清至民国闽西石壁的地域社会

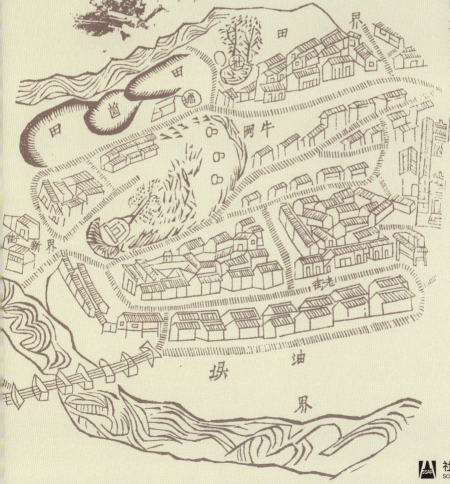

社会科学文献出版社
SOCIAL SCIENCES ACADEMIC PRESS (CHINA)

目 录

引子

1946 年 8 月 10 日，农历七月十四日。

闽西宁化县城郊的年轻篾匠巫显仕，在打理好新编成的竹器后，一大早便踏上了赶赴县西 40 里的禾口墟的路途。按照当地习俗，农历每旬四日、九日，是宁化第一乡村市场禾口墟逢墟的日子。巫显仕希望尽早到达禾口墟，以占据一个有利的位置而顺利地卖出手中的竹器，为嗷嗷待哺的幼女买点好吃的零食，或给年轻的妻子添一件漂亮的衣裳。

这天，禾口墟和往常一样热闹，却不如往常安宁。巫显仕发现，在往来的赴墟乡民间，穿梭着十几个身穿制服的警察，他们在人群中指指点点，偶尔还会与乡民发生一些言语冲突。不过，巫显仕并未太在意，只希望自己的竹器可以卖个好价钱，能早一点售完。万万没有想到的是，因为一阵枪声，他的竹器永远也卖不掉了。

下午 3 点，夏日的炎热未见有所转凉。突然，从禾口墟西北角传来几声枪响，等待买主的巫显仕莫名头部中弹，虽然被好心的乡民抬到医院，却因伤势过重，在当天傍晚 6 点医治无效而死去。

禾口墟杀人了！

巫显仕被杀的消息在宁化西乡炸开了锅。凶手会是谁？为何要枪杀一个普通的篾匠？禾口墟的主要所有者、宁化县参议员张绍渠认为，是禾口乡政府的自卫队开枪打死了赴墟乡民。禾口乡自卫队队长廖钦彬则认为，是禾口墟的主人张绍渠指使流氓杀害了无辜乡民。宁化县的警察局长傅庆澜的调查结果则是，由于禾口乡民众说纷纭，相互推诿，相互指责，无法调查清楚事情原委。当案情呈送到时任县长练平面前时，他并没有重视，仅派警察局长前往现场安抚乡民。

人们不禁要问，共同生活在一个社区的禾口墟居民为何如此不配合警察局长对枪杀案件的调查，而是相互指责，除了推卸责任之外，他们之间难道还有尖锐的矛盾？

要弄清其中缘由，还得回到历史的现场。1945 年秋，抗日战争胜利，在"建国建乡"的国家政策鼓舞下，宁化西乡的乡镇官员与地方绅士一道开展了一系列社会经济建设活动。1946 年春节伊始，当地各界精英共同商议，准备在禾口老墟之外，另建一个新的市场，以促进乡村经济发展。之所以要另辟新市，是因为禾口墟为西乡大族石壁上市张氏宗族（即所谓"张四郎公子孙"）一族所有，其族谱明文规定，禾口市场上一砖一瓦均为张四郎公嗣孙所有，严禁他人在墟市内建店设铺。禾口绅士曾试图找上市张氏族人商议扩大原市场规模无果，决定在距离禾口老墟大约 2 里的地方开设新市。于是，由宁化西乡各界人士筹资并成立了一个由禾口乡乡长张国根领导的"新市建筑委员会"，共建新市。当然，新市建筑委员会的成员也包括禾口老墟的主人、石壁上市张氏的"祠胆公"①张绍渠。

禾口新市的建设，不仅得到了乡政府和地方绅士的支持，宁化县长练平也把它当作政府的形象工程，多次在县参议会上将之作为模范建设加以褒扬。半年之后，新市建成店屋数十间，入住居民 18 户，经县长练平一再催促，建筑委员会决定禾口新市于 1946 年 5 月 29 日（四月二十九日）投入使用，正式开墟。

在新市投资者的翘首以盼中，禾口新市门可罗雀，或因长时间的习惯，或因新市初建，地面泥泞，或因店面多在老墟，总之几乎没有赴墟乡民前往新市买卖交易。为了让新市迅速地繁荣起来，新市建筑委员会再次召开成员大会，会议决定将原有禾口市场的贸易悉数迁往新市，并派遣禾口自卫队前往禾口老墟强迫业主执行。强迫迁墟意味着将老墟的店铺营业连根拔起，禾口老墟民众无法承受如此巨大的损失，石壁上市张氏宗族强

---

① 宁化乡民对宗族中最具威望的首领的尊称，相当于掌握宗族权力的族长。

烈不满，投资新市建设的张绍渠随即号召族人公开抵制迁墟的做法。6月8日，石壁上市张氏族人在祖祠张氏家庙（宣诚公祠）中召开宗族会议，决定禁止全体禾口原有市场居民和商店搬入新市营业。于是，以石壁上市张氏"祠胆公"张绍渠为首的老墟市民与以禾口乡乡长张国根为核心的新市集团之间发生了一场持续半年的纠纷。双方为了各自利益，竭尽所能，一再上诉到县政府、长汀专区，矛盾不断升级。

巫显仕被杀一事发生在禾口新旧市场争执最为紧要的关头。巫显仕在禾口老墟所见的警察，正在执行长汀专区下达的禾口市场调解办法，该办法要求平均分配禾口市场的贸易和店铺营业份额。遗憾的是，新旧市场的纠纷并没有因为巫显仕的死得到解决，相反双方的冲突越闹越大，最终惊动了福建省政府，甚至还有人扬言要上访到南京，让中央政府来解决。

这便是宁化县震惊一时的"禾口新旧市场争执"。禾口市场争执为什么会导致无辜的篾匠被枪杀？新旧市场双方如何陈述这件发生在纠纷之中的事故？被认为是抗战后宁化模范建设的禾口新市，实际运行情况究竟怎么样？带着这些问题，笔者在《宁化文史资料》《传统石壁调查》等文献中找到了地方文史工作者的回忆性描述，又在宁化县档案馆发现了与之相关的三个卷宗，这些资料引起了笔者的强烈兴趣。本书的写作正是由此而来。

在民国动荡的时局中，巫显仕枪杀案不过是一个极不起眼的事件。唯有将之置于具体的历史场景和合适的学术背景，才能探求其可能具有的研究价值。首先，有必要将该事件置于地域社会的历史变迁中进行考察，即从较长时段历史中分析宁化石壁地区社会与经济的结构过程；其次，市场纠纷中的双方是地域社会中具有现代意义的基层政府和沿袭地方传统的乡族势力，与史学界广泛讨论的"现代政权建设"议题密切相关，故由此可窥测国民政府的基层行政建设的具体实践和社会影响。

绪 论

清末以来，随着民族危机日益加重，政治主张各不相同的势力相继登上历史舞台。闽西虽僻处山区，但同样出现了军阀、国民革命军、地方豪强、共产党、国民党等不同的政治力量，尤其是红军长征后，国民政府为清除土地革命的影响和控制闽西乡村社会，大力推行区乡保甲、"清党清乡"、剿灭土匪、"建国建乡"等一系列措施，建立了相对完善的基层行政机构，给闽西社会带来极大的影响。本书拟从地域社会的角度，通过描述"巫显仕枪杀案"的历史情境，探索地域社会的结构过程和再结构过程，因涉及清至民国闽西山区社会经济变迁的诸多议题，理应先交代本书的学术背景和研究方法。

理论回顾

近年来区域社会史研究已蔚然成风，不同地区的学者对区域研究的关注点似有不同。以明清以来华南地区为主要研究对象的区域社会史研究，沿袭社会经济史的传统，从民间或地方的视角考察区域社会如何纳入统一的国家秩序的历史过程，探索民众如何运用乃至"改造"国家制度或礼仪文化来表达自身的利益诉求。以清末民国时期华北地区为主要对象的区域社会史研究，多以自上而下的视角观察国家权力下渗至基层社会的过程，预设清王朝以小政府的国家形态运作，基层社会缺乏强有力的国家权力的存在。李里峰对此过程总结道："20 世纪中国乡村社会变迁的基本线索，乃是国家权力向下延伸，乡村社会逐步失去独立性和自主性，成为'国家建设'（state building）的一部分。这一过程始于晚清时期的经济和政治改革，经过民国时期历届政权的努力，最终完成于共产党领导下的乡村革命。"① 本书涉及上述两种研究路径，故对相关理论进行简要回顾。

一 乡族理论

有关中国王朝时代乡村地区的国家与社会的关系，向来是学界关注的重要议题之一，并形成了三种代表性的观点。一种观点认为，帝制中国属于治水社会，国家权力渗透到基层社会的各个角落，通过各种形态的乡里制度严格地控制着乡村。② 第二种观点认为，传统中国的乡村社会基本处于自治的状态，并且由绅士阶层代表国家管理乡村和代表民众向国家表达诉求。③ 费孝通在此基础上提出了"双轨政治"的概念，认为中国传统社会结构中存在自上而下的皇权和自下而上的绅权，二者双轨并行。④ 还有一种观点，以社会经济史学派为代表，认为中国传统时期的国家权力与地方社会之间是一种互动的关系。

明清社会经济史学派素来以传统社会为研究对象，业已形成了一系列广为人知的经典论断，乡族理论便是其中之一。早在 20 世纪 40 年代，社

---

① 李里峰：《土地改革与华北乡村权力变迁：一项政治史的考察》，江苏人民出版社，2018，第 1 页。

② 持此观点的主要是从事政治史和制度史研究的学者，主要代表学者及著作、论文有〔美〕卡尔·A. 魏特夫《东方专制主义》，徐式谷等译，中国社会科学出版社，1989；萧公权《中国乡村：19 世纪的帝国控制》，张皓、张升译，九州出版社，2018；鲁西奇《"下县的皇权"：中国古代乡里制度及其实质》，《北京大学学报》（哲学社会科学版）2019 年第 4 期。

③ 持此观点的主要是从事社会学和人类学研究的学者，代表学者及著作有〔德〕马克斯·韦伯《儒教与道教》，洪天富译，江苏人民出版社，2010；费孝通《中国士绅》，赵旭东等译，生活·读书·新知三联书店，2009；〔英〕莫里斯·弗里德曼《中国东南的宗族组织》，刘晓春译，上海人民出版社，2000。有关绅士阶层的研究，参见费孝通、吴晗等《皇权与绅权》（增补本），华东师范大学出版社，2015；张仲礼《中国绅士——关于其在 19 世纪中国社会中作用的研究》，李荣昌译，上海社会科学院出版社，1991；〔韩〕吴金成《国法与社会惯行：明清时代社会经济史研究》，崔荣根译，浙江大学出版社，2020。

④ 费孝通：《乡土重建》，华东师范大学出版社，2015，第 33—49 页。

会经济史学派创始人傅衣凌先生在考察中国传统经济问题时，便开始使用"乡族集团"的说法来指称传统时期的社会组织；至 60 年代，傅先生将之表述为"乡族势力"，认为"传统封建国家统治农民并不简单地借助于专制政体、官僚机构，而采取一种更为隐蔽的方式，即利用乡族势力以缓和社会阶级矛盾的对立和激化，而收到统治农民的实效"。后来，傅先生又将中国传统社会控制系统分为"公"和"私"两个部分。"公的系统"是指到县级政府为止的国家各级正式机构，但"公的系统"并不直接控制乡村社会，而是通过乡族势力进行控制。"私的系统"便指乡族势力，是一个由绅士阶层领导的多层次、复杂的网络系统，包括地缘的组织、血缘的组织、神缘的组织、业缘的组织，这些组织相互交织，每一社会成员都在乡族网络的控制之中，共同维系社会的运作与秩序。由于二者的相互矛盾和相互利用，产生了"多元结构"的中国传统社会。① "在这里，'乡族'全面涵盖了中国传统社会的各种民间组织，几乎中国历史上的所有社会关系都可以归入'乡族'的范畴。"② 在西方社会科学的概念和方法盛行的中国现代史学中，傅先生提出的"乡族""传统社会"等本土化概念，对中国历史时期的社会结构和社会变迁具有深刻洞察力，对海内外明清史研究产生了重大的影响。

　　20 世纪 80 年代初，深受傅衣凌著作影响的日本学者森正夫教授提出"地域社会"的概念，并从作为实体的概念和作为方法的概念两个方面对"地域社会"加以论证，将之定义为"作为广义上的再生产的场的、为着总体把握人们生活的基本的场的方法概念"，即所谓"地域社会"是指"既孕育着阶级矛盾或差异，同时为着广义上的再生产而面对共同的现实问题，个人被置于共通的社会秩序下，被统一于共同的指导者或指导集团的指导之下"，"是贯穿于固有的社会秩序的地域性的场，是包含了意识形态领域的地域性的场"。③ 在此基础上，森正夫以黄通抗租运动为研究对象，考察了明末

① 傅衣凌：《论乡族势力对于中国封建经济的干涉》，《明清社会经济史论文集》，中华书局，2008，第 82 页；《中国传统社会：多元的结构》，《中国社会经济史研究》1988 年第 3 期。
② 郑振满：《乡族与国家：多元视野中的闽台传统社会》，生活·读书·新知三联书店，2009，第 5 页。
③ 〔日〕森正夫：《"地域社会"视野下的明清史研究——以江南和福建为中心》，江苏人民出版社，2017，第 40 页。

清初的宁化士人李世熊认知的地域社会——"吾乡"的变化过程。①

在傅衣凌乡族理论的基础上，郑振满教授通过长时间对东南地区社会、经济和文化的研究，指出明中叶以来福建地区的社会变迁表现为"宗法伦理的庶民化"、"基层社会的自治化"和"财产关系的共有化"。"庶民化"是指明代中叶以来，儒家思想、礼仪文化在华南乡村社会中日益渗透，成为乡族势力的文化话语，国家意识形态成功渗透到社会的每个角落，成为国家政权控制乡村社会"无形的手"。"自治化"是指明清时代国家对基层社会实行间接统治，由于地方政府的财政危机，政府职能日益萎缩，国家对乡村社会的控制权不断下移，其具体形式则表现为乡族自治，即地方上的乡绅通过不断加强各式乡族组织的建设，维护社会秩序和管理公共事务。"共有化"是指明清时期以族田为基础的家族共有经济日益成为乡村社会的主要经济形式，不仅促使家族组织的经济功能增加，而且推动了乡族共有经济和乡族组织的发展。② 随后，郑振满教授又提出了"国家内在于社会"的经典论断。其大致认为，明清时期"国家内在于社会"的历史过程，主要体现在两个层面：从形式的层面讲，"是要把地方社会、民间文化跟政治体制、精英文化打通"，"要说明我们为什么是一个统一的国家，为什么能不断推进一体化的进程，为什么看起来什么东西都是循规蹈矩的"；从抽象的层面讲，"国家与社会的关系，不仅仅表现为国家机器的直接人身控制，精英文化对地方文化、民间文化的抽换，国家对象征资源的垄断和独享等等，以至于两者在根本上具有某种必然的张力；而是表现为两者的相互糅合、相互妥协，是一种我中有你，你中有我的状态，它是经过长期的、复杂的'意义协商'的结果"。"国家内在于社会"的实现，需要国家的代理人（士绅）和具有包容性社会机制的媒介作用，进而达到国家与社会的一体化。③ 在"国家内在于社会"的过程中，乡族势力的权力来源是国家的授权，也就是说基层社会的自治化实质上是乡族替官

① 〔日〕森正夫：《〈寇变纪〉的世界——李世熊与明末清初福建省宁化县的地域社会》，《中国文化研究》2005年冬之卷。

② 郑振满：《明清福建家族组织与社会变迁》（增订版），北京师范大学出版社，2020；《乡族与国家：多元视野中的闽台传统社会》。

③ 黄向春：《文化、历史与国家——郑振满教授访谈》，张国刚主编《中国社会历史评论》第5卷，商务印书馆，2007，第468—491页。

府办事，帮助官府维护地方社会秩序。

刘永华教授的《礼仪下乡：明代以降闽西四保的礼仪变革与社会转型》一书是探讨明清时期闽西山区乡族组织与社会变迁的代表之作。书中的四保是指位于长汀、清流、连城、宁化四县交界处的村落群，距离本书讨论的宁化石壁地区不足百里，尽管二者具体的历史情境有所不同，但唐宋以来的社会变迁过程则十分相近。明中叶以前，四保地区在明初的里甲体系中虽然设立了里社坛、乡厉坛等儒教祭祀建置，但地方社会尚处于畲越文化与道教文化的影响之下。明正统年间，居于四保盆地中心区的马氏、邹氏、颜氏等大族之中相继出现了举人、进士等业举者，他们外出任官后致仕回乡，立志于改造不符合儒家规范的本地文化，相继修族谱、定族规，敬宗收族，积极推广儒家礼仪，极大地改变了当地社会风貌。明代后期，四保盆地边缘山区的多个小族借用乡约的名义组成了新的社会组织，一方面通过乡约移风易俗、维护治安，处理山区面临的治安、水利等公共事务；另一方面在地方权力格局中与大族们竞争，进而形成了较强的凝聚力和乡约组织的持续功效。清初战乱平定后，四保地区的刻书业迅速崛起，俨然是华南地区的印书中心。随着商业经济的发展和商人的频繁活动，四保地区的民间信仰亦蓬勃发展，本土神明的庙宇如雨后春笋，天后宫、关帝庙等随之而来，进而形成了多层级的祭祀圈和信仰圈，乃至跨村落的社会联盟。明中叶至清中叶三百多年的三次收族浪潮、长期的乡约实践和祀典神明的扎根，促使四保地区的宗族组织完成了社会化，包括祭祀祖先、乡约礼仪、国家祭祀在内的各种儒教礼仪逐步融入了当地乡民的象征生活，实现了"礼仪下乡"。与此同时，儒家文化进入四保的过程并非自上而下的士大夫化和标准化，而是通过以礼生为代表的地方精英对国家话语的"挪用"，与地方不同文化传统的交相影响，逐渐借用、融汇、综合的文化合成，这一过程中形成了宗族、乡约、庙会与各式传统的会社等乡族组织交结在一起的颇具特色的闽西传统社会。① 这表明，明清时期闽西地区的乡族组织在应对国家权力和处理地方事务时，发挥了充分的能动性，也说明乡族势力在闽西社会中具有主导地位。

---

① 刘永华：《礼仪下乡：明清以降闽西四保的礼仪变革与社会转型》，生活·读书·新知三联书店，2019。

清末民国时期，乡族势力在面对"三千年未有之大变局"时仍然扮演着十分重要的角色，在社会事务和地方政治中继续发挥重要的作用。郑振满教授曾考察长汀培田吴氏家族自治传统，指出在清末闽西社会的地方自治建设中，士绅阶层多借助于乡族组织，并在国家授权的情形下，对地方社会的公共事务和公益事业实行全面的干预，是为清末民国推行地方自治的历史依据。① 在邻近的赣南地区，乡族组织在应对现代国家建构与社会重组的过程中，各式社会精英往往以乡族组织为基础，组织同姓联宗活动，借以参与政治权力竞争，并影响着地方政治的发展进程。②

闽西山区远离国家行政中心，明清时期曾出现了密集的乡族组织，具有傅衣凌先生所谓"传统社会"的基本特点。基于此，笔者将沿着前辈们的认知，着重探索清至民国宁化石壁的乡族及其应对时代变局的策略。

二　国家政权建设理论

目前，学界有关清末民国"国家政权建设"的研究成果可谓数不胜数。黄雪垠总结称，这些研究多属于社会史研究的范畴，大体包括三种研究路径：一是清末民初乡村社会的动荡和传统社会的肢解，二是国民政府将国家权力嵌入乡村或控制乡村社会的努力，三是中国共产党成功将乡村社会纳入国家行政轨道的历史经验。③ 就本书的材料和探讨的核心问题而言，笔者关心的主要是国民政府通过基层行政机构的建设加强对闽西山区渗透与控制的努力以及地方社会的变化，故主要探讨第二种视角下的相关理论和研究。

所谓"国家政权建设"或"现代国家政权建设"是杜赞奇（Prasenjit Duara）用来考察近代中国县级以下行政组织建设及其社会影响的概念，其来源是西方政治学对现代国家形成的论述。汪雪芬等人详细地梳理了"国

---

① 郑振满：《清代闽西客家的乡族自治传统——〈培田吴氏族谱〉研究》，《学术月刊》2012 年第 4 期。

② 饶伟新：《同姓联宗与地方自治——清末民国时期江西地方精英的文化策略》，《学术月刊》2007 年第 5 期。

③ 黄雪垠：《近三十年中国近代乡村社会研究的回顾与思考》，《福建论坛》（人文社会科学版）2013 年第 9 期。

家建设"（state building）概念的来源，指出国家建设源自美国政治学家，后由查尔斯·蒂利（Charles Tilly）总结为"是指国家对于社会的权力强化进程"，"在国家通过集中权力、汲取资源、理性行政以不断渗透社会的过程中促成了维持社会秩序的国家'基础设施'的形成"。[①] 李发根就此进一步指出，上述蒂利所谓的西欧现代国家政权建设，原指近代早期英、法等国在民族国家形成过程中，在国家与社会达成平等契约的基础之上，为加强中央权力和适应资本主义发展而采取的各项政策，它的根本诉求是确立市民社会。西欧国家在国家政权建设过程中，国家和社会长期博弈，既强调个人和集体对国家的诉求和权利，也规定了国家的权力，由此构建了现代国家，缔造了市民社会的核心。因此，"国家政权建设"的概念并不适用于清末民国时期的中国。[②]

不过，蒂利及其后学在应用和反思相关概念时不断调整。蒂利在研究中发现，西欧现代国家的形成是一个由战争催化的自然过程，而非"building"的过程，新兴独立国家的形成则是欧洲国家形成和扩张影响的结果，很多地方至今也没有完成国家建构，因而"国家政权建设"的内涵发生了位移，"转向了以社会来制约国家权力，用公共规则与制度来规范国家权力运行，以及优化公共产品与服务的提供的面向，以促使公共秩序的合理化与现代化"。其中，有两种主张值得注意：一是国家主义取向的学者认为，对民族国家的需要来源于统治者，国家基础权力发展的过程是统治者为了延伸其权力的触角而推动国家形成的过程，并且在推动经济的发展过程中，也需要加强国家的基础权力，持久地对一套复杂的政治机器进行制度化建设；二是理性主义取向的学者认为，国家形成（国家政权建设）是政治统治者在一定的社会经济环境或者一定的统治关系下为了满足某种功能性需要而进行理性选择的结果。在此基础上，汪雪芬等人又比对了国内学者有关"国家政权建设"的论证，将现代国家政权建设归纳为："通过公民身份与公民权的确立在公共权威与社会之间建立现代关系，通过促进与捍卫公民利益来获得合法性，通过新的内聚机制对社会进行整合

---

① 汪雪芬、王博：《"国家政权建设"的概念旅行：从西方到中国》，《中共杭州市委党校学报》2017 年第 2 期。

② 李发根：《"国家政权建设"与中国近代乡村史研究省思》，《近代史研究》2019 年第 1 期。

与组织……其核心内涵是国家角色的现代化——成为公共组织……其核心事项涉及公共产品、公共财务、公共服务的规范、理性管理，途径是建立规则，使之制度化。"① 汪氏的界定主要是针对当下的情况，就国民政府时期而言，"国家政权建设"更加接近国家主义和理性主义取向相结合的内涵。因此，本书将其内涵界定为：在民族国家形成的背景下，统治者为了吸取社会经济资源、加强国家的基础权力，将权力的触角下移到乡村地区并对一套复杂的政治机器进行制度化的建设。基于上述界定，有必要对国民政府推行的国家政权建设及其社会影响的研究进行回顾。

自国民党形式上统一中国后，有关国家政权建设的研究十分丰富。总体上说，这些研究大致可分成四种类型。首先，民国时期各类学者的研究和调查。20世纪二三十年代，国民党宣称要建立现代化的国民政府，导致以"村治""县治""乡村建设""地方自治"为旗号的各式基层社会建设运动不断涌现，由此围绕如何推行基层行政制度、加强对乡村地区控制等问题，知识界出现了大量有关历史时期和当时基层制度的研究，如保甲制度、警察制度等等。② 这些论著虽有一定的学术价值，却只能将其作为认识这一时期基层制度的参考资料。到了40年代，转移至西南地区的社会学家开始注重在实地调查的基础上，考察基层制度的推行和影响情况。不过，由于所调查区域不一样，所得出的结论也不一致。费孝通认为，国民党政权的保甲制度扰乱了传统的社区组织，尽管它在征税和征募劳役的过程中取得了更好的效果，但在地方重建项目中则很难执行政令。③ 胡庆钧认为，推行保甲制度是政府与地方绅士相勾结的产物，由此形成了一个代表政府权力的"劣绅"阶层，保长同时伺候上级政府、地方士绅两个上司，是"落难的产儿"；而传统正直的绅士，由于在政治上受到压迫和不

---

① 汪雪芬、王博：《"国家政权建设"的概念旅行：从西方到中国》，《中共杭州市委党校学报》2017年第2期。
② 相关研究有陈允文《中国的警察》，商务印书馆，1935；闻钧天《中国保甲制度》，商务印书馆，1935；程懋型编《现行保甲制度》，中华书局，1936；陈柏心《地方政府总论》，商务印书馆，1941；陈柏心《中国县制改造》，国民图书出版社，1942；李宗黄《现行保甲制度》，中华书局，1943；江士杰《里甲制度考略》，商务印书馆，1944。
③ 费孝通：《中国士绅》。

愿违反人民的利益而洁身隐退。① 人类学家杨懋春在对其故乡——山东省台头村进行调查后发现，在民国时期基层制度建设中，作为公职人员的庄长是代表社区与官方打交道的人物，但是他们并没有实权，地方公共事务的决策权力都属于非官方的领导。② 这些亲身经历或实际调查应当成为我们考察民国时期基层制度实践情况及其与乡村社会关系的基础。

其次，20 世纪 80 年代以来，国内外许多学者利用现存的档案材料，从国家政治的角度梳理近代新政施行情况，是我们认识和理解近代新政内容的重要参考。孔飞力（Philip A. Kuhn）是近代中国现代政权建设研究的奠基人之一，他对近代以来地方政府建设的基本问题进行了宏观论述，涉及地方财政、地方精英与自治、国民党的实践、乡村建设等各个方面。③他指出，在近代国家向乡村社会渗透的过程中，地方政府对地方本土社会组织的使用，导致了县以下管理体制具有不确定性，控制和自治的主要原则并非完全剥离。也就是说，国家和乡村之间持久的紧张和冲突并没有排斥它们在地方管理方面的互相依赖，以至于晚清和民国最初二三十年，"地方自治的主要结果只是使农村名流在他们故乡的村社的习惯权力合法化"。④ 孔飞力的研究路径和基本观点对国内外史学界影响甚巨，并被广泛应用于对不同地区的研究中，涉及地方自治、基层行政制度等各个方面。⑤

---

① 胡庆钧：《论绅权》《两种权力夹缝中的保长》，费孝通、吴晗等《皇权与绅权》（增补本），第 92—106 页。

② 杨懋春：《一个中国村庄：山东台头》，张雄等译，江苏人民出版社，2001。

③ Philip A. Kuhn, "Local Self-Government under the Republic: Problems of Control, Autonomy and Mobilization," in Frederie Wakeman and Carolyn Grant, eds., *The Conflict and Control in Late Imperial China*, University of California Press, 1975；《地方政府的发展》，〔美〕费正清主编《剑桥中华民国史》（第二部），章建刚等译，上海人民出版社，1992，第 360—392 页。罗兹曼亦持相似的观点，参见〔美〕罗兹曼主编《中国的现代化》，国家社会科学基金"比较现代化"课题组译，江苏人民出版社，2003。

④ 〔美〕孔飞力：《中华帝国晚期的叛乱及其敌人：1796—1864 年的军事化与社会结构》，谢亮生等译，中国社会科学出版社，1990，第 218、223、229 页。

⑤ 如李德芳《民国乡村自治问题研究》，人民出版社，2001；韩延龙、苏亦工等《中国近代警察史》，社会科学文献出版社，2000；魏光奇《官治与自治：20 世纪上半期的中国县制》，商务印书馆，2004；冉绵惠、李慧宇《民国时期保甲制度研究》，四川大学出版社，2005；周联合《自治与官治——南京国民政府的县自治法研究》，广东人民出版社，2006；朱德新《二十世纪三四十年代河南冀东保甲制度研究》，中国社会科学出版社，2008；王奇生《战前中国的区乡行政：以江苏省为中心》，《民国档案》2006 年第 1 期。

再次，以一批海外汉学家为代表，从区域社会史的视角，对近代乡村国家政权建设所开展的研究，其中有关华北地区的成果最为丰富。黄宗智认为，20世纪以来乡村行政的"现代化"，在沉重的财政负担压力下，华北地区传统的乡村社会呈现出两种不同的发展形式：一是联系紧密的村庄共同体在共同抵御外来压力时，把原来的权力组织维持下来，以应付国家政权的进入以及赋税负担的加重，必要时会采取武装斗争的方法来与国家政权对抗；二是在联系不紧密的村落，村庄组织在内部半无产化与国家权力渗透的双重压力下瓦解崩溃。原有村庄的领导人退出地方政治舞台，村政权力则被地痞恶棍式的人物僭取。① 杜赞奇主要关注黄宗智提到的第二种情况，在《文化、权力与国家：1900—1942年的华北农村》一书中，提出了"权力的文化网络""保护型经纪""营利型经纪"等引起广泛讨论的概念。杜氏认为，国民政府时期的乡村国家政权建设，导致传统的"保护型经纪"纷纷退出地方政权，而"营利型经纪"控制了地方政权，尽管国家在财政政策的实行上得到了很好的效果，但对乡村的控制力却没有加强，即所谓国家政权的"内卷化"——国家机构不是靠提高旧有或新增机构的效益，而是靠复制或扩大旧有的国家与社会关系（旧有的"营利型经纪"体制）来扩大其行政职能。② 杜氏的概念和结论，在中国近代史研究中产生了极大的影响，并得到了多数学者支持。③ 例如，彭慕兰在《腹地的构建：华北内地的国家、社会和经济（1853—1937）》一书中，通过对"黄运"地区的交通、治水和植树的论述，认为中国政府的国家构建的实际情形是，"与不对等的榨取者们的增加相联系的是资源分配中的惊人的低效"，即作为一个有效的公共秩序、治水等事务的提供者的国家，不能有效地行使职能，其结果是失败的。④ 李怀印在《华北村治——晚清和民国时期的国家与乡村》一书中，重点考察的是黄宗智提出的第一种情形。

---

① 〔美〕黄宗智：《华北的小农经济与社会变迁》，中华书局，2000，第299—300页。

② 〔美〕杜赞奇：《文化、权力与国家：1900—1942年的华北农村》，王福明译，江苏人民出版社，2010。

③ 沈松侨：《地方精英与国家权力——民国时期的宛西自治，1930—1943》，《"中央研究院"近代史研究所集刊》第21期，1992年；王先明：《变动时代的乡绅——乡绅与乡村社会结构变迁》，人民出版社，2009。

④ 〔美〕彭慕兰：《腹地的构建：华北内地的国家、社会和经济（1853—1937）》，马俊亚译，社会科学文献出版社，2005。

李氏通过对河北获鹿县晚清民国档案的研读指出，在华北的"核心区"，在帝制时代至 1928 年之前，国家与乡村的关系集中体现在缴纳田赋的"乡地制"上，二者不是对立的，而是互动合作的关系。1928 年以后，国民党推行的"区乡保甲制"取代了传统的非正式的地方管理方式，导致乡村社会产生了一系列的变化。一方面，传统的士绅迫于赋役征纳上的压力而退出了乡镇政权，导致新式的官僚阶层兴起，进而向民众灌输现代民族主义和公民观念，使国家意识形态较为成功地渗透到民间；另一方面，传统的社会关系、准则和价值仍然继续塑造着乡村的领导，新兴的官僚仍然是自身社群的代表，而不只是国家的代理人。现代和传统的因素，在塑造地方合法化进程中，同时共存，并互补互动，最终国家政权组织较为成功地实现了对乡村社会的控制。① 这些研究或以民国调查或以清代民国政府档案为基本资料，均关注近代国家权力如何渗透并控制乡村社会，强调"国家"在国家政权建设中的权威性，而乡村社会是新政的被动接受者，大致认为国家政权建设改变了传统的乡村社会基本运行方式。

最后，擅长应用新的概念、反思现有理论的人类学家对国家政权建设的关注，主要集中在乡村社会权力变革及其文化表现形式上，如王铭铭等人通过反思民国时期民族国家建设中乡村社会的地位、遭遇和地方精英的权力在革命中的变迁、仪式活动、民间信仰等问题，呈现了民国国家政权建设的多元面貌。②

目前历史学界对清末民国时期国家政权建设的研究以华北地区的研究最受关注，相关结论和研究方法影响最大。李发根总结称，清末民国时期的国家政权建设的结果和西方的"国家政权建设"的走向不同，是以"内卷化"的失败而结束。究其原因，一是传统中国中央权力极其强大，足以控制社会的各个层面；二是清末民国的基层政权建设是政府为了进一步榨取民间财富，而不是适应新的经济发展。因此，在中央权力式微的情况

---

①　〔美〕李怀印：《华北村治——晚清和民国时期的国家与乡村》，岁有生、王士皓译，中华书局，2008。

②　如王铭铭《溪村家族——社区史、仪式与地方政治》，贵州人民出版社，2004；于建嵘《岳村政治：转型期中国乡村政治结构的变迁》，商务印书馆，2001；吴毅《村治变迁中的权威与秩序——20 世纪川东双村的表达》，中国社会科学出版社，2002。详见李里峰《土地改革与华北乡村权力变迁：一项政治史的考察》，第 8—9 页。

下，清末民国的国家政权建设实质是政府竭泽而渔地榨取民间财富，其结果非但不是国家权力的强化，恰恰相反，它将中国乡村社会推至崩溃的边缘，最终导致国家政权的全面瓦解。①

大部分学者有关国民政府对国家政权建设实践的认识，将政权建设和民众接受当成一对彼此针锋相对的矛盾，或可调和，或不可调和，有基于此的结论无非是政权建设成功或者失败。近年来，对国家制度历史实践的研究越来越强调政治行为往往只是一种平凡而日常的互动——属于介于被动服从和主动反抗之间的中间地带，可称之为"日常政治"，它可以突破"顺从""反对"二元对立的局限。在日常政治中，被统治者不是在要么"被统治"，要么"不被统治"之间做选择题，而是决策如何被"最恰当地"统治，如何让被统治的好处最大化，同时让其弊端最小化。② 因此，从日常政治的视角理解民国一系列基层行政制度的实践过程，分析不同社会阶层利用当时的法律法规来最大限度地争取自身利益的努力，或可发现国家政权建设中一些尚未认知的特点。

概念与方法

"华南学派"蜚声海内外，与之相应的研究取向和方法——区域社会史、历史人类学也得到广泛关注，不仅有前辈学者现身说法，出版著作、发表访谈来详谈个中的理论问题，③ 也有不少同行对"华南学派"的发展进行理论溯源与对话，④ 对相关研究加以评估、归纳并指出不足。如代洪亮的博士学位论文从学术史的高度梳理 20 世纪 80 年代以来中国社会史研究的发展全貌，指出中国社会史广泛地与其他学科相结合，形成了区域社

---

① 李发根：《"国家政权建设"与中国近代乡村史研究省思》，《近代史研究》2019 年第 1 期。
② 〔加〕宋怡明：《被统治的艺术：中华帝国晚期的日常政治》，〔新加坡〕钟逸明译，中国华侨出版社，2019，第 10—11 页。
③ 相关代表文献有〔英〕科大卫《明清社会和礼仪》，北京师范大学出版社，2016；刘志伟《借题发挥》，社会科学文献出版社，2019；赵世瑜《历史人类学的旨趣——一种实践的历史学》，北京师范大学出版社，2020。
④ 王传：《华南学派史学理论溯源》，《文史哲》2018 年第 5 期；邱源媛：《华南与内亚的对话——兼论明清区域社会史发展新动向》，《中国史研究动态》2018 年第 5 期。

会史、历史人类学、社会文化史等研究领域，对区域社会的研究逐渐形成了颇具影响的认识。[1] 这些有关方法论的论著的出现无疑提升了学界对后辈学者从事相关研究的期望。

一 分析概念

前辈学者的研究已揭示，在中国传统社会，不同地区的地域社会形成过程中，发挥主导作用的因素不尽相同，有些地方的水利设施比较重要，将水利区域内的民众联系起来；有些地方的市场、宗族或民间信仰及其仪式活动比较重要，将特定区域内的民众联系起来；抑或多种因素共同作用，促成了一系列具有范式意义的地域共同体的形成。鲁西奇教授将目前区域社会史和人类学界讨论较多的"地域共同体"理论归纳为三种，即水利共同体理论、基本市场社区理论和祭祀圈理论，指出上述三种理论均是基于传统村落研究，考察在村落基础上出现"地域共同体"的某种方式，它将分散的村落联系在一起，形成超越村落、包括若干个村落的"村落联盟"。相较于传统史学所持的"国家控制论"对民众的忽视，上述三种理论研究路径虽侧重不同，但都把民众看作活生生的、懂得利用政治经济手段与文化策略的、具有历史与生活经验的、有矛盾心理和情绪的"人"，他们有能力处理水利事务、经营市场、创造自己的文化，完全可能自我生存、管理并发展。[2] 本书考察的闽西石壁地区也具有某些"地域共同体"的特征，但目前尚未有合适的学术概念对其进行合理的描述，因而笔者试图在研究实践的基础上，提炼出一个分析概念，以期将之作为一种地域共同体的类型，用以加深对明清以来东南山区社会之认识。

21 世纪初，刘志伟教授总结珠江三角洲的社会经济史研究时，借用人类学家萧凤霞（Helen Siu）提出的"结构过程"（structuring）的概念来揭示珠三角社会的形成过程，大意是指特定区域内的个人或者人群运用其有

---

[1] 代洪亮：《复兴与发展：学术史视野中的中国社会史研究（1980—2010）》，博士学位论文，山东大学，2011；又见代洪亮《中国历史人类学研究的困境与新进路》，《中国社会科学评价》2022 年第 2 期。

[2] 鲁西奇：《"画圈圈"与"走出圈圈"——关于"地域共同体"研究理论的评论与思考》，《谁的历史》，广西师范大学出版社，2019，第 221—251 页。

目的的行动，织造出关系和意义的网络——制造一个地域社会结构的历史过程。在明清珠江三角洲社会的结构过程中，若干要素发挥了重要作用，包括沙田的开发、宗族的建构、神明体系的建立、户籍制度的确立、族群身份的形成，涉及地理空间、村落形态、经济生产、市场经营、土地产权、社会组织、族群分类、宗教仪式等各个方面，这些因素经过明初的军事征服、正统间的叛乱、嘉靖间的礼仪改革、清初的迁海等若干历史阶段的相互作用，到清中叶以后形成了现在可以观察的珠三角社会，即通过"沙田-民田"的地域空间所呈现出来的，交织着生态、政治、经济和社会文化诸因素的空间关系。[1] 赵世瑜教授则在"结构过程"的基础上，提出了"再结构过程"的说法。他指出，每个区域经历的历史时段不同，结构过程的要素也各有差异，华南是如此，中国其他地区的差异就更大了，华北、江南、长江中游、西南、东北都有自己的"结构过程"。那些"先发"的区域，必然经过一个或数个"再结构过程"：

> 对历史学者来说，区域历史所经历的"再结构过程"可能不止一个，而且绝不止数百年之久。……他们不仅要像人类学者那样面对空间或文化上的他者，还要面对时间上的他者，这些他者的眉目一个比一个更模糊。而且，如果确定某区域历史的再结构过程不止一个的话，就需要确定原有的结构如何破坏、新的结构要素如何替代旧的。就此而言，由于学科的特性不同，人类学者的"区域再结构"大体上是单数的，而历史学者的"再结构过程"大多数是复数的。[2]

尽管历史学者的结构过程或再结构过程都是向后看的，即从明清时代不断往前推，由于历史越久远，留下的材料越少，结构性要素就越模糊不清。实际上，清朝已经灭亡一百多年了，百余年来，断断续续的改良、革命以及政治运动，历史周期不同的地域社会已经历或正在经历新一轮的"再结构过程"，着实有必要思考，在明清结构的基础上不同地区面对重大

---

① 刘志伟：《地域社会与文化的结构过程——珠江三角洲研究的历史学与人类学对话》，《历史研究》2003 年第 1 期。

② 赵世瑜：《结构过程·礼仪标识·逆推顺述——中国历史人类学研究的三个概念》，《清华大学学报》（哲学社会科学版）2018 年第 1 期。

的历史变化时，人们如何努力编织新的网络——社会结构。

在讨论"结构过程"时，刘志伟教授一再强调珠三角社会结构过程的核心动力是国家与社会的互动关系，尤其是国家控制社会、建立王朝秩序的需要，如"沙田－民田"格局中的赋税征收、祖先权力中的文化认同、民间信仰仪式中的秩序、户籍对于控制社会的意义，无不是国家权力在背后扮演主导角色。基于相似的原因，鲁西奇教授亦认为，"考察诸种要素在不同区域内地方社会的建构过程中所发挥的作用及其发挥作用的过程，分析何种要素发挥了关键性作用，据以概括出地方社会及其与国家权力相联系的模式，将有助于揭示中国传统社会发展的复杂性和多样性，更全面地认识王朝国家与地方社会的关系"。① 在对"水利社会"的界定和研究中，鲁西奇教授重申了王朝国家对地域社会形成的重要意义："水利在当地生产中具有生死攸关的意义、适时适当的国家介入以及相对有力的社会力量，似可看作为以水利为中心形成地方社会关系网络的三方面必备条件，惟有具有这三方面条件，一个地区才有可能形成水利社会。"水利、王朝国家、社会力量三者的关系则体现为：共同的水利事业是水利社会的基础，是衍生其他水利的社会关系的必要条件；王朝国家将各种以水利为基础的社会关系进一步凝聚起来，形成了准行政管理单元，是水利的社会关系得以运行的制度性保障；乡绅豪强以水利关系为基础，经营当地的各种共同事务，则是水利社会有效运行的具体体现和强化手段。②

前述形成"地域共同体"的地区——不论水利社会，还是珠三角，多是土地平坦、农耕发达之地，影响地域社会形成的关键因素多是围绕耕地的形成与开发而展开。近几年南方丘陵山区社会的结构过程，得到国内学界越来越多的关注，西南地区的"坝子社会"是颇有影响的概念之一。所谓"坝子"是指云贵高原地势相对平坦的山间盆地，所占面积不足全区的7%，却是云贵二省人口聚集、农业集中、市场活跃和交通会集的核心地

---

① 鲁西奇：《"画圈圈"与"走出圈圈"——关于"地域共同体"研究理论的评论与思考》，《谁的历史》，第 245 页。

② 鲁西奇：《"水利社会"的形成——以明清时期江汉平原的围垸为中心》，《中国经济史研究》2013 年第 2 期。有关水利社会研究的理论回顾，见管彦波《理论与流派：社会史视野下的中国水利社会研究》，《创新》2016 年第 4 期；有关不同的水利社会类型的归纳，见张俊峰《中国水利社会史研究的空间、类型与趋势》，《史学理论研究》2022 年第 4 期。

区，也是历代中央政府长期经略的国家体制的政治边疆和不同社群长期实践其社会建构和持续的文化变迁的具体单元。长期以来，西方人类学家施坚雅（William Skinner）、利奇（Edmund Leach）、斯科特（James Scott）等人对西南山区的认识，多主张所谓的"低地-国家"和"高地无国家"的二元对立分析理论，由此割裂了低地与山区之间的内在联系。为此，学者们试图用"坝子社会"的概念来反对低地、高地对立的分析模式，强调坝子社会是面向宽广山区的开放空间和基于坝子结点的发散型社会网络。[①]不过，即便坝子利用交通、文化等各种手段将周边的山区整合起来，坝子社会终究是建立于以高效的水利灌溉系统和农业社会社群关系为基础的农耕社会，它天然就是地域社会的中心区域，明显异于坝子周边的环境复杂、族群纷繁、文化多元的山地社会。因此，利用"坝子社会"的概念来整合云贵高原地域社会，而非强调山区和低地的整体性，结果恐怕适得其反，不免扩大了坝子社会与周边山区的社会差异。笔者的同事孙旭教授长年从事清水江流域的历史人类学研究，他主张西南山区的社会建构理应是"山河一体"的。清水江流域山河纵横交错、高低起伏，既造成了区域间较远的空间距离和较大的沟通阻力，也造成了区域间的差异，促进了地域间互通往来，使一个流域中不同地区的开发进程不一，不同的人群得以接入历史、接触他者。这导致了清水江流域的区域多样性——这种多样性体现为多层次、多中心乃至无绝对中心的区域格局，小范围的地方内部虽有竞争、阶序乃至对立，但大范围区域的层面则实现了整合。[②] 笔者亦认为，清水江流域"山河一体"的多样性特点，能更好地呈现山区社会的特点。

总体上说，南方地区的经济形式以稻作农业为主，丰富的水产和山林资源提供了稳定而可靠的补充食物，农民靠近耕地居住，乡村聚落分散，使农民对大规模协作的要求不高，小规模的家庭生产成为主要的生产组织形式，以此为基础的山区手工业的生产方式同样是以家庭作坊式的小商品经济为主，[③] 这些特征决定了南方地区的社会发展具有分散、自给和自治

---

① 寸云激、马健雄：《坝子社会：一种历史人类学的视角》，《开放时代》2022 年第 4 期。

② 孙旭：《山河一体：流动性与人文地理视野下的区域层级整合》，未刊稿。相关观点多是在私下交流中了解所得。

③ 徐晓望：《明清东南山区社会经济转型——以闽浙赣边为中心》，中国文史出版社，2014。

的倾向。"换言之，以稻作农业为主要性经济的南方地区，更倾向于一种较小地域范围内的社会组织与协作……秦汉以后专制主义中央集权对南方地区的统治，严格说来，很可能并没有'自然的'经济与社会基础，而主要是建立在军事征服之上的政治、经济与文化控制。这样，南方地区历史发展脉络的主要线索之一，也就是主要来自中原旱作农业文明的专制主义中央集权的强权控制和经济掠夺，与立基于南方地区经济社会需求的分散、自给、自治倾向与传统，二者之间的矛盾、斗争与'协调'、共存。"①

　　除了南方地区普遍存在的分散、自给、自治的传统，山区经济和山区社会还具有一些其他特征。早在 20 世纪 40 年代，傅衣凌先生在讨论明清商品经济与资本主义萌芽问题时便有论及，新中国成立后又撰写了一系列论文将之表述得更为清晰。具体主要体现为以下几点：一是山区物产丰富，山货品种、矿产资源多，决定了山区生产方式具有多样性的特点；二是山区国家权力薄弱，文化相对落后，山区社会多由乡族势力控制；三是山区自然性经济占主体，商品生产有一定程度的发展，出现农业资本主义生产关系的萌芽，但因距离市场远、封建势力的剥削，资本主义萌芽只能在曲折中发展。② 无独有偶，法国历史学家布罗代尔在《地中海与菲利普二世时代的地中海世界》一书中，也论述了地中海周边山区的类似特点。③ 人类学家斯科特在《逃避统治的艺术：东南亚高地的无政府主义历史》中亦凸显了山区社会的上述特征。④ 不只如此，山区人口具有显著的流徙特征。郑振满教授总结称，在明清时期闽东山区的开发进程中，本地家族依据里甲户籍与赋役制度，控制了山林资源，后来的外地移民（棚民）通过租借发展多元化的林业经济。其间，土客矛盾日益尖锐，促使本地民众聚众自保，随着移民在地化的发展，移民家族和村社组织得到普遍发展，逐

---

① 鲁西奇：《中国历史发展的五条区域性道路》，《中国历史的空间结构》，广西师范大学出版社，2021，第 76—80 页。
② 参见傅衣凌《明清社会经济史论文集》。
③ 〔法〕费尔南·布罗代尔：《地中海与菲利普二世时代的地中海世界》，唐家龙等译，商务印书馆，2013。
④ 〔美〕詹姆斯·斯科特：《逃避统治的艺术：东南亚高地的无政府主义历史》（修订译本），王晓毅译，生活·读书·新知三联书店，2019，第 114—129 页。

渐形成了乡、族结合的社会文化传统，是为山区社会发展的历史脉络。^①相似的现象亦出现在南岭山区，刘志伟教授指出，南岭山区的历史由进出南岭山地人群的活动构成，他们的移动在时间上具有持续性、周期性，在方向上具有多元性，甚至不确定性，他们的文化传统也非常多元。因此，我们应该探求的问题是，人们在南岭地区通过怎样的行为机制，与世居人群之间互动，而实现区域社会与文化的建构。^②

上述关于地域社会的形成或结构过程的高论，以及前辈学者有关山区社会的认识，是本书的认识基础。不过，比对同属东南丘陵的南岭、闽东等处山区，明清以来闽西山区虽也具有流徙的特征，但并非人口的流入地，而是人口的流出地，明中叶至清前期的两三百年间还是地方叛乱的发源地之一，直至乾隆年间才形成了相对稳定的社会秩序。^③因此，描述闽西山区的社会结构及其结构过程尚难套用任何现有的学术概念，而需从当地社会的具体历史进程着手，探索和提炼更具说服力的概念。

从地理环境上讲，除大江大河中下游的冲积平原外，南方地区大部分地方属于崎岖的丘陵地貌，尤其是大小河流的源头地区，以山岭为主，山岭中间有小规模的山间盆地，是山区耕地和人口的聚集之区——与小规模的"坝子社会"相近。这种山间小盆地，历史文献中多称之为"山洞"或"山峒"。考虑到古籍中的"山洞"一词主要为洞穴之义，当下亦是如此，为减少歧义，本书采用"山峒"的表述。唐宋时期，东南地区的山峒遍地皆是。如《册府元龟》记载，唐开元二十九年的诏书称，"江淮之间，有深居山洞，多不属州县，自谓莫徭"。^④唐中后期，福建地区新置的州县，多是开辟山峒而建，闽西的汀州更是如此。《旧唐书·地理志》记载："开元二十四年，开福、抚二州山洞，置汀州。天宝元年，改为临汀郡。乾元元年，复为汀州。……长汀，州治所。龙岩、宁化，以上三县，并开元二

---

① 郑振满：《明清时期的林业经济与山区社会：福建永泰契约文书研究》，《学术月刊》2020年第2期。

② 刘志伟：《天地所以隔外内》，吴滔等主编《南岭历史地理研究》第1辑，广东人民出版社，2016，"丛书总序"。

③ 傅衣凌：《明末清初闽赣毗邻地区的社会经济与佃农抗租风潮》，《明清社会经济史论文集》，第340页。

④ 《册府元龟》卷162《帝王部·使命第二》，周勋初等校订，凤凰出版社，2006，第1804页。

十四年，开山洞置。"① 南宋间福建人刘克庄亦称闽西南山区有大量的"溪峒"："自国家定鼎吴会，而闽号近里，漳尤闽之近里，民淳而事简，乐土也。然炎绍以来，常驻军于是，岂非以其壤接溪峒，茅苇极目，林菁深阻，省民山越往往错居，先朝思患，预防之意远矣。"② 从上述文献的表述看，除了地理层面的含义，"山峒"还有文化层面的含义，即指山区的未开化之地，故常与蛮、夷等连用，如峒蛮、溪峒等，是唐宋时期为王朝国家努力开拓的"内地的边缘"。③ 随着王朝国家权力的不断渗透，明清时期对东南山区类似的表述日趋减少，此时山峒多指湘西以西的云贵高原和岭南中西部山区的尚未开化的苗疆。也就是说，未开化意义的"山峒"所指的地域范围从江淮地区不断向南、向西的区域转移，这与中国各地区大规模深度开发和区域社会结构过程的历史序列大体是重合的。④

尽管明清以后的闽西地区已经不是文化意义上的"山峒"，本书仍将以地理意义上的山峒区域为基本单元的地域社会类型称作"山峒社会"，指代生活在同一个山间小盆地及其周边山区的民众，因长期的稻作生产、山林开发、地方治安、基础教育等因素相互作用发展出一系列的乡族组织和社会关系的网络，具有山区社会经济发展特征的地域社会。虽然说闽西山峒间有河流、道路等可以联通，但每个山峒内部均具有一定自给和自治的倾向和传统，由此发展成具有一定稳定性的社会结构。就山峒社会，笔者还强调以下两点。一是山地与山峒是一对共生的概念。从地理上讲，有山才有峒，有峒必有山，二者是一体的；从经济上讲，东南地区的山峒开

---

① 《旧唐书》卷 40《地理志·江南东道》，中华书局，1975，第 1600—1601 页。

② （宋）刘克庄：《后村先生大全集》卷 93《漳州谕畲》，《四部丛刊初编》第 1311 册，上海书店，1989 年影印本。对《漳州谕畲》一文的详细解释，详见谢重光《宋代畲族史的几个关键问题——刘克庄〈漳州谕畲〉新解》，《福建师范大学学报》（哲学社会科学版）2006 年第 4 期。

③ 有关"内地的边缘"的论述，详见鲁西奇《内地的边缘：传统中国内部的"化外之区"》，《学术月刊》2010 年第 5 期。与闽西邻近地区的山峒多在宋元时期得到开发，详见黄志繁《"贼""民"之间：12—18 世纪赣南地域社会》，生活·读书·新知三联书店，2006，第 66—79 页。

④ 赵世瑜：《结构过程·礼仪标识·逆推顺述——中国历史人类学研究的三个概念》，《清华大学学报》（哲学社会科学版）2018 年第 1 期。

发是由山上的无籍之民率先下山进行的，[1] 当山峒开发饱和后，他们又从山峒进入山地进行山林资源开发，而非为了"逃避国家"而逃往山区。因此，山和峒自始至终都是联系在一起的。二是山峒区域的社会网络十分复杂，主要通过不同形式的乡族组织体现出来，地缘的、血缘的、神缘的、业缘的，对内的、对外的，应有尽有，而且不同性质的组织既合作又斗争，互相交织在一起，形成了一整套密集而复杂的关系网络。

二　资料与方法

本书利用的史料主要是族谱和民国档案。族谱资料均是笔者在宁化石壁地区实地搜集所得。在 2010 年至 2011 年准备撰写硕士学位论文的两年中，笔者先后在宁化石壁地区间断地调查了三个月，特别注重族谱的搜集，分别从宁化县档案馆、石壁村客家祖地藏谱阁以及不同村落的宗祠或村民家中收集到族谱 40 余套。限于能力和研究范围，本书实际用到的族谱不过 10 余套。

总体上说，宁化石壁地区的族谱大致有三个特点。第一，保存基本完整。虽经历史破坏，以及近年客家文化兴起，不断有人到此来调查、阅览族谱，许多老谱不易再看到，但新修族谱基本沿袭旧谱的主要内容，而且记录了近些年重修族谱的情况。第二，每一套族谱册数十几册到几十册不等，"分量"绝对是足够的。石壁地区的族谱，张氏的比较多，最盛者为下市张氏，一共有 56 册，每册有 70—100 页不等。在村里读族谱，时间消耗非常多，故笔者多是在完成一定程度的整理后，再回去请教村民族谱中的一些不理解之处。第三，族谱的内容颇为丰富，一般族谱包含的谱序、村图、庙记、祠记、水利、山场、族规、蒸尝、契约文书、人物传记等，可谓应有尽有，世系谱中有关记载也较为细致，名号、生卒、墓葬、婚娶、儿女以及比较重要人物的官职、事迹都有记载，足以称得上"村落档案"。不过，族谱也是个"大杂烩"，近几年修的族谱抄录不少联宗成员的

---

[1]　黄向春：《"畬/汉"边界的流动与历史记忆的重构——以东南地方文献中的"蛮獠—畬"叙事为例》，《学术月刊》2009 年第 6 期。

内容，一些源流、谱序、传记书写的内容并非当地村落的历史，因而阅读时需要十分谨慎，以免不小心将别处的历史当作了本地的历史。

尽管如此，本书所用的族谱多是当代编修的，相较于民国及之前的族谱，亦有一些不足之处，主要表现在以下两点。其一，由于新中国的改革和社会运动，传统族谱编修的社会条件已经发生了根本性的变化，传统的家族观念、家族组织、家族经济等方面亦有所改变，新修族谱在编修时，编者们关注的内容也发生了重大的变化，故而对一些不再具有现实意义的记载进行了删改。其二，石壁地区受客家文化的影响巨大，或多或少影响了族谱的编修。新修族谱称，"石壁被誉为'客家人的摇篮'，党和政府都十分关心和重视'客家祖地'的建设和发展，海外客籍侨胞络绎不绝地回来寻根问祖、恳亲、探访、拍摄影视，这是客家乡民的光荣。吾人更应该挖掘、整理和续记客家史迹，供海内外梓民，寻根问祖、恳亲探访之参考"。不过，从大部分族谱修编情况看，新修族谱主体内容多抄自原有族谱，"新谱内容只是编写和续记人文发展情况，留存子孙后代查考。族谱内容除有碍政策法律及少数祖坟迁葬地名更正外，其具体内容、版面大小及封面题字，一律照旧翻印，供作历史资料保存"。① 同时，笔者尽可能注意所用文字的落款，即撰文的作者和时间，尽量减少客家文化的影响。

档案资料主要是宁化县档案馆馆藏的民国政府档案。该馆收藏了 6000余卷 1935—1949 年的政府档案，按照民国县政府的机构设置分 12 个部分，大致有县党部、三青团、县政府、秘书处、民政科、建设科、军事科、教育科、财政科、田粮科、警灾科、司法科，其中又以民政科和司法科两部分内容最为丰富。本书所用的档案主要由笔者两次搜集所得，先是在 2010年秋至 2011 年春，主要以西乡几个乡镇名称为关键词，有选择性地拍取了几个乡镇的民国档案；其次是在 2017 年暑假，主要以赋税、民政、军事等为主题关键词，选择范围扩大至全县，对相关议题进行了资料补充。此外，还有 2011 年尚在中山大学历史系攻读博士学位的陈贵明师兄搜集的宁化民国档案。一次偶然的机会，笔者向陈师兄请教闽西研究的经验，陈师兄不仅细致地赐教，并慷慨地将他所搜集的宁化档案悉数拷贝分享，其内

---

① 张桢主修《石壁上市清河郡张氏族谱（十修）》卷首《清河郡张氏十修族谱序》，1990。

容涉及笔者未曾关注的诸多议题。

从数量上看，所搜集到的族谱和档案是颇为可观的。从文本类型上看，族谱和档案属于两种不同的史料，族谱是间接的、民间的、常用的，档案则是直接的、官方的、相对封闭的。①从史料形成的角度分析，族谱资料尽管不是历史学家留下来的史料，但是"家之有谱，犹国之有史"的观念一直在族谱的编修中实践着，无论是族谱内容的创作还是族谱本身的保存，都是老百姓极为注重的事情，故而族谱记载内容中充斥着符合儒家伦理道德的言辞，是编修人员故意留给后人阅读的史料。民国档案虽然也是被有意识保存下来的，但档案作者并不是将之作为史料而写下的，故而属于事情目击者无意识留下的资料。对于族谱资料，通过比较不同次序所修谱的记载，在较长时段的历史中，能够梳理出族谱内容的某些发展变化，在历史的脉络中把握一群人、一个社区，乃至一个地区的社会概况。相较于族谱，档案资料虽然大多是汇编公文，相对脱离了制造档案作者的生活空间，但其中亦有不少关于基层社会的内容。例如，人们的理想是"无讼"，将纠纷呈上公堂是一种"变态"，是不得已而为之的事情，然而档案中有大量涉及民间诉讼的内容，且当事人会出于各自的利益考量采取不同的策略表述他们的日常生活，因而这些资料呈现出来的文字可能不是社会生活的常态。

为更好把握档案与族谱之间的联系，本书将围绕具体的人来展开讨论。首先，在时间上，族谱记载的是族谱撰修之前的故事，而档案记录的是与文本形成时间同时的事情。宁化石壁族谱中的时间包含了民国档案中的时间，故将档案时间置于族谱时间中，能更好地理解档案中所言之事。其次，重点关注记录石壁地区的民国档案，档案和族谱记录的是同一个空间中的事情，有助于在浩如烟海的档案中集中使用有效的材料。最后，重点考察族谱和档案中均有记载的人物，档案资料对人物的记录，更注重人物的官方身份，而族谱资料虽然也注重人物的官方身份，但大部分人并没有官方身份，编修族谱的人更关注的是这些人物对其家族和社区生活所做出的贡献。例如，本书涉及的人物张树庭、张绍渠、张国根、张立瑜、张

---

① 有关史料类型的论述，详见傅斯年《史料论略及其他》，辽宁教育出版社，1997；〔法〕马克·布洛赫《历史学家的技艺》，张和声、程郁译，上海社会科学院出版社，1992。

超等，在档案中张树庭是区长、张绍渠是县参议员、张国根是乡长、张立瑜是吃斋念佛的老人；但是在族谱中，他们分属不同的家族，唯有翻看族谱，才能真正区别他们，了解到他们所属的宗族，他们的出身、学历及其对家族的贡献等情况。遗憾的是，族谱和档案多出自地方精英之手，难以落实到大量的普通民众身上，故本书研究的具体对象主要是地方精英阶层。

在研究方法上，本书努力实践历史人类学的研究方法，突出"文献"与"田野"相结合。对于国内"历史人类学"的发展历程、核心概念及其研究方法，赵世瑜教授已有详尽的论述和研究示范，[①] 此处无须赘述。作为一项区域社会史研究，自然需要对在特定区域内发现的史料进行搜集、整理并做分析，"这一种做法，好像不很全面，但经过大家的努力和长期的积累，搞清各地区的种种情况，将会有助于总的规律的说明，为研究中国封建经济特点做出贡献"。[②] 其目的与历史人类学研究是趋于一致的，即"通过分析具体而能动的人的行为，达到对整体的社会历史过程的重新认知"。从理论上讲，"区域是能动者的人通过其行为建构并借由其认知标的场域"，不过是探究人的分析工具，与其大小和是否具有典型性无关。[③] 尽管如此，对于青年学者而言，有关"碎片化"的善意批评，似乎如影随形、挥之不去，实难做到视而不见。为此，"关注具有普遍性的问题，而非仅注重本地区的特殊性"，[④] 也是笔者的追求，希望由此追寻前辈们的脚步，将本书写成"从闽西看全国"的一个孔道。

本书将以保存在档案馆的民国档案为基本史料，结合调查时获得的族谱资料，辅之以对民国后期西乡历史之亲历者的实地访问，以及当地文史工作者的采访、回忆材料，考察清至民国时期宁化石壁地域社会的历史变迁。具体来说，本书主要围绕三个方面来展开。首先，第一章、第二章主要利用族谱和地方志资料，努力勾勒清代闽西石壁地域社会的基本结构。

---

① 详见赵世瑜《在空间中理解时间：从区域社会史到历史人类学》，北京大学出版社，2017；《历史人类学的旨趣：一种实践的历史学》，北京师范大学出版社，2020。

② 傅衣凌：《中国封建后期湖南山区商品生产的一个实例——读王闿运〈桂阳直隶州·货殖传〉书后》，《傅衣凌治史五十年文编》，中华书局，2007，第278—279页。

③ 赵世瑜：《历史人类学的旨趣：一种实践的历史学》，第13—14、62—63页。

④ 郑振满：《乡族与国家：多元视野中的闽台传统社会》，第5页。

闽西石壁具体指今福建省宁化县西部地区，大致包括石壁镇、淮土乡、济村乡、方田乡等所辖区域。石壁地区属于闽西山区的一个小"山峒"，历经漫长的历史沉淀，时至清中叶已整合成一个相对完整的社会单元，发展出一套应对地方公共事务和维护社会治安的机制，经济上相互依存，宗族间既斗争又合作，地方精英多元化，具有共同宗教仪式。闽西石壁的乡族组织主要表现为宗族组织和民间信仰组织，宗族组织是基础，民间信仰组织为辅助，二者均在地方事务中扮演着重要的角色。弗里德曼（Maurice Freedman）曾指出，"在福建和广东两省，宗族和村落重叠在一起，以致许多村落只有单个宗族"，呈现"聚族而居"的情形。[1] 这一论断也适用于闽西地区。同时，闽西山区也存在一种类似"祭祀圈"的组织，即以聚落或村落为基本单位的祭祀组织。杨彦杰主编的《宁化县的宗族、经济与民俗》一书登载了不少当地学者的实地调查，书中论及宁化县乡村地区民间信仰无处不在，"大的村子有水口庙，小的自然村有社公（庙）"。[2] 这说明，传统宁化石壁地区处于密集的乡族网络之中，形成了具有一定稳定性的地域社会。

其次，第三章和第四章通过梳理族谱和民国档案，论述清末民国闽西宁化的现代国家政权建设概况，考察石壁地域社会的"再结构"过程。清末废除科举制，引起了巨大的社会后果，不仅导致"四民社会"解体，还令乡村地区的读书人减少，传统的社会结构受到巨大冲击。[3] 随着辛亥革命、大革命、土地革命等政治运动的推进，闽西石壁地区的传统社会结构一度崩溃，1935 年至 1949 年政府推行了一系列的基层行政建设和地方自治措施，包括区乡保甲制度、赋税改革措施等。由此，宁化石壁社会进入了新一轮的结构过程。在"再结构"过程中，凭借行政机构建设的完备，国家权力在基层社会重要性得到强化，是新晋地方精英借以获得基层权力的关键，乡族组织也在地方自治过程中不断恢复和壮大，并深刻介入基层政治的实际运作之中。不过，这些新晋的精英人士并非一个新的阶层，而

---

① 〔英〕莫里斯·弗里德曼：《中国东南的宗族组织》，第 1—2 页。

② 杨彦杰主编《宁化县的宗族、经济与民俗》，香港国际客家学会、海外华人资料研究中心、法国远东学院，2005，第 740 页。

③ 罗志田：《权势转移：近代中国的思想与社会》（修订版），北京师范大学出版社，2014；罗志田：《科举制度废除在乡村中的社会后果》，《中国社会科学》2006 年第 1 期。

是传统绅士的下一代亲属，基层政府不过是新一辈的精英获取权威的捷径罢了。因此，新晋精英人士既是国家权力向下延伸的倚靠，也是村落和乡族利益的代表者，由此形成了乡族组织联合基层政府共同建构的地域社会。

最后，第五章通过展现禾口新旧市场争执案的事态进展，对"再结构"过程中地域社会结构进行实态分析，即从地域社会结构过程来分析"缘起"中提及的发生在1946年夏天的枪杀案一事。从地域社会的角度看，禾口新旧市场争执是传统石壁地区经济结构的必然结果，即一个地方大族独占墟市与新晋精英人士要分享利益之间存在矛盾，由此必然导致一个宗族与联合起来的其他势力的对抗。枪杀事件的发生，着实为新旧市场纠纷中的一场意外。从国家与社会的角度看，国民政府"建国建乡"政策的施行，推动了以基层政府为代表的、由不同利益集团组成的结合体的形成，它借助国家权威与宗族势力展开斗争。在纠纷的解决过程中，基层政府利用手中的权力和上级政府的指令不断向宗族势力施压，而作为国家权力象征的县、府两级政府的官员，为了政绩和形象工程，未能按规定办事从中立的角度调处纠纷。宗族领袖不是基层行政体系之外的闲云野鹤，自然清楚县、府官员的基本立场，因而能够奋力反抗不公平的待遇，不断向上级部门申诉。最终，在省级政府的严厉批评和调解下，新旧市场双方才达成了并不满意的妥协，而枪杀案件则在司法具体实行过程中不了了之。可见，不论是县级政府官员，还是乡族领袖或精英人士，大部分人在利用国家政权建设来最大限度地实现自身利益。

通过对明清以来宁化石壁地区历史实践的考察，本书将指出东南山区地域社会的结构和结构过程应是复数的，即在不同形式的国家权力和不同类型的乡族势力的长期互动中不断结构与再结构，而非单一的"儒家化"或"国家化"过程。明清以后的东南山区已经被国家权力层层包围，即便实现了基层社会自治，也没有足够的空间来"逃避"国家，扩散到山地的民众与盆地区域保持着密切的联系，并伺机回到中心区争夺更大范围的政治权力。

第一章

闽西山峒

闽西山区向来偏僻，远离政治中心，经济开发和文化发展相对滞后。康熙《宁化县志》记载："宁化县初称黄连峒，隋陈以前，名不见于史。"隋唐之际，闽西山区尚处于未开发的原始莽荒状态，人迹罕至，荆棘丛生，禽兽出没，瘴疬充盈。是时，有黄连人巫罗俊"年少负殊勇，就峒筑堡卫众，寇不敢犯"，至"贞观三年，罗俊自诣行在上状，言黄连土旷齿繁，宜可授田定税"。① 唐开元十三年（725），因居民罗令纪之请，黄连镇改置黄连县，"东抵清流县，西抵江西石城县，南抵长汀县，北抵建宁县。本晋新罗地，旧为黄连镇，界福抚二州间"。② 开元二十六年，福州长史奏请置汀州，割黄连县改隶汀州；天宝元年（742），黄连县改名宁化，一直沿用至今。两宋时期，闽西山区峒蛮横行、私盐猖獗。明中叶，随着王阳明平定南赣汀漳等处战事的胜利和新置州县的推进，闽西山区的士大夫不断增多，地域社会的"儒家化"转型加快，具体表现在：一是明中叶至清中叶的数百年中，闽西山区与赣南、粤北相似，长期处于动荡不安的状态，几乎每隔十年就有一次规模较大的动乱，直到18世纪中期随着地方行政的完善和地方军事化的形成

---

① 康熙《宁化县志》卷1《建邑志》，《中国方志丛书·福建省》第88号，台北：成文出版社，1967年影印本，第16页。

② （明）何乔远编撰《闽书》卷21《方域志·宁化县》，厦门大学古籍整理研究所、历史系古籍整理研究室《闽书》校点组校点，福建人民出版社，1994，第497页。

才日渐安定；[1] 二是商品经济在迅速发展，主要表现为经济作物的大量种植、手工业的发展（造纸业最为著名）、商人集团的出现；[2] 三是社会文化上，儒家文化不断渗透到闽西山区，与道教传统、地方文化不断糅合，经过较长时间的"文化合成"，形成了一套具有多重性的地域文化。[3] 直至民国初年，宁化县一直隶属汀州（府）。1935 年，宁化改属长汀专区（档案中仍称之为府衙），即福建省第七行政督察区，1947 年改属永安专区，1961 年至今属三明地区（市）。

第一节　区域背景

本书考察的宁化石壁地区，又称宁化西乡，具体指明清时期宁化县治以西的龙上三里——龙上上里、龙上下里和龙下里。1919 年，县令周应云推行警察之政，将全县分五区而治，西乡为第四区，区公所设立在禾口，具体范围相当于今天宁化县的济村乡、石壁镇、方田乡、淮土乡等地所辖区域。这一片地区行政区划上相邻，所住居民多为张姓，占西乡总人口的 3/4 左右。1934 年冬，国民政府实行保甲制，宁化县分为六区，各区设公所，各区下辖联保。例如，石壁村属第五区，其驻地在禾口，并在石壁村设联保，下辖 13 保。1941 年，联保改设乡（镇），石壁联保改称石壁乡。[4] 1966 年禾口与石壁合并为禾口人民公社，1984 年改禾口乡，1993 年撤乡建镇，并改名为石壁镇。自 20 世纪 90 年代后，随着"客家文化"的

---

① 傅衣凌：《明末清初闽赣毗邻地区的社会经济与佃农抗租风潮》，《明清社会经济史论文集》；刘永华：《17 至 18 世纪闽西佃农的抗租、农村社会与乡民文化》，《中国经济史研究》1998 年第 3 期；唐立宗：《在"盗区"与"政区"之间——明代闽粤赣湘交界的秩序变动与地方行政演化》，台北：台湾大学出版委员会，2002。

② 刘永华：《墟市、宗族与地方政治——以明代至民国时期闽西四保为中心》，《中国社会科学》2004 年第 1 期；〔美〕包筠雅：《文化贸易：清代至民国时期四堡的书籍交易》，刘永华等译，北京大学出版社，2015。

③ 刘永华：《道教传统、士大夫文化与地方社会：宋明以来闽西四保邹公崇拜研究》，《历史研究》2007 年第 3 期。

④ 政协文史组：《宁化县历史沿革》，中国人民政治协商会议福建省宁化县委员会文史组编印《宁化文史资料》第 2 辑，1983，第 86—88 页。

传入，石壁村的政治地位上升，引发了民众地域认同上的改变。据说，原来宁化西乡人都愿称自己为"禾口人"，民国以来区政府驻地、乡镇政府驻地均在禾口，而今天西乡出门在外的人更愿意称自己为"石壁人"，因为石壁名气更大。①

一 地理环境

宁化县地处武夷山脉东南，位于福建省西部山区，属中亚热带季风气候区，植被为亚热带常绿阔叶林，据 1987 年统计，全县森林覆盖率为 62.8%。崇祯《宁化县志》记载，当地的气候特征大概如下：

> 宁化居汀上游，其气候与延（平）、建（宁）诸邑大同小异。春夏多雨，秋冬多寒。每岁正月，即多阴雨；惊蛰、春分及社、清明亦占候；凡历三春，罕见晴明；至四月乍雨乍晴，霉气蒸郁，础润莓苔，衣浣易斑，时复大雨，溪清随涨，崩山田、冲陂坝，雨多抵于夏至。是后，七八月秋霖亦多阴，或大雨。重阳以后，各以其时风雨，占一冬及来岁所宜。又闽地古称炎方，汀虽隶闽，去省独远，故其气候八九月后，四山晨多岚气，虽清明亦如薄雾中，或有微霜，朝凉昼燠。候□不正，行旅患之，气薄者中之，多致疟疾。秋杪多干风，而竟不雨，或损禾稼。隆冬风气栗冽，多严霜，水易凝为冰。然无□冰，待东风解者，此则十二月、正月间有。而深且厚者，三五载一见也。大抵气候寒燠相半，或炎凉之气备于一日，古云"日中常有四时天"是也。春晴和暖，值雨虽暑犹寒，一晴即燠，未可遽离绵衣而御葛也。②

今日，宁化县的气候仍相差不多，即夏半年多东南风，炎热多雨；冬半年盛行东北风，寒冷干燥。降水量充沛，季风气候显著，干湿、冷热明显，四季比较分明。20 世纪末境内年均气温 15—18℃，1 月平均气温 3.4—7℃，7 月平均气温为 24.9—27.5℃，大于和等于 10℃ 活动积温为

---

① 罗华荣：《石壁传统社会调查》，杨彦杰主编《宁化县的宗族、经济与民俗》下册，第 464 页。
② 崇祯《宁化县志》卷 1《气候》，崇祯八年刻本，清顺治补修本。

5243.7℃，年均日较差 10.3℃，无霜期 214—248 天，年均日照时数为 1897.5 小时，年均太阳辐射总量为 391590.6J/cm²，年均降水量 1700—1800 毫米，属福建多雨低光照地区。① 不过，经过数百年的资源开发，山中的"岚气"早已消失，来往商旅无须担心会染上疾病了。

宁化县境内的地势四周高中间低，地势总体为自西向东倾斜。由于多次构造运动的影响，境内地壳形成"多"字形的复杂地貌。县治所在竹篠窝是一个典型的闽西山间河谷盆地，即福建山区唐宋间设置州县时地方官"开置山峒"的山峒。诚如嘉靖《汀州府志》所载：

> （宁化）山峻水急，峰峦万叠，枝秀献奇。翠华、凤凰诸山峙其北，美蓉、笔架诸峰出其东，南有城门嶂，卓立如屏，西有牛头山突屼若叟，起伏蜿蜒，徘徊盘踞。至于县邑所治，则又四围平坦，形如大釜，傍挹峦嶂之奇，夏瞰溪湖之胜。②

宁化县大部分地方属于山地，1987 年全县实有耕地面积 439023 亩，人均只 1.44 亩，有"八山半水一分田，半分道路和庄园"之谚，是中国东南的普通山区。

宁化石壁地区的地貌特征自然也是以山地为主，土地贫瘠，山谷间有小盆地。康熙《宁化县志》中对其地形有详细的介绍。其文如下：

> 由萝山至池家栋，西趋而状列如屏者，日马龙寨，是为南条之山之干，中出而作邑者也。其里日龙上上。由马龙而右出者，日狐栖岭。自此腾踊而南，则皆邑之宾位矣。由马龙左趋迤递而突竖者，日三峰寨，嵯峨列立，木石同坛，蟠虬攫猛，殊特甚也。由寨逶迤中出而转大江头，里日龙上下。是有站岭隘，则石城之分界也。岭下之村日石壁，日田背。由隘岭过杨公岭，有山鸿峻立千仞者，日白水顶也，一日西华山。仰突犯云，瀑飞其下，绝顶砻石，为三仙祠，日月烁侵，石莹如玉，穷目四瞩，宁化石城，真斗大耳。每岁雷一度入

---

① 刘善群主编《宁化县志》卷 2《自然地理·气候》，福建人民出版社，1992，第 96 页。

② 嘉靖《汀州府志》卷 1《地理·形胜·宁化县》，《天一阁藏明代方志选刊续编》第 39 册，上海书店，1992 年影印本，第 72—73 页。

祠，霹雳施鞭火，其遗气作数日锻腥也。是居宁化之辛位，为邑之祖山。顶右分支数里，其山曰千家围，曰香炉峰。悬崖若坠，上有升仙台。……又数里曰狮子峰，势趋石壁诸村而止。①

文中所谓白水顶，即西华山，今名东华山，位于宁化与石城交界处。在东华山、狐栖岭和三峰寨之间，由于白水顶至香炉峰、狮子山一脉"悬崖若坠"，外加西溪常年冲击，形成了一个面积约为200平方公里的小盆地，称作石壁盆地。大多数的山间谷地如潭飞磜一般，"重冈复岭，环布森列，登陟极难。磜居其中，坦然宽平，山环水合，有田有地，草茂林深，易于藏聚"。②

宁化县的溪河短小湍急，落差大，易涨易退，分属闽江、韩江、赣江3个水系，主要属闽江水系。宁化的主要河流名翠江，属闽江的上游，发源于建宁县严峰山（宁化县与建宁县交界处）南麓，入宁化后称东溪，向东南流经宁化县北部山区，在宁化县城与源自石壁镇的西溪汇合后名为翠江，再流向清流、沙县，注入闽江。汀江的发源地位于宁化县西南的治平乡木马山，经长汀、上杭等地，称汀江，至梅州与梅江汇后称韩江。赣江的源头——琴江，发源于治平乡鸡公岽，往西经石城等地流入赣江。③ 石壁地区的主要河流名为西溪。西溪发源于方田泗坑，流经方田、禾磜至禾口，纳石壁溪后称禾口溪，至陂下纳刘村溪，至分水坳纳源自县城西北的新田溪，一路再纳村头溪、古武溪，经陈岗后纳磜角溪、雷陃溪，至犁嘴上纳武层溪，至城郊合水口与东溪汇合，河长42.5公里，流域面积513平方公里，总落差440米，年径流量5.14亿立方米，主要支流有方田溪、淮土溪、石壁溪、武层溪。④ 西溪上游的淮土溪与源自站岭的石壁西在小吴村汇合。经长时间的冲积，西溪两岸形成了一个较为开阔的小平原，石壁镇的主要村落均在石壁盆地之内。石壁地区其实也是唐宋间所谓的"山峒"，只是明清以后随着国家权力和儒家文化的进入，变成"乡里都图"。

位于石壁盆地的几何中心的村落是石壁村，它是石壁地区的文化中

① 康熙《宁化县志》卷1《土地部·山川志》，《中国方志丛书·福建省》第88号，第21页。
② （明）黄仲昭修纂《八闽通志》卷8《山川·宁化县》，福建省地方志编纂委员会旧志整理组、福建省图书馆特藏部整理，福建人民出版社，2006，第217页。
③ 刘善群：《客家与石壁史论》，方志出版社，2007，第5—6页。
④ 刘善群主编《宁化县志》卷2《自然地理》，第109页。

心，被全球客家人称作"客家祖地"。石壁村东的禾口墟是宁化西乡的经济中心，也是宁化县乡村的最大墟市，自晚明设墟至民国年间，禾口墟一直控制在石壁村的上市张氏、下市张氏二族之手。宁化石壁地区拥有两个中心村落，即文化中心石壁村和经济中心禾口墟。

在石壁村与禾口墟之间，分布有杨边（旧称杨方田）、税下（旧称桂林）、小吴等村落，石壁村西有拱桥、南田，北是陈塘、桃金，南边是江家、大路等村落。在村址上，石壁村依山傍水，民间有"禾口府，陂下县，石壁有个金銮殿"的谚语。石壁村周边的情况，前人亦有描述：

> 吾乡石壁，号玉屏，乃宁阳分野西北之乡也。层山迭嶂，附卫千重，理取伏例船形，是其名也。至若来龙祖脉，溯其源出自白水顶，又名东华山。斯风云之所撼，江山之所带，孤峰仄宇，峭壁万寻。天将雨，则白云相搏，诸山星拱，势若万马奔驰，枝分千里，脉结万方之真。乃入宁之华表，豫章之苗裔者也。一脉超[迢]递至千家围，由升仙台，孤峰竣笮，怪石嵯峨，绿水潺湲，茂林翁蔚，石锣与石鼓时鸣，春鸟并春花角胜。奇峰日午，鹤立霞栖，天滋浪平，鸥浮鹤立，香炉峰卷青霜，狮子岩前锡挂，屏[层]山迭嶂，危岭干霄，此熊、刘二羽士修身霞举于其山也。乡人异之，构二仙之像，文人墨士览胜传奇，载之志书，传之海内，题韵不辍，往来冠盖，频无间断。一脉穿出，迤逶东家坪，艮龙发秀，亥脉铺毡；由此至菖岭脑，寻枝细条，至孔营堂顿住。山明水秀，地广而平，苍松翠巘，万卉森罗。吾祖喟叹曰：噫！真吾千古之基业矣，左为宁化之当涂，右为琴江之古道，两省通津，经商成绩。①

东华山是宁化县城的祖山，也是石壁村的祖山。东华山在石壁村西北约10公里处，其脉向东延伸经麻团里、香炉峰、狮子峰，至牛牯岽，是为西溪出石壁盆地出口，势若"万马奔腾"，往南则"悬崖若坠"。石壁村便在香炉峰南2—3公里处。石壁村自古"左为宁化之当途，右为琴江之古道"，是沟通闽赣两地的孔道。1965年，全县先后修通宁化至石壁、济村、

---

① 张桢主修《石壁上市清河郡张氏族谱（十修）》卷1《宁阳石壁形胜记》。

淮土等处的公路，接通宁化至明溪、石城干线，由宁化至江西省石城县，全程 52 公里。①

二　清初以前之历史

唐代汀州的编户齐民仅 5000 左右，具体到各个属县则无数字，各地风俗亦无从可知。中晚唐时期，宁化人伍愿（正己）（794—874）登大中十年（856）进士，是汀州府乃至福建最早的进士之一，并官至御史中丞，后因朋党排挤告归故里，去世那年（81 岁）再出仕，"自正己后，子孙蕃衍登第者至今不绝"，② 汀州是闽西最早开发的地区之一。五代时期，王审知建闽国之初，汀州属于闽国的领地，不久便处于闽国与后唐争夺地带。乱世之年，"版籍涣散无可稽"，③ 不过宁化因矿产而得到进一步开发。《十国春秋》记载，王审知曾在汀州宁化县置铅场。④

宋开宝八年（975），宋室统一南唐，逐渐加强对闽西山区的控制，先后设立上杭、武平等县。至宋哲宗元符元年（1098），"提刑王祖道（1039—1108，字若惠，福建闽县人）行郡，憩本县麻仓团里清流驿亭，爱其山水明秀，因谓长汀宁化，壤地旷远，〔艰于政务，〕⑤ 奏析本县六团里，并长汀二团里，置清流县于麻仓"。⑥ 是时，宁化等地似乎仍游离于国家体制边缘，南宋名臣李纲经闽中时亦感慨："今闽中深山穷谷，人迹所不到，往往有民居，田园水竹，鸡犬之音相闻，礼俗淳古，虽斑白不识官府者。此与桃源何以异？感其事，作诗以见其意。"⑦

南宋以后，宁化县的历史日渐清晰。据《临汀志》记载，宁化县为当时的望县，所谓望县，《册府元龟》记载，"天下县除赤县、畿县、次赤、

① 刘善群主编《宁化县志》卷 10《交通》，第 289—290 页。
② （宋）胡太初修，赵与沐纂《临汀志·进士题名》，长汀县地方志编纂委员会整理，福建人民出版社，1990，第 147 页。
③ 康熙《宁化县志》卷 3《户口志》，《中国方志丛书·福建省》第 88 号，第 149 页。
④ （清）吴任臣：《十国春秋》，徐敏霞、周莹点校，中华书局，2010，第 1311 页。
⑤ 据崇祯《宁化县志》卷 1《建制沿革》内容补。
⑥ 康熙《宁化县志》卷 1《建邑志》，《中国方志丛书·福建省》第 88 号，第 17 页。
⑦ （宋）李纲：《梁溪集》卷 12《桃源行序》，《景印文渊阁四库全书》集部第 1126 册，台北：台湾商务印书馆，2008，第 601 页。

次畿外，其余三千户已上为望县，二千户已上为繁县，一千户已上为上县，五百户已上为中县，不满五百户为中下县"。① 从《临汀志·户口》看，汀州南宋宝祐年间登记有人口约 23 万户，除长汀县为望县外，汀州其余县皆为中县或中下县。② 据此推测，宁化县域范围内国家版籍登载人口有 4 万户左右。国家编户齐民的增长是政府户籍制度推行的结果，意味着国家赋役的推行及基层行政组织的建立。③ 南宋时期，宁化基层行政组织的设置为"团（里、坊）—乡—县"，石壁地区属于桂枝乡攀龙里（坊）。④ 此时，宁化西乡应当已经成为国家行政网络中的一部分，生活在这里的居民已经成为编户齐民。虽然宁化西乡人口的具体数字尚无法统计，石壁地区的人口概况也不清楚，但此时宁化以及西乡各地人口日渐增多，逐步从"蛮獠"当道的未开化状态转变为人文蔚起的乡村社会。

从民间文献看，两宋时期的石壁地区似乎发展得相当"繁荣"，据说这一时期是石壁地区民众祖先来此定居的主要时代，也是石壁墟形成和发展的时期。石壁村的上市张氏的新修族谱记载：

> 九秀公四子四郎，字乐耕，宋绍兴十五年（1145）乙丑正月廿八日生，宋绍兴二十九年己卯迁居于祖居之竹子排枫树下黄家衕，即今石壁上市。嘉定十三年（1220）庚辰正月十六殁。享寿七十有六。⑤

引文显示，石壁上市张氏的定居祖是南宋初年的张乐耕，即后世所称的四郎公。当时的石壁村名为竹子排枫树下黄家衕（同）。不过，宋代闽西地区"土旷而民贫，俗犷而气暴。家乏富饶之蓄，时多寇掠之虞"，⑥ 社会秩序并不稳定。元代汀州的社会秩序更加混乱，至元十三年（1276），汀州路长汀、宁化、清流、武平、上杭、连城 6 县被赐予皇后弘吉剌氏作为封

---

① 《册府元龟》卷 634《铨选部·条制第六》，第 7331 页。
② （宋）胡太初修，赵与沐纂《临汀志·建制沿革·户口》，第 1—3、21 页。
③ 夏维中：《宋代乡村基层组织衍变的基本趋势——与〈宋代乡里两级制度质疑〉一文商榷》，《历史研究》2003 年第 4 期。
④ 嘉靖《汀州府志》卷 3《里图》，《天一阁藏明代方志选刊续编》第 39 册，第 242—243 页。
⑤ 张桢主修《石壁上市清河郡张氏族谱（十修）》卷 2《世传》。
⑥ （宋）胡太初修，赵与沐纂《临汀志·丛录》，第 180 页。

邑。① 由于政府基层控制能力差，户口上汀州的人户不及宋代的 1/5，加之政繁赋重，时人记载汀州"闽地山谷之间往往乌合为寇"。②

明洪武元年（1368），福建军阀陈友定降明，朱元璋顺利地统一了八闽故地。闽西地区也进入了一个新的历史发展周期。洪武十四年，新王朝"颁黄册，令以一百一十户为里，推丁粮多者十户为长，余百户十甲，甲十户名全图，不能十户为半图。城中曰坊，进城曰厢，乡都曰里"。③ 随着里甲制度的实施，明廷在各地推行休养生息的政策，稳定战乱后的秩序，恢复社会发展。闽西山区也在恢复发展的大潮中，如清流知县朱仲恭"洪武初知清流县，时当元季寇乱之余，招集流亡，劝课农桑，修学校，延明师，以训学者"。④ 宁化县"其山多旷土，邑人招游民垦其中，至众数千"，连城、上杭等县也同样采取各种措施恢复生产。⑤ 石壁地区同样被圈进了以里甲制度为基础的"画地为牢"的国家体系。明初乡里制度在宁化体现为"县—里—图—甲"，宁化县共 12 里 51 图。其中，"里"为一个地理区域的概念，而不是一个行政上的单位，石壁地区所在的龙上下里有 3 个图（即里甲的里）。洪武二十四年，宁化县有"户一万二千五百八十八，口四万四千九百三十"，已是南宋的三倍。⑥ 同时，宁化县的教育事业也有较大的发展，陂下村的张显宗（1363—1406）于洪武二十一年高中一甲进士第二名，特赐状元。经过近一百年的修养，闽西貌似成为一块理想的安乐土："士夫知读书进取，间有魁元；民庶安稼穑勤劳，少营商贾。岁时燕享不废，亦鲜竞于汰奢。少长服饰尚新，未尝疏乎侈僭。富家专守禾税，贫夫力治山畲。廛市无行货之妇人，街衢少伏地之丐者，室家不致终于旷怨，子女不忍鬻于他乡。官府教唆刁泼之风罕闻，村落朋充斗狠之事稀见。"⑦

---

① 《元史》卷 118《特薛禅传》，中华书局，1976，第 2920 页。

② （元）胡翰：《墓志铭》，转引自唐立宗《在"盗区"与"政区"之间——明代闽粤赣湘交界的秩序变动与地方行政演化》，第 89 页。

③ 康熙《宁化县志》卷 3《户口志》，《中国方志丛书·福建省》第 88 号，第 149 页。

④ 嘉靖《清流县志》卷 4《秩官·知县》，清流县志编纂委员会整理，福建人民出版社，1992，第 94 页。

⑤ 周雪香：《明清闽粤边客家地区的社会经济变迁》，福建人民出版社，2007，第 85—86 页。

⑥ 崇祯《宁化县志》卷 2《户口》。

⑦ 嘉靖《汀州府志》卷 1《地理·风俗》，《天一阁藏明代方志选刊续编》第 39 册，第 77—81 页。

自明中叶以后，闽西山区的土地资源进一步得到开发，人地的矛盾日趋尖锐，引发了一些动乱。明正统间，闽西山区多数地方卷入了沙县佃农邓茂七发动的起义，战乱历时三年，是明中后期闽粤赣南等地抗租运动的开始，尤其是明清之际爆发于宁化的"黄通之变"，对闽西的破坏极为严重。①

明正统十四年（1449），邓茂七等率众于延平府沙县起事，相隔不远的宁化县多次遭到攻击。② 此后百余年，宁化地区相对安定，虽偶有动乱，破坏也不大。如嘉靖二十二年（1543）十月，"土贼李受纠众营于狮子岩、水碓坑，劫掠杨柳里汤胜宗及李通抚家。邑大警，官兵追捕之，乃散"，③ 对地方社会秩序未造成严重的影响。故嘉靖《宁化县志》称："宁化人物富庶，气性刚愎。男不逐末，而事耕读；妇不蚕丝，而专纺绩。土多沃壤，民谨法度。"④ 俨然一派安宁祥和的景象。嘉靖末年，闽西山区社会形势骤变，因"闽中苦倭，山寇亦乘是而起"，闽赣毗邻山区一度陷入一片混乱。嘉靖三十六年，"虔、赣、惠、潮间，如班竹楼、大帽山、连子山、上杭之三涂，武平之岩前、象洞，连城之朗村，皆盗窟也。四出剽掠，长吏莫能制"。不久，"广寇顾子传攻县（宁化），相持半月"。嘉靖四十年初，广东程乡盗贼破虔州、犯汀州，进入宁化境内，"贼悉屯安远巡检司（宁化县西北）前，分群肆掠无忌。五六月间，共计九伙，每伙不下千数百人"。明遗民李世熊（1602—1686）记载，当时人们应对动乱的大致情形是：

> 嘉靖末，流寇四起，广东及连城朗村诸贼频掠吾乡，或一岁三至云。乡之富者避城中，贫下中户则窜深山茂林中，风雨无以自蔽，其被获而戮屠之惨，不可胜言，即得脱者，皆以岚雾湿毒故，相踵而毙。⑤

李世熊所谓"吾乡"在宁化县东北的泉上里，距离县西的石壁村百里之遥，因"流寇"多从闽越毗邻地区来，石壁村在二者之间，又处交通要

---

① 〔日〕森正夫：《〈寇变纪〉的世界：李世熊与明末清初福建宁化县的地域社会》，《中国文化研究》2005年冬之卷。
② 康熙《宁化县志》卷7《寇变志》，《中国方志丛书·福建省》第88号，第321页。
③ 康熙《宁化县志》卷7《寇变志》，《中国方志丛书·福建省》第88号，第321页。
④ 崇祯《宁化县志》卷2《里图·风俗》。
⑤ （清）李世熊：《寇变纪》，吴伯娅标点，中国社会科学院历史研究所清史研究室编《清史资料》第1辑，中华书局，1980，第24页。

道，也应是盗贼"频掠"的情形。盗寇来时，个别"富者"逃入城中，多数乡民应为"贫下中户"，只能逃到深山茂林来躲避杀戮。只是躲入山林并不安全，既容易被盗贼抓获而遭屠戮，又可能因染上"岚雾湿毒"而死亡。

明隆庆四年（1570），盗贼"或剿或抚，各峒以次就平"，宁化"始有宁宇"，"历神宗四十八年（1573—1620），安享承平，不知有兵革矣"。①明天启七年（1627）闽赣山区的盗贼又起，不过直到崇祯十七年（1644）宁化才面临危险。是年五月，"粤寇剽掠虔州部境，渐逼汀州"。次年，"粤寇从汀境出宁化之淮土，大肆焚掠，邑大震"。盗贼焚掠淮土墟，对石壁村而言，已是兵临城下。但是，清初宁化境内爆发的抗租运动影响范围更大。清顺治三年（1646）六月，佃农黄通在宁化县北的猪留坑村组建"长关会"，以"较桶"倡乱，"乡民欢声动地，归通惟恐后"，随即"率田兵千数百人，袭入邑城，杀其族衿黄钦镛并侄黄招，掠殷户百数十家"。随之，南明小朝廷进入福建，清兵尾随而至。顺治三年八月，"二十二日，隆武由延（平）奔汀（州）；二十七日，首辅何吾驺（1581—1651）不从驾，而走间道趋吾乡（宁化泉上里）。二十八日早，贼（清兵）取道泉下，泉下率乡兵阻之，乡兵望帜而靡，贼遂杀武进士邱隽、武举人吴维城、庠生邱浙、武生邱沐、庠生邱澍之妇谢氏，余无足纪。贼由城门钟坑出中沙，杀黄通长关兵数十人。已过禾口石壁，长关兵追之，乃返戈而焚其巢，径出长汀入赣境。或曰，此为迹何吾驺而来，欲袭其橐者"。②是时，宁化县境内有抗租佃农、"奸邪之民"、闽粤盗贼、清军、南明残部等多股武装势力，相互厮杀，四乡无处非"贼营"，地方战乱的局势极其复杂。清顺治八年，南明小朝廷逃往闽南，闽赣山区稍安。康熙十三年（1674）春，"闽藩叛变，盗贼蜂起。宁邑长关之余孽，轰然攻邑城"。十月，"宁（文龙）之旧部范宜、黄通之子启、通之侄机，各起大营合伙流劫"，宁化多处村落"遭酷略，离析子女无算"，秧及江西石城、宁都、南丰，福建建宁、清流等处。康熙十五年，"官兵入关，闽地尽复"，"三藩之乱"虽

<hr />

① 康熙《宁化县志》卷7《寇变志》，《中国方志丛书·福建省》第88号，第321页。
② （清）李世熊：《寇变纪》，《清史资料》第1辑，第36页。

定，而宁化动荡不止。①

清初宁化抗租运动爆发，石壁村也处于危急状态。《仲谋公传》记载：

> 长关黄通"较斗"倡乱，移札于公，以己为东偏之首，公为西偏之首，东西合举，横逆可行也。公毅然曰："吾乡礼仪世守，家训煌煌，焉敢为斯举，以坠先人之休声乎。"力拒之。远近骇服，尝愀然伤。丙戌年（1646）八月，何之部将方某率兵至后，大掠乡人，烧民房，乡人皆窜山走寨以避之。公见火执焰迫，将及祖祠，于是挟戈而出，怀金若干，计欲救祠。方兵以敌己也，乱箭射之，公遂休矣。②

引文显示，张仲谋面对抗租领袖黄通"共谋大业"的邀请时，以"礼仪世守，家训煌煌"而婉言拒绝，其弟张一府（1611—1683）也在"顺治甲申、乙酉，长关倡乱"时，"力戒族中子侄莫附叛贼"，③规范乡民行为。是时，石壁张氏内部的租佃矛盾尚未尖锐到不可调和的地步，还能维持正常的秩序。数月之后，南明首辅何吾驺的部将方某率兵经过石壁村，大掠乡人。逗留在村中的张一策，看到明军欲焚烧张氏宗祠，"怀金若干"，试图买通明军，保护宗祠，因手持兵器而被明军乱箭射死。这说明张一策并不是效忠南明的士大夫，仅是努力自保。引文还提及普通乡民的应对策略，即"窜山走寨以避之"。所谓"窜山"，即李世熊所言"窜深山茂林中"；所谓"走寨"，是指躲进乡民建设的山寨，抵御盗贼劫掠。石壁村的山寨可能建于村北五里的香炉峰，称"千家围"，香炉峰"悬崖若坠"，易守难攻，围里有"天紫塘"，"其水清莹，四时不涸，亦有洞穴，石几、石床，宛如琢成"。④ 这种战时避乱的围寨，清初闽赣山区到处都有，李世熊家的观亨寨在宁化最为出名，"纪律整肃"，"闻于四乡"，"自明季至顺治壬辰（1652），流寇十数经过而不敢犯，但尽毁村以泄愤而已，乡人居寨凡八年"。⑤ 不过，山寨并不安全，宁化永丰里的朝天寨，"其高百仞而广

① 康熙《宁化县志》卷7《寇变志》，《中国方志丛书·福建省》第88号，第322页。
② 张恩庭主修《石壁追远堂张氏重修族谱（十四修）》卷首《仲谋公传》，1996。"较斗"即前文中之"较桶"。
③ 张恩庭主修《石壁追远堂张氏重修族谱（十四修）》卷首《张一府传》。
④ 康熙《宁化县志》卷1《山川志下》，《中国方志丛书·福建省》第88号，第33页。
⑤ 康熙《宁化县志》卷1《山川志上》，《中国方志丛书·福建省》第88号，第26页。

一里，麓有断埑，深峻杳然，非梯桄不能渡。顺治戊、己间，乡豪据此以支兵寇，竟破而屠之。① 这些组织乡民依山建寨的"乡豪"是明末清初宁化当地的精英阶层，有的是饱读诗书的儒家士大夫（如李世熊），石壁村的乡豪则是富甲一方的商人。

不过，山寨能抵御盗贼，也能藏匿盗匪，因此常遭到官兵怀疑。顺治八年（1651），宁化县城的士民已归降清廷，但乡村的社会秩序尚未稳定，清兵总镇王之纲为镇压"长关"余孽，"凡附近半寨（匪首巢穴）四五十里内，居民避居山寨者，皆指为贼，悉发兵围剿，所破山寨凡十七处"。② 清军焚烧山寨的政策，让本不安全的山寨更加危险。在此情形下，石壁张氏等地方巨族弃山寨而筑土堡，聚族而居，共同御贼。《土堡记》载：

> 吾乡土堡，先世未有。顺治八年，族贤国维公讳一柱者，纠集伯叔捐资，买三房正汝之田，方广七十余丈，乃平地筑墙。……凡设土堡，是防不测，如康熙甲寅、乙卯间，山寇蜂起，长关侵害。吾乡庐舍，尽为灰烬，千百子姐是赖土堡幸存。后之俊杰君子，或视墙垣崩溃，最宜留意修补。③

据引文可知，清顺治八年石壁张氏在张一柱（1623—1671）的倡议下，凭借伯叔捐资，建成土堡。在"康熙甲寅、乙卯间"（1674—1675）因三藩之乱而"山寇蜂起"时，虽庐舍成"灰烬"，村民却"赖土堡幸存"，顽强地抵御了长关余孽的侵害。三藩之乱后，宁化地区仍有一些小规模的动乱，如康熙三十二年（1693），黄通余部还杀死典史黄浩。④ 社会秩序仍处于混乱当中，时任宁化知县的河南柘城人袁格发现，"饥民哨聚者数千人，白书四出，剽掠势甚张"。⑤ 康熙四十年之后，关于宁化县地方动乱的记载日益减少，宗族建设日渐普遍，地方社会秩序也日趋安定，进入了社会经

① 康熙《宁化县志》卷1《山川志上》，《中国方志丛书·福建省》第88号，第24页。
② 康熙《宁化县志》卷7《寇变志》，《中国方志丛书·福建省》第88号，第237页。
③ 张恩庭主修《石壁追远堂张氏重修族谱（十四修）》卷首《土堡记》。
④ 民国《宁化县志》卷17《循吏传·黄浩》，《中国地方志集成·福建府县志辑》第38册，上海书店出版社，2000年影印本，第756页。详见〔日〕森正夫《〈寇变纪〉的世界——李世熊与明末清初的宁化地域社会》，《中国文化研究》2005年冬之卷，第30—44页。
⑤ 光绪《柘城县志》卷3《袁格传》，清光绪二十二年（1896）刻本。

济全面发展的重要时期。

现存有关宁化石壁地区的文献中，自唐初至清初的约一千年的记载委实有限，且多与动乱有关，这主要是由于史籍的记载多以重要事件为线索。抛开这些重要事件，石壁地区的历史变迁大体是从未开化的状态到逐渐开化，再于明初编入里甲体系，国家权力空前介入当地社会，至明中叶以后里甲体系难以维系，基层社会出现了向自治化转型的趋势。

第二节　山区开发

明清时期宁化县经济以农耕为主，山林经济为辅，商品经济日渐发达。明中前期，宁化"男力稼穑而不为高贾，女业麻苎而少事蚕桑"，① 主要农作物是水稻和大豆。水稻一年两季，"春种夏收，又再下秧，其十月收获者为晚稻"。② 民风也比较淳朴，嘉靖《宁化县志》称，此地"君子质直而恬于进取，小人愿悫而安于勤劳"，"旧志称宁化人物富庶，气性刚愎。男不逐末，而事耕读；妇不蚕丝，而专纺绩。土多沃壤，民谨法度。岁时蒸享，鲜竞乎汏侈；男妇服饰，弗流于侈僭。城市严内外之别，穷乡无淫靡之风"。③ 宁化山区仍有"岚气"，足见当地的开发程度尚不高。石壁地区亦然，崇祯《宁化县志》记载，龙上三里无不是"其民惟耕"，少有读书人。④ 明代中后期，甘薯被引入种植，是宁化粮食作物的突破。甘薯，"今俗名番薯，种来自南夷，闽种万历中始有之。瘠土、沙土皆可种。……其济人甚溥，近日山乡皆解种之"。大豆，"宁有黄、白、黑、褐、青、斑数色"。山林资源亦得到了一定程度的开发，万历年间，"邑（宁化）故多木贾，其上流淮土，徽商所窟。……值霪雨河溢，商木蔽流

---

① （明）黄仲昭修纂《八闽通志》卷3《风俗·宁化》，第63页。
② 康熙《宁化县志》卷2《土产志·粳稻》，《中国方志丛书·福建省》第88号，第71页。
③ "旧志"指嘉靖《宁化县志》（已佚）。崇祯《宁化县志》卷2《风俗》。
④ 崇祯《宁化县志》卷1《村落》。

而下"，① 加强了与外界的联系。同时，商品经济的观念逐渐深入人心，宁化人的生活出现了一些显著的变化。康熙《宁化县志》记载，宁化"岁时竞乎汰侈，服饰流于奢僭"，"往承平时，白下、闾门之贾，岁再往返。里巷衣冠，必曰京式；器御酒果，非吴产不珍"，② 充满了商业气息。

一　山林开发

三藩之乱平定，闽西山区的资源开发进入快车道，不仅有大量的烟草、蓝靛、杉木、油茶等经济作物种植，手工业尤其是造纸业也得到了长足发展，出现了颇具规模的商人集团。宁化山多，商业发展从山产开始。据康熙《宁化县志》记载，明末清初便有大量乡民，"开山伐木，泛筏于吴"，此所谓"木"，是指杉木，"此材为栋梁、棺椁、舟船百器之需，利用最博。先时徽贾买山，连筏数千为捆，运入瓜步，其价不赀。近皆本邑木商自运，价大减于前，然宁土之食此利者，多矣"。③ 由此出现了不少因经营木材外运而发家的富裕商人。淮土木商廖上珍，"雍正间，欣逢圣诏，采取良木，蒙督抚拔公为皇家木商，公遂动报国素心。其勤王事，往返跋涉，捐数千金。先赍解送，而资本毫不苟取"。④ 丰富的山林资源，除了能够提供建筑房屋的木材、日常柴薪等生活必需品，确实为石壁民众带来了丰厚的经济效益。

明清以来石壁地区的山林主要有经济林和坟山之分。经济林主要有杉木林、毛竹林和茶油林，均得到较快的发展，淮土乡的林业资源开发最善。淮土乡位于宁化县西南，明清时属龙上上里，民国至新中国成立之初，分属淮土乡、凤山乡，1966 年合并成为淮土乡，下辖 20 个行政村。淮土乡北接石壁镇，山地居多，耕地匮乏，人均不足 1 亩。境内虽有淮土溪经过，但山溪落差大，溪水随涨随下，耕地用水短缺，十年九旱。民国

---

① 康熙《宁化县志》卷 3《名宦志·周嗣昌传》，《中国方志丛书·福建省》第 88 号，第 143—144 页。

② 康熙《宁化县志》卷 1《风俗志》，《中国方志丛书·福建省》第 88 号，第 20 页。

③ 康熙《宁化县志》卷 2《土产志·木之属·杉》，《中国方志丛书·福建省》第 88 号，第 95 页。

④ 廖美松主修《莲塘廖氏族谱》卷 8《上珍公传》，1992。

以前，民众生活贫困，除了种植水稻，还大批量兼种地瓜、大豆等，林业经济以种植杉木、油茶、茶叶、毛竹等经济林木为特色。①

杉木林一般种植在比较贫瘠的山上，在较肥沃的山上种毛竹，在邻近村庄的山丘则种茶油树。杉木"为栋梁、棺椁、舟船百器之需，利用最博"，经济效益极佳，被乡民广泛种植，清代初年"吾土（宁化）杉植最盛"，②至民国初年仍是如此，"杉木向颇饶足，间有运售省垣者，亦用致不竭"。③杉木林中还会种植其他植物，如石壁上市张氏千家围等处山场，"栽畜杉、松、桐树，其所蓄山毛树木则三房公蓄公卖"。④杉木成材后，经营者将山林卖给木材商人开采，称为"卖青山"。一般而言，未达标的树木不准砍伐，若木商错砍，则需要赔偿。砍伐的时间主要在秋冬季节，且不能超过两年。砍完杉木，种山人重新开垦，满山种植，十多年后，再次砍伐。⑤

毛竹是石壁地区又一种重要的山林经济作物。毛竹的用途广泛，清代初年宁化毛竹主要用于编制器物，"（毛竹）质极坚劲，有大近斗者，编以为筏，百器多需之。一隅之地，日伐千百竿，用之不竭"。⑥清中叶后，宁化造纸业不断发展，毛竹便主要用于造纸，"南区之寺岭背（今治平乡）、安乐各村，东区之泉上、乌村各村，西区之坑子里各村，颇有修蓄毛竹者，不以制笋，而以造纸"。⑦石壁地区的毛竹主要用于供给寺岭背的造纸作坊。由于毛竹的生长习性和造纸的特殊需求，竹林需要乡民长期精心照料：春天竹笋初长，乡民必须在竹林狩猎，防止野猪等动物啃吃；夏天，要抓紧时间挑选新笋用于造纸；冬天，要给竹林施肥、锄草和垦翻土地。不能用于造纸的竹笋也大有经济价值，长不大的竹笋可以在春冬两季挖来

---

① 福建省宁化县地名办公室编印《宁化县地名录》，1981，第100—103页。
② 康熙《宁化县志》卷2《土产志·木之属·杉》，《中国方志丛书·福建省》第88号，第95页。
③ 民国《宁化县志》卷10《实业志》，第614—615页。
④ 张桢主修《石壁上市清河郡张氏族谱（十修）》卷1《清河郡四郎公嗣孙三房平资买千家围各处山场叙》。
⑤ 黄承利：《淮土传统社会、经济与民俗》，杨彦杰主编《宁化县的宗族、经济与民俗》下册，第659—670页。
⑥ 康熙《宁化县志》卷2《土产志·木之属·杉》《竹之属·猫竹》，《中国方志丛书·福建省》第88号，第95、99页。
⑦ 民国《宁化县志》卷10《实业志》，第614—615页。

食用，超时未砍伐的竹笋长大后则可以用来打造篾器。①

石壁乡民还大量种植茶油树，淮土乡凤山村茶油树经营最善，是宁化茶油林的主要种植区。茶油树有大茶籽树和小茶籽树之分，大茶籽树生长在阴凉背光的地方，乡民多将大茶籽树混栽在杉木林中，充分利用土壤资源，但其产出的茶油质量较差。小茶籽树要求特别好的光照条件，所产茶油质量高，需单独种植和精心培育。"油茶种子播下后，一般要生长3至5年，方能开始结果。若要丰产，一般得要8年左右。油茶种在山上，也不是任其自然，每年都要用锄头松土除草，俗称'砍山'。村民对油茶树爱护有加，砍伐茶树是一种禁忌，认为把茶树砍来当柴火烧，无异于断了观音菩萨神座前所需油料的来源，菩萨就会伤心掉眼泪。"② 虽然两种茶油树所榨出的茶油质量不一，但乡民为获取更大的效益，往往大小茶籽树共同经营，以保证油源不绝。此外，还有不少乡民种植茶树。如淮土莲塘（碛下）廖氏族谱收入了一份清代嘉庆十三年（1808）的茶山契，记载称："今因无银使用，自愿将己手置茶山一片，出卖与人。"③ 至今石壁乡民还会在距离村庄较近且排水条件好的山丘上种植茶树。

闽西乡民深受儒家思想和风水观念影响，茂密的山林是保护祖先坟墓和保障风水的必要条件。多数族谱有关于保护风水林的记载，如"原此山左有本芳祖太之坟，右有古儒祖妣之坟，中有淑健祖太坟墓即寮场，并有各房私坟在内，下有英顺祖伯任祖、九万祖香火堂。此山无论属众，已是乃祖坟之保障，祖堂之龙脉，气运之盛衰所关，其不可砍伐树木、剜挖泥土也明矣"。④ 保护和争夺坟山也是乡民经济生活的重要部分。一般认为，因保护风水而禁止开发的坟山得不到合理利用，其实不然。据载，石壁下市张氏陈屋祖山，"是英玉公之遗产也，是又英玉公之尝产也，先人之遗产，子孙当世守之，况尝产尤为祭祀所关，无尝产则无祭祀矣。……山多

① 廖仕耀：《安乐乡的传统造纸与墟市经济》，杨彦杰主编《宁化县的宗族、经济与民俗》下册，第755—758页。
② 赖扬恩：《淮土乡凤山村传统社会调查》，杨彦杰主编《宁化县的宗族、经济与民俗》下册，第637页。
③ 廖美松主修《莲塘廖氏族谱》卷8《上林排茶山契》，1992。
④ 张新旺主修《张氏族谱（十三修）》卷首《本芳祖学堂坪山编议合同文约》，1990。

松树，多油茶、桐树，岁产油若干斤。间数岁，斩一伐售之，值钱以万计"。① 由此可见，坟山也是可以开发利用的，只是不能大规模种经济效益高的林木，但松木、油茶、桐树等树木则可每隔数年砍伐一次，亦能有所斩获。由此可见，石壁乡民努力追求山林的经济效益时，不仅没有忽略因地制宜地种植杉木、松树、毛竹、茶油树、茶树等多种植物，而且能够按照植物生长规律，有效利用自然环境，立体经营，全面挖掘林木的社会经济价值。

不只如此，乡民还采取了很多措施保护山林资源和山林环境。如在经济林木的培养中，"卖青山"只出售达标木材，严禁砍伐未成熟杉木；为竹林施肥、保持水土；严防竹林遭野兽破坏。更具针对性的保护措施主要体现为：

一是议定宗族规约保护坟山。坟山是石壁地区看护较严的山林，如桂林张氏的淑健公房的学堂坪山岗，因嘉庆年间，"间有无知识者，私将此山树木戕，以致淑健公房有众构讼在案，当经邑尊讯明"。至同治四年（1865），桂林张氏重修族谱，议定严禁砍伐学堂坪山岗林木的规约：

> 妥将此山批归淑健公房嗣孙看守，山内大杉树数株原属无价，凡属族中人等，概不得入砍、出卖等情；淑健公房亦看守崇禁，不得戕灭等情，永为古树。至于山内泥土，二家均不得剜挖，以伤龙脉。或以风雪折坏松木杂柴，应归淑健公房管拾，族房不得争□异说。②

引文显示，对于石壁民众来说，坟山不仅蕴藏了丰富的经济价值，还具有深厚的社会文化价值，坟山的风水关系到家族的兴衰荣辱，议定规约保护坟山是每个宗族组织的基本职能。

二是巨额惩罚盗砍经济林的行为。千家围等处山场是石壁上市张氏宗族经济林，在刚买之时因宗族组织的蓄林约定，"自此三年之内，不许登山划挖草皮、茅草，牧牛人只许放牛，永不许携带刀斧上山砍斫枝叶、茅草，违者公罚"，山上林木得到有效的管理。随着时间的流逝，宗族规约日渐松弛，不少族人违规上山砍伐树木。"乃近有不法之徒，虎视林壑，

① 张恩庭主修《石壁追远堂张氏重修族谱（十四修）》卷1《英玉公陈屋祖山图记》。
② 张新旺主修《张氏族谱（十三修）》卷首《本芳祖学堂坪山编议合同文约》。

只图一己之利益，不顾材木之伤残，昼夜盗砍，以致各处贪利之辈，不时樵采如是。前之树色苍苍者，今则如牛山之濯濯矣。吾等目击心伤，爰是祖祠会众，重申严禁，显立通衢。盗砍者，断不轻宥；刍荛者，亦应重惩。倘敢恃强抗拒，定必呈官法究。惟吾侪交相勉励，改良易辙，庶绿茵浓，草木夭乔，可复见于今矣。"因而，石壁上市张氏召开宗族会议，议定禁山规则六条：

> 偷盗杂毛者，罚铜钱六千文正；偷盗砍松、茶树者，罚铜钱一万二千文正；盗砍杉树者，罚铜钱二万四千文正；砍树木拿获恃强者，不在禁条之例，理应称家资贫富，加倍从严处罚，否则呈官法究；拿获盗砍之人，将物送交牙首者，该首应该给小洋五角正，以示奖励；徇情隐匿不通牙首者，查与盗砍之人同罪，亦同处罚。[①]

从引文可知，上市张氏对偷盗没有经济价值的"杂毛"便要罚铜钱6000文，盗砍经济价值不高的松木、茶树和具有极高经济价值的杉木则成倍罚款，还声称要"呈官法究"，足见石壁乡民对盗砍山场林木的惩罚之严重。

非宗族所有的经济林，则会成立相关组织，保护林木不被砍伐。淮土乡水东村周边有数处山场，为村中温、张二姓乡民共有，为了有效经营此处山林，村民张茂才"出钱五百文，邀集通乡，合禁后龙水口、古墩以及各处山场。众等亦踊跃，各出钱合成二千九百文正，以为禁山公堂"。禁山公堂成立后，议定了九条经营规则，其中四条处理公堂银钱问题，剩余五条均为保护山林的规定：

> 一、后龙水口古墩打石、锄泥、划草皮、砍柴（杂木、松根、松光、松杉枝叶）俱应罚钱一两三钱正。
>
> 一、盗禾、豆、秆、草、薯、姜、蔬菜等项，罚钱一两三钱正。
>
> 一、各处山场松杉五寸以上不得盗砍，砍者罚钱一百文正。
>
> 一、报知者赏钱五十文，拿获者赏钱一百文；见面不报、不拿者，罚钱如数。

---

① 张桢主修《石壁上市清河郡张氏族谱（十修）》卷1《重禁千家围山场》。

一、子侄犯禁，众老者寻着至亲父兄伯叔，要他执理处断，处断无理，罚钱八百文正。[1]

淮土村的禁山公堂实是乡族组织的一种表现形式，其对盗砍林木行为的惩罚数额巨大，与上市张氏宗族对千家围山场的规定相当。不同的是，公堂不仅严禁乡民盗砍具有经济价值的林木，连"打石""锄泥""划草皮"和采摘蔬菜都被禁止，这是保持水土和保护杉木生长环境的有效措施，也体现了乡族组织对民众日常行为的细节规范。

三是将保护山林的观念"濡化"为乡民从小耳濡目染的各种文化形式。在石壁地区，有大量不能随意砍伐林木的民间传说。一则故事讲，很久以前，淮土村有两个富裕的木材商人，叫程十万和蔡十万。这两家的男人或外出经商，或在外当官，只有女眷管理家务，她们非常想念丈夫。一个风水先生看出了女眷们的心思，便骗她们说，只要砍掉了村后的大藤，她们的丈夫便会回来。在神灵的帮助下，女眷们用锯子锯断了大藤，但也破坏了两家的风水。不到半年，程、蔡两家做生意的遭不测，做官的犯错误，几年之间，倾家荡产，人财两空。[2] 不仅如此，石壁地区还有一些风俗习惯与木材商人有关。淮土村每年正月都要举行游"百鸟灯"的庙会，其习俗起源于一个木材商人。相传一位淮土木商运木材到扬州，用来给皇帝建造行宫，因质量极高而得到皇帝的赏赐，"百鸟灯"就是奖品之一。回乡后，商人每到正月便拿"百鸟灯"出来炫耀，逐渐形成了现在的庙会习俗。[3] 在如此文化环境下成长的石壁乡民，既会对随意砍伐树木心存戒备，也会对经营林木多几分自豪。

当然，清代石壁乡民采取各种保护山林措施的主要目的是实现经济利益，而非出自保护环境的观念，但这并未影响水土保持和环境保护的实际效果。透过清代宁化石壁乡民经营山林的例子，不仅可以看到山林对乡民的多重现实意义，还可以知道乡民在长期的山林开发中为合理利用林业资源和保护自然环境所采取的积极措施。石壁乡民不是四处迁徙的流民，他

---

① 张经德主修《清河郡张氏族谱（七修）》卷1《立编合同》，1993。
② 黄承利：《淮土传统社会、经济与民俗》，杨彦杰主编《宁化县的宗族、经济与民俗》下册，第663—664页。
③ 余保云编《宁化掌故》，中国华侨出版社，2000，第34页。

们生于斯、长于斯，世世代代靠山吃山，这些因素决定了石壁乡民不可能毫无顾忌地开垦山场，砍伐森林，而是希望通过因地制宜、立体经营，种植多种经济林木，长期有效地开发利用林业资源，乡族组织通过制定宗族规约、规定巨额罚款和文化濡化等方式保持水土，保护山林，努力维持人与自然和谐相处，从而实现对山林的永续经营。①

二 村落结构

明中叶以后，随着山区耕地和山林资源的开发，闽西山区能够供养的人口增多，但仍然比不上人口增长的速度，因而有不少村民选择外迁。据清初江西宁都人魏礼记载，宁都县下三乡，"更佃者悉数闽人，建宁、宁化之人十七八"。② 也就是说，明末清初宁化已有不少人迁往邻省。道光九年（1829），宁化县统计人口数目，分查保甲门派，核实土著、流寓、民屯各户共 67111 户，男妇大小丁口共 379240 口。③ 这一数据有造假之嫌，它不仅是 1942 年保甲统计人口数（25989 户 122946 口）的 3 倍，亦超越了宁化县 2000 年全国人口普查调查的数据 298434 人。④ 尽管如此，它在一定程度上说明清中叶的宁化县确有人满为患的忧虑。

在石壁地区，清前期人口也有很大规模增长。据石壁村下市张氏族谱统计，族谱登载男丁数量，仅明末清初（1610—1690）下市张氏两代人数便有极大的差别，以张安卿之父张公奭为始祖的第二十五世"正"字辈族人，长房 34 人，二房 393 人，三房 116 人，四房 18 人，共有 561 人登记在谱；第二十六世"忠"字辈族人，长房 72 人，二房 560 人，三房 160 人，四房 24 人，共有 816 人登记在谱，增长率达 45.5%。⑤ 上市张氏人口

---

① 山林永续经营是指人们对森林资源的长期经营和永续利用，它要求多效益利用森林资源和实现人与自然的和谐相处。参见惠刚盈等《结构化森林经营》，中国林业出版社，2007，第 2—10 页。

② （清）魏礼：《魏季子文集》卷 8《与李邑侯书》，道光十五年（1835）刻本，厦门大学图书馆藏。

③ 民国《宁化县志》卷 5《户口志下》，第 501 页。

④ 宁化县政府网：http://www.fjnh.gov.cn。

⑤ 张恩庭主修《石壁追远堂张氏重修族谱（十四修）》世系谱第 4、5 册《茂甫公房子禧、子初、子忠、子昌位下世系》。该四房聚居于石壁村下市。

基数相对较小，增长率却也相当。

康雍以来，由于人口数量的增加，宁化石壁地区的村落宅居地不断向外拓展，至嘉道间，石壁村外围相继形成了多个角落村，如下市张氏二房居住的大路背（在村南），三房居住的马塘湾（在村东南）和大屋里（在村东）。嘉道以后上市张氏也在村北的山坡上开辟堑排下、洋坑等处角落村。尽管如此，石壁村仍无法容纳迅速膨胀的人口，迫使大量乡民迁到周边地区开拓新的聚落。例如，张正善（1629—1684，字国楚）是下市张氏二房族人，"世居邑龙上下里石壁乡，自翁始迁乡西之陈屋（石壁村西北约 10 里），子五人。为置田宅，于乡之邻近，使各分居之"。① 迁居陈屋后，张正善子孙满堂，迅速繁衍，百余年后又形成了新的村落。上市张氏亦如此，张世炉（1678—1732）于"康熙四十四年（1705），开章坑、扣子岭，居址构栋宇，置田园、山塘产业"。② 石壁村民外迁的现象，与《宁化县志》有关村落的记载遥相呼应。比较康熙和民国两个版本的《宁化县志》，宁化民国间村落有近 1/2 形成于康熙之后。康熙县志所载全县有村落 397 个，墟市 14 个；③ 民国县志记载村落 752 个，墟市 31 个。④ 在近 200 年的时间里，宁化新增村落、墟市 372 个，占总数的 47.5%。

江家岭是石壁村裂变出来的子村，原名为"江峡岭"，位于村南约 2 里的丘陵下，与石壁村隔着西溪相望，它是最早因外地人回石壁村寻根而定名的村落。清雍正十一年（1733），下市张氏二房族人张忠伟（1680—1759，字子英）在此建屋，始成聚落。族谱记载：

> 予客江湖有年，是岁壬子暮，诣北肆而归。癸丑春，在吾乡里许外，就田构屋于江峡岭，冬十月廿二而迁居焉。是屋也，环绕皆山，独缺衍其前，而户俳［扉？］径路，适乘其缺而向北焉。起居饮食，又与田山相接。予弟与内子诮曰：先父遗有旧田宅，壮丽广厦，膏叟［腴？］活亩，足以供吾栖息营生，况江家岭之地素属硗瘠，岂非舍此

---

① 张恩庭主修《石壁追远堂张氏重修族谱（十四修）》卷首《张正善翁暨配吴孺人传》。
② 张桢主修《石壁上市清河郡张氏族谱（十修）》卷 1《世炉公坟记》。
③ 康熙《宁化县志》卷 1《村落》，《中国方志丛书·福建省》第 88 号，第 41—45 页。
④ 民国《宁化县志》卷 4《城市志》，第 478—482 页。

而就彼，迁乔木而入幽谷乎。何兄之汲汲于屋，是计也？予曰：噫！非心知其意，固难为浅见寡闻者道也。①

据引文可知，雍正以前，江峡岭是山谷间的一片荒野，因富商张忠伟在此建屋而成聚落，其弟夫妇曾疑惑，在石壁村尚有房产，何苦从"丰美之地，必住千烟"的故居，迁往荒芜的江峡岭，张忠伟的解释是为子孙后代着想。事实证明，张忠伟的决策是正确的。迁居江峡岭后，张忠伟子孙迅速繁衍，他有 3 个儿子、10 个孙子、43 个曾孙，其中不少人相继进入县学、府学，虽无高级功名，却足以成为下市张氏族中的豪杰。与此同时，江峡岭聚落不断扩大，到乾隆末年，除张忠伟所建的"老屋"之外，有九可亭和新建房屋三栋，加之周边的小建筑，以及门前池塘等村落附属产业，其聚落已颇具规模。"江峡岭距石壁里许，枕山面水，局势宽平。……山下连屋四栋，中老屋一栋，则先祖所构也；老屋左畔有亭，先祖颜之曰'九可亭'；亭之外，不数步，有新屋一栋，则先考彩珍公所构也；于老屋之左砂下新屋一栋，则先足［兄］泽源公所构也；于先兄屋左砂下新屋一栋，亦先考所构也。门前有池有田，可渔可耕。"如此壮观的村落景象，足以让人相信，"相传宋元之间有江十万聚居于此"，以致时任宁化县教谕误以为是其先祖的故居："乾隆癸丑（1793）秋月，邑学师江讳浩，福宁人，以公务来石壁，道其祖始迁自石壁乡，闻'江家岭'之名，即就游焉，时作诗三首。……先祖记为'江峡岭'，今呼为'江家岭'，一地二名，要各有所取义耳。"② 在宁化方言中，"峡"与"家"的发音极为相似，以致福宁人江浩误认，而石壁本地人虽知有误，却不便捅破，扫了教谕的雅兴，只能解释为各取所需。

石壁地区历史较久的村落都建有神庙。如刘村有观音庙（约建于乾隆年间），溪背村有九龙庙，官坑有水口庙，石壁坑有水口庙，杨边村有渡头庵（约建于明末崇祯年间），等等。③ 一般认为，中国乡村社会生活中的民间信仰习俗来自相对非"制度化"培养读书人的教育机制，也难以为少

---

① 张恩庭主修《石壁追远堂张氏重修族谱（十四修）》卷 1《江峡岭记》。
② 张恩庭主修《石壁追远堂张氏重修族谱（十四修）》卷 1《江家岭屋图记》。
③ 宁化县志编纂委员会编印《禾口红军桥溯源》，《宁化方志通讯》1985 年第 3 期，第 46—47 页。

数人垄断，具有复杂多样的表现形式和文化意义，民间信仰及其仪式常常相当稳定地保存着在其演变过程中所积淀的社会文化内容，更深刻地反映乡村社会的内在秩序，是理解乡村社会结构、地域支配关系和普通百姓生活的重要途径。① 在人类学研究中，村落性的祭祀组织被称作祭祀圈，② 中国台湾地区人类学家试图用祭祀圈理论来考察台湾汉人社会生活的特征，但大陆学者发现祭祀圈的传统是明初里甲制度和社区发展过程中不断形成且普遍存在的地方传统。③ 宁化石壁地区有大量的神庙，其中较为有名气的是邓坊村的白水庙、禾口村的双忠庙和石壁村的汉帝庙。邓坊村在石壁镇东北，原属龙上里；白水庙在大礤村口，祀"真王公"及其夫人。康熙《宁化县志》记载："白水庙，庙在龙上里，神姓王，讳林。唐德宗时（780—805），内帑虚乏，公奉命开矿至白水顶（即东华山），泉水涌出，神没焉。距广［矿］三里，名大礤，有石亘溪，方广如磬，俗呼为棋盘石。神英灵不泯，时坐立其间，马蹄人迹，脱显石上，非复斧凿所能。乡人异之，遂鸠材建庙，崇祀为一方之镇。"④ 至今棋盘石犹在，每年农历二月初二为白水庙"真王公"生日，有游神和演戏活动。有庙自然就会有各种祭祀组织，石壁地区的祭祀组织主要呈现为两种形态：一种是村落性的，即同村人围绕村落中的神庙而形成的组织；一种是跨村落的，即不同村落的人围绕地方性的神庙而形成的组织。

禾口墟有四座庙宇，即双忠庙、水口庙和两座观音庙，后三者均被毁。1995年乡民重修时，将三庙合一，建在松子岗，称海莲寺。水口庙，曾是禾口村的村庙，修建于道光年间，庙内祀奉华光菩萨，农历九月二十八日为庙会，庙会间有游神活动，其范围只在禾口墟内。据当地耆老说，禾口墟繁华，水口庙是为解决商人间的矛盾而建的。双忠庙位于禾口墟新岗上，始建于"光绪十三年（1887）仲秋榖旦"，⑤ 至今保存完好，1991

---

① 郑振满、陈春声主编《民间信仰与社会空间》，福建人民出版社，2003，"导言"第1—2页。

② 林美容：《祭祀圈与地方社会》，台北：博扬文化事业有限公司，2008，第132—216页。

③ 陈春声：《信仰空间与社区历史的演变——以樟林的神庙系统为例》，郑振满：《神庙祭典与社区发展模式——莆田江口平原的例证》，叶涛、周少明主编《民间信仰与区域社会：中国民间信仰研究论文选》，广西师范大学出版社，2010，第56—81、145—172页。

④ 康熙《宁化县志》卷7《坛壝庙祠志》，《中国方志丛书·福建省》第88号，第303页。

⑤ 据罗荣华调查，2000年重修双忠庙时，发现庙内横梁上写有如此字样。

年重塑菩萨，2000 年重修庙宇。双忠庙的庙会日期是农历七月二十五日，庙会的祭祀仪式相当丰富，七月下旬一直处于庙会期间，有"傀儡戏""抬故事""扛菩萨""放菩萨铳""打锣鼓""举彩旗""打鬼子"等活动。双忠庙祀奉唐代"安史之乱"中誓死效忠朝廷的两名忠臣张巡和许远。耆老相传，晚清慈禧掌权，本地志士仁人痛恨其卖国，欲借双忠公抗敌爱国精神激发民众的民族意识。

石壁村内则有五座庙宇，分别是三圣庙、汉帝庙、华光庙、灵显庙和茶神亭。除了村外水口处的茶神亭，其余庙宇均有庙记收录于族谱中，上市张氏族谱和下市张氏族谱中的庙记内容相近，下市族谱更为详细，且有署名，为下市秀才张良旗的作品，落款时间是"大清康熙四十四年仲秋吉日"，即撰修族谱之期。除汉帝庙的情况将在后文详细讨论外，其余三庙的情形如下：

三圣庙位于石壁村东南村口，与下市张氏宗祠一路之隔。名义上，三圣庙是石壁村的村庙，为石壁村上、下张氏所共有。三圣庙始建于洪武六年（1373），重修于康熙三十九年，1989 年再次重修。《三圣庙记》载：

三圣庙，旧名樟树墩，建庙之后，因其前有古井，遂名井下庙，十六世祖文宝公营建于明洪武六年也。顺治八年辛卯（1651）毁于祝融，族人于是迁三圣庙遗像于土堡，淹没四十年。至康熙三十（九）年庚辰，族贤如正贤、正纪、正耀、正玑、正华、正器、正兰、忠稳、忠引、良相、良琮等始鸠工重建。越明年辛巳，乃告成。壬午年（1702），复取三圣金身，加修而重饰之。登斯庙也，青山环其前，流溪远其侧，有令人心旷神怡，仿佛秋水长天之慨，诚吾族之壮观也。三圣始末不可考，俗传三圣世籍高丽，尝为天山之镇。唐太宗征辽时，薛仁贵以三箭破之，三圣旋陨，天山平复。《纲目》载薛仁贵三箭定军山者，即此之谓也。高丽既克，太宗凯旋，路经天山，风雨迷离，军事惧惊，太宗疑之，左右奏请封三圣，太宗乃封为唐、葛、周三将军，永镇天山。须臾，云止雨收，军士踊跃，太宗乃得回。吾乡设祀之意，以庙对面有山，曰官山、曰太平山、曰员墩山，三山惟官山行家谓于乡不利，故设三圣以镇之，取其尝镇天山意也。野史荒唐，未知信否。良旗浅陋，既不敢斥之以为虚诬，又不敢据信以为定论，姑存其说，以俟博雅君子云尔。[1]

据引文可知，三圣庙供奉的三仙相传是唐太宗平定高丽时的敌将，太宗赐封他们以镇天山。石壁村建三圣庙是因为堪舆家言村前小山"于乡不利"，"故设三圣以镇之"。从倡议者的字辈看，重建三圣庙和重塑菩萨金身的信众皆是石壁村下市张氏族人。又据耆老相传，建三圣庙前石壁村东的土楼山上有三个将军的灵魂徘徊，村民为了安抚盘旋的神灵，便在村内设三圣庙。三圣庙庙会在正月初十，每年这天早晨村民至庙中放鞭炮，直至浓烟弥漫"震动"了菩萨。菩萨被"震动"后，分别由两名青年扛出庙宇，开始绕村巡境，村民一路追随。途中，会有数十名男童身着传统服饰活蹦乱跳"装故事"，表演给途经的菩萨看。菩萨回到三圣庙前，村民又要放鞭炮，让菩萨在鞭炮声中"震"回去。下午则唱大戏，一直到深夜，庙会才算结束。从近年庙内的红榜看，三圣庙其实是石壁村下市张氏族人供奉的神庙。

华光庙在村北，汉帝庙南约50米处，处石壁村上市张氏聚居范围，却为下市张氏所有。华光庙的庙会也在正月初十，庙内祀奉的关帝和五通神像被乡民抬到三圣庙，与三圣庙诸神一同巡游。《华光庙记》写道："吾乡有华光庙者，建于十四祖满郎公，时延祐四年（1317）也。飞檐杰栋，气象峥嵘，中建高楼，祀大士其前，后殿则祀华光与关帝也。神灵之显赫，仪象之尊严，有使人意肃者。顺治丙戌（1646），乡寇窃发，兵燹频仍，庙成灰烬，仅遗华光、关帝二象，乡人如是痛二神无所栖，于中殿原址聊构一宇，并列二神而享祀焉。今庙虽二神并列，其命名则仍华光之旧称也。"[2]

在华光庙南约100米处，有灵显庙，古称富下庙，祀奉刘邦和项羽及其夫人。灵显庙庙会为正月十三日，也是扛菩萨，游行路线与三圣庙一致。"富下庙者，元至正间（1341—1368）十五世祖茂甫公所营建也。毁于丙戌寇变，重建于康熙乙未（1715），中祀刘沛公、楚项羽二神焉。"[3]

---

① 张国柯主修《张氏重修族谱（十三修）》卷1《三圣庙记》，1989。
② 张国柯主修《张氏重修族谱（十三修）》卷1《华光庙记》。
③ 张国柯主修《张氏重修族谱（十三修）》卷1《富下庙记》。

张氏指出，刘、项二人有杀身之仇，缘何合祀一处，实难理解，无非是灵验罢了。华光庙香火冷清，灵显庙亦不甚旺盛，实际上，它们与三圣庙的庙会，参与者多为石壁村下市张氏族人，同村的上市张氏族人（包括石壁村、陈塘村等处）主导的庙会则在位于上市的汉帝庙，由此形成了以三圣庙为中心的下市张氏祭祀圈和以汉帝庙为中心的上市张氏祭祀圈。

宁化西乡服务跨村落的庙宇主要有四座，即分布在东华山、双极峰、升仙台、狮子峰的四座神庙，它们均处在石壁镇北部的山脉上。东华山、升仙台、狮子峰，合称"三山"。双极峰又称"双髻峰"，山上有寺名福慧寺，"距县城七十五里，升仙台右双髻峰下"，[1] 即粟畬坑村后山腰，"该寺始建于明代嘉靖年间，历经数次重修扩建，一直延续到 1965 年"。[2] 福慧寺所祀奉的偶像有如来佛祖、观音菩萨和十八罗汉等，其主神是药王祖师，亦称欧阳祖师、丰山祖师、祖师菩萨等。据乡民称，"药王签"特别灵验，按照签所写的偈语，再去药铺拿药，能包治百病。福慧寺所祀奉的"药王"，是一位姓欧阳的本地医生，故又称欧阳菩萨。相传，欧阳菩萨原是石壁镇江头村欧阳氏的祖先，原籍清流县，年少清贫，随师学医，医术高明，身故江头。后人赞其医术，建药王庙于江头村以作祭祀，后迁至双极峰。[3]

东华山原名白水顶，曾名西华山、金沙庵，位于石壁镇西隅，峰山有庙，李世熊记庵名金沙庵。由石壁村步行 10 余公里，距县城 35 公里。东华山山顶海拔 1148 米，山上建有三仙祠，俗称"仙顶"，坐落峰尖之上，花岗石墙，铁瓦覆盖，屋顶尖角高耸，落水坡度约 70° 下倾，长年烈风劲吹而纹丝不动。始建于明代隆庆元年（1567），由济村乡长坊村张满十郎公裔孙捐山助建，祠内奉祀邱、王、郭三仙。升仙台，《临汀志》记载陈隋之际便有神仙在此活动（详后），位于石壁村北的香炉峰上，香炉峰名取自形状，又因形似猴头，故又称"猴头峰"。香炉峰"悬崖若坠"，西侧是千家围，围内有"天紫塘"，"其水清莹，四时不涸，亦有洞穴，石几石床，宛如琢成"。[4] 升仙台的庙宇有两个部分，一个是佛寺，祀奉如来佛

① 民国《宁化县志》卷 4《名胜志下·寺观》，第 492 页。
② 张恩庭编印《宁化寺观》，2001。
③ 罗华荣：《石壁传统社会调查》，杨彦杰主编《宁化县的宗族、经济与民俗》下册，第 499—500 页。
④ 康熙《宁化县志》卷 1《山川下》，《中国方志丛书·福建省》第 88 号，第 33 页。

祖、十八罗汉等。峰顶的石屋供奉三名道士，一名跛腿老道，左右分立两名道人。相传，左右分立的两名是石壁墟的刘屠夫和熊屠夫，二人操刀为业，同案卖肉。一日中午，腹中饥饿，柴火又缺，仅得一小锅以煮豆腐，勉强应付肚饿。此时，一跛脚老道士，前来化缘，求舍碎肉。屠夫以卖肉为生，有不舍之意，便生刁难。一屠夫将碎肉放入小锅，与豆腐混杂蒸煮，豆腐能熟，碎肉则未必。岂料老道手指小锅，轻轻一划，豆腐、碎肉各分一边，再把跛脚放至锅底火中，以当柴火，火烧甚旺，但碎肉尽熟，豆腐依旧冰凉，老道吃完碎肉，称谢而去。刘、熊两屠夫惊愕，发现卖肉案桌少了一只脚，这才知道此老道非凡人，乃铁拐李也。于是，二人尾追老道至香炉峰，拜师结炉，练吐纳之功，经点化得道，白日飞升成仙，后人为纪念他们，便在飞升处设台祭拜，故称升仙台。狮子峰位于官坑村后山，山上寺庙始建何时未见具体记载，寺庙分上、中、下三部分，分别祭祀欧阳祖师、玉皇大帝、观音菩萨和三宝大佛等。在《渤海郡官坑吴氏宗谱》的祖先世系中，生活在元明之际的第十四世祖三八郎名下记曰："祖曾率乡民兴建水口庵及狮子峰鼎［顶］庙宇。"谱中还有一篇没有落款年代的《狮子峰记》："狮子峰，为官坑发龙之祖，顶有坛，中有庵，其峰高耸百丈余。登巅望远，万景毕收，亦一名山。此山为吴氏三八郎公之业，坛与庵则公率延陵郡与刘姓各捐资建造者。"[①]

每年农历四月移栽秧苗时节，石壁地区各村乡民大多会成群结队、敲锣打鼓去东华山、升仙台、狮子峰三处进香，故称"朝三山"，因乡民的目的主要是祈保丰收，故进香朝仙的活动又称作"报禾苗"。东华山、升仙台、狮子峰三座山峰各有庙宇，供奉着的是石壁地区最为灵验的神明，更是当地不少村庙神明灵力的来源地。如江家岭（江家村）的三官庙，村民每年正月二十三会担着法器，往东华山、升仙台、狮子峰上香打醮；禾口双忠庙、官坑水口庙，则是每年二月、三月前往，他们认为只有祭拜了庙里的神仙各种法器才能获得法力。不过，上述三山上的庙宇虽能享受各个村落朝拜，但所有权属于山下个别姓氏。东华山原属于济村大长坊张氏，升仙台属于石壁上市张氏，而狮子峰则属于官坑渤海郡吴氏。

---

① 吴彩林主修《渤海郡官坑吴氏宗谱（十一修）》卷首《狮子峰记》，1996。

由此可见，随着聚落的形态裂变和数量增加，石壁地区的村落组织已经发育出了以村庙为中心的祭祀圈和以"三山"为中心的信仰圈，二者虽然不具有从属关系，却呈现了当地村民以村落为单位而形成的宗教网络。

第三节 文化传统

近年有关传统闽西社会文化的研究显示，闽西地区的主流是代表国家意识形态的儒家文化，但儒家文化不足以囊括全部，闽西地区的道教传统同样历史悠久，至今道教文化仍在闽西民众的日常生活中扮演着重要角色。[①] 在宁化石壁地区，早在隋唐之际，石壁村北的香炉峰就建了升仙台。南宋成书的《临汀志》记载："升仙台，在宁化县西四十里，亦名'香炉石'。旧传，隋义宁间，有刘、熊二道士修炼其间，白日飞升，居人为创'升仙台'，刻二像于石壁，祈祷应验。今台废而像存。"[②] 据此推测，千余年前已有道士在石壁地区活动。遗憾的是，升仙台没有留下系统的文献，笔者只在石壁下市张氏族谱中发现张良儒的传记中记有几句："良儒（1744—1797），字汝珍，由俊秀捐援常平仓，例捐授国学生。……志乐施悯急济困，倡缘重建升仙台，重祀仙真，年仅五十有四。"[③] 不过，在石壁村内仍有一位远近知名的叫作傅永根（1952 年生）的火居道士，适时主持、参与当地的仪式活动，体现的是道教传统。

一 道教遗存：以驱瘟科仪书为中心

笔者在宁化石壁村的调查过程中，从村民傅永根家中搜集到两本用于驱瘟的宗教科仪书——《雷府遣瘟、治痢、起土科仪》《天符谴瘟科仪》，

[①] 魏德毓：《明以来正一派道教的世俗化——对闽西火居道士的调查》，《社会科学》2006年第 11 期；刘永华：《道教传统、士大夫文化与地方社会：宋明以来闽西四保邹公崇拜研究》，《历史研究》2007 年第 3 期；巫能昌：《仪式、神明与地方社会：闽西灵应堂法师传统研究》，台北：新文丰出版公司，2019。

[②] （宋）胡太初修，赵与沐纂《临汀志·古迹》，第 114 页。

[③] 张国柯主修《张氏重修族谱（十三修）》卷 3《张良儒传》。

二书记述了瘟疫的病原、病因、种类和驱瘟仪式等相关内容。闽西地区气候潮湿，易生传染性疾病，因而瘟神信仰经常可见。因医疗社会史兴起和现实问题，"瘟疫"为学界普遍关注。余新忠教授通过梳理明清官书、方志、文集笔记、医书等文献指出，除个别医家外，清人普遍用宗教观念来解释瘟疫，但他也强调明清士大夫对普通百姓运用鬼神观念理解、治疗瘟疫的认识存在一些偏见，甚至是歧视。① 石壁村发现的驱瘟科仪书应长年为民间道士使用，同村的张耀达（1932 年生）回忆，解放前两三年村里做过一次持续七天的驱瘟仪式，以故该科仪书中的观点似应更加贴近普通百姓的观念。

保存这两本科仪书的傅永根家族世代从事道士职业，傅家至今仍保存有大量的祖传宗教科仪书。《雷府遣瘟、治痢、起土科仪》是一本醮文集，共四卷：第一卷为《雷府驱瘟治痢保病行移》，包括《牒天符元帅》《牒温帅追枉死》等 34 篇与驱瘟有关、篇幅较短的醮文；第二卷为《正一雷府治病、报犯、解关、权惊、禳送白虎诸般牒札》，共 20 篇，主要是用于治病、保病时祭祀太岁、白虎等凶神的祭文；第三卷为《雷霆预禳解厄公文》，"此文书法家用得，庶民用不得"，共 7 篇；第四卷为《雷霆言功谢过文检》，"每岁年终补将用"，共 9 篇。此书大约成书于清康熙年间，由傅氏祖先傅元亮抄写，传至傅顺廷时于道光三年（1823）"重表"。该书的落款是"道光癸［未］三年四月□日元亮抄、玄孙傅顺廷重表"，亦即傅顺廷是傅元亮的玄孙。据傅永根口述（傅家没有族谱），傅氏近几代的世系关系为：傅永根的父亲是傅德燊，祖父为傅立球，曾祖傅昌攀，高祖是傅道崑，傅道崑的父亲便是傅顺廷。据此推测（以 30 年为一代），傅顺廷大约生活在清代中叶（1780—1850），而其高祖傅元亮则大概生活在清康熙年间（1662—1722）。此外，第四卷醮文《年终护身保己申宗师》开篇写道，"秉宗师门下遗教，嗣法弟子慕乾诚惶诚恐稽首顿首俯拜，上申谨据弟子傅慕乾本命康熙壬子年（1672）七月十一日未时生"；且其他醮文也常有"傅慕乾"与"臣""弟子"等词连用的词句。按照当地的道教传统，玄门弟子有法名和俗名两种称呼。由此推断，傅慕乾和傅元亮是同一

① 余新忠：《清代江南的瘟疫与社会：一项医疗社会史的研究》，中国人民大学出版社，2003，第 273—282 页。

个人，即"傅慕乾"是面对神灵和先师时所用的法名，"傅元亮"则是抄写醮文时所用的俗名。另一本《天符遣瘟科仪》，内容相对单一，通篇记载的是一套完整的驱瘟仪式。该文本封面"天符遣瘟科仪"标题下写着"玄门弟子傅玉冈"，而扉页署名却是"玄门弟子傅道崑"；在文本中又多处同时盖有"道崑傅记"和"玉冈傅记"的红色印章。据此推测，傅玉冈和傅道崑应为同一个人，即一为法名，一为俗名。该科仪书落款为"光绪壬午八年（1882）四月玄门弟子傅道崑男昌攀抄写"，书写笔迹与前文并无明显差别。因而可以确定《天符遣瘟科仪》是傅昌攀在光绪八年依照其父傅道崑所用的版本抄写而成。该抄本字体较大，书写清楚，且有朱色圈点的断句符号以及多处修改痕迹，推测《天符遣瘟科仪》应是傅昌攀早年刚入玄门时的习作，当时他对文本内容并不熟悉。

从两本科仪书的内容看，两书中没有直接记叙瘟疫有哪些种类，而是通过对"瘟神"的分类来表达乡民对"瘟疫"的认知。在《天符遣瘟科仪》所列的请神名单中，与瘟疫有关的疾病神包括山瘟、沙瘟使者，牢瘟、客瘟使者，土瘟、墓瘟使者，伤寒坎坷使者，麻痘赤眼使者，赤白泻痢使者，行牛猪岚瘴使者，行潮热头痛使者，霍乱吐泄使者，行水冷洪汗使者，行诸般杂症使者等。也就是说，他们知道的瘟疫包括山瘟、沙瘟、牢瘟、客瘟、土瘟、墓瘟、伤寒、麻痘、赤白痢疾、牛猪岚瘴、潮热、霍乱、水冷洪汗及其他相关杂症。乡民对"瘟疫"的认知，并不是抽象的医学概念，而是非常具体的生活现实，即他们往往将日常生活中所遇到的诸多传染性疾病归之于"瘟"，故有"某瘟"之称。染上瘟疫的人"形容枯萃"，"兼且合家见患者未卜安危，未沾者罔明休咎，心若伤弓之鸟，命如被钓之鱼"。[①] 两份科仪书均认为，瘟疫患者染上了一种有毒的"气"（炁），曰"毒气""瘟风疫气"。这种"毒气"由神鬼掌控，装在"葫芦"中，神鬼在施放"毒气"时，要"安营扎寨"，收回"毒气"时，则要"除营拆寨"。当凡人与神鬼产生"矛盾"时，鬼神便会施放毒气；在建醮驱瘟后，鬼神则会收回毒气，而驱瘟仪式可以"殄疫气化成瑞气，扇瘟风改作祥风"。[②]

---

① 《雷府遣瘟、治痢、起土科仪》卷1《雷府驱瘟治痢保病行移·序》。
② 《天符遣瘟科仪》。

关于世人遭瘟的原因，即神鬼施放毒气的情形有三种。其一，世人为恶，不敬鬼神。为彰显"善恶由人所造，为善者本皆天佑，造恶者自速天灾"的宗教原则，神明对为恶者施放"毒气"，以示惩罚。此类瘟病患者，若能认识到所犯之恶，虔心向善，建醮祈福，便可以驱瘟除疫，恢复健康。《道藏》中亦有相关文献持此观点，认为瘟疫流行"皆是下界生民，处居人世，不敬三宝，呵天骂地，全无敬让心行，诡曲为非造罪，致令此疾"。① 其二，妖邪作祟，即"坏军死将、恶鬼凶神，弃正令之流行，敢混沌而布毒，邀求血食，毋故害民"。此类患者需要建醮祈福，神明则会前来相助，将"毒气"收回，作祟的妖邪则将"依照《雷律》，诛灭施行"，患者随即恢复健康。《道藏》中也有相关记载，即"若有天上地下凶逆之鬼，滞在某家、村中巷陌、门前户后窥视，求血食，欲行凶伤"，则须请天将下凡，"为某家同心并力，收摄村中、巷陌、家中、宅内行客魑魅之鬼"。② 其三，神明与妖邪串通作弊，危害人间。《雷府遣瘟、治瘌、起土科仪》中所引《女青天律诏书》规定："凡人家、司命六神及内外香火等神，辄取与下邪外道通共作弊，故害良民，典邀祭祀，务求血食，椁藏鬼贼，染惹时令，透入在家，作害生人者，杖一百，一月不出城隍司，首者罪加一等；五月者，流三千里；为害人祸重者，处死；承法官住牒者，一时不为施行，故欲停留，鬼贼在近，不足违者，及容隐时令，具禄事申飞奏，以廷解赴酆都九阴之下，永沉下鬼，万劫不复。"即与妖邪串通作祟的神明有人家之神、司命之神和香火之神三种，并依据为害良民的轻重程度，将惩罚分为四类，轻者"杖一百""流三千里"，重者"处死""万劫不复"，俨然是一套朝廷的律法。综合三种情况，所有染上瘟疫的人都有了他们患病的原因：为恶者染病，是天神的惩罚；为善者亦染病，则是厉鬼布毒或神鬼舞弊。瘟毒疫气的传播途径不是通过物质的空气，而是非物质的鬼神，即妖邪和瘟神。二者的区别在于处理"毒气"能力，妖邪只放不收，瘟神能放能收。瘟神名目繁多，除了前文论及的疾病神外，还有统瘟仁圣大帝、左右正副二大元帅、天符岁分、五皇大帝、和瘟教主、四季

---

① 《太上洞渊辞瘟神咒妙经》，《道藏》第 1 册，上海书店、文物出版社、天津古籍出版社，1988 年影印涵芬楼本，第 886 页。
② 《太上三五傍救醮五帝断瘟仪》，《道藏》第 18 册，第 335 页。

行瘟使者、天瘟使者、地瘟使者、年瘟使者、时瘟使者、月瘟使者、日瘟使者、行瘟总管判官、行瘟大力鬼王、行瘟东平王、行瘟忠靖王、行瘟康太保、十洞魔王、铁身刘总管、盘龙判官、白头魔王、女瘟一切部众、南北两朝行瘟使者、发瘟聂舍人、淮阳梁舍人、新会张节使者、引瘟高将军、行瘟吴太尉、停瘟戴王人、收瘟摄毒使者等。此外，"当年行化岁，分王神，十二月、二十四气、七十二候使者"亦有行瘟的神力。① 这些瘟神，在凡人为恶时，是高级神明所派往人间施放"毒气"的惩戒者；在凡人不为恶时，也可能是串通妖邪、"邀求"祭祀的"腐败者"；当凡人建醮祈禳时，他们又是道士们请来收回"毒气"的拯救者。

治疗瘟疫的方法是请道士展演驱瘟仪式，请各类瘟神前来驱瘟除疫。在仪式中，道士既是患者的代言人，也是瘟神的引导者，是沟通瘟神和病人的纽带。道士要成功请得诸位瘟神，需要具备两方面的条件。一是法力，道士的法力多来自师承，故而在道士展演驱瘟仪式之时，需要写一份"治瘟家书"，告知祖师爷们，以顺利地调遣所请神祇。"家书"开头要自报家门，"门下坛生嗣法三山滴血正派二十五代玄玄小孙□家书顿首伏拜，上申祖师三十代天师虚静玄通弘悟张真人……"；在信封上，"要贴票照，书上三位祖师圣位，票下门下嗣教，玄玄孙某封"。② 二是信士的虔诚祈求，凡人的虔诚忏悔是神明驱瘟的前提，《道藏》中有文献记载称："如有男子女人家染此患，宜令阖家断绝五辛，低声下气，柔弱身心，欢喜慈愍，礼谢辞遣，置立香位，请道迎真于家，建立道场，焚香转诵《妙经》，依教礼谢开于道位。"③ 如此，道士主持的驱瘟仪式才能有效进行。

传统时代每当瘟疫流行时，无论官民均会举行驱除瘟疫的仪式活动，科仪书主要的用途便是指导驱瘟仪式的顺利进行。两份民间科仪书所载驱瘟仪式主要有两种：一类规模较小，多用《雷府遣瘟、治痢、起土科仪》中的醮文；一类规模较大，用《天符遣瘟科仪》。二者的目的都是希望通过驱瘟仪式，请求瘟神赦除患者"宿生今世"的"阳祸阴愆"，最终"克俾□［洗］，

---

① 《雷府遣瘟、治痢、起土科仪》卷1《雷府驱瘟治痢保病行移·申天符》。
② 《雷府遣瘟、治痢、起土科仪》卷1《雷府驱瘟治痢保病行移·治瘟家书》。
③ 《太上洞渊辞瘟神咒妙经》，《道藏》第1册，第886页。

患早安，寿年延，永瘟风荡散，疫气潜消，男女均安"。①《雷府遣瘟、治痢、起土科仪》所载驱瘟仪式比较简单，专为某个人或某一家庭服务。通常在患者住宅的"四围上下，安营立寨，起造铁城，限立坛界一百二十步之内"；仪式所请的神祇并不多，甚至只请一位法力较高的瘟神（如天符元帅），有时也会有几位地方神（如城隍、里社），其他瘟神往往仅用"三界一切神祇"以示尊重；祭品相当简单，只要求所请瘟神能够"吃饱"；所用的祭文也比较短，大多仅有两三百字，因而其目的只是要求瘟神将"毒气"驱逐出"本境"。有时驱瘟效果不明显，需要再做催促瘟神的仪式："本某家中告天忏罪，委诸天帅行符救治，见患留连，进退合行。牒请照验即为，事理火急，着落司命土地重行。"要将"毒气"彻底清除，还需做"根刷"和"扫荡"等仪式。这类仪式规模小，适用范围小，驱瘟效果也一般。

《天符遣瘟科仪》所载驱瘟仪式比较复杂，应为为某一社区服务之用。整个驱瘟仪式包括请神、恭维、献酒、求神和送神等五个环节。具体如下。一是请神。道士在请神之前有一段开场白，表示驱瘟仪式开始，主要目的是向神明报告当时瘟疫流行的惨状，并指出善恶由人所造的道理，希望有"好生之德"的神明前来拯救苍生。随之便是请神仪式，需要请的神祇共有六批：第一批为道士的祖师爷们，"我祖虚煌大道、列御有感高真、天地水阳四京真宰、天符都天北府"等；第二批是高级瘟神，如统瘟仁圣大帝、五皇大帝、都天大力、金容元帅、三头六臂明王、和瘟教主等；第三批是十二月、二十四气、七十二候使者等气候神；第四批是下等瘟神以及疾病神，如"四季行瘟使者"等；第五批是"舾公竞渡三郎、激浪风师、巡海夜叉"等辅助神；第六批是城隍、土地、各庙土神等地方神。诸神到后，需要做"降光皇坛，主盟礼谢，再姓［炷］心香"等事务，并"献茶酒，使红花"。二是恭维。诸神到来，"王乘玉辇，神跨金鞍，剑佩身而左从右随，旌旗动而前呼后勇［拥］，各依次序，来附香筵。受今攀请，已荷神希，俯临坛席，停威住武"。此时，虔诚信士"欲尽凡诚之敬，敢忘酒礼之恭"，必须"香焚篆，笙箫鼓乐喧哗，满座樽杯罗列"，并上香设拜，再歌颂五皇大帝、都天元帅及一切瘟神，"正直无私，聪明有德"，

---

① 《雷府遣瘟、治痢、起土科仪》卷1《雷府驱瘟治痢保病行移·笺三官》。

法力无边，体察万民，"感则通，求则应"等。三是献酒。恭维之后，因虔诚信士"仰千大德"，需"聊表微诚"，而"开樽酌献"。献酒共有三次，并需先读一份"经咒"。酒行初献，以"收瘟摄毒天尊"为代表神，诵读《咒酒文》，"必至敬以至恭"，诸神亦"须当尽醉开怀"。酒行二献，颂《诰山文》，以"神威如在天尊"为代表神，以期"在席者汪洋之量，须当畅饮开怀"。酒行三献，颂《山士文咒稿》，以"福主无量天尊"为代表神，"持素者，玉将金饮之仪；茹荤者，血食荤仪之献。各濡唇而知味"。三献完毕，再宣读《疏牒文》。四是求神。诸神"酒足饭饱"之后，便可"化字求善""求保佑"。道士代言信士请求诸瘟神驱瘟，"望上帝垂悯于凡愚，移福字一坊/门增安乐之宁，家室享和平之喜，衍流吉庆弥息谴呵。曰男曰女，度芳时而消疫气；若老若少，增福以延年……在患者，早赐安康；未染者，再无传滞"。诸般善举，通通施行。五是送神。"祀礼已周"，"况以陋室腥膻"，诸神"岂宜久留行礼，长江浩荡，早宜上龙舟"。伴随着仪式中的乐曲，诸神尽览沿途美丽风景，"在般神圣各回宫，收拾灾殃愿灭踪，宝马参随神驾去，西者西去东者东，南者南去北者北。退散只今在顷刻，莫言担［耽］恋主人家"。送神过程中，需要完成"变神""召将""念牒""祭牲"等程序。至此，道士需到村落的水口处，放置纸船，并杀鸡祭船，以示"尽载瘟神尽去"，"瘟灾疫气送别方"，"直归三岛十洲中"。再读完一段赞文，整个仪式完毕。

依据前文，可窥测当地乡民对道教观念中瘟疫的认知，大体来说瘟疫是多种传染性疾病的统称，病原是一种由鬼神收放的"毒气"，凡人染上瘟疫是因为行恶或不敬神明或妖邪害人或神鬼舞弊，当患者忏悔并祈福时，可通过请道士展演驱瘟仪式而驱除瘟疫，恢复健康。乡民的驱瘟仪式十分灵活，尽管都有请神、祈祷和送神等程序，却可按照实际需要，分别展演服务于个人或家庭的小仪式和服务于社区的大仪式。

二 民间神的正统化：以汉帝信仰为例

石壁村的神庙中有汉帝庙，位于村之西北。汉帝庙，又称太阳庙、娘娘庙。庙内主要祀奉汉高祖和汉帝娘娘，并有张良、萧何二人神像左右相随，近年村民又增加了六尊神像——陈平、韩信、彭越三座神像在厅堂之左，周勃、樊哙、英布三座神像在右。清康熙间成文的《汉帝庙记》载：

> 乡之上市，有汉帝庙，祀汉高祖也。……其庙建于宋淳祐二年，十三世祖洞仙所营构。时有前后二殿，相传制度巍峨，金碧辉映，胜甲一方。由宋而元、而明，历年既久，庙遂颓靡，族贤如子荣、世荣、福祥等，乃起而重修之。兴工于成化庚寅之秋，息工于辛卯之夏，规模壮丽，不让于初焉。自兹以来，又历有年，所向之重修者，不觉已荡然矣。顺治十八年辛丑，又重建之。董其事者，则一柱、一仲、正位诸君子也。前殿虽阙，而未举一时。兴工之费，人事之烦，非可旦夕就者。越康熙元年壬寅，乃竣工。自此距今，历年虽不若昔时之久，而残缺又复如旧，每一过，辄令人兴返始之思焉。①

据引文可知，汉帝庙始建于南宋淳祐二年（1242），建庙者是张氏族中一名修道者。明成化庚寅（六年，1470）重修，倡修者是张子荣、张世荣、张福祥等；清顺治十八年（1661）再次重修，主修人是张一柱、张一仲等，但其"前殿阙而未举"。幸运的是，至今汉帝庙内保存着一块清代的题名碑，记录了汉帝庙前殿的维修情况，该碑名为《乾隆十二年十二月吉日□修前殿花名》，由此可知，清初未建的前殿至乾隆十二年（1747）最终告竣。

在石壁村，汉帝庙的起源另有说法。据村中老人讲，在汉帝庙修建之前，石壁村北边有个小泥屋，里面仅供奉汉高祖的牌位。后来，石壁村东南的小吴村出了位美貌的姑娘，温柔贤良，待字闺中。一年春天，这位姑娘与母亲去升仙台烧香求好姻缘，她们回家路过石壁村，走到小泥屋边时，看见一双漂亮的花布鞋。于是，姑娘问母亲能不能试穿一下花布鞋，在得到母亲允许后，她便穿上了这双花布鞋。没想到的是，这鞋竟像沾了糨糊一样粘住了脚，怎么也脱不下来，无奈之下，姑娘只好穿着花布鞋回家去。第二天，姑娘便无故得了重病，怎么也治不好，没几天就死了。姑娘的死让乡亲们议论纷纷，许多人认为，一定是汉高祖看上了这位好姑

---

① 张国柯主修《张氏重修族谱（十三修）》卷首《汉帝庙记》（1705）。

娘，花布鞋便是汉高祖送给她的定亲礼物。在姑娘"收下"礼物后，汉高祖便尾随母女回家，随即摄走了姑娘的魂魄，去做汉帝娘娘了。人们为了纪念她，就将小泥屋建成威严的汉帝庙，以求庇佑。故而汉帝庙也称为"娘娘庙"，妇女们多向"娘娘"祈祷，有求必应。

汉高祖娶小吴村姑娘的故事，一直在乡民中流传，并融入了汉帝庙的游神仪式之中。汉高祖诞辰（或曰汉帝娘娘的诞辰）为农历三月初五，其主要仪式活动是"扛菩萨"（即游神）。从当天清晨开始，汉帝庙外便鞭炮轰鸣。吃早饭后，相继赶来的乡民将庙内的汉帝、娘娘、张良、萧何四尊神像抬出清洗，随后便出游。汉帝庙的游神路线为，从汉帝庙出发，向北绕过村北的孔空脑，再左拐至村南的石壁墟，后往东南方向、西溪对岸小吴村，到小吴村时，乡民会出村迎接，四尊神像要放在村中一座祠堂前停留一段时间，供小吴乡民祭拜，"扛菩萨"的人在这里喝茶休息，并由仪式专家做一个简单的打醮仪式。不久，乡民抬着菩萨们返还，途经杨边村，拐进吴家村（角落村），并再做短暂停留后回石壁村。经过上市张氏祖祠的宣诚公祠时，四尊神像被再一次擦洗，最后重回汉帝庙。至此，汉帝庙的"扛菩萨"活动完成，这一仪式被乡民称为"见外婆"，即每年汉高祖和汉帝娘娘要去小吴村"探访"亲人。当日下午，汉帝庙内开始上演乡民还愿的木偶戏，并将持续半个月之久。

从汉帝庙的民间传说和游神仪式中不难发现，汉帝庙起初是为祭祀小吴村的姑娘而建，这一类为"冤魂"建庙的现象在传统华南乡村社会中极为普遍。如若张良旗之《汉帝庙记》所言可信，汉帝庙的最初修建者张洞仙应是一名乡村道士，他将祭祀冤魂的小庙变成了巍峨雄伟的汉帝庙，其时代约为宋元时期。将小庙改建成汉帝庙的行为，或可称为一种"道教化"的体现。

梳理有关汉帝庙的历史文献，还可发现汉帝庙在不同历史环境下的另外两种表述。在前引《汉帝庙记》中，有一部分内容赋予了汉帝庙一套儒家化的阐释。文曰：

> 高祖起布衣，破秦灭楚，而有天下，垂汉统四百余年，其煊赫盖已亘万古而知新矣。明太祖建其祠于南京，岁之春秋大祀之，以明天

下相传之道。至于乡间里巷，设祠崇祀，义固无取。说者谓吾族世系肇自子房。按：子房五世相韩，因秦政灭韩，良乃说诸侯为韩复仇，迨项羽消灭秦，良始相高祖公，以定天下，封留侯。则吾乡之祀帝者，其由来实本于斯也，以臣享君，孰日不宜哉？……夫神之福人，每不可测，远弗具论，自甲申以及甲寅乡寇屡沸，世族仳离。而吾族犹得保聚家室，久安伏腊，岂非神灵之泽，有以弥护其间哉。①

引文谈到了三个方面的问题：第一，论证汉帝庙的正统性，明太祖曾于南京设专祠祭祀汉高祖，作为国家祀典而春秋祭祀，体现了国家意识形态；第二，石壁村民祭祀汉帝则因汉臣张良是其先祖，"以臣享君"，无"不宜"之处；第三，汉高祖很灵验，在清初宁化长达近半个世纪的动乱中，张氏家族得以"保聚家室"，便是靠汉高祖的佑护，即"汉帝"有功于此地。由此，汉帝庙俨然是一座儒家化的神庙。汉帝庙的门联也表达了类似的意思："（其一）天护万灵乾坤朗朗经日月，神佑百姓西乡悠悠遗汉风。（其二）清河良谋辅佐定国安邦昭星斗，兰陵何为造律挟政图治振纲常。"这些对联与《汉帝庙记》的阐述相呼应，都是儒家化的体现。

改革开放以后，客家意识不断回流，至 20 世纪 80 年代传入宁化地区。地方政府、客家学学者以及关心客家问题的人类学学者，刻意地塑造石壁村文化的客家属性。在此过程中，汉帝信仰也出现了客家化倾向。走进今日的汉帝庙，最显眼的莫过于悬在神台之上的一块匾额，上面镶着"天宠汉裔"四个镏金大字，而"汉裔"二字一语双关，既体现了本庙祀奉的神灵为汉帝，更为重要的是将汉帝的信徒描述为"汉裔"，表达了石壁村乡民乃中原汉人迁居于此的客家情怀。② 石壁村上市张氏族谱新修谱序记曰：

> 石壁被誉为"客家人的摇篮"，党和政府都十分关心和重视"客家祖地"的建设和发展，海外客籍侨胞络绎不绝地回来寻根问祖、恳亲、探访、拍摄影视，这是客家乡民的光荣。吾人更应该挖掘、整理和续记客家史迹，供海内外梓民，寻根问祖、恳亲探访之参考。③

---

① 张国柯主修《张氏重修族谱（十三修）》卷首《汉帝庙记》。
② 何辉：《宁化客家运动的文化复象》，硕士学位论文，厦门大学，2000，第 6 页。
③ 张桢主修《石壁上市清河郡张氏族谱（十修）》卷首《清河郡张氏十修族谱序》。

引文显示，石壁村撰修族谱的活动也受到了客家文化的深刻影响。在客家文化全面浸润的同时，在"客家祖地"工程的持续建设中，村民作为客家人的意识不断被强化。原先不知"客家"为何物的石壁村民，如今已老少皆知自己是客家人。原来倒塌的汉帝庙，自 1980 年以来业已历三次修建，"重以雄伟的姿态展现于众人面前"。① 在 2008 年编撰的《汉帝庙记》中，汉帝庙被描述成客家人缅怀中原和效忠汉族王朝的象征。文曰：

> 北宋末年，金人大举南侵。……在金人的铁蹄下，大批汉人扶老牵幼，纷纷南逃。当大批难民逃到石壁这块没有战争的避风港时，看到这儿土地肥沃，居住环境优美，便在此世外桃源的石壁这块土地上开荒种植，安家落户，繁衍生息。……大批南逃的石壁居住的客民，亲眼看到南宋统治者的腐败无能，亲眼看到难民在入侵者的铁蹄下，逃难的悲惨场面，于是便联想起我国第二个封建王朝——汉朝。②

编者将罗香林构建的客家人南迁理论"套用"到石壁村民身上，并与汉高祖建立了一种"联想"关系，于是汉帝庙的修建便顺理成章："面对现南宋统治者，如此软弱无能，弄得国家破碎，民众流离失所，处于灾难深重之中，相比之下，真是天壤之别。于是，民众便萌发了给汉高祖刘邦建庙的想法。"③ 汉帝庙俨然是客家人缅怀中原故地、"谈古论今、朝神拜佛"的重要场所。不过，新编的《汉帝庙记》与清初《汉帝庙记》中关于汉帝信仰的论调虽已"物是人非"，有一点却始终没有变，那就是汉帝庙的灵验："从人们的传说中，都说汉帝庙的菩萨很灵，给人很多的精神寄托……一句话，求什么有什么，真是神通广大，有求必应。"④

　　从文献记载的汉帝庙看，石壁地区的民间信仰实是不同文化在历史变迁中"层累"地构建而成。不同形式的资料中，汉帝庙呈现出"道教化"、"儒家化"和"客家化"三种阐释方式，体现了相应历史过程中地方精英

---

① 张宣等编印《汉帝庙记》，2008，第 12 页。
② 张宣等编印《汉帝庙记》，第 2—3 页。
③ 张宣等编印《汉帝庙记》，第 5—6 页。
④ 张宣等编印《汉帝庙记》，第 14 页。

对各种意识形态——宋元时期的道教观念、明清的儒家意识和当代的客家文化的认知和接受，也呈现了石壁民众应对历史变迁的方式。

综上所述，宁化石壁地区实是闽西山区的一个普通山峒，山多田少，交通闭塞，国家权力相对薄弱。在溪流的长年冲积下，西溪中游地区形成了相对开阔、土地平坦的石壁盆地，周边有低矮起伏的丘陵和高大的山体环绕，山区与盆地通过陆路与河流相联系，又因山体与外部世界相区隔。在漫长的历史过程中，宁化石壁地区形成了至少四个层面的乡族网络。一是以禾口墟为中心的市场网络，即以禾口墟为中间市场，包括石壁墟、淮土墟、凤山墟、方田墟、济村墟五个基层市场。二是聚落间的裂变关系，清初以来因山区开发的推进，分布在盆地的聚落不断裂变，大量的人口逐渐散居到山区，促成了山区聚落的发育，并保留与盆地聚落之间的宗教联系。三是以民间信仰仪式活动为纽带的祭祀组织。石壁地区的多数村落有水口庙或社公庙，各有类似于祭祀圈的祭祀组织；在村落之间又有较高级的祭祀组织参与一年一度的民间神祇的诞辰仪式（如汉帝庙的庙会），形成了由若干个村落组成的小规模村落联盟组织；在此基础上，石壁地区民众每年春天前往"三山"朝仙进香，是区域性的祭祀组织和仪式活动。四是以血缘或拟血缘为纽带的宗族组织，这也是最为重要的。随着明中叶以降王朝国家宣扬的儒教规范和礼仪在闽西地区不断传播和实践，士绅领导的宗族组织成为闽西山区最为明显的社会关系网络，这点将在下一章详述。总之，时至清代中叶，宁化石壁地区已经发展成初具形态的山峒社会。

第二章

宗族与社会整合

明中叶以来，由于地方财政紧张等，地方官府的行政职能难以正常发挥而不断萎缩，除了"钱粮"和"刑名"二事，官府将其职能尽可能地下放给乡族组织自行处理。于是，基层社会的各种地方公共事务，如水利、交通、治安、教育、救济、礼仪活动，乃至地方性重大工程、救灾御匪等突发事件，无不从官办逐渐转为民办，或由官府倡议向民间募捐筹集经费，或由民间乡族自行筹集经费解决。① 宗族便是承担官府下放职能的重要社会组织形态之一，在华南地区尤为如此，堪称传统社会的基石。一般来说，宗族是指分居异财认同某一祖先的亲属集团或拟制的亲属集团，② 几个同姓不同宗的宗族从观念上连接一位（组）始祖或始迁祖而形成的组织，则称作同姓联宗，③ 二者同属于以出自一个始祖的父系关系为身份认定的世系集团。④ 宗族组织和同姓联宗的建构与发展，均是儒家宗法和"礼仪下乡"及其"庶民化"的结果，具有强烈的目的性，承担了复杂的社会功能，是社会自治的组织基础。⑤

① 郑振满：《明后期福建地方行政的演变——兼论明中叶的财政改革》，《中国史研究》1998年第1期。
② 郑振满：《明清福建家族组织与社会变迁》（增订版），第17页。
③ 钱杭：《血缘与地缘之间——中国历史上的联宗与联宗组织》，上海社会科学院出版社，2001，第220页。除了同姓联宗，还有异姓联宗，指原同姓现不同姓的宗族之间连接始祖的过程，本书不予讨论故略之。
④ 钱杭：《宗族建构过程中的血缘与世系》，《历史研究》2009年第4期。
⑤ 郑振满：《明清福建家族组织与社会变迁》（增订版），第15—16页；钱杭：《血缘与地缘之间——中国历史上的联宗与联宗组织》，第24—25页。

第一节　石壁宗族的基本形态

福建地区的宗族组织十分发达，是宗族研究的发源地之一。① 就闽西的宗族发展来说，其大致特征如下：闽西山区的宗族组织肇兴于明中后期，清康熙后继续发展，至清中叶遍地开花，建祠堂、修族谱、置族田，宗族建设日臻完善。由于闽西北山区山多田少，自然资源比较匮乏，宗族聚居的规模较小，加上交通闭塞，社会流动性不大，宗族组织的发展较为平稳，较为完整地经历了从继承式宗族向依附式宗族和合同式宗族演变的历史过程。具体而言，聚居的继承式宗族一般都能得到持续稳定的发展，是闽西北宗族组织的雄厚基础及其主要形式。如果聚居宗族中的公共资产较为丰厚、族内士绅阶层较为兴盛，继承式宗族将发展成依附式宗族；否则将发展成合同式宗族，这类合同式宗族一般为散居宗族，分布范围往往由一县之内扩大至数县、数府乃至数省。② 宁化石壁地区的宗族组织大体亦是如此，具体来说，当地居民以清河张氏为主，聚族而居，各修族谱、各建宗祠，具有十分密集的宗族网络，且已经四次联宗修谱，是考察宗族形态演变的极好案例。自 20 世纪 90 年代以来，受到客家文化和客家研究的影响，宁化石壁村备受关注，对石壁地区的宗族及联宗组织有不少研究，为本书研究奠定了一定的基础。③

宁化石壁地区的居民大部分为张姓，其他姓氏虽间有分布，只能算是小姓。行走在乡间，时常可见的规制宏伟的祠堂建筑，堪称闽西地区十分

---

① 民国以来，福建地区的宗族组织引起了人类学家和历史学家的普遍关注，相关论述参见陈海斌《新时期的中国华南宗族研究（1980—2018）》，博士学位论文，华东师范大学，2019。

② 郑振满：《明清福建家族组织与社会变迁》（增订版），第 105—133 页。

③ 这些研究多从人类学或客家学角度，探索作为宋元时期客家先民的宗族形成及当代宗族重建、联宗组织的发展问题。详见石奕龙《福建宁化石壁村客家张姓宗族组织的发展与形成》，马戎、周星主编《21 世纪：文化自觉与跨文化对话》（二），北京大学出版社，2001，第 535—553 页；彭兆荣《客家社会的家庭及宗族组织：闽西三村》，彭兆荣等《边际族群：远离帝国庇护的客人》，黄山书社，2006，第 109—125 页；张勇华《客家联宗的族缘性特征研究：以闽西宁化张氏故事为例》，《赣南师范大学学报》2021 年第 2 期。

明显的"礼仪标识"。据新修《张公君政总谱》统计，宁化县有张氏宗祠（家庙）五十座，仅石壁镇就有十座之多，分别是石壁村两座，上祠祀宣诚公，下祠祀茂甫公；禾口老墟一座，祀宣诚公，后改作石壁张氏总祠，祀君政公；溪背村一座，祀瑞桢公；陂下村一座，祀世福公；杨边村一座，祀均茂公；邓坊村一座，祀胜甫公；江头村一座，祀八十郎公；江口村一座，祀举郎公；桃金村一座，祀朴郎公。① 大致而言，不同村落的居民所属家族不尽相同，宗族组织的形态和发展历史亦有所差别，但大部分的宗族为继承式宗族，规模较大的宗族才能发展成较高级的形态。所谓继承式宗族是指以血缘关系为纽带的宗族组织，为闽西北山区宗族组织的基本形式，它形成于不完全分家析产的传统，即民间为了缓和分家析产对家庭带来的冲击，往往采取分家不分祭、分家不分户或分家不析产的方式，对宗祧、户籍及某些财产实行共同继承，使分家后的族人仍可继续保持协作关系，进而促成了大家庭向继承式宗族的演变。继承式宗族不仅具有完整、可靠的系谱结构，而且是具有实际功能和高度规范的宗族组织，具体体现为对历代遗产的管理及其权益分配，一般采取"按房轮值"的方式。它的主要功能在于传宗接代，特别关注财富及社会地位的共同继承。② 笔者所搜集的族谱文献中分家文书不多，但世系关系、祀产管理等内容十分丰富，故本节的讨论侧重基本成型的继承式宗族组织。

一 石壁的宗族组织

在众多的张氏中，陂下张氏是石壁地区宗族组织中成型最早的，这得益于先祖张显宗为远近闻名的乡贤，族内认同十分强烈，因而维系了长期的继承式宗族形态。石壁村的上市张氏人口规模不大，但通过与外地宗族不断联合，发展成势力庞大的合同式宗族；石壁村的下市张氏则人口数量众多，聚族而居，族中富商、士大夫亦多，较为顺利地过渡到依附式阶段。当然，依附式宗族、合同式宗族并不是宁化地区张氏宗族的终极形态，自乾隆初年起，各族张氏经过数次联宗，已经完成了很高程度的整

① 张恩廷、张桢主编《张公君政总谱（四修）》上册，2002，第265—278页。
② 郑振满：《明清福建家族组织与社会变迁》（增订版），第54—70页。

合。下文将在描述石壁地区宗族概况的基础上，以陂下张氏、上市张氏、下市张氏为例，分析宗族组织发展的详细过程。

石壁各族多宣称本族的族谱倡修于明代初年，后经战乱丢失，至晚明时仅剩残本，以致当代（20 世纪八九十年代）重修族谱时，多号称是第十三修、第十四修。清康熙中，随着"粮户归宗"的推进和雍正间"宗族乡约化"政策的推行，① 石壁地区才大规模兴起宗族建设。从各族族谱的谱序中可见，大部分宗族的族谱始修于康熙四十年以后，雍正、乾隆间开始设置尝产，逐渐形成继承式宗族，至嘉庆以后不论大族、小族均有向更高级的宗族形式过渡的可能，但多数宗族并未发展到更高级的阶段。杨边村是位于禾口墟和石壁村之间的行政村，该村有两个自然村，亦有两个独立发展的宗族组织，桂林张氏和杨边杨氏，二者的宗族形态是石壁地区十分常见的形式。

杨边村位于石壁村东，亦称杨坊田、杨家边。杨边村分上屋、下屋。1990 年，杨边杨氏完成第十三修族谱，即《杨氏重修族谱（十三修）》，共13 卷，据此可以简单梳理杨氏家族的发展历程。② 杨边杨氏追认晚唐的杨用藩为始祖。用藩生子二，长胜二郎，次仍郎。胜二郎后裔一直居住在石壁地区，即杨边村以胜二郎公一支为主；仍郎后裔辗转四方，迁往他处。据载，胜二郎"于五代间仕唐，为延平刺史，以官籍居延平。因黄巢乱，四野兵燹，遨游宁阳之西关四十里许，地名杨家排。见其山川秀丽，四水潆回，上有玉屏耸翠，下有七星过埂，遂携家下居焉"。③ 起初，杨氏族人繁衍较慢，前二十代宗支稀少，甚至几代单传，明中叶后宗支益茂，生齿愈繁。

杨氏族谱首修族谱于康熙五十四年，至乾隆二年（1737），"迄今聚族而居，人敦孝友，尚仁让急，各安其业，足为盛世之良民，一乡之望族"，④ 再修族谱，是时两房各自修谱，各祀祖先。乾隆十年，两房合并，

---

① 刘永华、郑榕：《清初中国东南地区的粮户归宗改革——来自闽南的例证》，《中国经济史研究》2008 年第 4 期；常建华：《清代宗族"保甲乡约化"的开端——雍正朝族正制出现过程新考》，《河北学刊》2008 年第 6 期。

② 详见钟晋兰《石壁杨边的杨氏宗族与民俗信仰》，杨彦杰主编《宁化县的宗族、经济与民俗》下册。

③ 杨实华主修《杨氏重修族谱（十三修）》卷 3《杨胜二郎传》，1990。

④ 杨实华主修《杨氏重修族谱（十三修）》卷 1《杨坊田族谱旧序》。

共建祖祠；乾隆四十二年，两房后裔同修族谱。谱中收入的《建造始祖用蕃公祠堂碑记》载：

> 雍正壬子（十年，1732），先辈谋为蒸尝，酿资计息，历数十年，祀事雅称丰洁。春露秋霜，年再会食，两房裔孙聚首于墓道间者，方千百其群。然以房自为祠，久虚族会址所，非所以敦本一地也。林林子姓，每深露处之忧，于是合议停祭，拓其蒸尝之资，存为建祠之需。所贮不下千金计，度支之出□堪祠用，老成等辈，询谋佥同，因不辞微劳，相形度势，□于杨坊田上，以定基焉。……一时英俊，同声称善，以田助不计所值者有人，以田为基以钞资用而进牌祔食者有人，总经其事者有人，分任其劳者有人，类皆效能之。……乾隆乙丑初秋望一日之吉落成，以桂月下浣入日进主，于一阳月望前七月良利。瞻其寝堂，挺然而岳峙也。拜其灵寝，焕然而色辉也。①

引文显示，雍正之前杨氏族人二房分祀，祭祖则前往祖先坟墓，尚未修建全族的祖祠。为此，族贤于雍正十年提出暂停各房的祭祀费用存积起来放债集资共建祖祠，经十多年的生息，积累了一定的资金，又经全族的共同捐助，最终于乾隆十年建成祖祠，是为杨氏二房共有的祖祠。此后，尚未用完的资金继续由原捐助者管理，放贷生息，以供历年祭祖之用。② 乾隆年间，杨氏族众为祖祠相继添置了一些祀田，乃至允许族人通过捐钱的方式将祖先牌位置于祖祠神龛一并祭祀，"所祀之位次，上一层中，立始祖，左长房，右次房。其二层，每牌一位，钱三万文归祠；三层以下，每牌位一位，一万文入祠"。③ 不过，杨氏祖祠的祀产规模并不大。

可见杨氏宗族发展有两个阶段，一是雍正以前杨氏胜二郎公房和仍郎公房二支宗族独自发展，二者规模不大，但已经各自撰修族谱、祭祀祖先并设置了祀产，乃至也建好了香火堂。尽管其祀产管理的具体方式未明，但业已形成宗族，其宗族组织形式应该仍停留在继承式宗族的阶段。乾隆初年，两支宗族联合成新的杨氏宗族，先后建宗祠、同祭祀、修族谱，乃

---

① 杨实华主修《杨氏重修族谱（十三修）》卷1《建造始祖用蕃公祠堂碑记》。
② 杨实华主修《杨氏重修族谱（十三修）》卷1《原起用蕃公蒸尝始末记》。
③ 杨实华主修《杨氏重修族谱（十三修）》卷1《始祖用蕃公神祠主位次引》。

至出现了少量具有宗族权威的精英人士，其宗族组织似有向高级形式演变的迹象，然用于祭祀先祖用蕃公的祀产规模不大，也未见一个独立的组织对族产进行统一管理，更未形成能代言宗族的士大夫阶层，因而杨氏宗族未能顺利地发展成典型的依附式宗族。

当然，并非两个居住在一起的同姓宗族就能顺利地实现联宗，前文提及的石壁村上市张氏和下市张氏没有，官坑村的吴氏亦是如此。官坑村位于石壁村东北约 6 里，禾口墟北边约 5 里，旧属龙下里，今为石壁镇下辖的行政村。据说官坑有 9 个生产队，刘姓占有 1 个，其余皆为吴姓，但分属二宗，为延陵吴氏和渤海吴氏，各自均有祠堂，并各自修谱。现有资料显示，二宗源流不同，至清乾嘉间曾合修族谱，共同祭祀先祖，形同一族。道光之后，各自建宗祠，又分开修谱。

吴氏二宗都追溯吴宣（874—950）为先祖，"宣公从西蜀徙居江西抚州临川石井塘，复与长子纶、幼子绍，择据建昌南丰九都嘉禾驿梓口庙李宁庄祝家山金豆窝而家焉"。宣公生三子，长纶、次经、幼绍；延陵吴氏属纶公一支，渤海吴氏则属经公一支。从二者的郡望差异看，此所谓"始祖吴宣"大体是为了同修族谱而杜撰的名字，二族实际各自追述的祖先另有他人。据族谱记载，渤海吴氏追认的祖先是吴维泰（1023—?），他"徙居福宁中吴陂，复迁石壁上市"，是为宣公第七世孙。从第七世至十三世继郎公，虽有子孙繁衍，但皆单传留在本地，且世居石壁村。自十四世三八郎公始，迁居官坑，并"率乡民兴建水口庵及狮子峰鼎［顶］庙宇"，得到当地村民的认可而定居下来。三八郎之孙伯瑞则是渤海吴氏的房祖，传至二十六世，有裔孙吴应瑝（1707—1786，字廷玉）任一族之长，倡修族谱，其时已是雍正乾隆年间。据载："公生而魁梧，膂力过人。少年失怙，事老母得其欢心，待兄弟尽其爱。行为端方。子侄有过时，以义方教训；乡曲有争者，公直言为之排解。不少假辞色，虽人亦有怨公者，而正人君子，则莫不叹公耿直也。家谱五十余年未修，公不辞劳，出于诸君董事，倡议修成，合族题之。"[①] 渤海吴氏兴修族谱不久，便与延陵吴氏合为一族。延陵吴氏的房祖是宣公长子纶公。"宣，即我祖也，字守德，生子

---

① 吴彩林主修《渤海郡官坑吴氏宗谱（十一修）》卷 1《应瑝公七十寿序》。

三，纶、经、绍。我祖纶公衍十支，八即我祖宝，由江西南丰迁邵武石塘，生子四，举、与、誉、学。我祖与公，复由邵武石塘披荆剪棘，而来宁之龙下里攀龙乡，即今辛田。旋又居邑治之衙背，衍三支，长四七宣义，次潘位，三全。皆孙支秀发，繁衍四方，如星之罗，如棋之布，莫可纪极。"① 明中叶，延陵吴氏先祖子贵公迁居官坑，"弘治甲子年迁葬龙下里官坑乡制铁炉坑"。②

清雍正年间，延陵吴氏率先修建祠堂，祭祀远祖，至乾隆十四年完竣。"雍正癸丑（1733），族众建祠。余先君子暨叔侄兄弟，稽考从前流寓，子姓更加蕃衍，则昭穆尤不可辨。此予宗于祖庙告成而修之，冈[罔]敢缓也。经始于戊辰（1748）之秋，而竣功于己巳（1749）冬月。倘非祖宗默然相疑，曷踊跃速成至此欤。"③ 十余年后，延陵吴氏与渤海吴氏合建宗祠，据载：

> 予官坑吴氏，经、纶二房之苗裔，皆出自宣公也。历传数百载，人烟相杂，鸡犬相闻，庶矣哉。赖先祖之灵，而得相和睦，聚族千斯焉。然犹有憾也，盖宗祠未建，非为无以妥先祖之灵，抑且子孙聚饮无地。于是，乾隆壬午（1762）秋，纶公十五世孙曰子贵，经公十五[六]世孙曰伯瑞，二房嗣孙商议，鼎建宗祠，崇奉宣公。二房老幼翕然踊跃，采择吉地于村之西、在本族学谷牙下之田，将价六十余两买回。即日令匠鸠工，不数月而告成，其址卯山酉向，前鸡鸣山，后双髻顶，形胜固得矣。中立寝室，尊祀宣公为始祖，左祀子贵公一脉，右祀伯瑞公一脉。④

据引文可知，乾隆二十七年（1762）延陵吴氏与渤海吴氏合资买下村西学谷牙田地，耗资六十余两，同修宗祠，共祭祀始祖宣公。从祭祀祖先的角度看，本源不一的两个宗支，因远祖宣公的世系构建，成为因地缘联系在一起的宗族，大有发展成聚居宗族之势。

① 吴大洪主修《延陵吴氏族谱（九修）》卷1《延陵吴氏源流记》，1990。
② 吴大洪主修《延陵吴氏族谱（九修）》卷1《支祖子贵公世传》。
③ 吴大洪主修《延陵吴氏族谱（九修）》卷1《延陵吴氏重修族谱跋》。
④ 吴大洪主修《延陵吴氏族谱（九修）》卷1《延陵吴氏祠堂记》。

然而，两支吴氏在合修族谱中遇到了无法解决的困难。起初，延陵吴氏与外地吴氏联修族谱，"予族之谱，初原合修于在城陈家坊十四郎与公祠"。① 乾隆五十九年，延陵吴氏想独自修谱，并试图联合渤海吴氏，"每欲合前谱，诸房起而修之"。遗憾的是，"族中子姓蕃庶多事，因循屡为中阻，顾不得不分而修之。于是，告祖会族，其勷厥事，伯叔兄弟，咸以其责专委于余。……吾族之源流世次昭穆支派悉依原谱所载，不敢以意行其间"。② 二宗并无合修的迹象。因未能合修族谱，二宗在祭祖活动中难以形成合力，在祭祀始祖宣公的同时，二宗更注重在各自的香火堂祭祀本族始祖。"我祖子贵公，先世居邑治衙背，自有明定鼎之初，徙居龙下里之凌云乡，向建祖堂于斯土祀公为始迁祖。自乾隆壬午秋，我祖嗣孙与伯瑞公嗣孙，议建宗祠于本村之西，崇祀宣公为一世祖，以子贵、伯瑞而公祀焉。至是六十余年，两房子姓合祭无异。而我子贵公之香火堂仍然如故。"③ 可见，吴氏虽居同村，也追溯共同的祖先，但并没有真正地整合成一个宗族。至道光元年（1821），二宗又分开祭祀。《延陵吴氏族谱》记载："族众合议，易香火堂而为祠者。盖因术者尝言，斯土自东华而绳贯，气纵狮子，以回环山明水秀，虎踞龙蟠，是城可谓吉壤，而建祠之议遂决。一时父老子弟，莫不欣然羡悦，众志咸孚举而行之，杰士翰恒、翰波、维成、维棠于是庀材鸠工，开拓地基，而维兆者善习堪舆之术，奇局之事，多赖力焉。众皆踊跃，经始于道光元年之腊月，告成于三年之冬，其祠坐丁向癸，凡我之子姓，俨然有庙。"④ 延陵吴氏听信堪舆之言，为强占风水宝地而独自将子贵公香火堂改建祠堂，亦即不再和渤海吴氏共同祭祀杜撰的始祖宣公，而走向了单独发展的道路。

宁化石壁地区宗族组织的主要形式是继承式宗族，在历史实践中大部分宗族曾出现向更高级形式演变的趋势，不过由于各种现实因素，演进过程并不顺利。

---

① 吴大洪主修《延陵吴氏族谱（九修）》卷1《延陵吴氏重修族谱序》。
② 吴大洪主修《延陵吴氏族谱（九修）》卷1《重修家谱序》。
③ 吴大洪主修《延陵吴氏族谱（九修）》卷1《子贵公祠堂记》。
④ 吴大洪主修《延陵吴氏族谱（九修）》卷1《子贵公祠堂记》。

二　从家庭到继嗣群

石壁地区最早的宗族是陂下张氏，它的形成受到了明嘉靖间"大礼议"改革的影响。陂下村位于石壁盆地东端，东华山余脉逶迤狮子山，又分支至山名"牛牯岽"处，该山虽不若主峰之巍峨，却仍有"悬崖若坠"之势，地形如《陂下大丞乡图记》所言："其地发龙于白水顶，从左旋奔腾二十余里，起伏段落，至双髻顶，是乡龙少祖；旋右稍弛，铺毯设锦环抱，递转金钱岭月形，山势偃息突起，层峦如狮蹲踞，顾祖回龙，作村后嶂，正朝来水，屋基于此。"[1] 牛牯岽山下一带，形成了陂下、新圩里、新屋里、上屋墩、交车、周家山等自然村，村中居民以张姓为主，并有少量迁居于东华山分支的山间，是为陂下张氏，乃石壁地区最有名望的宗族之一。

一般认为，祭祀共同的祖先是宗族组织发展的前提，一个宗族的成员往往祭祀同一个祖先。民国间撰修的《清河郡张氏族谱》记载，陂下张氏将始祖追溯为唐代的张睦（一名世福郎），自河南固始县迁闽侯官县，睦公生三子，长名庑，次名庚，三名膺，相传三人均有官职。唐末寇乱，三兄弟散居各地，睦公二子庚公（一名应郎），迁居江右吉安府安福县二保东乡。庚公生泽孟，泽孟生二子，长子动，次子炽。动公生元幹（一名洪郎），洪郎生纪郎，纪郎生希承，希承于绍定间（1228—1233）乡试中举，授闽县教授，"丁母难，旋安福故里，途径宁化，寓清平寺。前妪包孺人临产，暂寄斯地，生第五子念五公，即五三郎也。随迁宁之陂下，生胜卿公，胜卿公生寿隆公"。[2] 张胜卿（1301—1358），字位尊，生子寿隆、福隆，福隆谱载为"外迁"。张寿隆（1341—1368），字仁甫，赠中顺大夫，国子监祭酒，居住于陂下大丞前，其父去世时年仅18岁，尚未成家。洪武元年，张寿隆去世，享年28岁，生有三子，长显宗，次显惠，三显应（生卒年不详，为宁化县西郊张氏宗族始祖）。由此可知，从始祖世福郎至第八世孙念五郎定居陂下村，传至元末明初的十世孙张寿隆娶妻生子时，

---

[1]　张国根主修《清河郡张氏族谱（十三修）》卷7《陂下大丞乡图记》，1944。
[2]　张国根主修《清河郡张氏族谱（十三修）》卷1《四修原序》。

其家族规模仍仅是一个核心家庭。

寿隆公长子张显宗（1363—1408），字名远，失怙时年 6 岁，其弟显惠仅 4 岁。为维持生计，寿隆妻黄氏携幼子"徙居在城上进贤坊"。庆幸的是，两个儿子天资聪慧，学业有成。族谱中收录的《先大人行述》载：

> 先大人（显宗）六岁而先祖见背，太夫人黄守志教之，由府学治《春秋》。洪武二十一年，岁贡考试中式，国子监肄业。二十三年应天府乡试，第二十六名。二十四年二月会试，中二十名。当年三月初十日殿试御戎策，坐主抡居第二名。高皇帝前夕，梦双丝坠地，阅名而心异之，御批云：文辞详赡，答问意足，有议论，有断制，必有学之士，宜在首选。特赐状元。于是，奉旨命有司建坊于县后之左。初授翰林编修、太常寺丞。洪武三十年，授国子监祭酒。三十一年正月升工部侍郎、尚书。靖难渡江，募兵江西，侦卒还报曰：新皇帝即位数日，曹国公、茹尚书等皆以迎奉升迁，黄齐诸尚书榜列奸恶。出赏阁，绑缚文武官员到京者，升官三级。先大人与二三同事并为军士执至京，略不推戴，爰是不得叙职，以罪谪戍兴州。四年，从征安南，英国公张、工部尚书黄荐序军功。五年六月，升交趾布政，命至之日，宾客填门，而先大人颜有异于昔日，不肖见其色不喜，窃不知其故焉。莅交二月，兵民旁午，劳来抚绥，交人戴若父母。九月，忽称腹疾，不肖惶惶，日夕侍侧，而问疾荐医者无虚日。阅日告终，寿四十有六。①

引文的撰写者署名为"不肖男"克举、克宽、克恭，即张显宗的三个儿子，行文简略，大体得当。据此可知，张显宗于洪武二十四年（1391）高中一甲进士第二名，被明太祖特赐状元（亦传因当时状元犯错而取代之），相继任翰林院编修、太常寺丞、国子监祭酒、工部侍郎等职。建文四年（1402），燕王朱棣"靖难"兵起，张显宗试图前往江西召集义兵勤王，未果，被捕获罪，谪戍兴州（今宁夏境）。永乐四年（1406），随军南征交趾，后因军功免

---

① 张国根主修《清河郡张氏族谱（十三修）》卷7《行传·先大人（显宗）行述》。上述引文与康熙《宁化县志》、民国《宁化县志》所载《张显宗传》基本一致。

罪，并于次年平定交趾，任交趾布政使。永乐五年，张显宗因积劳成疾，病逝于任，年仅 46 岁。显宗娶了两房妻子，正妻黄氏，生子克举、克宽；副配柏氏，生子克恭。

在张显宗贬谪期间，其弟显惠、显应二人为避牵连，隐居他处。据载，张显惠（1365—1418），字名达，年少时随兄业举，"洪武十五年，以贤才见举，进监肄业"；洪武三十年，"授河南开封府太守"，尚未来得及赴任，"闻兄靖难兵起，星夜奔回，欲图共遇事。按察使安金事吕升与显宗同往江西招义兵者，通知公兄，得引相见"。不过，张显宗令其弟返乡，携母潜逃。《名达公行传》记载：

> 兄惧祸及母，即令三男克恭扶恭母柏（氏）远避，令公侍母（黄氏）潜逃。公所历多境，俱不乐就，于江右石城至宁之永［小］长坊，见其山峰岑蔚，水曲幽洞，于是匿为。尔时，公心悬意迫，欲与兄同往江西，又欲朝夕事母，叹忠孝两难。如此已知公之苦衷，难以曲尽也。际此，母难得以暂遁，兄子克举、克宽两地悬悬，不能面晤，岂能一日去诸怀耶。公窥母意，抑郁不宁，随携母返，与侄克举、克宽聚首一堂，以叙天伦之乐。途径古背，母沾病，急欲调治，遇兄嫂外氏款接，暂尔羁留。……侍母回陂下故土，兄虽不能依依膝下，而克举、克宽、克勤、克旺，环侍于侧，不亦欢然一堂哉。[①]

张显宗二弟显惠迁居龙下里小长坊（今属济村乡），该地直线距离虽仅距陂下村不足 30 里，但重峦叠嶂，地势险峻，实是避祸之地。张显宗的幼子克恭携母柏氏亦远避他处，仅克举、克宽二人返回故居陂下村居住。母亲黄氏在世时，显惠曾奔忙于两地之间，与两个侄子尚且保持较为密切的往来；母亲去世之后，显惠携子克贵、克勤、克旺居小长坊、大窝里等处（今属济村乡龙头村），亦无心仕途；三弟显应则隐居于宁化城西郊桃源山，后世往来渐减少。张显宗的幼子克恭后随母归入柏氏，与兄长很快失去联系，族谱中连生卒年也未留下，仅记有数言，即"克恭，字圣荣，国子监（生），宣德丁未与外祖柏冢宰寓北京张家湾，隆庆年间嗣孙任漳

---

① 张国根主修《清河郡张氏族谱（十三修）》卷 7《行传·名达公行传》。

州府分巡道，至邑拜祖"。①

张显宗子嗣的举业未能再有先辈的辉煌，留守陂下的显宗公直系嗣孙亦独立发展，唯有家族的人口规模在迅速扩大。张显宗之子克举（1382—1443，字子才）、克宽（1385—1439，字敬敷），二人"入监肄业"，各生子3人，即第十三世淑字辈裔孙6人。第十四世彦字辈裔孙共15人，其中克宽公之孙张彦洪（1438—1501，字范陈），"天怀坦直，摒绝机心。虽受先人遗产，后恢扩数倍，所食菲薄，所服缀衣"，似有弃儒务贾之举，然又怕玷辱先人，"惟研究经史，貌肃辞严，恪守祖父遗训，隐居自乐"。②传至第十五世时，陂下张氏已有得字辈男丁23人，已经形成了一个颇具规模的继嗣群。不过，在永乐至正德的百年间，陂下张氏数代人似乎活得小心翼翼。尽管早在永乐六年张显宗的灵柩返乡时，克举、克宽就在县城东郊一处名作碤石的地方建祠祭祀，"是时，未敢名额，托以庵名，兼设佛像，其祠左右厢房，外附火屋，前后回廊，左穿有井，枕高山而后连大窠，窠外左至古路，路外又一峰名魁山，内有张姓坟墓山"。③可见此时张显宗虽洗脱了罪臣之名，但在地方上未受到一个状元及官至布政使的名臣该有的尊崇。

明成化至弘治间，社会风气日渐开明，大有"自由奔放"的趋势，④尤其是嘉靖间朝堂上对"大礼议"的讨论，"礼仪标签"逐渐在民间扎根，影响日重。⑤嘉靖四年（1525），汀州知府唐淳来宁化拜谒张显宗碤石祠，"助俸金八两买田三亩，永为祭祀"，不久，"汀州府同知陈公讳衮、宁化县主何公讳鉴，同为镌石，盖不忘其德也"。加之，当时朝廷放开民间修建宗祠的规定，"臣民皆许祀祖庙，民间祠堂于是夥焉，族属于是合焉"，促进了祭祀和纪念张显宗的活动的开展。⑥嘉靖十七年，汀州知府马坤将宁化县城东的峡石庵改为乡贤祠，主祀张显宗。⑦天启间撰写的《碤石祠

①　张国根主修《清河郡张氏族谱（十三修）》卷2《世系·克恭传》。
②　张国根主修《清河郡张氏族谱（十三修）》卷2《世系·彦洪传》。
③　张国根主修《清河郡张氏族谱（十三修）》卷14《祠图·碤石祠山祭田图记》。
④　方志远：《"传奉官"与明成化时代》，《历史研究》2007年第1期。
⑤　〔英〕科大卫：《明清社会和礼仪》，曾宪冠译，北京师范大学出版社，2016。
⑥　张国根主修《清河郡张氏族谱（十三修）》卷14《祠图·碤石祠山祭田图记》。
⑦　峡石庵即碤石庵。崇祯《宁化县志》卷7《礼制》。

山祭田图记》载：

> 故郡守焉［马］公讳坤于嘉靖十七年谒吾祖祠，见祀佛像，撤废庵名，专祀吾祖。又蒙拨官田八亩三分，合原存民田二亩八分，官田三亩，悉归张公子侄召佃办祭以及纳官，具备猪羊，春秋县主特祭，载明郡邑各志。①

引文显示，嘉靖十七年汀州知府马坤拜谒硖石张显宗祠，对该祠进行了改造，又拨了官田八亩三分，由显宗公裔孙负责经营，以供县主春秋祭祀。约莫同时，时任户部侍郎的清流县进士邓向荣，对张显宗前往江西召集义兵反对"靖难"的旧事做了重新评价，其写道："曰：然则公（显宗）未暴白于时，宁不待于今之有位者表章［彰］欤。曰：表彰与否，于公之心无加损也，责在后人。……呜呼！身以势诎，节以时伸，揆诸理情，夫岂不协？有国家者，得吾议而施之，其于发明大节，风励后进，为教化之赞也！"② 邓氏指出，张显宗的行为应理解为一种知不可为而为之的忠义，表彰与否全在于后人如何认识。因此，从大节大义上讲，张氏是值得颂扬的，这有助于教化政策的实施。趁此机遇，陂下张氏族人首次倡修族谱，并于三年后（1541）完成，明确了以显宗公为先祖的世系关系。

明万历九年（1581），陂下张氏重修了族谱。万历四十七年，又有按察副使王建中，"省方至邑，拜吾祖显宗公硖石祠，叹庙祀不严，命邑侯梁公元桢改建，额曰表忠"，③ 创建表忠祠，专祀张显宗。明天启二年（1622），陂下张氏在显宗公第七世孙永辂（1576—1636）的主持下第三次倡修族谱，这一次他找到了居住在小长坊的显惠公后裔合修。明清鼎革，张永辂的儿子张福明（1613—1674）于顺治十八年（1661）主修了第四修族谱。父子二人是明末清初基层社会出现的地方精英。据谱载，张永辂，字殷寰，"天性孝友，诚朴无饰，步古人行谊。一切分内事，及建桥修道，概无难色。亲友族邻，有告窘者，必阴以赠之，由是善声啧啧"。④ 张福

---

① 张国根主修《清河郡张氏族谱（十三修）》卷14《祠图·硖石祠山祭田图记》。
② 张国根主修《清河郡张氏族谱（十三修）》卷7《行传·张公私议》。
③ 张国根主修《清河郡张氏族谱（十三修）》卷14《祠图·表忠祠》。
④ 张国根主修《清河郡张氏族谱（十三修）》卷2《世系·张永辂传》。

明，字文华，号介庵，年轻时业儒，颇有才华，有"处士"之称，"生而颖异，循巡有礼，童子时，即能出语，有惊人句"。长大后，恰逢地方官府招贤纳士，得到宁化知县的赏识，"邑侯张公名士俊雅意造士，公以观风录取，每召见谕文，心醉几忘政事，乃邑试郡试俱拔前茅"。遗憾的是，"迨已冠后，沾疾，不复敢作文。公乃绝念名途，以守身为大。于是，朝夕依依，杜不出门，介石自立，持己则俭朴无华，待人则倾囊以赠。一切施棺诸费，慷慨争先。人知其惠心，每假辞告窘，公无不赠之……真忘己而利人者也"。① 不过，在谱序中，父子俩仅强调了知本源、序昭穆之意，其文曰："谱者，所以纪先代之遗迹也。有族无谱，犹饮芳泉而源流不知；有谱弗修，犹对古鉴而妍媸不见，胡以序其昭穆，辨其疏戚也乎？余族谱初修于嘉靖之辛丑，继修于万历之辛巳，越今四十三年，其间新故之存殁，邱墓田产之改换，宗支蕃衍亦当次第而详记焉。……则谱之重修，非独为序其昭穆、辨其疏戚已也，所为佑启后人者，其在斯欤，其在斯欤！"②

综上所言，明初洪武间，陂下张氏仅是一个寡母养育着显宗、显惠、显应三个儿子的不完整家庭，永乐间又因"靖难"而遭离乱，三代人构成的联合家庭被打散。历经百年的低调行事，至嘉靖间，得益于政治形势变化和"大礼议"引发的礼仪革新，特赐状元、交趾布政使张显宗的地位才被地方官正视，进而以乡贤的名义获得建祠专祀的权利。由此，陂下张氏建宗收族，明确世系关系，重视祭祀礼仪，形成了共同祭祀祖先的继嗣群。

三　继承式宗族

自嘉靖初年至清康熙中的百余年间，张显宗因是宁化乡贤而得到历届府县两级地方官的表彰和显扬，在地方官祭祀乡贤的礼仪活动中，显宗公裔孙也是重要参与者，且因直系嗣孙有权经营官府置买的祀产，故陂下张氏的世系尤其是显宗公一支，记录十分清晰和严谨。正是经过不断敬宗收族和实践祭祖礼仪，石壁乡民受到了宗族文化的浸染。

清康熙四十八年（1709），陂下张氏完成第五次修谱，这次修谱是石

---

① 张国根主修《清河郡张氏族谱（十三修）》卷7《行传·介庵公行传》。
② 张国根主修《清河郡张氏族谱（十三修）》卷1《原序（三修）》。

壁地区大规模修谱的排头兵，引领了当地的敬宗收族之风。其谱序写道："自是续修于国朝顺治辛丑，越今四十余年，历年远而后嗣愈繁，以愈繁之嗣，而加以历年已远，至有相视为路人者，亦势之所必至也。笃同姓、序昭穆，谱安可不重修哉。时伯叔命余（张万栋）执笔从事，余不敢以谢陋辞，因矢志公慎，分支别派，承桃继嗣，纪善登行，志产定祀，逐一详明。"① 五修谱序中明确提出了"志产定祀"，此时似乎已经出现了显宗公之外的某位祖先的个人祀产，但当时祀产不多，未提及具体的管理方式。二十余年后，陂下族人集资于张显宗陂下老宅修建宗祠。《大丞前祖祠记》载：

> 考祖祠始建于雍正癸丑，后修于乾隆乙亥。时基址颇窄，栋宇湫隘，惟左边构火屋二楹，因陋就简。寝室止祀仁甫祖，显宗、显惠祖牌位，复杂祀镇［真］武神。适宪李公名俊因事驻祠，谓祖神并栖，于礼殊非，始徙神祠后别庙，而祠仍旧。每岁谷雨后，子姓至祠，仅办香楮，敛资合酺而已。尝产缺乏，不足以展孝思也。②

引文显示，陂下村的祖祠始建于雍正十一年（1733），是时祖祠屋宇简陋，仅祭祀仁甫、显宗、显惠三公的神主牌位，并且还有真武大帝的神像。据谱载，此次修建祖祠的倡议人是族贤张廷元（1671—1745），他"居家勤俭，和睦族邻，力耕以事父母，持恭以事长兄……倡首建祠，多效己力，至今犹藉藉人口也"。③ 与碛石庙创建之初相似，被按察使李俊指出，"祖神并栖"，不合礼制，不得已将神像移往他处，导致祖祠香火不旺，仅在每年谷雨后由全族祭祀一次祖先。

在显宗公嗣孙的叙述中，有不少人参加了宁化知县祭祀乡贤的礼仪活动。乾隆十年（1745），族贤张道琳倡修族谱时论及："余犹记雍正间，随先叔采仪公谒表忠祠，拜名远公像时，邑大夫循例来祭，吾族人趋跄其间，彬彬有礼。邑大夫顾之色喜，叹为望族。先叔采仪退而谋诸伯叔曰：'吾族所以著于邑者，以先世有令德，后人当克广孝思也。夫孝，莫大于

---

① 张国根主修《清河郡张氏族谱（十三修）》卷1《原序（五修）》。
② 张国根主修《清河郡张氏族谱（十三修）》卷14《祠图·大丞前祖祠记》。
③ 张国根主修《清河郡张氏族谱（十三修）》卷7《世系传》。

追远，追远未有不收族，期以修谱为亟务。'适先叔倡议，命琳与族侄万选同校焉。"① 张道琳借采仪公之口，明确表示知县看重其族，无非是先祖有德，以故应当敬宗收族，强化宗族建设。乾隆四十二年，陂下张氏的祭祖活动中族人规模已颇为壮观："丁酉春，阖族祭祖于大丞前祠。喜子姓繁衍，相顾而乐，但乡音土语不一，彼此多不相识。询之，仍知为某支、某后，取谱验之，而丁既数倍于前矣。"② 因此，实践和传播祭祖礼仪，应是陂下张氏宗族活动的重要内容。

约莫同时，陂下张氏的宗族建设也日趋完善。至乾隆末年第七次撰修族谱时，族谱中登载了族内有关事务的各种规范。主修张士标留下的《原跋（七修）》记载："族议修谱于（乾隆）丁酉（1777），因族人散处异省者多，一时难于往返，故迟滞两载而未竣，至己亥（1779）季春，始告成。"此次修谱为了"使阅者开卷而得其概，读竟而得其详"，除了明确世系和列传外，还编写了27条则例，作为修谱的主要原则，添设了族规、族禁20条，补充了大量关于祭祀祖先的条目，包括"绘坟图祖宗体魄所藏，不敢遗忘，且以杜豪强之侵占也；绘乡图，知聚族之所居也；祀产，祭祀之所需则记之；祀堂，祖灵之所栖则图之；载服制，俾吾族知丧礼之重，而不失亲亲之杀也；立祭法，则行礼有定式，而易循例。按图思义，因文会意，读谱者，不忍而略之"。③ 在此基础上，重建并扩大了祖祠，并放入了诸多先祖的牌位。《大丞前祖祠记》曰："迨乾隆辛亥（1791），始议重建，撤去旧材，更换新料，二房派资捐助，经始于三月，告成于十月，右边横屋亦次第成。惟左边横屋至次年冬方构。盖正祠用费，一房均派，而左右屋则募各股私尝，及殷实乐助不等，详祠碑记。"④

从族谱保存的祀产看，陂下张氏的多数祀产设置在嘉庆以后，而且远祖祀产极少。对于祀产的重要性，张士标等读书人自然是清楚的，《族规十二条》中明确提出"要广积尝产"，"设尝田以供祭祀"，一方面可以"既安先灵，又保坟墓，亦事亡如存之道也"；另一方面，也可以抚恤孤

---

① 张国根主修《清河郡张氏族谱（十三修）》卷1《六修族谱序》。

② 张国根主修《清河郡张氏族谱（十三修）》卷1《七修族谱序》。

③ 张国根主修《清河郡张氏族谱（十三修）》卷15《原跋（七修）》。

④ 张国根主修《清河郡张氏族谱（十三修）》卷14《祠图·大丞前祖祠记》。

寡，"族众丁繁，岂无无告之民、不测之患，聚族合谋，亦可于享祀之外，分厥余产，以赈孤恤寡、济困扶贫，是广积尝田之功，不深且远哉"。对于为数不多的祀产，族规明确指出"要轮房值祭"，并制定了相关规范：

> 董理尝租，择本房公正才干三人以奉众祖之祭，兼掌本年出入数目，及应行之事，岁终清数，交与接管之人，周而复始。不得越次，亦不得推诿。若本房乏人，再托外房代办，亦可恐历久而滋弊窦也。①

引文显示，陂下张氏族中"奉众祖之祭"的尝产由各房选择公正人士管理，任期一年，次年交给他房，亦即全族的公共尝产在各房之间轮流管理。不只如此，设置较早的各房祀产也多为按房轮值，即以更小的房作为管理单位。如乾隆时添设的《道举公遗产》记载："因上年拆业稀薄，后又因谢家庄祖坟峦树被人盗砍，鸣官，费资不足以办蒸尝，先君子于乾隆丁丑（1757）冬邀集二十余名，敛炉谷五升，巢钱放积［债］，至乾隆庚戌三十年（1765）逐次置买田租，始议每年八月初一日醮墓，轮班办席，永为成规。"② 道举公祀产的管理方式虽未明言，然每年八月初一日的醮墓仪式为轮办，这意味着道举公的祀产也是由各房轮流收租。由此推断，乾隆年间陂下张氏的宗族组织形式应是继承式宗族。

陂下张氏的族谱最为注重的内容之一是祭祖的礼仪规范，并试图在《家礼》与地方习俗间建立有效的联系。其《祭法》有云："《家礼》有高曾祖祢四时之祭，又从伊川先生有冬至祭初祖，立春祭先祖，季秋祭祢之礼。先祖原在祧中，补行一祭。祢庙，原在时祭之中，又加一祭。皆酌礼义之中，自应遵行。宁邑凡祭，只举于春，以清明为始。秋以仲秋朔为始，亦无失礼意，但所祭之祖，不宜越次序。"撰者提出，宁化本地的祭祖活动集中于清明节之后，但中秋以后也是允许的。具体来说，"以后祖祢择吉举行，父以子配，考必及妣，每祭一祖，既拜于祠，复祭于墓，以灵爽所栖在庙，而墓则体魄所藏也"。大体较大规模的祭祖活动有两种类

---

① 张国根主修《清河郡张氏族谱（十三修）》卷1《族规十二条》。
② 张国根主修《清河郡张氏族谱（十三修）》卷15《祀产·道举公遗产》。

型，一是墓祭，具体情况不详；二是祠祭，"清明日祭各祠祖以下，群昭群穆，凡书其名于寝者，以是日合享；旁亲无后者，亦于是日祭于别寝。各房祭祖，不限日，只照次致祭"。其意指祖祠中祭祀先祖牌位（含考妣之名），包括在正堂祭祀各房支的直系祖先和在偏房祭祀无嗣的先祖。在此基础上明确了清明祭祖的主要仪礼，撰成《祭法》一文，曰：

> 每祭前一日，设立陈器省牲。厥明夙兴，设蔬果酒馔，奉主出龛，主祭者就位，与祭者皆就位。
>
> 迎神鞠躬。拜，兴，拜，兴，拜，兴，拜，兴，拜，兴。主祭者诣香案前，跪，一上香，二上香，三上香，酹酒，俯伏。兴，拜，兴，拜，兴（主祭者独拜）。复位。
>
> 奏乐，行初献礼。主祭者诣神位前，跪，祭酒，奠酒，俯伏，读祝文，诣读祝所，跪，众子孙皆跪。（读祝者跪，主人之左）俯伏。兴。随班者皆兴，拜，兴，拜，兴（主祭者独拜）。复位。
>
> 奏乐，行亚献礼。亚献者诣神位前，跪，祭酒，奠酒，俯伏，兴，拜，兴，拜，兴（亚祭者独拜）。复位。
>
> 奏乐，行终献礼。终献者诣神位前，跪，祭酒，奠酒，俯伏，兴，拜，兴，拜，兴（终献者独拜）。复位。
>
> 侑食。主祭者诣神位前，跪（斟神位前酒），饮福，受胙（执事者取神位前酒瓶抄取神位前之饮少许，受饮），俯伏，兴，拜，兴，拜，兴（主祭者独拜），复位，撤馔。
>
> 送神鞠躬。拜，兴，拜，兴，拜，兴，拜，兴。
>
> 礼毕。焚祝文。①

依据引文，陂下祭祖礼仪就是一个按照特定规范执行的献酒礼。对于参与礼仪的祭祀人员，《祭法》亦做了明确规定："三献之礼，初献以族长（以派尊望重者为之），亚献者以有爵（以族中爵最尊者，谓有禄者得祭也），终献以值祭（值祭者，轮值尝务、祭务，皆其所备，使致诚也）。择族中知礼者一人为赞，一人读祝，衣冠年少者四人执事，如斟酒、置酒，跪而

---

① 张国根主修《清河郡张氏族谱（十三修）》卷7《祭法》。

授爵、接爵之类。有配享袝食之位，即用执事者奉酒。"文中以注解的方式表明，主祭者有三类，行初献礼的族长是指族中派尊望重者，即辈分最高的族人；行亚献礼的是族中官职最高的人，而非以行辈论之；行终献礼者，则是当年轮值管理祀产的人，这也在一定程度上印证了张氏宗族的组织形式是继承式宗族。

对于族谱中的族规、族禁，撰者张士标认为其目的是，"跻吾族于仁让，而毋趋于浇沟［交构］也"。① 其主要名目除了前文提及的"要广积尝产"和"要轮房值祭"，还有要善事父母、要友爱兄弟、要和睦宗族、要勤业俭用、要读书明礼、要尊贤尚齿、要勉学育才、要悯孤恤寡、要设立学田、要息忿戒讼等项。其余族禁、族约，亦多维护族内尊尊亲亲的秩序和祭祀礼仪，如族约中的一条规定："仲春祭祖，仲秋祭祢，冬至祭始祖，寒食扫墓，凡求阴求阳，于室于堂，各有所事也。吾族清明春祭，八月秋祭，各房分祭房祖。至众祖墓，多在清平寺、吴陂头、淮土等处，众乡子姓，当于未祭祖之先日，即聚同众等登坟扫墓，勿容疏懒，须预立尝产，使为后者，得借以展其孝思。"②

大致而言，时至清中叶陂下张氏完成了继承式宗族的构建，族内的祀产，不论是全族共有的，还是某一房支的，多以按房轮值的方式进行管理，其主要功能除了明确世系、帮助传宗接代，尤为注重祭祀礼仪的实践和族内尊亲秩序的维护。

清嘉庆以后，陂下张氏族贤不断尝试扩大祀产，继承式宗族似有向更高级的宗族形式过渡的趋势，不过由于族中读书人为数不多，尚未形成士大夫阶层，宗族组织的进阶过程并不顺利。在七修族谱中，主修张士标虽然倡导广积尝产，但实际效果并不明显，为了鼓舞族中捐助祖祠的祭祀活动，族贤明贤、国良等提出"准助租进牌"的倡议，即祖祠正堂中排放的牌位，除了未分房前的直系先祖睦公、赓公、希承、寿隆等人的牌位，显宗公之后先祖的牌位进入神龛以及牌位在神龛上的位置，均以捐助的祀产为准。据载：

---

① 张国根主修《清河郡张氏族谱（十三修）》卷15《原跋（七修）》。
② 张国根主修《清河郡张氏族谱（十三修）》卷1《族约四条》。

朱子云：祖宗虽远，祭祀不可不诚。然必祀产备而后祀典兴。前代遗业无几，嘉庆癸亥春，明贤、国良等与族商议，中堂正寝准助祖进牌，以供春秋祭祀。牌位前后，照租多寡，每年致祭寿隆公之日，标明合祭。良欲歆动，族人踊跃捐助，扩大蒸尝，兹计牌位四十余坐，编定位次，载明租石。凡拨租一石，一名赴席；租二石，一名赴席，发胙肉半斤。余者，租增五斗，胙肉加发四两。既缴钱，春祭日胙肉发本人子孙亲领；拨租者，本人从租照扣，其牌坐次，百世不易，租亦永久不易。庶乎远称考妣同享明禋。凡我子孙共展孝思，而永庆祀产之备、祀产之兴也乎。①

据引文记载，嘉庆八年（1803）明贤、国良等人的倡议内容大致是，因族中祀产不多，为增加蒸尝以供祭祀祖先之用，向祖祠捐献一石以上的族人可将祖先牌位放入祖祠正堂与先祖寿隆一并祭祀，且祖先牌位的前后顺序依据捐献数量之多寡安排。此议一出，族众踊跃捐纳，累计放入了 40 余个牌位。依据捐租的数额之多寡，捐租者从祖祠获得的回报亦不相同，即捐租一石可以派一人去吃席；捐租二石则除了派一人吃席外，还能领取半斤胙肉；捐助更多的再按照每多五斗加发胙肉四两。由此陂下祖祠的祀产得到了极大的扩大和补充。

不过，如何对祀产进行有效管理，仍然是陂下张氏面临的棘手问题。《祀产引》载："吾族或有家计穷乏，不思勤苦自力，每有私欲分散以济一时之困者，即正言以却之。遂挟为仇恨，甚至大肆凶威，无有劝而阻之者。夫人不念祖宗之蒸尝，惟贪肥己之身家，焉能将祀产而扩充耶？推而各房不肖子孙，亦多效尤成风，甚可恨也。自兹以往，望吾族经理者得其人，戒一切侵渔贪耗，则薄产亦可积厚，或且慕其能积又加资捐助者，则以祖宗之利享祖宗，更以祖宗之利利子孙，意亦甚美，势亦甚便，从此以广义庄之法，岂有难哉！"② 从引文看，清中叶陂下张氏的祀产管理出现了一些问题：一是族中贫困者试图将祀产私分给个人，虽被有威望者制止了，但贫困者并不服气，乃至心有抱怨，甚至大闹祖祠，亦即较大规模的

---

① 张国根主修《清河郡张氏族谱（十三修）》卷 15《牌位引》。

② 张国根主修《清河郡张氏族谱（十三修）》卷 15《祀产引》。

继承式宗族有面临解体的威胁；二是祀产管理不完善，经理者因此谋私且被族人发现，亦即陂下张氏未能出现一个普通族人信赖和依附的精英阶层，族产经理者对宗族管理并不得力，未能收到依附式宗族的实效。

由此推断，清中叶以后陂下张氏虽然添置了不少祀产，但因族产管理不善，族内精英人士尚未形成一个强有力的阶层，对宗族事务的管理和对族人的控制亦不得力，宗族组织的形式为较大规模的继承式宗族，而未能顺利过渡到依附式宗族的阶段。也就是说，清嘉道年间，宁化石壁地区大部分因聚族而居形成的宗族组织都在探索由继承式宗族向更高级宗族形式过渡的方式，但此过程并不顺利，多数宗族通过联合形成了更大规模的继嗣群，却未能进阶到更高级的宗族组织阶段。这一现象出现的原因非常复杂，最可能的因素应该是继承式宗族成员数量不多，生计方式也没有大的突破，而未出现明显的贫富分化，更未能形成一个具有宗族权威的士大夫阶层代表族人管理宗族。

第二节 聚居宗族：从继承式到依附式

石壁村位于石壁盆地的中央，文化上也是石壁地区各族张氏的中心村落。目前，石壁村的居民主要为张姓，其他姓氏，如傅氏、管氏以及20世纪90年代因经商迁至石壁墟的新姓氏者，数量极少。不过，称之为聚族而居村落又似有不可，因为村内有两支张氏宗族，即上市张氏、下市张氏，二者的郡望虽同为清河，但追认的始祖不同，宗族组织发展亦各有特点。在石壁村中，下市张氏人口居多，占七成，上市张氏人口较少，仅占三成。下市张氏集中聚居在石壁村，其宗族建设始于明末，明清鼎革间解体，经康熙间富商群体的倡议，宗族建设日趋完善，蒸尝不断增加，比较顺利地实现了从继承式宗族到依附式宗族的过渡。上市张氏的族人较少，又与下市张氏为竞争关系，为获得更多的支持，至雍正间开始与各处规模相近的张氏宗族合修族谱，从继承式宗族发展为合同式宗族。本节内容拟以下市张氏为中心，探索继承式宗族向依附式宗族的转型过程及依附式宗族的主要功能。

一　贫富分化：依附式宗族的形成

依附式宗族是指在聚族而居的条件下形成、以地缘关系为基础的宗族组织，基本特征是族人的权利及义务关系取决于相互支配或依附关系。与继承式宗族相比，依附式宗族的特点主要体现在处理宗族事务的方式上。促成依附式宗族形成的途径主要有两种：一是继承式宗族形成后，经过若干代的分支，族人之间出现了贫富分化，"按房轮值"的族产管理方法无法维系，宗族遂对族产及有关事务实行统一管理，使管理公业者获得了对宗族事务的支配权，即依附式宗族形成；二是继承式宗族中出现了少数族人倡议捐资，通过修祖墓、建祠堂、编族谱、置族产等方式，对已经解体或行将解体的宗族组织重新进行整合，族内权贵集团由此形成，整合后的宗族组织便具有了依附式宗族的性质。依附式宗族的主要功能是维护传统的社会秩序，对基层社会实行有效的控制，族产的收益主要不是用来周济贫穷的族人，而是用于举办祭祀活动、培养科举人才以及完成其他公共事务。①

石壁村下市张氏追认南宋间进士张奭为始祖。谱载："公讳成智，号鉴铭登，宋嘉定元年戊辰（1208）进士，受墨符，知赣州宁都县事，卒于任，葬梅川之田西坝大路口。生五子，二子安卿，为石壁下始祖。"② 张奭之子安卿便是迁居石壁村的定居祖。安卿，字文定，号云庵，生宋宁宗庆元五年（1199），"由宁都白鹿营牛屎湾徙石城白茅塘，后徙宁化石壁，遂为世居焉"。③ 安卿公迁居石壁后，生九公（1241—?，字普惠，号辟谷），九公生满十郎，满十郎生十一子，其第十子茂甫为石壁下市祖开支祖。茂甫（1317—1404）生四子，二子文宝定居石壁，其余皆迁徙外地。文宝（1348—1438，字西霞），举冠带大宾，享九十一寿，生子六，子禧、子初、子忠、子昌、子兴、子盛（见图2-1）。子禧、子初、子忠、子昌等四人留居石壁村，为今张氏四房之先祖，其余外迁。对于上述祖先世系，我们应该将之当作一种历史记忆，视为后世祖先认同的文化现象。实际情

---

① 郑振满：《明清福建家族组织与社会变迁》（增订版），第70—90页。
② 张国柯主修《张氏重修族谱（十三修）》卷2《世传·奭公传》。
③ 张国柯主修《张氏重修族谱（十三修）》卷2《世传·安卿公传》。

况可能是，张茂甫才是石壁下市张氏能够追溯到的最早祖先，后人在屡次敬宗收族中，不断建构出更远的祖先。

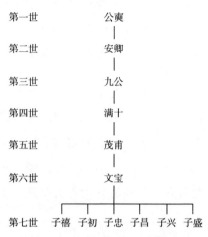

图 2-1　石壁下市张氏祖先世系

资料来源：张国柯主修《张氏重修族谱（十三修）》卷 2《世传》。

明中叶以后，下市张氏族众日繁，查点族谱中登录的名字，至晚明茂甫公第七世孙时，已有男丁 38 个。其间，下市张氏族中的社会精英开始出现。第六世的张志义（1440—1516），"有古人风，为一族之冠，尤乐于施予。正德间，邑大饥，公独力出谷数百石赈之，所济活以万计。郡邑旌表，特荐为乡大宾"。[1] 十世孙张伯诚（1498—？），"贤能卓荦，族举粮长，于嘉靖二十五年（1546）丙午运粮入京"。[2] 约莫同时，下市张氏开始有意识地建构祖先世系。康熙间族贤回顾称："我祖茂甫公，号石门隐士，于明洪武十年草创谱稿。明景泰二年，复倡议重修谱乘，分给各房掌管，以垂后裔。嘉靖初，流寇作乱，刊谱残失，仅存抄谱，迄今一百七十余年矣。"[3] 不过，该族谱到康熙间时，已几经破坏，仅剩抄本，并没有发挥敬宗收族的作用。明末开始草创宗祠，添置尝产。清初撰成的《茂甫祖太祠堂记》记载：

---

① 张恩庭主修《石壁追远堂张氏族谱（十四修）》卷首《志义祖太行传及蒸尝记》。
② 张恩庭主修《石壁追远堂张氏族谱（十四修）》卷 1《张伯诚传》。
③ 张国柯主修《张氏重修族谱（十三修）》卷 1《张氏族谱旧序》。

> 吾族自万春公衍派，迄安迄满，凡数世而裔传寥寥，故祠庙缺而未举。自茂甫公，枝叶稍振，始设尝以供祭祀，而祠祀仍缺。于是，有嗣孙一策字仲谋者倡议，于凉伞树之傍粗建一祠。虽制度草创，而春秋二祭得所凭依焉。因顺治丙戌年（1646）为流寇所毁，自是数十余年，吾族遂无祖祠，遇祭则设主而祭于各房之私祠。①

引文中的张一策（1605—1646）是茂甫公的第十世孙。引文显示，在张一策草创祖祠之前，下市张氏已经形成了以房为单位祭祀祖先的宗族组织，只是各房之间的联系不紧密。张一策草创宗祠于凉伞树旁，每年春秋祭祀始祖茂甫公，却没有论及添设尝产。不幸的是，张一策及其倡修的宗祠皆毁于清初兵燹，于是此后数十年各房分祀房支祖先，下市张氏宗族又分解成几个继嗣群。

"三藩之乱"后，宁化石壁地区日趋安定，商品经济得到了长足发展，下市张氏不少族人通过务贾发迹，族人的社会精英阶层形成，且十分活跃，至康熙间开始大规模置办族产，重新整合宗族组织。

张敬吾（1611—1683）是清前期下市张氏发迹较早的商人，其因积极投资地方公益事业，还得到了宁化知县袁格（河南柘城人，1696—1702年任宁化知县）的赞许，并为之撰写传记。其文如下：

> 张敬吾，讳一仲，世居龙上下里之石壁村。村数百烟，率皆耕读。敬吾独不习世业，挟资走江湖，贸迁有无。既数年，获利不赀。敬吾又不以财自封，遇奇人则厚赠，见困瘁则相恤。其足迹所历，如匡庐青源，金焦栖霞，九华灵隐，游展无不览遍。……敬吾亦倦于游矣。既归，岁俭［检?］宗党，有不举火者，敬吾曰："奈何使吾独有余也？"则捐金务使生活。先是，敬吾有堂兄一郑，落魄无依，而又不能事生产，敬吾父元荣翁病，将易箦，呼敬吾而命之曰："此子惟汝是赖。"敬吾唯诺。丧葬毕，凡一郑所需，不特衣食，置办无缺，即婚娶、子女，至三世犹无释也。②

---

① 张国柯主修《张氏重修族谱（十三修）》卷 1《茂甫祖太祠堂记》。
② 张国柯主修《张氏重修族谱（十三修）》卷 2《张敬吾传》。

袁格任职宁化知县时，闽西地区尚未彻底安靖。据载，"宁化，岩邑也，居民凭山阻水，易为变，始至，岁洊饥，饥民哨聚者数千人，白昼四出剽掠，势甚张"。① 是时，袁知县为张敬吾立传，意在"阐扬幽隐，以风示一邑宰职也"。通过袁格的描述可发现，在康熙四十年（1701）前后，石壁村已是聚居了"数百烟"的较大村落，且石壁下市张氏宗支繁盛。张敬吾"挟资走江湖"，通过经商发迹，年轻时足迹遍高山名川，归乡后乐于捐助族人，帮助堂兄一郑维持生活，得到了知县的表彰。不过，张敬吾去世（1683）时，下市张氏的宗族组织并不发达，尚未建立族产、义仓等慈善机构，而张敬吾的乐助行为，恰恰是宗族组织建设的道德起点。

　　康熙中叶以后，追随张敬吾善举的族人不断涌出。张正立（1678—1728，字位一），"常客江右，获利多资，恢扩先人遗产，富甲一乡"。在乡时，常接济族人，并成为族人之典范，"康熙丙子岁（1696）饥，桶米价至五百文，族人□□彷徨，公慨然以常价发粜，族人以安。康熙戊［甲］申（1704），又饥，公发粜亦如前。我族常规，当米价腾贵之年，从无以常价发粜之说。自公始二次，自后遇歉，殷户皆放［仿］公之意以行之"。② 又如张正娄（1659—1706，字明山），"英伟卓荦，弱冠后创产千金，疏财好义，遇荒平粜，乡有公事，慷慨乐捐"。③ 不只如此，下市张氏的富裕商人还积极倡议、参与村中的公共事务。一是重建村落周边的神庙，如三圣庙，"至康熙三十九年庚辰（1700），族贤如正贤、正纪、正耀、正玑、正华、正器、正兰、忠稳、忠引、良相、良琮等始鸠工重建，越明年辛巳，乃告成。壬午年，复取三圣金身，加修而重饰之"。④ 二是倡修石壁村附近的桥梁。笔者在田野调查时发现，石壁村东南社公庙的内墙上镶着三块碑，其中一块有简单记述："吾乡社坛前桥，来往要津，关系最重，屡圮屡葺，大都霜踏板桥，不为久计。雍正乙卯（1735）仲夏，山水暴涨，桥复圮焉。两岸崩颓，置足无地，行人苦之。族贤荣中、忠宴、忠善、良孟、良广、良达等皆好善乐施之士，捐资倡易之。以石迁于社坛之后，购地

---

① 乾隆《柘城县志》卷9《袁格传》，国家图书馆藏乾隆三十八年（1773）刊本。
② 张国柯主修《张氏重修族谱（十三修）》卷3《张正立传》。
③ 张国柯主修《张氏重修族谱（十三修）》卷首《张正娄传》。
④ 张国柯主修《张氏重修族谱（十三修）》卷首《三圣庙记》。

拓基，路愈辟，桥愈固，行人无病涉之忧。为功最巨，盖雨亭、津渡、道路、桥梁，受者实则施者不虚，譬如钩吴射侯，亦既发而中的矣。诸公此举吾将右□□，其后之昌也。是为记。"① 三是修建石壁村水口，下市张氏族谱收录的《修玉屏水口记》载："康熙丁酉年（1717），伯兄忠修醵金十两为倡，正蛟、正立、正邦、正泰、忠华、忠铭，忠琳、士魁、忠茂、忠祜等佐之，合族兴从，各照粮派银，共成美举。购田鸠工，积邱蠲浏，导流于襟带之下，与左水汇。如拱如揖，如趋跄，如侍侧，溶漾纡余，翼形辅势，以效伎于其前。予因思，夫造物者之列峙布流，与生人无以异，人性不齐，有美有恶，去其恶，归于善，非人力不为功。"② 文中的水口在村东南距离三圣庙约 500 米处，自北而来的石壁坑水、自南而来的淮土水和自西而来的大江头水在此汇合。张正望赞美一番修建水口的伟业后，提出自己的期望，"推此意以劝诱乡党，则化残为仁，化暴为义，化懦于立，化顽于廉"，其教化乡里之意跃然纸上。比照下市张氏族谱，康熙三十九年重建三圣庙的正贤、正纪、正耀、正玑、正华、正器（张敬吾之子）、正兰、忠稳、忠引、良相、良琮等人与康熙五十六年修建水口的正蛟、正立、正邦、正泰、忠华、忠铭，忠琳、士魁、忠茂、忠祜等人均是下市族人。族谱中虽能找到大部分人的名字，但除了生卒年外并无其他信息，尚未见有获得科举功名者。

当然，重建宗族组织也是富商们积极倡导的事业之一。《茂甫祖太祠堂记》记载：

> 康熙庚寅年（1710），嗣孙正立、正邦、正蛟、正富、正华、正镜、忠铭、忠元、忠早、忠任等建议，定址于今所，鸠工而鼎建之。或输才以供木植，或捐资以给匠工，不半岁而告成。枕高山，环大河，其规模颇称壮丽。卜吉杰祭，迎主入祠。而文宝公一脉之裔，遂奉（茂甫）公为祠祖，而子禧、子初、子忠、子昌、子兴分列五房祔祀焉，外此者无以入斯。祠者，序齿序昭穆，笃敬敦让，本诸至诚，进则移孝作忠，退则广孝施政，是皆吾祖宗夙昔之心，推之千百世可守也。③

---

① 目前该碑因客家公祠修缮破旧建筑而被石灰覆盖，已无法查看。
② 张国柯主修《张氏重修族谱（十三修）》卷首《修玉屏水口记》。
③ 张国柯主修《张氏重修族谱（十三修）》卷首《茂甫祖太祠堂记》。

引文显示，康熙四十九年下市张氏重建祖祠倡建者，大体与倡修神庙、桥梁的是同一群人。也就是说，陂下张氏族中已经出现了一个由富商组成的领导阶层，亦即由商人组成的社会精英。正是靠他们的捐资献财，祖祠才得以在半年间修成，进而形成了以茂甫公为祠祖，五房嗣孙并立的宗族组织。在张正立的传记中，同样也论及了他倡建宗祠一事："先是我族蒸常〔尝〕额，颇称厚积。自家变，屡秉□□殆尽，公独力支。至今祀典不缺，春秋二祭不至寂寞不振者，皆公之力也。而吾族自祖祠遇灾后，世缺祖祠，遇祭则迎主于各房香火厅，公隐为抱痛。建祠于今所，以茂甫公为祀主，而五房列为支派。"① 结合前文，不难发现以下几点：一是康熙间下市张氏族众日繁，一些族人通过务贾发迹，并通过救济族人而获得了一定的社会威望；二是与族人发迹相对的是，不少族人十分贫困，由此走向了贫富分化；三是历经明清鼎革，下市张氏的族产已经破坏殆尽，是靠族中富裕者资助才维持了祭祀祖先的活动；四是富裕族人在捐助贫困族人的同时，努力重新整合宗族，重建了宗祠。约莫同时，下市张氏完成了第四次重修族谱，即在晚明的残本抄谱的基础上修缮，实质上相当于第一次正式修族谱，主修是族中少有的秀才张良旗（1672—1744），为后世了解其族发展留下了大量文字信息。

由此观之，石壁下市张氏的宗族组织建设发端于明末，又于明清鼎革的兵燹中被破坏。清康熙中叶以后，由于族人贫富分化，务贾致富者日渐增多，形成了富商阶层，在富商阶层的倡导下，族中有能力者积极周济穷人，投身宗族建设，利用建宗祠、修族谱等活动重新整合宗族组织，宗族组织较为顺利地从继承式宗族过渡到依附式宗族阶段。

二　社会控制：绅士阶层的宗族管理

时至清中叶，石壁地区的宗族建设日臻完善。下市张氏宗族大规模设尝产、置学田，培养读书人，士大夫阶层逐渐兴起，至乾隆末年已经形成了一个士大夫群体，他们吟诗唱和，成立"衣冠会"，在宗族事务和地方

---

① 张国柯主修《张氏重修族谱（十三修）》卷3《张正立传》。

公益中的角色越发重要，取代商人团体成为基层社会自治领导阶层。

前文提及，清康熙中叶至雍正间，下市张氏的社会精英多是富商群体，族中读书业举、获得功名者甚少，唯有主修族谱者有生员的头衔。尽管如此，下市张氏的精英人士业已认识到读书人的重要性。如早年务贾于江西的张正立，发家后不仅投身宗族建设和地方公益事业，对族中读书人亦颇为关照。《位一叔祖行传》记载：

> 公之德在祖宗者，如此而尤喜睦族，而笃爱良旗尤甚。临终之日，犹谓旗曰："吾死无恨，止不忍舍族属与未见汝成名。"嗟乎！公殁距今已有三年矣，而旗犹困厄诸生间，他日以何面目见叔祖于地下耶！①

引文的作者是张良旗。据族谱记载，张良旗是始祖茂甫公的第十三世孙，张正立的族侄孙："良旗，忠贞三子，忠靖继子，字锡韩，号又龙，署其庐曰怀桧，自号怀桧老人，蒙提督学院杨岁考取县学。"② 其中"考取县学"与上述引文中"困厄诸生间"一致，张良旗是下市张氏中的秀才，且是通过业举而考取低级功名，而非援例获得头衔。查阅下市张氏族谱，张良旗是石壁村最早的秀才之一，族中的士大夫开始出现。

乾隆初年，下市张氏族中有士大夫头衔者日渐增多，但多是援例的监生或国学生。如茂甫公第十二世裔孙张忠铭的三个儿子，长子张良栋（1705—1751，字隆吉）和次子张良洲（1706—1755，字鹤鸣）均"援常平仓例，捐授太学生"，张良侨（1714—1785，字惠人）则"乾隆间援京例，捐授国子监生"。至乾隆中期，族中考入县学者亦有之。如茂甫公第十四裔孙张明钦（1746—1809，字文思），"乾隆丙戌蒙学院王进取邑庠生，屡列优等；乾隆六十年蒙学院赵科取列一等第四名，补廪膳生"。③ 至乾隆末年，下市张氏族中的士大夫已为数不少，以故有人于乾隆五十五年（1790）倡议成立衣冠社。乾隆三十八年援例国子监生的张良密（1737—1793，字宥基）撰写序文一篇。其文曰：

---

① 张国柯主修《张氏重修族谱（十三修）》卷2《张正立传》。
② 张国柯主修《张氏重修族谱（十三修）》卷4《张良旗传》。
③ 张国柯主修《张氏重修族谱（十三修）》卷4《族谱序》。

族之有衣冠也，犹如山之有杞梓也，泽之有莹兰也。山无杞梓，匠石不顾；泽无莹兰，则采芳者不入焉。吾族石壁下市……岁乙酉，族侄近江、二行始倡为会议，予喜而嘉之。因亟捐谷十石以赞其经始。近江亦捐十石，近江叔非群捐三石，从兄思廉捐一石，族侄泽源捐六石，合得谷三十石。而凡族之绅衿与会及以先世绅衿祖父名位与祀者，皆各出平钱一千文作本，远见息，扩尝产，以为世世经久之计。予闻之衣冠者，君子之服也。……予族自茂甫公以来，世传十六，户衍千余，数百年来衣冠之士前后接踵，固亦皆恪守礼义，未尝有放辟邪侈、荡俭逾闲、玷辱于名教者也。虽然德之量无穷，即衣冠之则责备亦无穷。继自今衣冠之会既立，伯叔兄弟谊兼师友，岁时聚会，以文会友，以友辅仁，善相劝、过相规，务使道德文章各无愧于君子焉。将见吾茂甫公一脉子孙，经历千百年后，犹有推为大族之先声、世家之重望者。当世之贤人君子，其必不鄙我、丢我，声应气求乎我，则即以一乡之衣冠相与，以成一世文物声名之盛焉，其可也。予嘉二子者之倡为此会也，因为序其事以望之。①

引文显示，乾隆五十四年，因茂甫公第十四世裔孙张近江、张二行两人提议成立衣冠社，向张良密征求意见。作为长辈，良密捐资 10 石谷以支持，得到族中士绅的响应，筹得 30 石谷作为本钱，又要求入会绅衿各出平钱 1000 文作为入会费，用以放贷生息以供经费，以期营造族中的文化氛围，鼓励子弟业儒求学，"务使道德文章各无愧于君子"。此外，衣冠社还定有凡例七条，具体内容涉及入会交钱、放贷收息、祭祖分胙等会产经营事务，还对入会者身份提出了要求："会名衣冠，必衣冠为重。凡前人之列祀者，非衣冠不得登；后之人与祭者，非衣冠不得入。"族谱中还登录了历年有邑庠生、国学生及以上头衔的族人的名字，共有 265 人之多。② 下市张氏的衣冠社一直运行到清末，并于道光五年（1825）、道光三十年两次重订凡例，不断提高对入会者的出身要求，先是将书吏、优老出身而未

---

① 张国柯主修《张氏重修族谱（十三修）》卷首《衣冠社祀产序》。

② 参见张国柯主修《张氏重修族谱（十三修）》卷首《文学生题名》《邑庠生题名》《登仕郎题名》等。

咨部者排除在外，对考取科举功名者则给予奖励。道光五年的新定凡例规定："入衣冠会必由生监出身，若系书吏，虽有顶戴，亦不准入，倘后书吏咨部换照，方准复入；优老非生监出身咨部者，概不准入衣冠会；衣冠会生监赴乡试者，给赆仪三千文，中式贺仪再议；衣冠会贡举赴会试者，中式贺仪再议。"① 道光三十年又将出身卑贱的捐纳监生排除："捐例入衣冠会，务要出身清白，乃不玷辱衣冠。至若约差、梨园、剃头人等种种不一，日后虽能投捐，概不准入衣冠。"② 据此观之，清中叶以后，下市张氏族中具有士大夫头衔的人不断增多，而且从事读书业举、正途出身者的数量亦为数不少，尽管考取高级功名者有限，成为士大夫阶层的界限则越发清晰。衣冠社的成立及发展，意味着下市张氏族中的士大夫阶层的形成与壮大，族中应对和处理各项公共事务的权力相应地转移到了士大夫阶层之手。

自康熙四十五年第四次撰修族谱后，下市张氏的族谱重修日渐规范，大约每隔三五十年便有一次，分别于乾隆七年（1742）、嘉庆三年（1798）、道光五年、道光三十年完成了第五至八次重修，这几次族谱修订的倡导者无疑变成了士大夫。下市张氏宗族的规模也得到了扩张，康熙间重修宗祠时论及茂甫公位下，"子禧、子初、子忠、子昌、子兴分列五房袝祀焉，外此者无以人斯"，至道光年间则多出了子盛公房。考之于历届修谱的谱序，子盛一支直到道光五年七修族谱时才出现，"文宝公生六子，曰子禧、子初、子忠、子昌、子兴、子盛，分列六房。而子盛公迁居瑞金日东，另衍宗祊"。③

基层社会在以士大夫为主导的绅士阶层的领导下进行乡族自治，往往以儒家的社会伦理作为基本规范，即以《吕氏乡约》《朱子家礼》《圣谕六条》《圣谕十六条》《圣谕广训》等朝廷推行的行为准则为蓝本而实现社会秩序的维系。④ 乾隆七年重修族谱，下市张氏制定了《族训》八条，具体内容如下：

---

① 张国柯主修《张氏重修族谱（十三修）》卷首《衣冠社道光乙酉新定凡例》。
② 张国柯主修《张氏重修族谱（十三修）》卷首《衣冠社道光庚戌新定凡例》。
③ 张国柯主修《张氏重修族谱（十三修）》卷首《七修族谱序》。
④ 郑振满：《清代闽西客家的乡族自治传统——〈培田吴氏族谱〉研究》，《学术月刊》2012年第4期。

一、笃孝行。先儒有言：千百行，孝为先。父之于子，宜常垂义方之训；子之于父，宜时尽爱日之诚。倘有不能承欢膝下，服劳奉养者，即属不孝，宜集众晓谕。至有悖逆父母、悖理灭伦者，训诲不悛，处以族法，仍敢不遵，呈官究治。

二、和兄弟。兄弟者，一本同气之人也。《诗》曰：凡今之人，莫如兄弟。又曰：岂无他人，不与我同父。盖言谊之至重也。如兄不友，弟不恭，衅起萧墙，族长训以情理，恃强者，以族法处之。

三、睦宗族。族姓虽繁，原属一本，先儒范公有言：吾宗族虽众，自今日视之有亲疏，自宗族视之，则皆子孙也。故伯叔兄弟之间，宜德业相劝，过失相规，蔼焉亲洽，不可以富欺贫，不可以贵轻贱，不可开家衅以招外辱，不可逞小忿以伤大义。设有不逊之徒，妄行辱骂五服尊长者，论以亲疏情理，轻重责罚。

四、正名分。父母兄弟伯叔孙侄，称谓不容紊乱，派分不容僭越，出入座次，秩然有序，则礼义可兴，长幼尊卑各得其所。

五、重婚配。夫妇五伦之一，同姓自古不婚，吾乡附近数余里，惟张姓为最，其初皆属一本。凡我族众，男女婚配，无得同姓联姻以乱伦纪，如违者族法重惩。

六、培斯文。立志读书，乃扬名显亲之本，为父母兄者，宜勤作养；为子弟者，宜自发奋，得志则荣及一身，宠光一族。凡我子姓有力者，应置学田，以为灯油之需；无力者，宜稍助膏火以鼓励人材，斯籍缨勿替。

七、扬善类。善良为族之宝，凡有爱亲敬长，和睦叔伯，患难相顾，劝善隐恶，息词讼，止祸寡，和谐里间者，生当感其贤，殁当详诸善，勿致善行不彰。

八、惩恶行。恶人为族之害，逆父母、慢兄长，欺孤凌弱，寡廉鲜耻，不循礼义、玷辱宗族者，生当鸣鼓而攻，殁当秉笔惩戒，使人知所警。①

---

① 张国柯主修《张氏重修族谱（十三修）》卷首《族训》。

引文中第一至四条均是在推行儒家伦理规范，似乎此时闽西石壁地区的儒家观念还有待强化。第五条"重婚配"中记述的同姓为婚现象实为石壁地区特有，张姓居民占整个宁化西乡总人口大部分，"吾乡附近数余里，惟张姓为最"，数十里亦差不多。若不同姓婚配，则难以解决张氏青年男女的娶嫁问题，故其言难以实践。第七、八条是扬善惩恶，为各地乡约、族规都有的内容，并无特殊之处。不过，《族规》中虽然出现了不少关于族长、族法权威的表述，表明官府提倡的儒家伦理已渗透到闽西基层社会，但是各项内容总体上略显粗略，实际执行的可能性不大。

时至嘉庆三年，下市张氏新定《族训》十一条。较之旧的《族训》，新定的《族训》更加细致，明确了行为规范和惩处措施，除了第十一条"戒家庭忤逆"——"父母恩深，兄弟谊重。孝弟友恭，家庭之福；偏私忤逆，庭帏之灾。倘有不孝不弟，经闻族众，轻则于祠杖惩，顽梗不悛，祠规具在，必不姑宽"，内容与旧族规的规范相似外，其他十条所涉及之事非常具体，其实践性更加强。具体如下：

一、戒同姓为婚。夫妇有别，礼有大经；同姓不婚，律有明禁。老谱条例，前已刊行。今查一二不循礼法之家，犹有染于陋俗不知犯禁者。除前此既往不咎外，自今嘉庆三年为始，如有再与同姓为婚者，无论本族异族，查出之日，公罚银一百两，入祠公用，其婚仍照律离异，不遵例，合族即将主婚人送官。

二、戒宗族淫乱。聚族而居，明伦为要。鸠宗而誓惩奸为先。凡有乱伦玷宗，即当鸣众削谱，奸夫投蹿远方，永离宗祐；淫妇游街示辱，发嫁孤贫。其或强奸，发首罪，不坐妇人；诬捏指奸，罪不加男子。族庭鞫［鞠］察，实则法惩，虚宜反坐。

三、戒游惰偷盗。富贵之本，在于勤劳；偷盗之途，始于游惰。凡有游闲坐食，不事正务，结连匪类，挖墙穿壁，偷害人家者，经众查拿，铲洗其家，再犯不悛者，送官处治。又有私行梳割田谷，扳折田豆，摘园蔬、网池鱼、掘薯芋秆草，以及窃取衣服器用、鸡犬等物，种种鼠盗，概行严禁。犯者，除追赃还主外，不论老幼，众罚猪肉一百斤，犯罪（者）及父兄押贼送官究治。其或此辈素无财产，不足抵罚者，众逐出。一体同罪，罚更加倍。或如撞荒，知情不首者，罚视本犯之半。闲人拿荒，贼赃确实，即闻族众者，众议给赏。

四、戒诈骗图赖。理有曲直，事有是非。受屈含冤，自有秉公之论。行凶撒泼，实为做孽之尤。若使借命图骗，律有明禁，一经呈究，罪必加条。更有作奸犯科，自知难逃公罚，抑或逞勒索，回思亦晓理亏，因而服毒自缢，兼以怖害族人者，嗣后凡有此等，经众公议，除将本项事件照族规公处外，不论事属何等人，通族到官具结。或本人家人有敢借此骗赖居奇者，仍照族规严处。

五、戒党恶助虐。强暴横行，必有恶党以助之，或为袒护，或为解释，蚕食善良，威逼乡曲，甚至白日持刀，强抢横占，无所不为，皆由恶党扛帮，以成其恶。自后见人为非，敢有纠党肆威，阳为爪牙，阴为谋画，袒卫横暴，欺压族庭者，照事轻重，通公罚，仍其公呈送官究处。

六、戒争讼滋事。乡党之地，和睦为先；宗族之前，逊顺为美。凡族中遇有争讼，伯叔兄弟务相劝息。其或事涉一房者，须集本房老成到祠；事涉七房者，须集七房老成到祠，公议可否，然后行事。倘有自恃强梁，不由公议，擅自生事者，本人自行支当，不得派敛族众出钱帮助。

七、戒窝诱赌博。场中大半穷浪子、偷窃小人，是窝赌之人一匪类之首魁也。或诱良家子弟，父兄跟寻，即内室容其躲避，习常惯入，以致通奸者有之，是窝赌之家一奸淫之秽薮也。况赌不择人，有钱即便入局，或逆凶逃犯闯入其场，亦留同伙，一经发觉，株累尤多。众议敢有于本乡窝诱赌博者，议罚猪肉五百斤，仍将赌场房屋拆毁。

八、戒毁坏龙砂。蛮龙水口，地脉攸关。书云：修竹茂林，可验盛衰之气象。吾族祖山虎形地孔冈脑，一族之祖茔在焉。中心坝、车下坝、关山排，一乡之水口赖焉。倘任不肖日行砍削，龙脉无荫，水口无关，必至衰败。自后数处树木、松毛、枯枝、草皮，凡有关于风水之处，倘有盗砍树木者，罚猪肉二百斤；划［划］草皮等项，罚钱二千文。

九、戒附葬密价。祖山虎形地，本祠嗣孙有在山内开坟者，每穴出克价银六两正，酒一罇（坛），笔资四百文，众立克字一纸，付开坟人存照。历有成规。今众议定，除已经埋葬外，无论老坟新坟，每坟只许一棺安葬。若欲添附，每穴照价另办。入祠虽系旧开，老坟亦不得以添棺字样为据。新坟亦不得以添棺字样批如。

　　十、戒拖欠钱粮。钱粮国课，理应遵限早完。既免催科之扰，亦无刑辱之差。身为盛世之良民，家享升平之景福，吾族历年以来踊跃输将，从无丝毫逋欠，皆由每年限十一月十五日稽查花户。库收未完者，照数论罚。法良俗美，允宜遵行。①

据引文可知，第一条、第二条讲石壁村内的两性关系，先是同姓为婚的陋习长期延续，屡禁不止，违反的处罚措施有罚银百两充公，强制离异，并威胁送主婚人入官；再是村内同宗间存在乱伦关系，惩罚措施十分严厉，奸夫放逐，淫妇游街。虽具体情况难以描述，却与同姓通婚的陋习有"剪不断，理还乱"的联系，因而禁止同姓通婚是净化村内、族内两性关系的必要手段。第三至七条讲石壁地区存在的治安隐患及其处置办法，包括偷盗、行骗、欺凌、争讼、赌博及其可能引发的奸淫、株连等事，处罚手段虽有差异，但每一项都十分具体明白。其中，第六条戒争讼中，有"事涉七房者，须集七房老成到祠，公议可否，然后行事"之词，此"七房"是下市张氏四支后嗣分化的房支。如今石壁村下市族众的祭祖仪式大体亦是如此，长房子禧公、四房子昌公人丁较少，各算一房，子初公房和子忠公房人丁较多，又细分成两三个房支。第八条、第九条讲风水，涉及坟山保护和安葬事宜。第十条讲完纳国课，从行文来看，下市张氏缴纳田赋似要先收入宗族控制的仓库，缴纳的期限十分明确，为每年十一月十五日，负责催征花户钱粮的机构也是宗族，而非里甲、保甲等职役，且宗族具有惩罚拖欠者的权力，这应是粮户归宗的实践形式。

　　由此可见，清中叶下市张氏宗族在士绅阶层的领导下实行基层自治，即下市张氏实现了对族人的基本控制，依附式宗族在社会秩序维护中扮演了十分重要的角色。值得注意的是，乾隆初年下市张氏志义公房设有"尝

---

① 张国柯主修《张氏重修族谱（十三修）》卷首《新定族训》。

租通共米三百桶"，按照"每房轮收值祭"的方式进行管理。① 这说明，下市张氏实是一个组织形式复杂的宗族，以茂甫公为始祖的下市张氏是一个依附式宗族，以志义公为房祖的继嗣群则维持着继承式宗族，类似的继承式宗族应有很多个。也就是说，一个高级的宗族组织形式包含着多个更低级别的宗族组织形式。

三 应对战乱：宗族功能的扩大

历经清中叶百余年的发展，下市张氏人口增多，经济实力雄厚，族中士大夫众多，在地方权势极大，能有效地维持基层社会秩序，俨然是宁化石壁地区的世家大族。在太平天国运动席卷闽西山区时期，下市张氏的族贤利用宗族组织修筑土堡、创办团练，为地方官府镇压太平军及其余部立下了汗马功劳，这是依附式宗族社会功能拓展的表现形式。②

清中叶宁化地区社会承平，仅偶有因饥荒引发的动乱干扰社会秩序。据地方志记载，乾隆八年（1743），因"米价大涌"，"莠民阴尔顺率无赖为'铁尺会'，思掠富民，借口劝籴，拥众鸣金入县署，知县陆广霖讨擒之，绞尔顺，以下论如法"。③ 不过，闽西社会中也酝酿了一些潜在的暴力团伙和秘密会社。到太平天国运动兴起时，这些秘密会社成为太平军进入闽赣毗邻山区的引路人，乃至成为趁乱打劫的盗匪。咸丰六年（1856），宁化县有"尖刀匪周钱子称文元帅，郑联汝称武元帅，纠集党羽，四出抢掠"。次年三月，"石达开，久盘踞江、浙间，尖刀匪迎之入寇"，经福建邵武、建宁，"抵宁化之中沙，甲章张禧庭率乡兵御于乘凉桥，溃焉"。不久，"石达开寇陷县城"，宁化失陷，"各乡密约会剿，机泄，贼先待于要路而戕之，死者无算"。随着太平军的深入，秘密会社纷纷武装暴乱。先是，石城"千刀会"袭击县城，转而经宁化进入福建，攻打清流县城，"沿途劫掠后，由清流复扰宁化"。不久，又有"红钱会匪人寇"。同治三

---

① 张国柯主修《张氏重修族谱（十三修）》卷首《志义祖太蒸尝记》。
② 有关地方绅士组织团练协助官府镇压太平军的研究，详见〔美〕孔飞力《中华帝国晚期的叛乱及其敌人：1796—1864 年的军事化与社会结构》。
③ 民国《宁化县志》卷 2《大事志·灾异》，第 458 页。

年（1864），"天京"失陷，太平军残部流窜于闽赣毗邻山区，又至宁化县境，"数十日，各乡蹂躏已遍"后，"拔队往江西而去"。① 与清初不同的是，这些小规模的动乱未在闽赣山区持续很久，在太平军败走后，宁化地区的盗贼随即平定，闽赣山区逐渐恢复安宁。

面对来势汹汹的动乱，下市张氏宗族在士大夫的领导下，迅速组织全体族众修筑土堡。咸丰七年，太平军初来，下市的张朝椐（1798—1876）兄弟倡议族众集资修筑土堡，保护乡民生命和财产安全。后人记载称：

> 土楼，曷为而建乎？因世乱也。咸丰七年，西匪窜扰渊，淫掳焚杀，男妇无处逃避，备受极苦。合族协力，共议建之也。但地宜广，未免有求于伯叔：得三房德森公助田一大丘，载八石，递年上纳租钱七百文，又征银九分八厘；又汉辉公助田一丘八石，征银一钱八分三厘；有伦公助田一节，载七石，民米五升六合；又永全公助田一丘，载七石，民米五升六合。于是鸠工庀材，同心协力，经年告成。屡避贼害，众相庆曰：土楼之可恃乎！②

引文显示，太平天国运动初期，土堡的防御效果极好，"屡避贼害"，下市张氏由此顺利度过了近十年的动乱。不过，与清初由个人倡议捐资建设土堡的方式不同，晚清的土堡为"合族协力，共议建之"，宗族组织发挥了核心作用。文中捐资土堡建设的"德森公""汉辉公""有伦公""永全公"等名称，均是以祖先命名的房支单位；说明宗族已是乡民应对动乱和实现自保的组织保障。下市张氏利用土堡保卫族人获得成功后，周边宗族争相效仿以度时艰。陂下张氏的张国务在族谱中留有《寇变志》一文"以示后来"，文中论及："迨咸丰七年，土寇蜂举，寇乘间入闽，由邵武直抵宁阳。斯时也，官长遁迹于山林，学师落首于城畔……是时，各村俱无土堡石寨避寇。惟石壁江家岭朝椐，咸丰七年始筑土堡，四方有角，角中设铳，四向俱能随墙直射，贼无敢前。周围又凿深池，阔数丈，躲避是内

---

① 民国《宁化县志》卷1《大事志·寇变》，第453页。
② 张恩庭主修《石壁追远堂张氏重修族谱（十四修）》卷首《小墈土楼记》。

者，俱免其难。嗣后，各村鉴之，俱筑土堡石寨。"① 与下市张氏族谱记载侧重土堡建设经费的来源不同，陂下张氏的描述侧重的是土堡的形制和防御设施。

在成功保卫族人后，下市张氏的张朝棕父子响应官府号召，兴办团练，镇压起义，重建社会秩序。太平军入宁化期间，张朝棕（1789—1868）携子秀才张安僡（1826—?）招募乡里"甲勇"，协助官府镇压起义，并获得地方政府的嘉奖，受"六品军功"。张安僡留在族谱中的自序写道：

> 丁巳（咸丰七年），发寇乱，土匪群起，四方汹涌。随父办公，军务倥偬。或率甲勇，援剿协拿巨魁首犯，调停军务，救善扶良，锄奸捍患，颇费心力；或遵□□二府庐，飞檄缉奸，获细捆送；或遵陈晁各主，大乱扰攘之秋，劝完国课，倡行保甲。②

咸丰七年（1857），张朝棕已年近古稀，因而兴办团练的倥偬军务，诸如捉拿盗匪、调停军务、推行保甲等，应由正值壮年的张安僡实际推进。张安僡是下市张氏族中的秀才，曾于道光三十年（1850），"蒙郡伯竹朋李夫子，岁取府正案第八名；即蒙宗师莘农黄夫子，岁取文学生第五名，又取汀属古学第三名"，太平天国运动结束后，又"六赴秋闱，备尝艰苦"，可惜未能中举。③ 同治九年（1870），动乱已平息，下市张氏重修族谱。因感慨"世事日变，三年不同，数十年后，亲遭乱尝者已死，后人不知其苦"，张安僡撰写"录居乱惩劝事情"十条，总结了闽赣山区乡民多年努力自保的经验和教训，以期"子孙若览此，宜自猛省，并劝诫世人也"。其文如下：

> 一、遵保甲。古来捍患，莫如保甲。急宜遵行，矢慎联人，心如一家。但为首者要正直，舍家财、集同志，不可挟私无［抚］弄，以致弊端百出以自焚。

---

① 张国根主修《清河郡张氏族谱（十三修）》卷 15《寇变志》。
② 张国柯主修《张氏重修族谱（十三修）》卷 2《世系·张安僡自序》。
③ 张恩庭主修《石壁追远堂张氏重修族谱（十四修）》卷 1《苑春公传》。

二、不可听人煽惑。世乱必有土匪，立名尖刀、红钱，引人入党。目击被惑入党，全家受害者；被逼入党，性命难保者，后遭官军株累。不幸逢之，切宜思患预防，势弱则避为上，切勿陷井。

三、结土城山寨自固。草寇之来，淫掳乡村，无城郭可恃，人心又散。目见闻内预防者未见害；无识者，毫无可恃，东逃西走，露宿雨行，抱男弃女，惨不忍言。但富家宜捐财倡结，贫者宜协力帮手，结成土城山寨，可进可守，善为筹画，万无一失。

四、不可思乱。古云："治极思乱"。诚哉，是言也！咸丰初，发匪寇江南，道路唱和，人人欣喜，以富者可虑，贫者无恐，且得乘机窃抢。不知乱世草寇，不分贫富，不别善恶老少，烽烟遍地，米归严，钱归窖。道路闭塞，油盐无卖，淫掳焚杀。哀哉，思乱之心切宜禁也。

五、不可擒杀逃民。草寇随路拿人，逃出者乃一原作贼良民。若剥衣服妄杀，暴尸田野恶天地。冤冤相报，永世无穷，可畏哉。给其路票盘费，种德非小失。

六、不可剿尾。贼至蜂飞蚁拥，乡间不能奇正变化，迎锋挫锐。目击心贪小利，五十成群，大帮已去，将病脚无用者剥杀在地。贼知追回，败不相救，为贼所杀者多，甚至移害志方［遗害地方］，祠屋俱焚。切戒。

七、贼退不可贪拾物件。人生乱世，物不足重，性命要紧。目击贼退，欲拾物件遭杀遭拿，妻哭子哀者多，宜猛省也。

八、不可与贼买卖。贼至，重价诱人担鸡肉等件。目击初次得钱甚喜，迨后被拿，用绳吊颈，抬轿担苦。死家中，妻离子散者多。哀哉，切戒。

九、贼至不可进贡。草寇初来，不知贫富善恶，诱人进。目击有进贡被杀者，有因进即知其乡忠良，入村屠［荼］毒，并遭官兵责罚者。戒之，戒之。

十、不可贪看乱世。石邑土匪陷城，人以为奇事贪看，被乡勇杀者，被官兵疑其入贼，擒拿破丧命。戒之哉。①

---

① 张国柯主修《张氏重修族谱（十三修）》卷2《世系·张安偲自序》。

细读引文，大致可分为维护内部秩序的规约和应对外来盗贼的劝诫两个部分。具体而言，"遵保甲""不可听人煽惑""结土城山寨自固""不可思乱""不可贪看乱世"等五条为维持乡村秩序，要求乡民在动乱发生时，不要听人蛊惑，不能参与动乱、不能凑热闹，由地方士绅施行保甲制度，修建土堡以防万一，规范宗族成员行为。其余五条——"不可擒杀逃民""不可剿尾""贼退不可贪拾物件""不可与贼买卖""贼至不可进贡"，则针对盗贼来势凶猛，无法与其对抗时，告诫乡民如何与其打交道，提醒乡民要跟盗贼保持距离，不能与盗贼进行买卖，更不能为贪图小便宜而向贼进贡，盗贼离开时也不要追杀残兵和杀害逃民。因为草寇从来不讲道义，稍有不慎，不仅会招致杀身之祸，还会被官兵怀疑，以致全村乡民惨遭屠戮。

在国家力量相对缺失的闽西山区，时至太平天国运动期间，儒家意识业已深入人心，士大夫阶层更是明确地与官府站在同一阵线。在动荡的时局中，下市张氏更是在族中绅士的领导下，合族捐资修筑土堡，屡次成功地抵御了攻击，充分说明了依附式宗族中绅士阶层对基层社会的控制能力。绅士阶层凭依宗族势力，协助地方官府镇压起义和恢复社会秩序，则意味着依附式宗族的社会功能在特殊形势下能够得到扩充，承担了部分官府的职能。

第三节　散居宗族：从继承式到合同式

石壁上市张氏与下市张氏虽同处一村，但宗族组织形式的演变方式并不相同，是从继承式宗族发展成合同式宗族。通常情况下，合同式宗族是继承式宗族基于平等互利的合同关系联合而成，即通过联宗修谱、合修祖墓、合建祠堂、合置族产等形式建立的散居宗族。合同式宗族以利益关系为基础，以族人的权利及义务取决于既定的合同关系为基本特征。对于合同式宗族的社会功能，郑振满教授认为，"合同式宗族作为一种互利性组织，是继承式宗族与依附式宗族的必要补充"。[①] 宁化石壁地处闽西，社会

---

① 郑振满：《明清福建家族组织与社会变迁》（增订版），第 90—104 页。

相对稳定，流动性小，会出现合同式宗族，除了地缘关系、血缘关系的因素，其社会功能与社会流动性较大的闽南、台湾地区亦当有所区别，该处的合同式宗族可能具有社会控制之外的功能。

一 合股经营：合同式宗族的形成

笔者所搜集的石壁上市张氏宗族的族谱是撰修于 1990 年的《石壁上市清河郡张氏族谱》，该谱已是第十修。与下市张氏以及其他周边村落的族谱相比，上市张氏族谱在基本结构和内容上大体相同，唯一的区别是其他族谱的世系谱部分按辈分排序分卷——尽量将同一辈的族人放在一卷，上市张氏族谱则以房为单位，编排上大房套小房。从阅谱者的角度看，上市张氏族谱能方便族人更快地找到自己的世系。

《石壁上市清河郡张氏族谱》记载，上市张氏追认两宋之际的张宣诚为始祖。张宣诚（1079—1159，字不伪），"原籍南京应天府江宁县"，生四子，一郎、二郎、三郎、元郎。张元郎（1106—1196，字宇甫），"后因阉臣作"，"奔居金陵流驻张家湾，后因仕宦变异纷纷，不能藏隐，复徙清流铁石机头。置买岸山下苗米廿八把，以赡春秋二祭之仪"。元郎生十子，其九子张节迁居宁化。张节（1128—1224，讳庸郎，号九秀），"徙本邑（宁化）永丰里白源张家湾，葬本里禾口金线岭。生四子，圣郎徙居宁都大洲塘，叔檀郎迁居上杭，泰郎迁居湖头，四郎即石壁上市基祖"。张四郎（1145—1220，字乐耕），宋绍兴二十九年迁居竹子排枫树下黄家弄，即今石壁上市，生子四十郎。张四十郎（1174—1238，讳老叔，字德甫），生三子，友庆、友明、友诚，是为石壁村上市张氏三大房房祖。张友庆（1204—？，讳五郎），"为人猛勇，文武皆通。为木商，竟往京城"，不久，因母丧归里，祥兴年间（1278—1279）殁，生二子，德盛、德富。张友明（1209—？），生四子，德陈、德四、德七、德满。张友诚（1220—1300，讳七郎），"笃志好学，任修职郎"，葬石壁吴家田头，生四子，德全、德兴、德新、德宝（见图 3-2）。从宣诚公至第七世的德字辈，从两宋之际传至元末明初，跨时 200 余年。

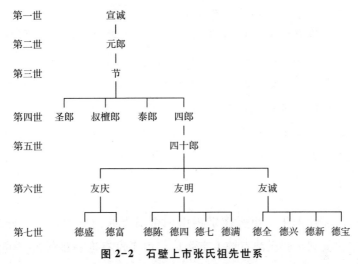

图 2-2 石壁上市张氏祖先世系

资料来源：张桢主修《石壁上市清河郡张氏族谱（十修）》卷 2《世系传》。

前述上市张氏的祖先均为明代初年以前，其世系传承完整，生平详细。入明以后，永乐至万历年间的族人世系却十分模糊。至晚明族人的生命信息又日渐详细，族众人口也骤然增多。

清康熙四十五年（1706）和五十三年，上市张氏先后完成修族谱和创建宗祠。在初修族谱时主修者曾追述该族族谱撰修情况："吾先始祖宣诚公，历宋元明以至于今，二十余世矣。宗谱屡修，世传弗失，明有守也。顾其间世数既袭，命名纪字，虑有重复残失，讳尊讳亲之义，既往者不可追改矣。第旧谱明季鼎革之际，始至遗失，二族叔万柱、万香从残编抄纂一二而增修之。嗣是以后，凡我宗族命名必详阅前谱，毋致雷同。其平居犹当相勉于孝友、睦姻任恤之风，勿以卑抗尊，勿以少凌长，勿以疏间亲，勿以众暴寡，勿以富欺贫。"[1] 文中论及，上市张氏在明代虽有修谱，但在明清鼎革中因兵燹遗失，后万柱、万香二人抄纂部分残谱，并增修之，以为此后"敬宗收族"的依据。从族谱中保存的《祖庙记》看，是时的上市张氏实乃两个小规模宗族的联合。其文曰：

---

① 张桢主修《石壁上市清河郡张氏族谱（十修）》卷 1《张氏重修族谱旧序》。

祖庙，必有神灵之所栖也。上以溯本源，下以达支派，左昭右穆、正位明伦之境。始祖宣诚公，二世元郎公，三世九秀公，生四子，而逸其二。圣郎居宁都大洲塘，次叔檀郎居上杭，三泰郎居湖头，四四郎居石壁。泰、四二公之裔，地近而乡殊。康熙五十三年甲午岁，乃建祖祠庙于上市，以为和宗睦族、亲亲笃慎之谊，用展秋霜春露之思，聊伸禴祀蒸尝之典。期后裔人文丕振，诗礼维新。登斯堂，必以诚敬为本；出此户，当以忠孝为先。立名立德，光前裕后可也。①

引文显示，康熙末年上市张氏宗祠由两个房支共同修建，即"地近而乡殊"的宁化县湖头张氏和石壁上市张氏。由于没有进一步的祀产资料，尚无法断定清康熙以前上市张氏宗族的组织形态，从上市张氏的族众人口和贫富情况看，此时尚没有出现地方精英阶层，极可能还处于继承式宗族的阶段。

此后，上市张氏沿袭了联合他处小规模宗族同修族谱的习惯。雍正十二年的《重修族谱序》记载："吾族自始祖宣诚公发祥以来，生齿日繁，世数凡二十有奇。其流徙他里者，近或数十里，远或数百里，难以统记。虽然，《易》陈萃、涣，萃者聚也，涣者散也。今吾族可谓涣矣，可谓散矣。涣者萃之，散者聚之，协人神，摄众志，谱之修诚不可已也。"② 文中所言的流徙至"近或数十里，远或数百里"者，当指与石壁村相距远近不一的继承式宗族。由于世系源流每次修谱都有更新，如今难以复原雍正间上市张氏一并修谱的各个支派。不过，从1990年新撰的"族谱源流考正"的内容看，仅上市张氏宗族的主体支派——四十郎公位下三房后裔已遍及闽赣毗邻地区，足见上市张氏是一个庞大的散居宗族。其文曰：

四十郎生三子，长友庆，生德盛、德富。德盛生二子，长文达、次文宗。文达后裔居楮树、张家坪、禾口老市，次文宗居寺背、拱桥、顺昌县华源地。德富十四世孙良赐，居中沙、上坪。四十郎次子

① 张桢主修《石壁上市清河郡张氏族谱（十修）》卷1《祖庙记》。
② 张桢主修《石壁上市清河郡张氏族谱（十修）》卷1《清河郡张氏重修族谱序》。

友明生三子，长文细、次文彦、三子文伦。文细居上刘村、江西永丰县佛坑、邱家排；文彦居铁炉坑、仕边、庄坊、岭背排、棚婆崠等地；文伦居塘下、沙罗排、石桥下、翠子塅等地。四十郎三子友诚生三子，长德全、次德兴（居邵武，另谱），三子德宾（居长汀，另谱）。德全生三子：长文善，居大路背、宁化城关、茶湖江、台湾、禾口八家屋、石坑里、禾口、横江、崇背、张占亨、坳头等处；次子文旺，居大路背、中刘村、堑排下、扣子岭、陈塘湾、石城小别［松］乡、兴隆塅、洋坑垄、孔脑排、总家排、苏州、台湾、下店、里坊等处；四［三］子文富，居角子山下，上张家坪、石泉山、石壁、泉上、安远、枫溪等地。①

引文显示，上市张氏的主要支派散居之地，包括宁化县的石壁镇、淮土乡、中沙乡、城关镇、泉上镇、安远乡等处，毗邻的长汀县，闽北的顺昌县、邵武县，以及邻省江西的石城县、永丰县，乃至遥远的苏州、台湾等处，构成了一个支派众多，人口规模巨大的散居祭祀群。不过，由散居宗族构成的石壁上市张氏，其具体的整合方式，尚需进一步探索。

清乾嘉年间，上市张氏族中富裕人士日渐增多，开始置买族产。如张华焕，"为人诚，立志常期远大。贸易过获万金，好善行便，慕义笃亲，有可述者焉"。② 进而，开始为祭祀先祖而置办族产，宣诚公、九秀公、四郎公、四十郎公等相继有了相应的祀产，且将一部分用作学田以支持族中子侄读书业举，如文善公名下祀田五处，共载谷八十石，"经族编定，抽与子孙入文武庠者平分，收为养廉，以图上进之资，捐生不得与分"。③ 不过，上市张氏祖先的祀产分布甚广，如宣诚公的祀产分布于江西抚州、福建清流、宁化泉下里等地，这些祀产又多归临近的族人管理。还有一些祀产的经营与捐献者意愿相关，而非全族共有。据载，嘉庆八年重修宣诚公祖坟，桂龙将其父祔葬，"将禾口老街镇武亭左边第三植店房一植编与元郎祖太为春秋供祭之需，递年上纳店租六千文正，编定廉节二公子孙——

---

① 张桢主修《石壁上市清河郡张氏族谱（十修）》卷首《清河郡张氏十修族谱源流考正》。
② 张桢主修《石壁上市清河郡张氏族谱（十修）》卷1《文明宗叔先生传》。
③ 张桢主修《石壁上市清河郡张氏族谱（十修）》卷1《祀产田租·文善祖太位下所抽文武学租田片》。

临头廉公子孙一年，节公子孙二年，轮值经收"。① 总体上说，族谱中有关于各先祖名下祀产经营情况的记载并不多。不只如此，清代上市张氏族中业举成功者不多，绅士阶层形成的时间非常晚，直到晚清光绪间才出现了模仿下市张氏而成立的衣冠社。《旧衣冠社记》载："一、本社起于前清光绪间，考试入庠者，醵资大洋二元，援例捐纳者醵资三元。二、入本社股金规定，自民国二十年后毕业者，每名光洋五元，法币照时伸算。三、本社以不忘先哲，凡值常年祀典已逝者，每名原发胙肉一斤，不得予子孙接替入席。四、春秋二祭，衣冠牌位，凡属同社，各宜整肃衣冠诣祠行礼饮福。五、本社以和宗睦族、敦崇孝悌为先，日后如有不法为行，已入者斥其名，未入者不准入。六、本社所有产业，其数目应于常年祭祀之翌日，当众结算一次。"② 上市的衣冠社，实有多少士大夫无法统计，不过相关规章制度并没有排斥非正途出身的士人，亦即依仗资本、武力出身而跻身绅士阶层的地方精英可能也在其中。

幸运的是，上市张氏族谱中保留了不少契约文书，为窥测其组织形态提供了颇有价值的史料。清嘉庆八年（1803）十月，邻省江西石城县发生一起叛乱，"广昌贼赖达忠，石城贼廖广周、李奇文、胡仪书、王亭轸等，约日在阳都、石城与广昌交界之姚坊村谋不轨"，③ 聚众四百余人，波及汀州一带。上市张氏宗族借此机会从下市张氏购回七十年前失去的山场。为此上市张氏留下了堪称详细的山场收益分配合同。其文如下：

> 四郎公长子友庆公、次子友明公、三子友诚公三房嗣孙等：今买得下市志厚公嗣孙卖出千家围、水坑里、财源坑里、楮龙里山场数处，用去价银二百两正，又中笔、酒席、书号、印契、杂用钱八万文正。其山价并杂用，三房平派，每房出铜钱八万文正，契价俱已两明。今当众议定，将山作三股，高低远近阔狭彼合，品搭栽畜松杉桐树，其山虽开划定界至，三股均分。其所畜山毛树木，则三房公畜公买；卖出质资，或三房公存以为公项，或三房平分，总不许私砍私

---

① 张桢主修《石壁上市清河郡张氏族谱（十修）》卷1《祀产田租·宣诚祖太坟山》。
② 张桢主修《石壁上市清河郡张氏族谱（十修）》卷1《旧衣冠社记》。
③ 道光《宁都直隶州志》卷14《武事志》，国家图书馆藏道光刊本。

卖。以杜强弱众寡相欺，争端百出，今欲有凭，编立合同议字，一样三纸，各执一纸，为照。

一批，长二三三房当众划定界至各房，后日不紊乱越占异说，此照。

一批，此出只许众蓄总管，永远不许另卖与人。如有此等，先将卖出山价归入四郎公子孙，三股平分外，仍将谋买人呈官理究。

千家围等山场在石壁村北香炉峰周围，上市张氏宗族从下市张氏宗族志厚公嗣孙手中购得，耗资白银 200 两。该山价由上市张氏友庆、友明、友诚三房嗣孙平摊，山场产权亦由三房按股均分。具体的管理方式，大体如下：

一批，管山人须凭众公举，每房十二人管理，各房不得私管，违者公罚。

一、每房议定十二人管山，共是三十六人。惟德全公房下人丁稠众，今众议德全公位下子孙又拨六人帮管。

一、管山人辛力，众议开山之日，或分柴，或分卖树之价，均以四六均分，分后日不得争竞。但管人需同心协力，倘若有入山盗砍者，不得徇情私放。凡有山中之事，亦不得推诿。并不得谓山系我，自行盗砍樵杂。①

引文显示，千家围等处山场由三房各选 12 人，外加德全公房增拨 6 人，共42 人作为管理员，轮流看护。山场收益亦然，管山人与宗族四六均分，不能徇私。据此可知，时至清嘉庆间，石壁上市张氏通过不断地联合散处各地的小规模同姓宗族，联合成以宣诚公为始祖，以友庆、友明、友诚为三房房祖的合同式宗族，族众以经营山场为纽带，以合同的方式规定了各房的权利和义务。

通过观察上市张氏宗族合股经营山场的方式，还可进一步发现其组织形态的一些特点：首先，散居于不同村落的继承式宗族是上市张氏宗族形

---

① 张桢主修《石壁上市清河郡张氏族谱（十修）》卷 1《清河郡四郎公嗣孙三房平资买千家围各处山场合同》。

成的基础，即继承式宗族是合同式宗族的基本单位；其次，以各处继承式宗族为单位构成的三大房支，即分别以友庆、友明、友诚为始祖的三个房支，已选出了各自管理族产的代管人，具有一定独立性的三个房支呈现出一些依附式宗族的特征；最后，以友庆、友明、友诚三个房支为主要架构的上市张氏宗族是以宣诚公为始祖，三个房支按照约定的合同管理族产的合同式宗族。也就是说，嘉庆时的上市张氏已经是一个较高级的合同式宗族，其内部同时存在几类较低级的宗族形态。

二　族际竞争：合同式宗族的社会功能

一般认为，绅士是传统时代宗族组织的领导阶层，一方面作为国家的代表履行部分职责，严格规范族人和惩戒悖逆；另一方面也代表族众争取各方面的利益，一旦有官司涉及房支、全族的利益，全族上下势必尽力争取。上市张氏族中精英阶层自然也有通过宗族规范族众行为的意愿，不过相对而言，维持社会秩序并不是上市张氏宗族的主体功能。

在《石壁上市清河郡张氏族谱（十修）》中也有类似族规、族训的条目，但不是清代的原文，而是冠之以《修正族规》之名，在前言中说道："当兹盛世，科学发达，社会文明，日趋进步。党风、民风好转，吾人应大树雷、赖之风尚，遵纪守法，为四化建设、振兴中华做贡献，特别指定族规，望合族遵守。"其中有《家范格言》十余条，序言中又强调："一家之中，贤愚不能一致，家规立则无论为贤为愚，皆有持循约束，又何致自暴自弃，而为丧身亡家之子哉？故或宗族创立训诲之条教，或先贤治家睦族之法言，以及名节伦常之所关，身家性命之所系，悉探则而登之于族谱焉。九法一例，以至于耕商作息之间，本末精粗、公私巨细，无不周详，宜朝夕捧读，逐条理解，大力宣传、广为实行。"[①] 无疑，此言体现了主修者张桢等人极佳的与时俱进能力，然这一做法在石壁地区族谱中实属仅有，其他族谱多是照抄原有内容。尽管如此，

---

① 张桢主修《石壁上市清河郡张氏族谱（十修）》卷1《清河郡张氏十修族谱修正族规》。

细读其中《家范格言》的内容，仍有不少旧时的表述得以保存。现摘录数条，其文如下：

一、子道之宜尽也。孝为百行之原，其能扬名显亲、荣宗耀祖，幸矣。否则温清定省，左右就养，固人人当尽、人人能尽者也。

二、友恭之宜敦也。故宗枝必重乎悌，故十年以长则兄事之，五年以长则肩随之，至于同气连枝，尤宜恂恂礼让，乃称无歉。如有犯上凌尊者，无论亲疏必面叱其非。庶人皆知儆风，斯古矣。

三、宗族之宜睦也。出入相友，守望相助，疾病困苦相扶持，鳏寡孤独相周恤，此在同井之人尚然，况同本支而秦越视之，忍乎？宜励之。

四、子孙不得乱吾之宗乘。吾之家法，有赌博、荒淫一应非礼之事，家长以言责之，使其自觉。

五、子孙当体先人创业之艰难。不可费出无经，不必与人炫奇斗胜、两不相下，人以其奢，我以吾俭，吾何害哉？

六、提倡婚姻自由。男女自愿，反对近亲结婚，必须择温良有家教者，不可慕富贵以亏择配之义，抑嫁女择配，古人有言也，其豪强逆乱及有恶疾者不必与议。

七、廉耻之宜励也。纲常名分，千古大防，遵之者近圣贤，悖之者近禽兽，不可不出入谨持，兢兢在念。苟丧其廉耻之心，必渐流于灭理、乱常、奸淫、贼盗，不惟法律不容，而且自贻伊戚，玷辱先人，莫此为甚。倘吾宗不幸有此，必经教育，不改由政府理论。

八、讼端之宜息也。人心不古，干糇失德，甚至仇讼不解，今无论事之大小，必须遵照政府理论。[①]

虽然无法探究引文中原有文字的内容，但其内容与下市张氏乾隆初年的族规之言主旨相近。但是，该文中并无类似下市张氏族规中对族人行为具体的、细致的规范，上市张氏原有的族规可能从未收到实效，以故此次也只

---

① 张桢主修《石壁上市清河郡张氏族谱（十修）》卷1《清河郡张氏十修族谱修正族规·家范格言》。

是"希望"族人遵守。由此推断，作为合同式宗族的上市张氏的社会功能应当不是通过控制族人的行为而维护儒教秩序。

比较石壁上市、下市张氏二宗的族谱，下市张氏论及上市张氏宗族者不多，但上市张氏族谱中频繁提到下市张氏。在清初鼎革之际，地方社会秩序尚不稳定，上市、下市张氏似乎曾经一起携手创建土堡，共同抵御外敌。下市张氏族谱收录的《土堡记》载：

> 世因戊子（顺治五年，1648）变，贼盗猖獗，民无安枕，牒［迭］有流离之叹。先人日夕宵旰，庀工堆筑土堡于大陂塅社公墩前，与下市土围紧对，以为依附。一可为不测之虞，一可为下关之保障。①

材料中的"大陂塅社公墩前"，在今石壁村东南红军医院纪念馆旁小桥的社坛附近，上市和下市的张氏各自建有土围，二者互为依附。不过，顺治年间石壁村自建土围自卫的可能性不大。一是当时石壁村中尚无众望所归的领袖或领导阶层，难以组织如此规模的工程，即便宁化泉上的李世熊家族也仅是依山建寨以避贼寇。据说，前文论及的村北千家围山场，曾经就是战乱时期村民的避难场所。二是康熙《宁化县志》登载的山寨、土堡中未见石壁村的记录，同治间陂下张氏撰写的《寇变志》曾言张朝梧倡建的土堡乃是石壁地区的典范，从侧面证明此前似乎无土堡。尽管如此，此文要表达的意思应该是在清前期二族之间曾经有一段相处比较和谐的时光。

至雍正末年，石壁上市、下市张氏间的关系因争夺山场而破裂，此后二族分合无常。嘉庆间上市和下市张氏二族买卖千家围山场时留下的契书记载：

> 祖自玉屏来，叶布条分，椒蕃一盛。夫玉屏无二乡，亦无二姓，而分上下市，则玉屏似以二，何以二？由一姓而二宗也。然宗虽二，而其姓则一。上下市之名虽殊，而玉屏乡无异。炊烟不断，诚族中有

---

① 张国柯主修《张氏重修族谱（十三修）》卷首《土堡记》。

邻，邻中亦无非族矣。讵雍正年间，衅起于千家围，上、下市构讼，成隙结讼，其势似相鹬蚌，其情实同胶膝［漆］。①

引文中的"玉屏"是石壁村雅称。村民由"一姓二宗"组成，二宗不仅没有因康雍间的宗族组织肇兴而整合成一族，反而因为雍正间争夺千家围山场而发生诉讼，以致二者关系势如鹬蚌。上市张氏的族谱中，又有《张世令传》简述了其过程："雍正癸丑（1733）间，因阖族与本村人争竞千家围山界，雀角构讼，皆公仗义维持，不避艰险，历至府省，沐雨栉风，经霜傲雪，以至命终于斯焉。"② 张世令（1694—1734）并非石壁村人，其所在宗族居于宁化县东北的泉下里，诉讼结束后，两族间的关系拉近了，不久便联宗修谱。此次构讼似颇为繁杂，耗时很长，乃至争执到府衙、省衙，最终上市张氏败诉。不久，上市张氏、下市张氏又围绕石壁村东的禾口墟展开了拼死争夺。上市族谱《张世振传》记载："雍正间，石壁上下，狠争禾口市界，几为仇家，（世振公）所推尝与二三族姓百计御之。"③ 其结果未见资料记载，不过从嘉庆间二宗间的山场交易契约内容看，雍正间的胜利者应该是下市张氏。此后数年间，石壁村上市、下市张氏在社会经济资源各方面展开竞争，"玉屏之地，市分上下，其中峦林水口，彼此攸关。而强悍不驯辈，惑于风水之说，争相结构，甚至侵凌万状，罄竹难书"，④ 二族关系已势如水火。

嘉庆八年，因临县江西石城爆发匪乱，需共同应对，二宗的关系才有所改善。《清河郡四郎公嗣孙三房平资买千家围各处山场叙》载：

今岁癸亥（1803），石邑斋匪滋递，各乡相集义勇，为御流匪、保身家计，下市志厚公嗣孙敬亭等，四郎公嗣孙显昭等，相与而言曰：人连乡保御，何于我连族之更为得也？夫唇亡则齿寒，上、下市其于唇齿何？千家围之衅，可共化也。十一月初一日，同具酒合欢咸

---

① 张桢主修《石壁上市清河郡张氏族谱（十修）》卷1《清河郡四郎公嗣孙三房平资买千家围各处山场叙》。
② 张桢主修《石壁上市清河郡张氏族谱（十修）》卷2《张世令传》。
③ 张桢主修《石壁上市清河郡张氏族谱（十修）》卷2《张世振传》。
④ 张桢主修《石壁上市清河郡张氏族谱（十修）》卷8《贵晓公行传》。

称一，乃心力并约：自今日始，永不许同姓为婚，违者黜谱。而志厚公嗣孙旋愿以千家围逊归四郎公三房为业，以昭永协。噫！上、下市果可以二视二欤？相友、相助、相扶持，非仅为流匪计，诚为一族之父子兄弟也。①

引文显示，为应对嘉庆间的"石邑斋匪"可能造成的动乱，石壁上市、下市族众"为御流匪、保身家计"联合起来，达成了几个协议：一是禁止村内的同姓通婚；二是下市张氏将千家围处山场售予上市张氏，上市张氏"用去价银二百两正，又中笔、酒席、书号、印契、杂用钱八万文正"，最终获得"千家围、水坑里、财源坑里、楮龙里山场数处"的所有权。② 由此，二宗的关系得到一定程度的缓和，但并不意味着二宗从此其乐融融。

有趣的是，除了前述的下市张氏和上市张氏，石壁地区多数张氏宗族的族谱皆会在族规、族训中提及"严禁同姓为婚"或相似的表述，如陂下张氏的《族规》中亦有"禁乱伦卖义"条，语气更加严厉："禽兽无礼，尚且令人侧目，人为万物之灵，顾可不知伦理？周公礼制，同姓不婚。《礼》云：买妾不知其姓则卜之。大义昭然，安敢灭伦而苟合，至同禽兽之行乎！犯此者，必通族削其名。"③ 然现实中同姓为婚的情况比比皆是，根本无法禁止。在石壁村，"同姓为婚"随上市、下市张氏二宗间的关系变化而波动，值得玩味。当二宗关系相对融洽时，族中耆老会在各个场合强调禁止同姓为婚；而二宗关系不甚融洽时，上市、下市张氏互为婚姻的情况比比皆是。时至今日，石壁村的礼俗也是仅限制族内通婚，族外则是"婚姻自由"，"同姓不婚"的教条是不存在的，这或许就是嘉庆间千家围山场契约叙中所谓"其情实同胶膝［漆］"的真实意义。

上市张氏与下市张氏二族同村异宗，清康熙以前似乎能和平相处，保持相对融洽的关系，但未能整合成一个宗族。雍正间，随着人口增加、宗族组织日益完善，二宗对山林、市场等社会经济资源进行了全方位的争

---

① 张桢主修《石壁上市清河郡张氏族谱（十修）》卷1《清河郡四郎公嗣孙三房平资买千家围各处山场叙》。

② 张桢主修《石壁上市清河郡张氏族谱（十修）》卷1《清河郡四郎公嗣孙三房平资买千家围各处山场合同》。

③ 张国根主修《清河郡张氏族谱（十三修）》卷1《族规十二条》。

夺，上市张氏在竞争中先处于弱势，下市张氏则处于强势。为了扭转竞争中的劣势，上市张氏不断联合散居他处的宗亲，形成了庞大的合同式宗族，至嘉庆年间上市张氏足可比肩下市张氏，并在经济资源的争夺中获得一定的优势，二族也达成共同御敌的协议，得以相对和谐相处。石壁上市张氏势力由弱渐强的过程，也就是合同式宗族不断壮大的过程。

由此观之，闽西山区的合同式宗族是由散居的继承式宗族联合而成。由于宗族散居各处，合同式宗族实难像聚居宗族一样对族众进行有效的控制，以故合同式宗族的社会功能不是作为依附式宗族的补充，而是处理本宗族与其他宗族之间的竞争关系，即领导和团结散居各处的族人与周边宗族争夺社会经济资源，这或许也是闽西山区合同式宗族形成的内在动力。

三　同姓联宗与地域社会整合

在分析散居的合同式宗族之时，郑振满教授注意到连城李氏宗族形成合同式宗族后，又联合更多的宗族相继到汀州府城、福建省城创建宗祠，发展成更高一级的散居宗族，并指出，"在商品化程度较高、社会流动性较大的环境中，血缘关系和地缘关系都不足以构成宗族组织的现实基础，合同式宗族也就势必得到更为普遍的发展形式，成为宗族组织的主要形式"。[①] 不过，他并未就不同层级的合同式宗族进行类型化研究，亦未对李氏宗族从县级发展到府级、省级的内在机制做进一步分析。钱杭教授就此指出，所谓"若干继承式宗族或依附宗族的联合形式"已不是宗族，而是同姓联宗。[②] 与继承式、依附式、合同式三类实体性宗族组织形态不同，同姓联宗是一种较实体性宗族更为高级的世系集团，"在大多数情况下，联宗的直接结果，一是可以极大地唤醒各同姓宗族之间的历史认同感；二是能够成为一座桥梁，将各村村落规模的宗族，整合成一个具有某种实际

---

① 郑振满：《明清福建家族组织与社会变迁》（增订版），第 97—106 页。

② 钱杭：《血缘与地缘之间——中国历史上的联宗与联宗组织》，第 73—74 页。除了同姓联宗，还有异姓联宗，指原同姓现不同姓的宗族之间连接始祖的过程，本书予以讨论。

功能的地域社会"。① 就宗族与同姓联宗之间的关系而言，钱教授认为联宗虽然是宗族组织发展到一定阶段的产物，但以世系学的标准判断，联宗并不是新的宗族组织，而只是若干实体性宗族的联合，因为进行联宗的各个宗族具有独立的权力关系、祭祀关系、财产关系、继承关系。因此，同姓联宗的实质是一种基于特定目的而形成的地缘性联盟。

在宁化石壁地区，清初以来发生了各式各样的联宗活动，既有继承式宗族之间的联宗，也有高级宗族组织之间的联宗，时至 20 世纪八九十年代则出现了纷繁复杂的联宗活动。清至民国间，联宗的形式主要表现为世系关系明确或比较明确的联宗和世系关系不明确的若干个同姓宗族之间的联宗。宁化石壁地区的联宗活动是考察宗族与联宗之间组织关联的不错个案。

石壁地区最早的联宗活动是明天启间陂下张氏大丞前显宗公房裔孙与小长坊显惠公房裔孙之间的联宗。前文论及，明永乐间张显惠为避兄张显宗抵抗"靖难"之株连，携家属潜逃至闽赣边界山区的小长坊，此后百年间二支独立发展。天启间，二支虽同修族谱，但没有更多的宗族活动。清雍正间，陂下大丞前祖祠修建后，二支族众才开始共同祭祀显宗兄弟的父亲寿隆公，即便如此，二者仍然维持独立发展的状态，显惠公房在小长坊邻近的大窝里建有独立的宗祠。1913 年，显惠公房提出分修族谱，显宗公房无力同修，更无力阻止。陂下张氏族谱保存有当时主修张标淇撰写的谱序，其中论及此事："粤稽族谱，自明天启二年伯祖殿撰显宗公、予祖太守显应公二房嗣孙肇修于本邑西乡之大丞前祠，联宗收族，例善规严，每三十年前后而一续修。绵牵至清光绪七年，已经十一修辑，屈指于兹又三十有奇年矣。以其时考之，急宜复修也。但思予族丁众嗣繁，乡居星散，恐难合纂，兹值壬子春祭，合族始建议分修于大窝里祠，遂以余等任事。"② 其实，前述上市张氏康熙间与湖头张氏合族、乾隆间杨边杨氏二房族众合族、官坑吴氏二房族众合族，均可称为"世系关系明确"的同姓联宗活动，只是此所谓"世系关系"与陂下张氏相对明确不同，极可能是后

---

① 钱杭：《血缘与地缘之间——中国历史上的联宗与联宗组织》，第 20—25 页。
② 张国根主修《清河郡张氏族谱（十三修）》卷 3《显惠公房在大窝里祠分修序》。

人拟制的世系关系。

跨村落的宗族之间在进行联宗、合族的过程中，大体都需要整合世系关系，如何将祖源不同的世系建构成同一个世系是必须面对的问题。建构世系关系仅是联宗后的宗族组织发展的必要条件而非充分条件，如上市张氏通过不断联合散居他处的小规模宗族而形成了强大的合同式宗族，但官坑吴氏聚居一处联宗后又分开发展，仍然维持着继承式宗族的形态，因此促使联宗后宗族发展壮大的关键应是联宗之后添设全族性的共有财产，包括具有象征意义的族谱、宗祠，以及具有现实利益的社会经济资源和相对合理的管理方式。

桂林张氏是祖祠建在税下村的一支散居宗族。桂林是税下村的旧称，明末清初间曾是龙上下里最负盛名的村落之一。税下村位于禾口墟和石壁村之间，与杨边同属一个行政村。桂林张氏十三修族谱载，该族追认唐代由河南固始县迁至福州的张真（名睦）为始迁祖，历传允（名膺）、奭（名鲁）、惟屋（名安）三世，至第五世藏兴，"迁居宁化龙上下里七都桂林坊居焉"，是为桂林张氏肇基祖，其生卒年不详，约为北宋初人。藏兴公生子二，长富第，次福郎。富第生子文，文生子二，长理、次轸。理生子五，长日荣，次日益，三日暖，四日光，五日瑞，仅四子"二十郎公（日光）同男应发公（字孚卦者）永居桂林而未迁"。[1]桂林张氏宗族建设的情况略显混乱，虽称已是十三修，但撰修情况不见确切记载，谱中有康熙五十六年的《源流记》，故其族谱初修的时间可能在此前后。

从族谱收入的《桂林宗祠记》看，桂林张氏原是居住在税下、刘村、济村乡的三个小宗族联合而成，而非一个聚居宗族。其文曰：

> 吾族桂林应发公承睦公一脉，而蕃衍三乡，是即桂林之始祖也。先无家祠，为香火堂一所，右正栋前一间为厨房。此发祥地也，每岁春秋，三乡子姓，咸跄饮福于斯焉。至乾隆乙丑（乾隆十年，1745），始另建大宗祠，奉十世祖应发公为正祀，而左右配享则以世次及之，额曰崇本堂。明不忘本，当崇报也。……祀睦公以下九世祖，今每岁子姓犹肄业其中。追远堂前一间为厨房，右一植客房，左为守祠人住

---

① 张新旺主修《张氏族谱（十三修）》卷首《旧序》。

所。相连即普祀堂，祀历代之无嗣者。若尝谷之贮，则门外又设有土库焉。但堂寝榱题、垣墙年久，亟为修理。嘉庆癸亥（1803），族乃重新之举，遂觉焕然改观。伟哉！大非昔日比矣。①

据引文可知，在乾隆以前，桂林张氏的祭祖活动在一处简陋的祖宅，房支间的联系亦不紧密。乾隆十年，三房相约以十世祖应发公为正祀，建构宗族支派，共建宗祠，形成了一个更大规模的世系组织。在共同祭祖的前提下，嘉庆十五年三个小宗族合修族谱。"爰自嘉庆庚午，易分修而为合修；道光甲午（1834），易七修而为八修。凡祖宗子姓之潜德幽光，彰善殚恶，旌别淑慝、生卒、婚嫁、谥葬诸大端，原原委委，明晰简括。前贤之劳心竭力，不知几经踌躇，几经顾思矣。奈咸丰戊午（1858）遭变，谱多残缺失次，兼之历年已久，围上、桂林、笙竹三乡贤达，因于甲子（1864）春祭，复议重修，得诸君子力为倡首，告始于丁卯之秋，告竣于己巳之夏，历经三载。"② 结合前文，现存族谱沿袭的是晚清同治间三个房支所合并而成的族谱。不过，桂林张氏合修族谱后，没有更进一步置买族产，以致只能维持简单的共同祭祖活动，未能发展成联系更加紧密、组织形式更高级的宗族。可见，桂林张氏的宗族组织形式实际上是三个分别聚居在围上、桂林、笙竹的宗族联合而成的世系群，是继承式宗族进阶的不成功形式。

　　清中叶以后，宁化石壁地区的宗族建设日臻完备，石壁村的两支张氏为扩大各自的势力，不断与周边宗族组织进行联盟而形成更大规模的宗族组织，进而走向了同姓联宗。据新修的《张公君政总谱》记载，石壁地区的张氏联宗修谱始于乾隆七年，同治四年、1948年相继完成第二次、第三次总谱重修。新修总谱中保存有历次联修族谱的谱序和源流录，可借此了解其联宗修谱的简要内容和形式。乾隆七年的联修谱序记载：

　　　　乾隆六年冬，阖族贤达，有合涣为萃、联疏为亲之思。商诸同宗，俾各持谱至一堂，参考其所载自来之祖，或以表同，或以讳共，

---

① 张新旺主修《张氏族谱（十三修）》卷首《桂林宗祠记》。
② 张新旺主修《张氏族谱（十三修）》卷首《旧序》。

或以世符，或以地合，无非出自君政公者。始议合修总谱，以笃宗族，乃倡者方出诸口，而应者已感于心，欢欣踊跃，以成此盛举。此则乃祖乃宗，血脉贯通，自然关切，是以万殊究归一本也。①

引文显示，张氏贤达之士提出联修族谱时，各族将族谱一并拿来对照，选定唐初曲江人张君政（张九龄后裔）为宁化张氏各族的共同始祖，“惟君政公一脉，公生虔，虔生宏载、宏显、宏矩，是三支者，本深枝茂，源远流长，凡属子姓，虽明知其出自一宗，而住址散、历年多，一本万殊”。君政公传七世至云龙公，云龙生二子，曰笃实、昆鸣，是为张氏入闽的始祖，以二人为世系起点，将各族始祖相继接上，建构成石壁地区张氏各族始祖的世系网络。乾隆七年的《大宗源流总录》记载：

云龙讳谮，生笃实、昆鸣。昆鸣历五代孙南朗，为宁化兴贤坊始祖。笃实讳悫，任河北都漕，居河南光州固始县。子从心，讳恂，号纯逸，生子二，曰忠、曰良。忠字日葵，号靖山，任袁州同知，生子明翁、明哲。明翁即睦翁（注：陂下张氏先祖），名真，号吟川，因王绪入闽，徙居福建侯官县。……明翁生子以充，讳膺，字扩吾。（以充）生公奭（注：下市张氏始祖），讳鲁，一名志，字德隆，号鉴铭，登送皇祐进士，任宁都知县。（公奭）生子惟渥，讳安，字文定，徙居白茅塘，复迁宁邑。九子丘，生子五［四］：长敬生、次二八、三三八、四五八。二八即宣诚公（注：上市张氏始祖）也……五八讳藏兴，字均茂（注：桂林张氏始祖），徙居龙上下里樟树下，迁三寨，与宣诚同父同亲。②

上述引文寥寥数语便在前文提及的陂下张氏、桂林张氏、上市张氏、下市张氏等四族追认的始祖之间建立了世系关联，即把原本毫无关系的几个人建构成了明确的父子兄弟（见图2-3），为后世贯彻尊尊亲亲之宗谊奠定了文化基础：“自时厥后，昭穆明，尊卑定，喜相庆，忧相恤，父与父言慈，子与子言孝，兄与兄言友，弟与弟言恭，或为盛世之良民，或为朝廷

① 张恩庭、张桢主编《张公君政总谱（四修）》上册，第590页。

② 张恩庭、张桢主编《张公君政总谱（四修）》上册，第595页。

之俊彦，雍睦昭而风俗美。"① 实际上，上述引文仅是《大宗源流总录》的极小一部分，其全部内容几乎将宁化县各地张氏先祖整合入一个世系群，并以此为基础修成了联宗谱。在明确世系的基础上，联宗总谱还简要地摘录了各宗族谱中先祖的世系情况，由此与各宗族谱顺利地联上，再通过各族的族谱和世系，把当地张氏族众悉数纳入了世系关系明确的宗族网络。不过，此次联宗修谱仅厘清了各族的世系关系，尚未形成超宗族的权威机构，各族间也没有结成紧密的联盟，由于文献缺失，张氏联宗背后的功能亦不甚清楚。

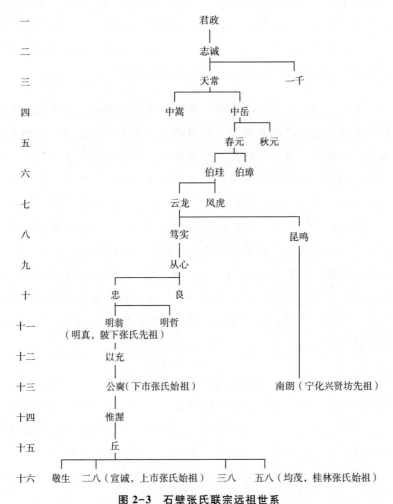

图 2-3　石壁张氏联宗远祖世系

资料来源：张恩庭、张桢主编《张公君政总谱（四修）》上册，第 595 页。

① 张恩庭、张桢主编《张公君政总谱（四修）》上册，第 590 页。

石壁张氏的第二次联宗修谱完成于同治四年（1865），是时宁化境内的太平军已被肃清。宁化西乡历经兵燹，"咸丰初，发逆窜扰，而蹂躏宁西。自丁巳始，延及戊午，纵火焚毁，市变荒基"，[①]百业待兴，需要宗族组织带领族众重建家园。同治联宗谱序记载："吾总谱之作，始于乾隆七年壬午，今阅五朝，历年百有二十四，不甚相远，辅而行之……但时至于今，旷修已极，如再迁延，嗣响难矣。各父老曰然。遂饬材鸠工，经始续修，于是闻风响应。"撰者还提出，"若夫继志述事，扩而充之，或合邻省邻县之同宗为一谱，否则同邑之同宗必收为一大族，是所望于后起者"。[②]其意既表达了扩大同姓联宗地域范围的期望，也希望进一步加强联宗组织的建设。相较于前次，此次张氏联宗修谱制定了60个字的统一行辈字号。[③]据上市张氏族谱记载，族中的万邦、如椿、舜丰三位先生，素有声望，"宗族乡党有事辄请其排解，毋稍唯喏，以酿是非，人咸钦服"，"乙丑夏，议修总谱，三老召予等而言曰：尔其亟勤，乃事毋至废弛。众赴之。三老往来谱局，跋涉维艰"。[④]这说明，上市张氏族人在联修族谱过程中发挥了领导作用，并试图通过联宗修谱来巩固和扩大其在石壁地区的权势。

有人认为石壁地区张氏联修族谱也是为了解决同姓婚姻的问题。民国《宁化县志》记载："西乡张姓有一恶习，闻之令人齿冷者，即同姓为婚也。《礼》曰：'娶妻不娶同姓。'此乡之人背道而驰，愚无知矣。"[⑤]张氏有识之士提出联修族谱时，又以石壁上市张氏和下市张氏的宗祠为总祠，将当地张氏各族分属上祠、下祠两派，允许上、下祠之间的族人婚配，但同总祠者不得通婚。据当地学者罗华荣调查，以上市张氏为中心的上祠张氏主要在本地，如大路背、石桥下、下墈、莲塘镇、禾口、石坑、老岗上、刘村等近30处村落；而宁化县的多数张姓村落，乃至邻省江西的石城县、瑞金市、宁都县均有下祠的族人。[⑥]

① 张桢主修《石壁上市清河郡张氏族谱（十修）》卷2《太学生荣任公行略》。
② 张恩廷、张桢主编《张公君政总谱（四修）》上册，第591页。
③ 张恩廷、张桢主编《张公君政总谱（四修）》上册，第320页。
④ 张桢主修《石壁上市清河郡张氏族谱（十修）》卷1《邦万、如椿、舜丰家老先生合传》。
⑤ 民国《宁化县志》卷20《杂录》，第814页。
⑥ 罗华荣：《石壁传统社会调查》，杨彦杰主编《宁化县的宗族、经济与民俗》下册，第490页。

　　明清时期福建基层社会出现过乡约、保甲、宗族、庙会等形态各异的村落组织，能发展成村落联盟的，多为包容性极强的庙会。[①] 闽西地区因其较为破碎的地理环境和不稳定的社会秩序，地缘性组织多与村落结合在一起，而缺乏较大规模的村落联盟。从地缘组织的角度看，聚居宗族是王朝国家文化制度的具体实践，不论是明中叶汀州地方官用以宣扬忠义的乡贤祠，还是清前期福建推行的"粮户归宗"和族正制度，均是儒家文化的实际体现，受此影响而形成的聚居宗族，所承担的社会功能主要是应对国家政策的要求，如宣传宗法、完纳赋税、维护社会秩序。散居宗族是聚居宗族发展到一定阶段的产物，其初级阶段多是文化性的虚体组织，随着基层社会的资源竞争日趋激烈，散居宗族的内部关系不断强化，进而添置族产并按照合同进行管理，发展为合同式宗族。同姓联宗的世系建构，与散居宗族相近，即由各地的宗族通过连接世系，组成文化性虚体组织，为了应对超血缘、跨地域的区域性事务，也可能走向实体化。石壁地区宗族网络的形成，是当地社会各种历史因素共同作用的结果——既得益于国家政策的倡导以及明中叶以来士大夫家族的示范作用，为儒家观念传播和各族祖先的世系连接奠定了文化基础；也得益于石壁乡民以张姓为主体，多数村落由张氏乡民聚居而成，同姓联宗实质是利用世系连接而成的地缘性的村落联盟；更是因为石壁地区的宗族所具有的多种形态和丰富的社会功能，满足了人们不同的实际需求。由此可见，明清闽西山区蓬勃发展的宗族组织，既是儒家意识形态深入基层社会的一种文化整合的形式；也是宗族承担地方自治的范围不断扩大，实现地域社会整合的具体形式。

---

　　① 郑振满：《神庙祭典与社区发展模式——莆田江口平原的例证》，《史林》1995 年第 1 期；唐晓涛：《清中后期村落联盟的形成及其对地方社会的意义——以"拜上帝会"基地广西浔州府为例》，《清史研究》2010 年第 3 期。

第三章

基层政治

美国学者杜赞奇在《文化、权力与国家：1900—1942 年的华北农村》一书中提出"权力的文化网络"的概念，用以分析传统基层社会的权力关系，认为传统时代乡村领袖的产生需要利用市场、宗族、宗教、水利建设等非正式的象征性权威。清代后期，捐纳和厘金成为地方财政收入的重要来源，为数众多的有钱人获得绅士身份，甚至进入仕途，在促使大批商人拥有了绅士身份的同时，推进了基层社会绅商一体化的进程，商人的影响力不断扩大，推动了基层社会的自治化进程。[①] 随着地方公共事务建设由官办向民办的转变，乡族组织和绅士阶层日渐发展壮大，基层社会逐渐形成了地方政治的权力中心，推进了乡村社会的进一步整合。本章将从地域社会领导阶层的角度，考察晚清民国时期宁化石壁地方精英的形成和演变，探索不同时期地方精英阶层在基层政治结构中的权力地位。

第一节　绅士转型

明清时代在国家权力相对缺失的闽西山区，地方权威的获取有不同的途径：参加科举获得功名，跻身士绅名流之林，自然是最为理想的途径；能成为政府的代言人——胥吏，也是不错的选择；通过捐助地方公益事

---

① 郑振满：《乡族与国家：多元视野中的闽台传统社会》，第 276—299 页。

业，成为乡族组织的领导人，亦可跻身精英阶层，如家族的族长、会长等，他们是具有一定宗族权威或宗教权威的领导者。值得注意的是，商人群体一直在石壁地区的权力文化网络中占据十分重要的地位。前文论及，清康雍间倡建公益事业、宗族建设的主导者多是商人出身，虽然乾嘉时士大夫日渐增多乃至取代商人成为领导阶层，但多数家族鲜有获得功名者，即便业举成功其祖父辈亦多是商贾。太平天国运动以后，商人群体在地方公共事务中更加活跃，俨然是基层社会真正的领导阶层。

一　晚清绅士

一般认为，乡族组织的领导者是绅士阶层。不同的历史时期，绅士阶层的构成并非一成不变。晚清太平天国运动后，闽西山区社会秩序重建中，涌现出大量的地方精英。先是，响应官府号召、参与和协助官府平叛的士大夫，有机会凭借时势进入仕途，进而成为一族之首，地方权势进一步强化。在太平军过境时，石壁江家岭的张朝棕、张朝椐兄弟，因在动乱中帮助官府平乱而获得嘉奖，得授官衔。张朝棕（字茂章），"咸丰丁巳年寇变，倡行保甲捍御。蒙府主张、卢，县主晓详咨抚部将，序六品军功"。① 张朝椐，字桱材，因"癸亥（同治二年，1863），聚族剿寇，全军独饷，用计千余金"，后获"奖六品军功"。② 动乱平息后，西乡各族重修族谱，序人伦、别昭穆，重修祖祠，朝椐俨然成为下市张氏之"祠胆公"，"咸丰八年戊子间，因洪杨另树旗帜，遂至兵荒马乱，民不聊生。影响之下，祖祠竟遭焚毁，一旦形成废墟。……孰料祖德在天之灵，竟令后裔朝椐闻风而起，奋臂肩负重建之责，俾雪此耻，为光宗耀祖、扬名显宗之壮志而献身"。③

其次，一些为镇压盗匪提供武力支持者同样获得了官府的嘉奖并任职军队。济村乡西南大长坊村的张氏家族以元末明初石壁村的张胜甫为始祖，张胜甫因狩猎至大长坊处，爱其山水，定居于此。大长坊地理位置十

---

① 张国柯主修《张氏重修族谱（十三修）》卷2《世系·张朝棕传》。
② 张国柯主修《张氏重修族谱（十三修）》卷2《世系·张朝椐传》。
③ 张国柯主修《张氏重修族谱（十三修）》卷首《茂甫公祠源流简记》。

分偏僻，地处深山，俨如世外桃源。然而，当地生存资源有限，后嗣不断寻求外迁，清康乾间族人散布于闽赣毗邻山区。传至十七世时，有嗣孙张华仪（1824—1892，字礼三），幼年失怙，"幼事诗书，抱不凡之志，奈先君早逝，遂不克终儒业"，读书业举无门，"幸胸有武库，爰得以展其才"，在镇压太平军中屡立奇功，"诚足为吾族光"。《大长坊张胜甫十四修族谱》记载：

> 余族礼三先生者……咸丰六年，翁奉晁邑侯命，收复城池；复奉张太守命，克复汀郡。以"盛世干城"四字表其门，保授五品衔。……咸丰十一年，奉县宪何谕，堵守清流，保举守备衔。①

据引文可知，凭借其素有的"武库"，张华仪先后受宁化知县、汀州知府之命，协助官府镇压太平军和剿灭土匪，收复汀州城，随后得到官府的大力褒扬，授予五品军功，获得保举"守备衔"，受到"盛世干城"的表彰，实是一族之荣耀。此后，尚在故里的张华仪，积极投身地方公益，"至若友以抚弟，义以课子，善排解以和邻里，肯堂构以绵后裔，种种美行，难以枚举"，② 俨然成为济村一带显赫一时的社会精英。不仅如此，张华仪的社会地位被其后人长期继承，张华仪之长子张国奋（1853—1908，字绍铭）于光绪二十六年（1900）例授贡生，亦颇有其父德行。谱载："（公）倜傥有大志，性秉忠厚，姿［资］本聪颖，每欲奋志青云，以光祖德，惜未遇知音，屡试不售。遂弃举子业而理家政。……翁排难解纷，以德服人。遇市井争斗，翁则情劝理谕，本至诚以息之。……祖宗蒸尝则拓之，祖祠谱牒则新之，先人坟茔则修之，桥梁道路捐金以补之，书院神庙醵资以建立之。种种美行，难以枚举。"③ 不难发现，清末的张国奋，不仅成为长坊张氏的"祠胆公"，拓蒸尝、修谱牒，还是当地公共事务的调解者，具有较高的威望，常常"以德服人"。

在社会重建过程中，不少商人积极捐资乐助，又援例为太学生，成为远近闻名的"儒商"。石壁上市张氏族人张荣任（1818—？，字选元），"先

---

① 张捷新主修《大长坊张胜甫十四修族谱》卷9《张礼三传》，1990。
② 张捷新主修《大长坊张胜甫十四修族谱》卷9《张礼三传》。
③ 张捷新主修《大长坊张胜甫十四修族谱》卷9《张绍铭传》。

世由玉屏上市迁居溪南（其地不详，疑在禾口墟附近），皆车马辐辏之
地"，即由石壁村迁出，"君自幼戒游荡，虽境处微寒，从不染指非分。昔
喜读诗书，未得竟举子业，而恂恂有礼"。后以酿酒为业，"尝操杜康，术
［竖］帘于街衢，四方排难解纷，始终皆集饮其间"，家境日渐富裕，"朴
实俭勤，弗失君忠厚传家之统，懋迁化居，析薪克荷，相与恢宏，家业如
春夏气，蓬勃而莫之能御"。家道兴，遂"渐与乡缙绅相亲近，父子乃援
例成均"，并投身地方公益建设，"若夫建桥梁，砌道路，惠及行人；立义
冢，施木棺，泽及枯骨；与夫庙亭寺观之修，疾苦饥寒之恤，则又谓：财
为天地生，当为天地用。莫不慷慨乐输，虽多费有弗惜"。几经兵燹，村
中建筑破败，"遂鸠工庀材"，"先后建大厦，起高楼，营货栈，旧所毁，
复之前，所无者益之。不数年，而窗枨相映，黝垩增辉，在在聿观厥成
焉"。不久，又重建禾口祖祠德馨堂（民国间改为君政公祠），俨如族中耆
老。族谱有传，其文曰：

> 既而倡议重建祖祠德馨堂，父老以君优于筹划，惟公生明，佥举
> 总典厥事。经营尽善，监督维严，省勤惰，试工拙，节度支，朝夕罔
> 懈。或用费不继，即倾囊垫之，无吝色。迨功成事藏［藏］，合族知
> 君公而忘私，于祠中悬而旌之，设禄位飨之。凡经理尝产，无论祖之
> 远近、业之多寡，事皆借以维持，人不得而侵产，举族咸嘉赖之。①

引文显示，张荣任通过倡建宗祠获得了极大的宗族声望，得到了全族的褒
扬，是儒商的典型。

晚清光绪年间，宁化西乡三里共同筹办道南书院，是为石壁地区较早
的地方公共事业，也是石壁地区乡族权势的集中体现。光绪二十三年
（1897），在宁化知县邹经镕的倡导下，西乡绅董募集资金，共建道南书
院。其大致情况如下：

> 吾西乡自陂下张殿撰故里外，其余村落星罗棋布，不下数十百
> 处，士夫家世少焉。尝慨然欲得一贤宰，以礼乐诗书泽民，如古之化

---

① 张桢主修《石壁上市清河郡张氏族谱（十修）》卷2《张荣任传》。

九真交趾者。光绪二十三年，浙余甄卿邹公，适莅吾宁，以化民成俗、为国储才为己任。里人张君光喜、张君正笏、张君守躬、罗君德元、伍君国梁同以开学社、育人才之议进。公曰："俞哉！此予所恃以为治者也。诸君有志于斯，可谓所见者大矣。仔肩斯事，非君而谁？至若筹办经略，则地方官与乡绅均不得辞斡旋之责。君师安定，吾仰文翁，西乡文明可计日而达也。"于是，诸君施謇画、会泉刀，惨淡经营。辟禾口东头，创设书院，所费不赀，得诸集腋者五之三，得诸邑侯捐廉者五之二。落成，取杨文靖公率道而南之义，题其名曰"道南"。祝之乎，亦幸之也。按史，书院之名，始于唐开元十一年置丽正书院。今此院成立，宁之邑乘亦将因造才有地，为之大书特书。院窈而深，敞而明，栋宇胶葛，栏槛曲折，风亭水阁，随意布置，隙地点缀花卉，兰、桂、梅、杏、桃、李、芙蓉、杨柳之属。舒笑其中，望之蔚然，四时花香与书香争胜。公曰："善哉！"表面若夫，究其内容，可大可久，非设常经费难为功。于是，诸君复与龙上、龙下、龙上下三里约曰：培英才需膏火，有能捐十金、三亩以上，院祀之；捐金三百、田百亩以上，祀以特位。一时遐听风声，慕义者、好名者接踵连肩，挥金投券，期月而已可也。今日者，生徒济济，升堂入室，孰令致之？吾为之颂曰：循吏乡贤，克开厥后；广庇寒士，人文辐辏；书院不朽，邹公不朽，诸公不朽。①

引文的撰者是江头村（石壁村西约 5 里）的张守先。张守先（1869—1949），谱名延槐，字植三，号闰云，光绪十年考入宁化县学，晚清廪膳生，是清末民国间宁化西乡著名的绅士。② 引文中首句之"吾西乡"所指范围包括龙上上、龙下、龙上下三里，知识精英自然熟知，对地方民众而言亦成为一种形式的文化认同。在地方志中，多处出现将龙上三里概之以"西乡"之名者，如对光绪二十六年和1913 年饥民起事的描述中，修地方志的绅士们都在起事者前加上"西乡"二字，如"西乡莠民""西乡土

---

① 民国《宁化县志》卷 8《学校志》，第 590 页。

② 伊岫云、伍兆骐：《张守先先生事略》，《宁化文史资料》第 6 辑，1985，第 73—75 页。笔者 2012 年 5 月至大江头张氏宗祠调查时，祠内挂有"文魁"之匾额，据说是清末官府颁予。数年后，大江头张氏族人告知，该匾额被盗，下落不明，甚是遗憾。

匪"等。民国《宁化县志》记载，光绪二十六年，"是岁饥，城中开义仓平粜，会西乡乏食，禾口绅士来城乞粜，约借仓谷二百石，立秋前十日纳还"。禾口绅士的请求，为时任宁化知县王炜堂允许，但粮食"寄碾于城外寮户，被本城游民抢夺而去"，然"知县不出而制止之"。西乡士民并不买账，当年"六月初九日，西乡莠民借闭粜为名，在禾口墟鸣锣，声言往城夺谷。十一日，果集千余人，驻城隍岭。知县亦不以为意，及抵城，乃掠劫恒和等（商）号十余家，损失巨万"。①此次禾口士绅领导的"救灾运动"失败，然应对灾荒的模式——由士绅统一领导，组织乡民成一股力量，乃至违法犯纪——却似曾相识。由此足见宁化石壁地区的乡族势力极具组织能力，以及乡族内部具有强大的凝聚力。

据上述引文可知，道南书院创建的方式是由西乡名士张光喜、张正笏、张守躬、罗德元、伍国梁等人提议，得到知县认可和捐廉后筹资建设，这是明清时期常见的乡族自治形式。通过梳理当地文献，可确定张光喜、张正笏、伍国梁三人的基本情况。据陂下耆老张国器（1927年生）先生回忆，张光喜是上市张氏族人，在禾口墟有不少店铺和房产，为清末民国西乡的著名绅士。②张正笏（1848—1928，字搢绅）则是陂下村人，例贡生，为张显宗的十四世孙，是晚清、民国初年石壁地区的士绅领袖之一。张正笏本是商人出身，张守先为其所立之传曰："（公）天资英妙，风流潇洒，染翰操觚，动有条理，以生计逼人，未暇业儒，学端木氏治生，豁达大度。"在生财之后，跻身于西乡的精英之流，"急人之急，矜孤恤寡，赈厄救灾，取诸其怀，无吝色。至地方公益，亦见义勇为。独力所不胜，则善与人同取。诸人以为善，如创办道南书院、修陈埠冈屋桥（即陂下石墩桥），诸大兴作，皆以为当地士绅领袖"。③伍国梁是晚清恩贡，淮土乡人，乃张守先的岳父。④可见，道南书院是西乡社会的一项公共事务。为了鼓舞当地民众捐献，道南书院制定了特殊的祭祀制度，即捐银十两或学田三亩以上者书院祭祀，捐三百两或田百亩以上者，祀以特殊的牌位，

---

① 民国《宁化县志》卷2《大事志上》，第455页。
② 2012年5月25日，访问陂下村张国器老人（时年86岁）。笔者推测张光喜当是上市张氏族人，但翻遍族谱未见其人，窃以为"光喜"可能为学名，未收录于族谱中。
③ 张国根主修《清河张氏族谱（十三修）》卷7《搢绅先生传》。
④ 民国《宁化县志》卷8《选举志》，第604页。

故西乡民众踊跃乐助，书院规制得以建设得颇为可观。从道南书院的创建来看，时至清末，石壁地区的政治格局基本成型，即以具有一定科举头衔的低级士大夫为领导，不同支系的张氏宗族为主体，他们既竞争又合作，共同参与地方公共事务建设，这一政治格局也是山峒社会形成的重要特征，禾口墟成为乡族势力展演权力的政治舞台。

二　民国绅商

清末民初，闽西山区虽偏僻弯远，但也受到了政权鼎革和欧风美雨的冲击。国民革命军进至闽西前，宁化县政局由军阀李凤翔把持，李氏随意更换知事，又以就地筹饷为名，横征暴敛，为害一方。[①] 如此情形之下，宁化社会经济状况着实堪忧，所谓"宁化益无实业，非宁人皆坐以待毙也。囿于旧闻，鲜克通变，利蕴于土而不知取，货弃于地而不知收，因陋就简，苟安旦夕"。[②]

尽管如此，地方政府和公益事业仍有所创设。例如，废除了部分县衙机构，县政府花销较"清之陋习"大大减少，"县佐公署，月支出银元八十四元，岁支一千零八元"。不过，新的政府机构随之出现，又增加了各种名目的新税，仅"警察"一项，"五区之经费，总计在一万元以上，皆民之脂、民之膏，筹之甚艰难也"。[③] 因此，县志撰修者感慨，"宁化僻左区也，贫瘠地也"，对于"欧风东渐，中国事事效法泰西"一事，地方士人多认为无非是"所谓数典忘祖，礼失而求诸野"。[④] 所谓"事事效法泰西"，大体是一些政府改革的新政措施，依据 1926 年付梓的《宁化县志》可探知一二。一是对县级政府体制进行了一定程度的改革，添设了地方自治机构、警察制度等。（1）裁撤部分县级机构，"民国则政体共和，官制概行变更于县，改知县为知事，县丞为县佐，余皆革除"。（2）新建自治机构，"清末废科举，试院改为城自治局。民国三年停办，后又假为国民

---

① 刘振邦、邱恒宽：《北洋军阀统治时期的满目疮痍》，《宁化文史资料》第 1 辑，1982，第 71—75 页。

② 民国《宁化县志》卷 10《实业志》，第 614 页。

③ 民国《宁化县志》卷 9《警察志》，第 608 页。

④ 民国《宁化县志》卷 9《警察志》，第 608 页。

学校，来往客军常驻于此"。（3）建立警察制度及巡逻区划，据载："巡警之政至清宣统元年始行试办，先设学堂，后事编制。越明年，组织方在进行，遽以经费支绌而止。……至民国七年，周令应云莅任，叠奉上面催促，乃于八年冬实行举办。所用之款又不准支国家公款，不得已行按户抽捐之法。"具体区划是将宁化县分为 5 个区，县城为第一区，东南西北各 1 区，此次也是石壁地区作为西区而被县级政府首次认可为准行政单元。基层行政则未做调整，全县仍为 12 里，石壁地区亦沿袭龙上三里的格局。不过，由于改革力度有限和经费困难，地方自治机构和新式警察制度，仅处于所谓的"幼稚时代"。① 二是增加了惠政机构。晚清光绪间，宁化曾有几位知县倡导"惠政"建设，即在传统义仓、善堂、养济院的基础上，兴建官医局、保安局等，这些惠政多以官修民办的形式建成。入民国后，这些机构多难以维系，如官医局"今施药无闻"，养济院"不足养生"，以救火为职的"保安局"，则"遇有回禄，临时出发"。② 唯有义仓一项得以持续，这或是因为全县的义仓实际由宗族组织控制，如宁化西乡地保留的 11 座义仓，皆由不同的宗族负责管理。三是基础教育因科举废除而不得不变通。至民国初年，宁化有高等小学 7 所，国民小学 30 所，女子国民学校 1 所。不过，适龄儿童入学情形并不乐观，"里巷鲜聚学之社，草野多愚昧之民"。③

民国初年，宁化西乡社会秩序尚且稳定，张守先是名义上的西乡首绅。张守先曾于光绪三十三年考职中式，授广东省广宁县典史。到广东任职两年后，因身材短小难以胜任典史之职而卸官归田，后长年任教于道南书院、禾口道南高等小学校（道南书院改制的新式学校），并监管书院财务。张守先素有文名，是清末间的宁化"文魁"。1913 年，西乡遭遇饥荒，他曾为民请命。1918 年，他承担《宁化县志》编纂工作，在宁化绅士中颇具声望。西乡民国间各族重修的族谱中，保存有大量张守先撰写的谱序和人物传记。④

---

① 民国《宁化县志》卷 7《职官志》，第 573 页；卷 4《城市志三》，第 483 页；卷 9《警察志》，第 608 页。

② 民国《宁化县志》卷 11《惠政志》，第 623—626 页。

③ 民国《宁化县志》卷 8《学校志》，第 587 页。

④ 伊岫云、伍兆骐：《张守先先生事略》，《宁化文史资料》第 6 辑，第 73—75 页。

不过，张守先出身的大江头张氏在地方上相对弱小，经济实力亦非顶级，这也限制了张守先权势的进一步发展。大江头张氏追溯唐代的允伸公为始祖，"阅三世郫郎公徙居虔化（宁都县旧称）鱼澜廓，卜居宁都陂阳乡竹子坝"，由允伸公再传十五世至八十郎公，"由宋淳熙十二年乙巳始徙汀宁之龙上下里大江头焉，由八十郎公四传而贵兴公五传而得诚、得忠，则大江头二房之祖也"。[①] 尽管大江头张氏的《清河郡张氏族谱》声称，该族族谱始修于明洪武间，但从具体内容看，该族的宗族组织兴起时间与石壁地区其他宗族差不多，是在清康熙中后期。康熙三十九年（1700）撰写的《康熙庚辰五修家谱序》记载：

> 其始固一人之身，越数传而至数十百，又越数传而至百千人。亲者以疏，疏者同于路人，势也。欲其精神血脉流通浃洽，不夏戛乎难哉？惟是编谱以联属之，使知某也至亲，与吾同某世祖，则亲者固亲矣；某也渐疏，与吾同某世祖，则疏者亦亲矣。虽支派衍至于数千万人，溯而上之，皆晓然于一人之身所由分，是而油然以生其和宗睦族之心，此则修谱之大意也。至于发凡起例，去非、类编行事，志生娶殁葬、坟图山向，一展卷而了然。[②]

引文显示，尽管此次撰修族谱号称已是第五修，但撰者花了大量时间重新整理族众世系、生殁等情。由此推断，此前该族并没有比较完善的旧谱，更未提及"三十年一修"诸事，因而此次撰修族谱应是大江头张氏创建宗族的标志性事件。康熙以后，大江头张氏大体三四十年便能接续修谱一事，但宗族规模发展略为缓慢，宗族组织形式至晚清才逐渐由继承式宗族转型为依附式宗族。1922年张守先撰写的《义仓记》载：

> 我族向无义仓。有之，自汝全、兆熊、兆楠、兆选、兆春、兆鹏数君子始。清嘉道间，吾村雄于财，凶丰自足相济。咸同以降，日益贫瘠，偶值荒歉，坐馁穷山。楠等恻然，起为亡羊补牢之计，用化无为有之方。里俗，祀祖侑觞，雅好优伶，动淹旬月，所费不

---

① 张泽柱主修《清河郡张氏族谱》卷1《康熙庚辰五修家谱序》，1992。

② 张泽柱主修《清河郡张氏族谱》卷1《康熙庚辰五修家谱序》。

赏。光绪廿八年，楠等建议，每停戏一部，纳谷二百斤入祠，为义仓基础。族哲无不赞成，益谷数千斤，子母相权，旋至数百石。丰年获息，凶年平粜或分给，有余置产，渐推渐广。民国八年，将所存谷拨仲广、仲伦公两房，各百余石，分设义仓，今两房义仓各积谷数百石。祖祠义仓谷仍数百石，田租谷岁约可入百石。今年祖祠整洁一新，费金千余两，除外房捐金百余外，一切度支皆出于此，受益岂有穷哉！①

据引文可知，大江头张氏在太平天国运动之前，"雄于财，凶丰自足相济"，名义上族人颇为富裕，实际上可能是宗族组织的控制力不足；咸同以后，因族人日渐贫困，至光绪二十八年，张兆楠等倡议筹建义仓，即此时形成了族内的精英阶层，而逐步过渡到依附式宗族的阶段。倡办义仓的具体方式是用耗费在祭祖唱戏的钱来置买谷子，每停一部戏可买谷子200斤，由此获得数千斤义仓租谷，进而用以放贷，凶年粜出，丰年获息。至1919年，又一分为三，大江头两房支各取一份，祖祠留一份，以为宗族活动经费。查对族谱登载的张兆楠等人的生命信息，几人均是道光年间出生、清末民初去世，卷首中没有他们的个人传记，世系中亦没有记载他们有士大夫的头衔，不过几人均生子四五人。由此推断，他们可能多是家境饶裕的商人。事实上，科举制度废除后，活跃在地方政治舞台上的虽然还有张守先这类前清秀才，但他们日渐衰老，年轻一辈则以商人出身者居多。

民国初年，宁化石壁地区的基层政治领导权又逐渐转移至商人阶层之手。商人出身的陂下张氏族人张立瑜和上市张氏族人张思诚分别担任禾口保卫团团总和团附，是当时地方权力机构——保卫团的领导者。张立瑜（1890—1952，字璧人，号肖瑾，官名建勋，原名仲堪）是陂下张氏张显宗的十五世孙，张正筋的次子，有国学生的头衔。张守先撰写的《肖瑾先生传》记载，张立瑜出身豪绅之家，年轻时是一个十足的败家子，"先是，素挥霍，坐上客满，喜泰山为肉、东海为酒之豪"。成年后，张立瑜"有胆有识，智圆而行方。伤家业中落，愤而

①　张泽柱主修《清河郡张氏族谱》卷1《义仓记》。

为商，足迹遍江广，富商大贾，皆闻其名"。① 经商的数十年，"雨覆云翻，险阻艰难，备尝之矣。人之情伪，尽知之矣"，故而"乐观时变，时用知物之时，即智斗修备之时，不怵忪小利，不规图近功，偶得不喜，偶失不惧"，几乎重走了其父的发家之路。发迹之后，张立瑜在乡办团练：

当军阀时代，正四方多事之秋，君明足察几，健能致果，未尝不先发制人，弥缝其阙。……民七年，南北军兴，叛兵窜宁，君率乡勇截堵，方免绎骚。民十年，匪风炽甚，出没禾口市场，君出任团总，防弥多方，恶氛顿息。及许军数万，自赣入境，人士惶骇，如鸟兽散。君独周旋其间，直至三宿，厥军感情，秋毫无犯。十四年，李师长云复、谢师长文炳，联军过境，当局规避，君虽未任地方职务，仍极力维持，民赖以安。②

引文显示，张氏通过筹建保卫团武装，几次成功地抵御了闽赣毗邻山区的土匪势力，并为地方安定做出了重要贡献。因而得到了宁化县长周某的赏识，后被委为宁化第三区警察所长，"盗不入境，市井晏然。彼乡口碑，今犹载道"。③ 不久，张氏调任梅县第四区警察所长。在大革命期间，张立瑜大展军事才华，当年的败家子摇身一变俨然成为革命要员。"（民国）十五年，国民军北伐，第二师先后克长汀等处，先生赞襄之力居多。师长谢杰保举为瑞金县长，总部以闽局未定，借重尚多，不宜置之后方，乃擢升为第一军军部参议。民国十六年，搢绅公八秩及刘太孺人六旬双寿，第一军军长何应钦特赠'知年人喜'匾额，志贺先生。"④ 张立瑜得到师长的保举，成为第一军军部参议，常伴军长何应钦左右。不过，他"以严君年迈，不忍远游"，在家侍奉父母。"翌年，搢绅公考终"，张立瑜在乡亦未闲着，"地方以先生在籍，喜得借重，公推为禾口保卫团团总。视事之初，

① 张国根主修《清河张氏族谱（第十三修）》卷7《肖瑾先生传》。
② 张国根主修《清河张氏族谱（第十三修）》卷7《肖瑾宗哲家传》。
③ 张国根主修《清河张氏族谱（第十三修）》卷7《肖瑾先生传》。
④ 张国根主修《清河张氏族谱（第十三修）》卷7《肖瑾先生传》。

引钧为记室，躬亲教导，旋得谬记萧规。数载僇［勠］力，梓里以宁"。①

担任禾口保卫团团附的张思诚（1881—1934），谱名恩祥，字善征，世居石壁乡之陈塘湾。张守先也为其撰写了传记《张善征君与元配全孺人合传》，文中论及张思诚的母亲吴氏是"余姑女，君以戚故，尝过从"。也就是说，张守先和张思诚为表亲，而且关系密切，对张思诚非常熟悉。其实，张守先撰写此文时（1941）已年逾古稀，对整个石壁地区的精英可谓了如指掌。据载，张思诚年十二失怙，"兄弟八人，皆所其无逸，先知稼穑艰难"。长大后，一度追随张守先业举读书，"余先兄省吾，大赏其器识，为言吴孺人令就学。于是，负笈从余游，刻苦逾恒，为学日益，旋补博士弟子员"。遗憾的是，张思诚兄弟分家析产，"止分田一亩，屋徒四壁。生计大窘，乔迁禾口市，效胶鬲治生，迹混鱼盐行"。不过，张思诚在亲族的帮助下经商远足，并迅速发达，后成为宁化县临时参事会会员，在乡则担任禾口保卫团团附，辅助张立瑜管理地方，同时保住家财，并"倡捐义股，创办义仓，为合族备荒政，排难解纷，济困怜贫，无不时行方便，而素孚乡望"，俨然是乡族的领导者。"民国丁卯（1927），邑兵变，取道禾口"，张思诚携子绍渠逃难，历尽艰险，后客死他乡。②

据前文可知，大概在国民革命军进至闽西前后，禾口周边地区形成了以保卫团为中心的地方权力机构，该机构应是得到了官方认可的民间武装组织，而其领导则是由商人出身的张立瑜、张思诚担任，地方社会秩序由此得到一定程度的整顿，有效地抵御了闽赣毗邻山区盗贼的抢掠，石壁地区的乡族领袖从晚清时期的绅士阶层变成了商人阶层。

第二节　基层行政

20 世纪初，岌岌可危的清政府曾实行"新政"，通过采用一系列地方

---

① 张国根主修《清河张氏族谱（第十三修）》卷 7《肖瑾先生传》。
② 张桢主修《石壁上市清河郡张氏族谱（十修）》卷首《张善征君与元配全孺人合传》。

自治的手段，国家政权逐渐向基层社会延伸。辛亥革命后，袁世凯试图在县级以下设立"区"，加强政府对乡村社会的控制，阎锡山"山西村治"的成功，使"人们都的确坚信，应该把县以下政府的改造纳入二十世纪的议事日程上来"。① 1928 年，国民党在形式上统一中国，为了更有效地加强对社会的控制和吸取更多的经济资源，在"县政建设"和"地方自治"的口号下，着手在全国范围内改良和完善县级及其下的基层政权建设。20 世纪 30 年代，为了消灭红军，提高行政效率，实践"三分军事，七分政治"的口号，国民政府围绕共产党各根据地推出一系列基层行政制度。1939 年起又开始实行"新县制"，以期解决现行制度的各种问题，进而融自治于保甲之内。② 本节拟探索国民政府时期宁化西乡的基层行政建设及其社会影响。

一 区乡保甲建置

1926 年 8 月，国民革命军进至福建，攻克汀州，进占宁化。在汀州府国民党党部的授权下，伊象栋就任宁化县长，推行社会改革，施行"新政"。主要措施包括取消苛捐杂税、严禁烟毒、扶助工农、建立国民党基层组织、革新教育体制、提倡妇女解放等项。由于政府力量薄弱和地方士绅反对，伊县长推行的措施大多没有实际效果。1928 年春，因卷入国民党内部的政治纠纷，伊象栋被福建省党部开除党籍，含恨离职，施行不到两年的社会改革不了了之。③ 1929 年后，中共土地革命声势日盛，由赣南不断向周边地区拓展。1930 年，红军攻克宁化。石壁下市的张璧人记载，是年，"时机动荡，赣闽影响"。④ 随之，地方乡绅相继逃离故乡，传统的乡族组织纷纷解散，原有的社会秩序亦随之瓦解。因彼时"打破宗族观念之口号高唱入云，顽劣者乘机鬼混，任所欲为"，以致"存祠家乘，遂遭淹

---

① 〔美〕孔飞力：《地方政府的发展》，〔美〕费正清主编《剑桥中华民国史》（第二部），第 375 页。
② 李德芳：《民国乡村自治问题研究》，人民出版社，2001，第 154—159 页。
③ 刘振邦：《北伐时期宁化的初步革新》，《宁化文史资料》第 1 辑，第 75—80 页。
④ 张国柯主修《张氏重修族谱（十三修）》卷首《第十二届重修族谱绪言》。

毁。间或散置于各房者，亦皆残缺无完书"，① 乡族组织及其领导阶层受到严重的打击。

1934 年秋，中共抵御国民党第五次"围剿"失败，中央红军被迫长征，离开中央革命根据地。随之，国民政府在原中央苏区施行《修正保甲条例》（1934 年 2 月）和《剿匪省份各县分区设署办法大纲》，以及此前已施行的《剿匪区内各县编查保甲户口条例》（1932 年 8 月）等基层行政法规，要求各地"严密民众组织，彻底清查户口，增进自卫能力"，大体建置是"根据实际情形，划分全县为若干区"，② 分区设署，区下设乡镇或联保，联保下辖保甲。《修正保甲条例》规定，保甲的编排原则是，"甲应挨户编组，编余之户不满一甲者，六户以上得立一甲，五户以下并入邻近之甲"，保的编排与之一致。理论上讲，甲长由甲内户长推举，保长由甲长推举，主要职责是清查户口、编定门牌、抽选壮丁、搜捕匪犯、催征赋税等。③ 国民政府推行保甲制度的基本目标有二：一是弱化乡村精英的权力，增强国民党政权在乡村地区的影响；二是加强对中共各根据地的社会控制，实现"攘外必先安内"。

从现有档案看，宁化县自 1935 年起实行了保甲制度。大致情况是，宁化县共分设 6 个区，石壁地区主体在第五区，分设禾口、济村、石壁、淮土、凤凰山等 5 个联保，区长是第五次"围剿"中立下军功的济村人张树庭。1937 年 8 月，因日军入侵，福建省政府内迁至闽西永安县。按照国民政府行政院的指示，福建颁行《修正福建省各县区署办事通则》，改行新的分区设署办法。④ 宁化县 6 区减为 3 区，将区公所改为区公署。第一区统辖原第一区、第五区，以及原第四区的部分地方，张树庭担任宁化第一区区长，下辖县城与第五区 5 个联保以及城东、城南、横锁、中沙、店上等 10 个联保；第二区统辖宁化东南部分地区，包括曹石、安

① 张国柯主修《张氏重修族谱（十三修）》卷首《第十二届重修族谱绪言》。
② 《剿匪区内各县编查保甲户口条例》（1932 年 8 月），彭明主编《中国现代史料选辑》第 4 册（1931—1937），中国人民大学出版社，1983，第 242—243 页。
③ 《修正保甲条例》（1934 年 2 月），彭明主编《中国现代史料选辑》第 4 册（1931—1937），第 258—263 页。
④ 《修正福建省各县区署办事通则》（1937 年 12 月），《保甲法规》，宁化县档案馆藏民国档案（下文所引民国档案均藏于此，故略），档号：103-3-23。

丁、滑石、寺背岭、泗溪坝、方田里等 6 个联保；第三区统辖宁化北部地区，包括水棠（茜）、庙前、泉廷、乌村、安营、浮石排等 6 个联保。石壁地区 5 个联保公署所在的禾口、石壁、淮土、凤山、济村等均是业已成型的乡村墟市，每个联保统辖的范围与相应墟市的服务范围——基本市场社区大体重合。其中，禾口联保共辖 17 保，石壁 21 保、凤山 15 保、淮土 12 保、济村 12 保，各保保名以距离联保所在地址远近编号，如称禾口联保第一保、第二保等，难以具体考察各保与村落之关系。[①]

1939 年秋，远在重庆的国民政府要求在国统区推行"新县制"，试图"融自治于保甲"。据《县各级组织纲要》（1939 年 9 月）的规定，"新县制"的基层行政建设内容，主要是："县以下为乡（镇），乡镇内之编制为保甲"，"乡镇公所设民政、警卫、经济、文化四股，各股设主任一员"，各乡镇设乡民代表会，"乡（镇）民代表会之代表，由保民大会选举之"。[②] 除了行政建设，各地自治组织还有其他职责，诸如造产、设学校、推行合作社、办理警卫、实施救恤等。有关施行"新县制"的文件到达后，经过一段时间的准备，宁化于 1940 年开始推行"新县制"。大体内容是，联保改为乡镇，隶属县级政府，全县下辖 16 个乡（镇），各乡管辖区域与联保所辖范围基本不变，保甲建置亦大体维持旧制；原县下的 3 个区公署虽仍存在，但其公署官员已成为虚职，称"区署指导员"，并无实际权力。从 1942 年《宁化县保甲户口统计表》所记载的情况看，到 1942 年底，各乡保甲设置并无变化。1944 年春，宁化县又一次进行保甲调整，不少保级单位被合并，每乡（镇）辖保数 9—17 个不等，辖保数最多的是庙前乡，共 17 保。西乡的 6 个乡，禾口乡辖 14 保、石壁乡 12 保、济村乡 12 保、淮土乡 9 保、南田乡 10 保和凤山乡 9 保，各保的名字改为所在地村落名称。[③] 1944 年夏制作的《乡镇保区域一览表》，统计了宁化各乡镇下辖保甲、人口情形。以禾口乡为例，其保甲与村落的关系情况如表 3-1所示。

---

① 《宁化县各区联保一览表》（1939 年 5 月），《乡镇保一览表》，档号：103-1-152。

② 《县各级组织纲要》（1939 年 9 月 26 日），徐秀丽编《中国近代乡村自治法规选编》，中华书局，2004，第 215—222 页。

③ 《宁化县三十三/四年乡镇公所所数对照表》（1945 年 4 月 24 日），《乡镇保调整》，档号：103-1-218。

表3-1　宁化县禾口乡保一览（1944）

保　名	甲数（个）	户数（户）	人口数（人）	管辖村落
新　岗	15	196	828	泥潭、新岗、新街、石坑里
老　岗	15	209	870	老岗、老街、下街
陂　下	8	96	384	交车、新墟里、陂下
陈　田	10	113	417	上畲、下畲、陈家坑、陈田
陈　岗	6	55	211	陈埠岗
俞　坊	10	121	435	罗埠里、俞坊、木寮下、坪布
古　村	14	159	629	古田坑、乌石下、村头、常平里、大礁
溪　背	10	120	558	下村、上村、谢家、围上
大　路	12	122	590	连塘圳、大路背、石桥下、新屋下、留则
小　吴	7	79	344	山下、上坊、小吴、回溪里
杨　边	9	107	531	杨边田、税下
官　坑	13	132	643	荷树岭、官坑、早禾田、垄勾嘴
三　礁	10	90	297	芙蓉畲、渐礁下、忠坑、小垄里、三礁
刘　村	8	87	321	刘村、和尚庄、过龙石

资料来源：《宁化县禾口乡乡保区域一览表》（1944年6月），《乡镇保区域一览表》，档号：103-3-145。

依据相关档案结合实地调查可知，保甲制度中"甲"的建置，是以人口为基础，而不是按自然村落的分布进行设立，保是在甲的基础上，按照人口之多寡设置，并且以传统的村落为基本单位。如果一个村的人口不足以构成一个"保"，则合并一两个村落共同构成，如杨边保是由杨边田和税下两个村落组成。一些较大的村落则分成若干个保，如禾口墟分成了老岗保和新岗保。禾口的老岗保是以水口庙为中心的商人社区，新岗保则是以双忠公庙为中心的务工人员社区。石壁乡亦是如此，桃金保由石壁坑、苦竹排、桃金畲、洋窠里、金窝里等村落组成，这些村落的居民均属壁溪张氏，他们的祖祠在石壁坑，其村庙则是位于石壁坑与石壁村之间的水口庙。由于石壁村人口比较多，共240户1081人，故分作2个保，即石前保和石后保。石前保所管辖的村落为石壁上市、堑排下、下店、洋坑、孔脑排等，这些村落所住居民均是石壁上市张氏族人；而石后保则包括石壁、枫树排、下路坪等石壁下市张氏所居住的村落。不过，与禾口墟划分

"保"的依据不同，石壁乡所分保多以宗族为单位，即因石壁村居住着上市张氏和下市张氏二宗，故根据原有社会结构分成2个保。

相对来说，宁化县的乡民自治机构建设比较滞后，大体有乡（镇）和保两级机构。从现存档案资料看，保级乡民代表于1942年底选举产生，保级乡民代表产生后，选举乡镇级乡民代表。宁化县乡镇级乡民代表会至1943年初才产生，且从安丁示范乡（原安乐乡）开始推行。时任安丁乡乡长报告该乡选举乡民代表的情况称，奉县政府指令于2月10日举行乡民代表会代表及候补人员选举，并收到县政府寄来的选票样式以及自治指导员刘鸿声前来现场指导。经过一段时间准备，在指导员的帮助下，于2月13日完成选举，成功选出乡民代表，并将"各保临时乡镇民代表选举人名簿及乡镇民代表会代表当选人及候补当选人名册一份，连同选举票814张"，上报县政府查核。① 随后，宁化县的乡民代表会及乡民代表逐渐铺开，至1944年夏，宁化各乡镇基本完成了乡民代表会代表的选举及代表会的召开。

地方自治的最底层机构是各保保民选举的保一级的乡民代表，保级乡民代表与乡民关系最为直接，也最容易产生选举纠纷。1942年底水棠乡大福保在保级乡民代表选举中产生了一起选举纠纷，分析这一纠纷案的具体处理，能管窥抗日战争时期闽西地方自治实践的大体情况。1942年12月29日，大福保副保长傅道文携前任保长傅明耀及4名甲长举报当选该保乡民代表的毛咏春（凤舞）逃匿兵役且隐瞒年龄，不合选举法规，理应取消其候选人资格，其言曰：

> 窃毛咏春兄弟三人，均系适龄壮丁，屡次抵匿役政，时生衅端，早已发现在案。本年四月间，骗取本保图记，伪造证据，曾经本保长登报备案可稽。他如一切非法举动，悉难胜数，为全保民众怒。胆敢隐恶扬善，申请乡民代表，殊属有干法权。查乡民代表之申请，按照层峰规定，须年满二十五岁者，方得为代表。查毛咏春现年二十一岁（有大福七甲十户户长毛彩托户），户口编造册可稽，如此自行伪造年

① 《奉令呈报本乡当选乡镇民代表及候补当选人名册请查核讯定期成立由》（1943年2月16日），《乡镇代表选举》，档号：103-1-114。

龄申请，谅亦不合法规。为此理合备文呈请钧长察核，取缔毛咏春乡民代表之资格；一面令饬水棠乡公所将毛咏春兄弟提前征送，俾昭公道，以快民心，实为公便。[①]

从引文看，傅道文笔下的毛咏春逃匿兵役、伪造年龄冒选乡民代表，有据可查。上述具报上呈县政府后 2 个月，毛咏春的选举资格没有被取消，而且仍在乡民代表之列。傅道文心有不甘，随即相继向县政府和福建省政府呈文控告毛氏逃匿兵役、威吓选民，并提供了保甲户籍以资证明："当日举行选举时，毛咏春竟然公然威吓选民，声言如不选伊，即将其杀掉等语。事后，有保民家耀者，被其纠众殴打，头部受伤，其伪报年龄，蓄谋代表之意，已可概见。查乡镇民代表为一乡之主脑，关系一保福利，民众既不愿其充当本保之代表，自无从沟通民意，增进政府效率。除将情面陈钧长外，理合检同二十六、二十八年户口册各一份呈请察核。"[②] 随即，福建省民政厅指令宁化县政府派员前往水棠乡核实情况。若傅道文所言为实，毛咏春俨然就是杜赞奇在《文化、权力与国家：1900—1942 年的华北农村》一书中提及的华北基层行政建设中的"营利型经纪"，这些人积极钻营地方权势，既不为国家权力服务，也不代表乡民的利益。

不过，再比对傅道文的呈述和保长毛振梧的辩白，或能探知该纠纷发生的关键原因。傅道文指出毛氏伪造年龄时提及："查毛咏春居住毛家村，原编第九保，保长为赖士堂，后因管辖不便，始划归第八保管辖，即现编之大福保，当划归之时，曾经保长赖士堂将毛家大洋户口册抄移接管，据该簿载二十六年为十五岁，又二十八年兵役编查册载明为十七岁。"[③] 引文指出，大福保是由水棠乡第八保和第九保合并而成，毛咏春为第九保毛家村人，原保长为赖士堂。然而，在保长毛振梧的辩白中，毛咏春完全是另一种面孔。其言称：

---

① 《为毛咏春逃匿兵役无恶不作胆敢申请乡民代表实属不合法纪恳请钧长取缔以快众心由》（1942 年 12 月 29 日），《选举纠纷》，档号：103-1-1007。

② 《为续请派员实地调查取消毛咏春代表资格由》（1943 年 3 月 1 日），《选举纠纷》，档号：103-1-1007。

③ 《为续请派员实地调查取消毛咏春代表资格由》（1943 年 3 月 1 日），《选举纠纷》，档号：103-1-1007。

窃职保此次选举乡民代表，以毛咏春得票最多，当选为代表……
窃查毛咏春之年龄，本保前任保长傅明耀移交之户口册载明现年确系
二十八岁。并三十学年度下期，该咏春增充焦太保国民学校教员，三
十一学年度上下期充本（大福）保国民学校教员，每期各该校送之拟
聘教员表、职员一览表及三十一年乡公所造送之公民登记册、户口册
各件均可稽考，足资为凭证。且该咏春能力富强，可为地方造福，本
保民众多所爱戴。①

保长毛振梧在引文中传达了三个重要信息：首先，毛咏春是当地民众
积极支持，也是保长本人十分认可的乡民代表人选；其次，毛咏春能
够先后被两所国民小学聘为教员，不可能是一个具有明显劣迹的为非作歹
之徒；再次，大福保前任保长为傅明耀——这个名字也出现在傅道文的举
报信中——与傅道文关系更加亲密，与毛振梧关系则更为疏远。若从原第
八保和第九保之间差别推测，傅明耀、傅道文等代表原第八保乡民之民
意，而毛振梧、毛咏春则代表第九保之民意，这场纠纷不过是地区纠纷的
常见现象，实质是乡族内部的政治权力斗争。宁化县政府特派员黄岳的调
查报告在一定程度上印证了上述推测，其文写道：

　　　　窃职前奉令饬调查水棠乡大福保公民毛咏春切实年龄一案，遵即
前往密查。惟据与原告傅道文接近之人则称毛咏春现年断为二十一
岁，与毛咏春接近之人则称确系廿七岁。若双方均无关系者，则鉴于
地方环境之特殊，不肯实言。再查毛咏春持有民廿五年八月本府所颁
之公民证及出生时术家王桂森、温麟祥所评批之八字、流年簿，所载
实足年龄计至现在确实为廿七岁。惟廿六年保户口册与廿九年甲乙政
壮丁名册、卅年第二区署国民兵名册所载年龄计至现在均系廿一岁。
似此双方各执证据理由，又无其它善法可资决定，为免武断决事，特
将详情报请钧长核夺。②

----

① 《为声明泾渭以免纠纷恳请俯赐下情俾予调解庶免发生意见由》（1943 年 3 月 23 日），
　《选举纠纷》，档号：103-1-1007。
② 《水棠乡大福保毛咏春年龄调查详情报告（拟）》（1943 年 4 月 22 日），《选举纠纷》，档
　号：103-1-1007。

无须确认究竟是谁在造假，引文足以显示，在大福保的乡民代表选举中已经形成了两个派别，这两个派别分别以保长和副保长为中心，各自具有一定的势力范围。5 月 8 日，毛振梧再次提交了毛咏春年龄的证明切结，用以证明毛咏春没有作假，是合适的乡民代表人选。这份切结也是此次大福保乡民代表纠纷的最后一份报告，报告中毛振梧引用上级指令的文字让后人看到了县政府的真正用意："本府前饬该保长将毛咏春年龄确系二十八岁户口册连同该保长证明切结，限四月三十日前呈由该管乡公所核转一案。迄今多日，尚未报核，兹因奉令县参议员亟待选举，不容延缓。着该保长限本月十日前呈转凭核，如再延误，定即以毛咏春年龄不合取消其当选乡民代表资格。仰遵照办理为要，切切。"① 引文显示，县政府并不关心毛咏春的年龄是否伪造，亦不关心毛氏兄弟是否真的隐匿兵役，事实上福建省政府亦然，其收到傅道文的举报信后仅下令命县政府派员调查，省县两级无非是例行公事，它们在意的只是被选出的乡民代表能及时赶往投票，为选出更高一级的民意代表提供依据。

二　治安与剿匪

在推行保甲制度的同时，国民政府还建立一系列基层治安防卫制度，以期加强对闽西地区社会治安的维护。总体上说，闽西地区的基层防卫制度的基本目的，一是延续国民党"清党清乡"的政策，二是打击和防御猖獗的土匪活动。

提防中共活动是国民党治安制度的基本要点，哪怕是到了全面抗战爆发，国共合作实现后，依然如是。一份 1938 年底的福建省绥靖主任公署的密电写道："近据密报，该党（中共）闽西□□□准备于最短期内，在闽西南各县发展党员一万五千人，尽力收复从前赤区之旧有组织，指使该党党徒设法充当保甲长、公务人员，企图把持地方政权，并散布谣言，诋毁领袖，破坏政府诚信，殊与地方治安及抗战前途有莫大影响。除密函福建省党部，设法加强闽西地方党务工作外，合行检发报告，令仰该县长转饬

---

① 《为大福保毛咏春年龄证明切结呈请察核由（拟）》（1943 年 5 月 8 日），《选举纠纷》，档号：103-1-1007。

所属，整饬县治，设法撤换共党分子之保甲长、公务人员，严厉取缔诋毁领袖、破坏政府威信之言论行动，以维治安而利抗战，是为至要。"①

抗日战争前后，闽赣毗邻山区的土匪肆虐，危及民众的生产生活，乃至有不少土匪团体打着"革命"的旗号四出抢掠。1936 年，福建省绥靖公署主任蒋鼎文下令要求各地政府着手整理壮丁，并严格执行临区联防办法，以应对日益频繁的土匪活动。其言曰：

> 各该司令、县长、治安员负责应未雨绸缪，及早整理壮丁，并将各区乡情形，妥定分防计划及临区联防办法，以便守望相助，借弥匪患。倘再因循自误，一旦有警，地方糜烂，贻害非浅。……查本区各县类皆残匪潜滋，自应切实遵办，以期弭患无形。兹为便于各县办理起见，特规定进行要旨如下。（1）各县应按目前匪区之轻重及地方治安之需要，利用壮丁基干队或临时召集所需之壮丁队，布置县境各重要地点维持治安，惟临时所召集壮丁队在服役期间，应顾虑人民之生产作业，并不得因情而加重人民之负担。（2）在匪情顾虑较重之区域，布置该区域内各地之壮丁队应予统一之组织，厘定指挥系统，以期使用上述协调之功效。（3）凡两县边境暨两区边境其有匪情顾虑者，应实行联防，此项联防工作由各县府须缜密规划，饬关系区署办理之。（4）凡与他行政区或他省所辖县份接壤之区，其联防工作应由县府接洽后，饬区实行，除分电外，希迅速办理，并将遵办情形，翔实具报，以凭汇报。②

据引文可知，全民族抗战爆发前夕，闽西地区的土匪数量非常多，各县都有。为此福建省绥靖公署制订了翔实的"联防计划"。其主要内容：一是各县组建壮丁队，布置于境内的重要地点；二是划定壮丁队的管辖范围，厘定各区县的指挥权；三是相邻区县及边境地区应注意协防，相互配合。当然，上述计划仅是纸面通知，具体防治土匪效果与期望相距甚远。1935 年至 1936 年，闽西各地组建了县级以下的壮丁队，作为基层治安的组织。

---

① 《驻闽绥靖主任公署密令》（1938 年 12 月 10 日），《闽西共产党情形》，档号：103-1-11。
② 《电请协助边隅联防工作由》（1936 年 7 月 8 日），《联防办法》，档号：103-6-28。

1939 年 8 月下旬，宁化县抗战自卫团司令汪冰向省政府报告了按照省政府训令变更自卫团的实际情况，提及省政府因"顾念地方财政困难及便利推行自卫工作"而采取的办法，其文如下：

（1）各县及福州沿海岛屿，国民抗敌自卫团司令部，各特种区国民抗敌自卫队部，均着裁撤……所有自卫事宜，划归各县区政府办理，县区局总队长区长名义任之。（2）沿海及重要份县府（按：原文如此）第五科长着改由军官担任，主管军事，包括保安队、常备队及在营警备队与教育管理及用兵作战采游击，根据地建工事宜，其科长由原自卫团副司令兼军事科长改充，并设置中少尉科员及准尉司书各一员，但得视事务之繁简呈请增减之。原任第五科科长专任警佐。（3）各县区自卫团队之兼任人员及社训（全称：社会军事训练总队）人员均归原职，队一部改充第五科人员。其余偏余官兵均各发一个月薪饷遣散。（4）各县区自卫团队经费，系社训部分应照原预算数目拨还外，着重新造具第五科预算，并叙明经费来源呈核。至剩余经费，拟改充何项用途，应一并报核。（5）各县区改组事宜，统限于八月办理完竣具报。九月一日起，实行新办法。除县政府组织规程及办事细则及自卫队组织规则与实施办法。

前述办法显示，在此之前闽西乃至福州沿海等地建有国民抗敌自卫队、保安队、常备队、警备队等名目各异的防卫部门。自当年 9 月 1 日起，改由县政府统属的军事科统筹，其科长由原自卫队副司令改充，并在科室内设少尉科员、准尉司书各 1 员，仅留原自卫队一部分人，其余人员悉数遣散。是时，宁化县遇到的问题是，"惟查本部组织，有组训、军事、宣传三科，除宣传科未成立，组训科改组，仍归还原社训建制外，尚有军事科准少尉科员一员及副官一员，除副官一员自请编遣外，其代少尉科员赖冠成应如何调用及遣散"。[①]

在"新县制"实行后，宁化一度尝试在各乡设立驻乡警察，不过该制

---

① 《为函复改组情形及造具社训总队经费预算书请查照办理见复由》（1939 年 8 月 21 日），《自卫团改编》，档号：103-1-849。

度施行一个月后，因西乡地区爆发了强烈的抵抗活动而取消（详后）。至抗日战争胜利后，福建省政府发函要求各县实行新的乡村警察制度，"凡已设置警察之乡镇，其原有之警卫班一律裁撤"，不过一年后又发布训令取消，改为民众自卫班。

1946 年初，宁化县政府根据省政府的要求，拟定了一份名作《宁化县分期设置乡镇警察实施办法》的计划书，从档案内容看，该计划在宁化各县均有一定程度的实践。《宁化县分期设置乡镇警察实施办法》声称，实行乡村警察制度是为了实现"蒋主席"要健全保甲制度的训示："凡保甲组织所到之处，亦即警察力量所达之处。"大致而言，县城设立警察局，县以下设警察所，警察所之下以乡镇为单位，依据"地形和实际需要"设分驻所或派出所。各乡村警察机构建置为："各乡镇警察名称冠以该乡（镇）名称，定名为宁化县警察局某某乡（镇）警察分驻所或派出所；各乡之警察分驻所及派出所直隶于县警察局办理，该区域内警察事务并受该管乡（镇）长之指挥监督，但一切工役、什务绝对避免由警察担任；分驻所设巡官一员，警长一名，警士十名，工役一名；派出所设警长一名，警士四名。前项巡官，在省未委派前，暂由各该乡镇之乡镇队附兼代，由县局分其抽调讲习一个月。讲习办法另订之；乡镇警卫班裁撤后，其勤务及武器弹药、被服装具，即移交警察分驻所接管。"[1] 在宁化石壁地区，乡村警察的具体情况是禾口乡设警察所，辖禾口乡派出所、南田乡分驻所、淮土乡分驻所、石壁乡派出所、凤山乡分驻所、济村乡派出所。禾口乡警察所所辖范围亦与西乡传统上所指区域基本重合。宁化县关于乡村警察的施行办法基本上得到省政府的肯定，一份查核档案显示，省政府对该办法回复道："查核乡村警察实施办法内第十条第一、二两款所定长警薪饷与部颁规定不合……仰即更正，其余尚可行。"[2]

1947 年秋，宁化县又因福建省政府的训令而更改防卫制度。11 月 4 日，宁化县收到了一份省政府发于 10 月底的训令，内容十分简单："宁化

---

① 《宁化县分期设置乡镇警察实施办法》（1946 年 1 月 17 日），《设置乡村警察》，档号：105-1-42。

② 《据送乡村警察计划暨分析实施办法请查核等情电饬遵照由》（1946 年 5 月 3 日），《设置乡村警察》，档号：105-1-42。

县政府："各县乡镇公所警备班着自十月一日起一律解散，嗣后乡公所如有实际需要，得成经县长核准酌设民众自卫班，并报省备查。除分电外，希遵办。"① 宁化县只能奉令行事，向各县镇发布指令："乡村警察奉令应自十一月份起取销。工饷截至十月底止，所有以前向警局领用公务扫数缴还核收。至设置常备民众自卫班，每乡规定九名，自备伙食，轮流到乡镇公所服役一个月为原则。如必须津贴，伙食费准照府订筹措常备民众自卫班经费办法办理。"② 由此可见，是年省政府更改乡镇警察制度无非是不再拨给经费，让各乡镇政府自行筹措经费，至于警务人员的安排，省政府以"一律解散"草草结束。宁化县政府解决经费的具体办法，无非是以捐献的名目再加新的税种罢了，"由乡镇公所依照统一捐募运动办法之规定向殷富捐募（赤贫、军属及困苦户免捐）"。③

从 1935 年到 1947 年底，闽西地区的乡村防卫制度不断变化，经历了壮丁队、抗敌自卫队、保安队、驻乡警察、乡村警察、民众自卫队等建置，始终徘徊在政府供给薪饷和地方自筹经费之间。乡村防卫制度更迭迅速，建置自然难以称得上完善，对于乡村地区的治安维护更是无法实现。这或许是在此期间闽西地区土匪肆虐的原因之一。

宁化县毗邻福建省内的长汀、建宁，江西省的石城、瑞金等县，上述地区原本是闽赣交界山区之腹地，向来国家力量相对薄弱，地方叛乱频繁，民国年间土匪活动更是尤为显著。自 1936 年起，宁化、长汀和瑞金毗邻地区有一个本地的土匪势力活动，其匪首名作张新添，是石壁上市张氏族人。红军长征时，张新添投入国民党，不久被捕入狱。1936年，张新添在旧部的帮助下成功越狱，上山为匪。地方政府无可奈何，任其发展，全面抗战爆发后，张新添还宣称组建"禾口游击队"，在宁化西乡一带招揽新人。随着势力的增强，张新添着手报复当时陷害他的人，并率队"进驻"淮土，距离禾口墟仅十几里之遥。1939 年，淮土乡

---

① 《通饬各县乡镇警备班应自十月一日起分别解散或改组仰遵照由》（1947 年 11 月 4 日），《设置乡村警察》，档号：105-1-42。

② 《呈为乡村警察取销奉令改设民众自卫班报请核查由》（1947 年 12 月 1 日），《设置乡村警察》，档号：105-1-42。

③ 《筹措乡镇常备民众自卫班经费办法》（1947 年 11 月 5 日），《设置乡村警察》，档号：105-1-42。

田背村发生民田纠纷，当地士绅邀请社会各界精英参与调解，宁化第一区区长张树庭和匪首张新添均受邀出席。张树庭借助政府军事力量，布下"天罗地网"，试图将张新添一网打尽。双方交战结果是尚无准备的土匪一方伤亡惨重，张新添不久下山，向时任禾口乡长、同族的张运高"悔过自新"，其旧部则各自逃散。该案被后人称作"新岗庙案"。①从"新岗庙案"一事中可以看出，在当地百姓心目中，代表地方政府的张树庭和依靠打家劫舍过活的土匪张新添都是可以调解地方纠纷的权威人士。张新添股匪覆灭后，张泽庆股匪迅速崛起，成为县政府招抚的对象（详后）。

1944年前后，张新添"复出"，又有张耀添股匪日趋壮大，并与张泽庆合伙，抢掠活动一度十分猖獗。1944年4月初，淮土乡乡长刘承水向时任宁化县长的林善庆秘密报告了西乡土匪张耀添的活动情况。农历三月初九，匪首张耀添在禾口乡何树岭"行劫不遂"，于十一日奔赴曹坊乡坪上墟。密报探得张耀添股匪的具体情况，"匪首张耀添，匪徒张耀河、张启海、张甫金子、张恩书、张启光、虞邦发、邱天水、陈秋金子、张运发（以上十名均系住居禾口乡辖内者）、廖仕富（禾坑窑人）、黄杞竹子（桥头人），另石城属辖珠坑乡有二人，又一名系张泽庆派在内佐理一切者（外籍人，不明姓名），共十五人，枪十四枝，手枪一枝"。随后，张耀添股匪四出劫掠，4月5日，"自坪上至淮土乡属小朱坊与石城交界之蛇岭、鸡母窠二处，是日上午十一时，拦途截劫客商计三万余元之现钞"；4月6日，"张匪耀添集体前往珠坑乡辖内绑肉票二名，现不知姓名，四月七日下午三时，在凤山乡属之米子樫午膳，至六时向坪上墟方向窜去"。随即，"张匪耀添将肉票埋藏于坪上墟附近之椒里（即系泽庆造枪处），后复在坪上墟耀武扬威，且时与张泽庆、张子贞秘密谈论，不知犹有何种举动"。在此期间，刘承水曾"派兵前往追剿，未得接触"。更让刘乡长担忧的，恐怕还不是张耀添，而是背后的张泽庆股匪：

> 查张匪耀添近数月竟敢明目张胆、肆无忌惮者，系有张泽庆之庇护所致。西乡各乡乡长屡拟剿灭，时而窜入坪上墟保险地界，故无法

---

① 黄承爵等：《著匪张泽庆起灭记》，《宁化文史资料》第2辑，第59—70页。

下手。若长此以往，不迅赐善策消除净尽，不惟有碍治安，即兵役、种种行政，均受莫大影响。将来演成种种祸患，地方前途更难堪设想。西乡各乡公所究应作何应付，请赐示遵。①

刘承水指出，惯匪张耀添此时如此肆无忌惮是因有张泽庆之庇护，张泽庆如此嚣张是因为此时他接受了政府的招抚，可以在所谓的"保险地界"内任意活动。值得玩味的是，不论是张新添、张耀添还是张泽庆，在西乡范围内除了一次"抢劫未遂"，并未进行成规模的抢掠活动，这或许是西乡各乡长"拟"剿匪而未出，虽出兵追剿而未接触的原因，或许也是前述张新添能够参与地方纠纷调解的理由。正因如此，刘承水等基层官员更加忧虑，张新添、张耀添、张泽庆等人均系西乡大族成员，他们的行为会对西乡的基层行政造成极其严重的不良影响，更有甚者，将直接危及基层行政官员的生命安全。不过幸运的是，因地方政府的合力打击，张泽庆等股匪于1944年秋冬被消灭（此时张泽庆逃脱，并未被杀），一定程度上解除了土匪的威胁。但石壁地区的土匪并未彻底消失。1945年春，济村乡公所遭土匪抢劫，时任济村乡乡长的张干桢被土匪掳去，导致一段时间内无人敢任乡长一职。②继张泽庆之后，又有淮土人刘万椒等呼啸山林，直到解放后才被彻底剿灭。③

三　新晋官僚

全面抗战爆发之前，国民党恢复对闽西地区的控制，基层行政人员的任免多以具有一定的乡族声望为选择标准，大量具有传统社会权威的精英人士由此回到了基层社会的政治舞台。如石壁下市张氏族人张璧人（谱名国璜，字子珩，1893—1952），自1917年起协助其父张邦尧处理"道南学校"（此时为国民中心学校）的校务；1931年，随父远避；

---

① 《淮土乡长刘承水密报匪情（拟）》（1944年4月8日），《张泽庆匪案》，档号：103-1-151。
② 《济村乡长任免（拟）》（1945年4月），《乡镇人员任免》，档号：103-1-163。
③ 据当地耆老言，刘万椒并不是一个坏人，乃至在当地具有极高的声望，生前捐助了大量银圆重修祖祠和周济贫苦族人。

1935 年还乡后，历任宁化县第四区第一小学事务主任、福建省陆军第三师司令部咨议、宁化县财务委员会委员兼审核组主任等 16 个职位，是基层行政建设的受益者。[①] 当然，在保甲制度施行过程中，有不少年轻人投身其中，自然也有一些传统精英逐渐退出地方政治舞台。前述长年主持道南书院教务的张守先，于"宁化燃起革命火苗"之时，避居福州，回乡后已年近古稀，再无心政事。[②]

　　1935 年初，宁化县保甲制度初建，地方保甲人员多由区长推举，再由县长杨德隆批示，县政府给予任命。第一区区长雷啸天最早推举了 6 位保长，分别是永福坊绅董魏学焕、仁和坊绅董黎嗣英、下进坊绅董尹学成、兴贤坊绅董雷凝玉、文星坊绅董黄耀奎、上进坊绅董伊奎光。这些保长，"自城区收复以来，努力奉公，自廉洁素孚，或勤劳卓著，在旅外硕望，未回城以前，拟请暂予加委为各保保长，理合备文，呈请钧长鉴核，指令祗遵，实为公便"。[③] 其意为，其中有一些人已经担任了相关职务，在"努力奉公"，还有人尚未回乡，因其素有"硕望"而先给予任命。也就是说，宁化县保长任免由区长选定，其依据之一是被选人员具有地方声望。在此期间，第三区担任保长的陈日晔提交了一份辞呈，其中描述了当时地方精英可能面临的实际情况。其言曰：

> 窃职于民国二十二年间，谬膺招贤保卫团团附之职。在匪区挣扎数载，与匪拼命奋斗，□越昕夕，是时地方办事人员，或避往异地，或逃避山林，团队事务，无肯出为维持。管直是职个人之事，任劳任怨，筋疲力竭，身心俱瘁。盖以去年四月间，职眷避在深山，因负担团务影响，致七十余岁之老父及妻儿等……至今存亡莫知。现已家破人亡，覆巢破卵，言念及此，无泪可挥。兹幸地方收复，里中人士，多已回来，济济多才，无资樗栎，地方事务未再敢滥竽。兼之职家庭善后，亟待补救，并应另谋生计，以资糊口。所有保长及联保主任之职，万难兼顾。惟有披沥困苦情形，吁叩钧长察核，俯慈垂

---

① 张国柯主修《张氏重修族谱（十三修）》卷首《子莳君传》。
② 伊岫云、伍兆骐：《张守先先生事略》，《宁化文史资料》第 6 辑，第 73—75 页。
③ 《呈为呈请加委事》（1935 年 3 月 19 日），《保长任免》，档号：103-1-1。

情，准予辞去保长兼联保主任本兼各职，不省惶怵恳祷之至，伏乞指令祗遵。①

引文写道，陈氏于1933年担任招贤乡保卫团团附之职，当是具有一定社会威望的绅士。1935年初，被宁化县任命为第三区第二十四保保长兼第三联保主任。此时保甲制中的保长具有基层行政权力的核心地位，而联保主任一职则并非保甲的关键职务。是时，虽然有大量逃亡者返回故乡，陈氏家人似乎尚未团聚，故要继续寻找家人，并谋求生计。不过，县长杨德隆拒绝了他的请求，在其批示的指令中写道："值兹地方办理善后事宜，正需要贤能襄助，所请辞去本兼职，应毋庸议。"也就是说，尽管返乡者中"济济多才"，但深得县长及区长信任者不多。

"新县制"时期，档案中的乡镇任免材料显示，因基层事务繁杂，各地乡镇长多有难以胜任之感。1941年夏，石壁乡乡长张介庭因过度操劳而身心俱疲，其辞呈写道："窃乡长赋性愚拙，陨越时虞，谬膺二载，贡献毫无。虽未蒙严加谴责，而身心实属难安。因此，曾经叠上辞呈，乃俱未蒙照准。益以迩来，屡躯贱恙，日渐加魔，头昏目眩，心神仿佛。矧政令日加，断难胜任繁剧。若以再事因循，匪特误己，更且误公。当此抗建紧张时期，岂敢引避退闲，第以残骸如此，不得不决计让贤。……伏乞准予辞卸本兼各职。"② 1942年初，第三区区长林文福弹劾曹石乡乡长曹国新能力不足而提出另选贤能，其文曰：

> 查本区曹石乡乡长曹国新能力薄弱，处事无方，任职以来，绝少建树，对于奉办政令漠不关心。往往一催再催，则设辞推诿，归咎于保甲长之不负责，住民之刁狡拖顽。经职□同事各方调查，实因其乡长行为不检，难以驭下，致保甲长、住民视若无睹。就乡公所内部而论，组织毫无，平时工作此推彼诿，苟有所查询，则云乡长未曾交代，甚至日常办公，终朝不见一人。队兵设立两班，状况亦同。兼之思想不确，推行要政，主事者先表困难，为属下借口之资，甚至阳奉

---

① 《请辞第三区第二十四保保长兼第三联保主任职由》（1935年3月12日），《保长任免》，档号：103-1-1。

② 《呈请因病辞职等情由》（1941年6月13日），《乡镇长任免》，档号：103-1-33。

阴违，故作聪明，冀图双面光滑，脱卸任责，实则偾事败事，其为罪首。际兹抗建正殷，地方自治初期，工作艰巨，此种乡长苟不撤换，贻误实多。今由该乡遴出曹际隆一名，附履历表一份，送请核查，准予分别撤委。①

由于缺乏更多的资料，尚难探索该弹劾案中的人事关系。仅从引文判断，曹国新并未认真履行其乡长之职，乡公所办事效率低下，县政府下达的各种指令亦未认真实行，以致保甲长对其颇不在意，对各项基层行政事务难免推诿了事。林区长推举的曹际隆是曹坊乡人，时年40岁，毕业于福建省私立法政专门学校，曾任宁化县公立第三区明新高小学校教员、宁化县立下曹初级国民小学校校长、中国国民党福建省宁化县第七区分部筹备员、宁化县立下曹初级小学校长兼战时民校校长等职。虽未曾在政府部门履职，但有丰富的基层生活经验，被区长认为是乡长的理想人选。

在宁化西乡，通过选举并成为乡民代表可能是少数地方精英参与地方事务的一种途径。前文论及大革命期间陂下村的张立瑜凭借攻克宁化等地的军功，又因乡居未追随军队北上，成为宁化石壁地区乡族领袖。此后，因地方局势的变化，其人生际遇亦跌宕起伏。1930年，红军进攻宁化之际，张立瑜率队与红军周旋，兵败后逃至福州。石壁下市族人张国钧为其撰写的传记载："（民国）十九年秋，土匪陷宁，先生（张立瑜）与钧率队同出剿匪，所需饷弹，一身担负。"迨至国民党恢复对闽西地区的控制，"惟鉴于前事，平日血战，保护地方，反遭仇视，为此灰心社会，闭门息机，开垦造林，讲求实业"。② 这里所说的"仇视"，应是指基层官僚对他的排挤。因此，他"感世路崎岖，厌人情鬼域，年方服官，消遣世虑，杜门不出。计然十策，余五以肥其家。结庐清溪之隈，白云依岫，明月沉潭，有遗世出尘态度……于是，盟神戒杀，矢以终身竟日惟食蔬菜，焚香念佛"。③ 尽管张立瑜"皈依佛门"，"但遇公益慈善，仍量力施"，似乎尘缘未了。实际上，张立瑜因其威望和财力，仍在1944

---

① 《为本区曹石乡乡长曹国新能力不足拟请撤委遴选曹际隆接充请察核由》（1942年1月16日），《乡镇任免》，档号：103-1-30。
② 张国根主修《清河郡张氏族谱（十三修）》卷7《肖瑾先生传》。
③ 张国根主修《清河郡张氏族谱（十三修）》卷7《肖瑾宗哲家传》。

年禾口乡组建乡民代表会时被陂下保民选举为乡民代表，进而参与到地方事务之中。

这些进入国民政府基层行政体系的官僚，自然会做出利用职权来谋取私利、贪污公款等贪赃枉法的行为，但在石壁地区并没有出现一个所谓的"营利型经纪"阶层。1937年，一份状告保长的诉状写道，宁化县第三区署第四十五保保长罗家齐在摊派劳役和壮丁的过程中，对"私受贿赂及有感情者，一概不注征工名册，私受代役金以饱私囊"，引发了民众的不满。据说，"去岁十一月修公路，征公名册曾注壮丁人名十八名，去修公路者十七人，此一名准伊弟之数"。[①] 罗保长私自免去了胞弟罗厚徽修公路的劳役，竟被同保民人李合佃等十余人联名告到了县长处。文中说的虽是一件保民联名告状徇私枉法的案子，却令人深感如此保长着实没有什么谋利的空间。更为重要的是，积极投身基层行政体制的官僚不仅在执行政令过程中会受到地方势力的制约，其维系个人的权威也需要延续传统的文化权力网络。

抗日战争时期，张国根相继担任禾口联保主任、禾口乡乡长，前后长达四五年之久，是考察基层官僚行为的极好案例。张国根（1909—1972），字懋芳，学名树德，国根为谱名，是陂下张氏世福郎公第二十七世孙（即张显宗第十七世孙）。自张国根的高祖张志荣（1766—1840，字耀宗）起，张家几代人积极投身举业，志荣公为"佾生"，虽未能跻身秀才，也算是个读书人。曾祖张正学（1808—?，字博文），是志荣公的幼子，"幼有胆识，学书归必习武艺"，亦未能在举业中有所斩获，转而投身地方公益，"刚而有柔，威而不猛，不畏强御，不侮弱小，乡人拥戴，目若西伯"。太平天国运动期间，张正学组织民团抵抗盗贼，"卒以贼势猖狂，众寡不敌，兼之器械优劣悬殊，遂尔被执，莫悉所终，而其身死于贼固可知矣"。[②] 正学公生五子，立远、立坤、立绵、立端、立发，张立绵是张国根的祖父。张国根的祖辈五人，均是那个时代颇有影响的士大夫，立远、立坤、立绵三人有国学生的头衔，立端"例授登仕郎"，立发则是邑庠生，"光绪十三

① 《具公呈罗厚徽等为徇私害公事（拟）》（1937年正月），《控告保甲人员》，档号：103-3-47。

② 张国根主修《清河郡张氏族谱（十三修）》卷7《正学公暨元配童孺人合传》（董恺堂）。

年试府宪廷蒙取正案第一名，提督学院"。在家族和地方的公益事务上，兄弟五人无不扮演着绅士的角色。伯祖张立远（字绍兴），"秉性刚直，处世谦和，孝事慈母，友爱诸弟，排难解纷，见义勇为"。① 张立绵（1846—1915，字长卿）与父兄品行相近，后世评价道："公之为人，入则孝于父母，友于兄弟，义于训子；出则尊贤容众，谦和敬慎，不语上人。而于持危救困、济弱扶倾、排难解纷诸义举，辄慷慨任侠，挺然勇为，不忍袖手。里人服其正直，莫不推崇，尊如鼎轴。"② 张立绵生四子，各有成就，幼子张万才（1881—1934，字德彰，别号云龙）是清末太学生，也就是张国根的父亲，谱载其"天性友孝，心地光明，乡党咸称为公正人、慈善家也"，能沿袭家风，亦是地方上颇具声望的绅士。1944 年，时任禾口乡乡长张运高为其作传：

> 性聪敏，倜傥不群，孝亲悌兄，待人（以）诚，接物以礼，为乡党善士。……未几，科举革，学校兴，先生乃以争取武功之雄心，转为地方之善事。凡属公益义务，出钱出力，率先倡导，饶有侠气，慕朱家、郭解之遗风，不畏强御，怜孤恤寡，救灾济贫，乡里至今称道不衰。③

生活于晚清民国间的张万才起先习武、读兵书，以求仕进，后因科举制度废除转而关心地方事务，类似的轨迹是近代士人面对时局而转型的普遍现象。④ 在清末至民国初年，张万才热心公益，颇受乡里称道，延续了家庭风气。这意味着张氏一家三代多是家族内乃至地方上的精英人士。

出身世家的张国根早年颇晓诗书，后就读小学，"十五岁，毕业高等小学，为多士冠，欲智识进步，负笈连岗中学，各教师均赏识之"。在连岗中学学习两年半，"地方匪陷，因辍学远避"。1934 年秋，"地方恢复，乃返里，与宗叔万伟等维持善后事宜"。随后，积极参与社会公益，"立祀产、修祠庙、建义仓、办学校，县政府委君为官坑小学校长，办理一载，

---

① 张国根主修《清河郡张氏族谱（十三修）》卷 5《张立远传》。
② 张国根主修《清河郡张氏族谱（十三修）》卷 7《立绵公行传》（董恺堂）。
③ 张国根主修《清河郡张氏族谱（十三修）》卷 7《万才先生行传》（张运高）。
④ 〔英〕沈艾娣：《梦醒子：一位华北乡居者的人生（1857—1942）》，赵妍杰译，北京大学出版社，2013。

成绩斐然"，颇有贤名，得到地方长官提携，步入仕途，相继任禾口联保主任、禾口乡乡长等职，"在任期内，歼灭股匪，安谧闾□，创建碉堡，不征民工，不捐民钱，砥砺廉隅，关心民瘼，仁风所播，遐迩沾恩，层峰屡嘉许焉"。① 由此可见，张国根自小受到新式教育，投身基层行政时尚且年轻，年仅 25 岁。在任联保主任、乡长等职之时，堪称恪尽职守，既完成了上级规定的主要任务，亦未骚扰民间，算得上一名良吏。

不过，与多为溢美之词的族谱传记不同，民国档案中记录有不少涉及张国根任上的事件。在民国宁化司法档案中，有一份题为《张国根杀人案》的卷宗引起了笔者的注意，尽管该卷宗仅有简短一页纸，却也能在一定程度上反映张氏履职中的一些问题。该卷宗记载，1939 年 3 月 31 日夜，居住在禾口常平里的保民刘振海因拒绝服兵役，被张国根的手下张显发开枪打死。不久，刘振海的母亲便将张国根、张显发等人告上公堂。其文如下：

> 窃氏子刘振海，于三月三十一日夜间，突遭禾口联保主任张国根派张显发等黑夜入村，以捉兵役为名，开枪击杀，即时毙命。死者现年三十六岁，已逾常备兵役年龄，不在应征之例。氏家老幼四口，全赖死者一人耕作度日。今无故被杀，生计已绝。查征兵自有法定手续，不能强捉顶替，业经中央三令五申，严令禁止。该联保既不饬令保甲长依照签号征派，黑夜派队强捉，已属犯法；又敢枪杀人命，实属目无法纪，暗无天日。且该主任办理兵役，对于应应征之壮丁，凡属财势者，不予遣派，一味强捉良弱贫民顶替。似此徇私舞弊，草菅人命，若不严拿正法，何以为政令而肃官威？②

引文显示，按照当时的征兵之法，业已 36 岁的刘振海不在服役人员之内，但禾口联保主任张国根为了完成征兵任务，派张显发等人前往刘家强行捉拿刘振海服役，并开枪杀人。据此推测，一方面，联保主任所派的差役在执行征兵任务时，不需经过地方精英，直接持枪入室，行为蛮横，强杀民

---

① 张国根主修《清河郡张氏族谱（十三修）》卷 7《张树德先生行传》（伍禧）。
② 《为禾口联保主任张国根征兵舞弊杀人案由》（1939 年 10 月 11 日），《张国根杀人案》，档号：106-2-273。

夫，似可证明国家权力在保甲制度建立后得到了极大的加强；另一方面，如状文中控诉，"该主任办理兵役，对于应应征之壮丁，凡属财势者，不予遣派，一味强捉良弱贫民顶替"，即联保主任仍忌惮地方上的财势者，其在地方社会中的处境又略显尴尬。若以石壁地区传统观之，此事或另有蹊跷。上述案件中，强行"派队强捉"的执行者是张显发，尽管不清楚张显发具体是哪个宗族的成员，但他属西乡之大姓，而受害者刘氏则属西乡小姓。因此，张国根杀人一案既可解读为基层官员渎职，亦可解读为此时的国家权力被乡族势力用为大族欺压小姓的工具。案件发生后，明显具有渎职嫌疑的禾口联保主任张国根并没有因此受到任何惩罚，继续担任联保主任之职，且很快成为禾口乡乡长。

1942 年，在禾口乡任上的张国根因身体不适，辞官返乡修养，赋闲期间倡修族谱、倡建公益事业，俨如传统时代致仕乡居的士大夫。张国根乡居的第一件事便是倡修族谱，他在第十三修族谱序中写道："至壬子十二修……其时先叔祖例贡生正笏暨文庠生立瑶父子主其事……今居十三修主修一职，族人谬举余承之。检阅至此，心有戚戚，然谓一人之身，分而至于途人，此其嚆矢矣。……谱中书法，无非实录条例，则先有成规，余抱述而不作主义，大概率由旧章，惟世变沧桑，先哲范围或有所决裂，余亦以治道去太甚之法导而之善，使其从之也。"[1] 文中论及，张氏族谱十二修由张正笏主修，这一次则是全族举张国根为主修。族谱署名是"福建省保训干部训练所毕业、福建省行政干部训练团毕业张树德国根撰"，而他完成这两次训练正是在"新县制"施行前夕的 1939 年。此外，《张树德先生传》提及他承其父之遗风。其文曰：

> 返里后，孝养萱堂，乐天伦以避俗尘，努力公益，倡建陂下安福石桥，捐献巨资，筑安福茶亭，排难解纷，扶危济困，绰有乃父风。君秉性闲静，寡言笑，淡然无欲。本年高族重修族谱宝乘，合族推为主修，金以责任繁重，厚资酬报，而君涓滴不纳，敬宗睦族如斯。[2]

---

① 张国根主修《清河郡张氏族谱（十三修）》卷首《清河郡张氏第十三修族谱序》。
② 张国根主修《清河郡张氏族谱（十三修）》卷 7《张树德先生行传》。

引文显示，张国根乡居期间热心公益，与其祖上诸人一脉相承。由此可见，张国根此时热心公益、倡修族谱，既是家族荣誉的传承，也是对自身声望的确认，希望以此获得更大的社会权威。

综上所述，在1935年后，国民政府在闽西地区推行了一系列设计严密的保甲制度，强化了国民党的统治秩序，国家权力凭此得以渗透到基层社会。基层行政体系建设也在一定程度上改变了地方权力结构，即一部分受到新式教育的年轻人通过保甲体系、自治机构得以进入仕途，成为地方社会中的新晋精英人士。但是，保甲制度的层级体系并没有打乱传统的村落结构，行政事务的执行也受到乡族势力的影响。就整个基层官僚群体来说，大部分人仍属于具有传统权威的绅士阶层。不仅如此，即使是受到新式教育的新晋官僚，也多是传统绅士阶层的下一代子侄，实质上不过是基层权威的自然延续，以故他们虽是获权于地方政府的官僚，却仍需在传统权力的文化网络中找到自己的位置，而无法真正地独立于传统社会权威。

第三节　赋税实践

1928年7月，国民政府召开第一次全国财政会议，通过了《统一财政案》，着手财政制度改革，以期建立统一的财政体制，其中分税制是建立现代国家财政制度的重要内容。所谓分税制，是指国家和地方实行分税，中央政府和地方政府负责各自的主体税种，中央税收（国家税收）以盐税、关税、统税为主体，地方税收以田赋、契税、营业税为主体。地方税又分为三级，即省税（土地税、渔业税等）、县税（屠宰税、契税、房捐、营业税等）和乡镇税。因各地实际情况差异甚大，大部分地区未能落实县税和乡镇税。1934年5月第二次全国财政会议通过的《划分省县收支原则》和1935年立法院公布的《财政收支系统法》确定了财政系统分中央、省、县三级，县级财政成为独立收支系统。全面抗日战争爆发后，国内经济情况恶化，国民政府财政困难，1941年6月召开第三次全国财政工作会议后，将田赋收归中央，并以征收实物为主，进一步强化了县级税的地位，逐步建立地方自治财政。抗战胜利后，又恢复了中央、省级和县级三级税制，并对田赋制度进行调整。① 国民政府虽然努力建设新的财政体系，以期改变传统以田赋为主，实际征收中十分混乱的财政体制，② 然客观环境不理想，而长期处于割据、战乱中的福建实际推行情况更是不尽如人意。对于基层政府的官僚来说，田赋征纳是他们进入仕途后的主要职责之一，也是他们贯彻国家政策和协调基层社会利益的重要场域。

一 战前田赋厘定

民国初年，福建省内大小军阀各占一方，赋税名目繁杂，征收混乱。1934 年春，福建地区基本实现稳定，建立了相对完整的省级政府，陈仪出任省政府主席，徐桴担任财政厅长，推行了一系列新的赋税制度，如改善征收制度、裁并繁杂的收税机构、废除不合理的税捐等。抗战前福建省的财政整理，虽取得一定成效，但因没有稳定的县财政收入基础，主要仍依赖附加与苛杂，仅仅略为节制而已。全面抗战爆发后，持续的战争动摇了县财政的基础，县政府不仅要承担繁重的军事任务，如修筑工事、办理军需、征集兵役等，还需要支出国民党推行新政的各种花销，加上各上级机构的就地筹款、索款、派款，致使新的杂课和临时摊派越来越多，百姓的负担更是繁重，地方财源几乎枯竭。抗战胜利后，国民政府恢复了三级财政制度，"县市地方税收，除屠宰税一项税源较大宗及契税较为普遍且有弹性外，他如田赋及营业税仅五成，房捐、营业牌照税、使用牌照税则未能普遍"，当时地方经济已趋于总崩溃，财源几度枯竭，即使原来收入较丰的税收也难以征足。又因解放战争的爆发，县级地方事务更加繁重，县财政尽力搜刮，赋税混乱有增无减。③

僻处闽西的宁化县，赋税制度自然无法跳出时代的局限。1934 年，刚经过国共之间"围剿"与"反围剿"战斗的闽西地区，民众生活困难，经

① 付志宇：《中国近代税制流变初探——民国税收问题研究》，中国财政经济出版社，2007。
② 柯伟明：《民国时期税收制度的嬗变》，《中国社会科学》2019 年第 11 期。
③ 陈克俭、林仁川主编《福建财政史》上，厦门大学出版社，1989，第 201—204、284、317 页。

济状况堪忧，地方财政拮据，日常行政都难以维系，尚不具备推行现代税收制度的条件，县级地方政府的主要任务应该是恢复生产，维持社会秩序。1934 年夏至 1935 年夏，宁化县政府先后收到了福建民政厅下达的《公有土地处理规则》《剿匪区内各省农村土地处理条例》等训令，要求地方政府按照规定执行相关土地政策。《公有土地处理规则》的主要内容是由县级政府对省、市、县三级政府所有土地进行产权确认、租佃、出售等，以期获得一定规模的财政收入。《剿匪区内各省农村土地处理条例》的主要内容是成立农村复兴委员会，将土地革命中被分散之田及其他不动产所引起之纠纷，"一律以发还原主、确定其所有权为原则"。①

约莫同时，县级以下的区政府以向民众发放各类生产资料贷款的方式促进经济恢复。1935 年的档案《运粮单据》中收入了第五区民众的60 余份借款收据，有 1/2 左右的人借款购买耕牛，可贷大洋少则 5 元，多则 30 元。有的就是单纯借款，还有人借款购买船只，往来于宁化、清流等地贸易。② 不过，是时宁化县的田赋征收形势十分严峻，田赋征收方式几乎没有任何变化，未能解决积弊已久的问题。据曾任宁化第一区区长的刘振邦回忆，1940 年以前宁化课征田赋的依据，沿用的是几百年前所定的粮册。因人事、土地变易很大，土地产权往往已几经易手，田赋征收依赖柜书，柜书粮差往往威逼勒索，引起粮户反感，即便如此田赋仍时常无法足征。③

从现有档案资料看，宁化县政府解决地方财政的方向是从地方公产中获取足额的收入。1935 年秋，宁化县成立"四项公产管理委员会"，由罗世耀担任委员长。该会的主要职责包括追查原有公产的去向并将经营管理权收归县财政局，已确认产权的土地则招佃耕作。是年冬，宁化县郑县长发现第一区有 120 担谷不知去向，令第一区区长钟德轩彻查。钟氏回复说原区长黎景渠未曾移交，又追问黎景渠，黎氏报告称："查前存匪谷一百二十担……经第五区挪用后，尚存六十担，旋经该地甲长王朝谷具有领

---

① 《剿匪区内各省农村土地处理条例》（1935 年 7 月），《土地处理》，档号：103-2-3。亦可参见于建嵘主编《中国农民问题研究资料汇编》第 1 卷（下册），中国农业出版社，2007，第 599—607 页。

② 《第五区区署借工赈款总收据》（1935 年），《运粮单据》，档号：104-1-1。

③ 刘振邦：《宁化田赋改革概况》，《宁化文史资料》第 1 辑，第 81—83 页。

条，并经第五区区长张树庭附同领条呈报有案。前第一区区长雷啸天，将匪谷储藏城外华昌米店，据云六十担左右。后经前县长杨查获追出，缴交县财政会完竟。"即该项积谷由第五区区长张树庭派人领走了一半，已不知去向；另一半被前区长雷啸天寄存于华昌米店放贷，后被县政府追还。前往乡村招佃耕作土地的情况亦不甚理想，雷吉椿是公产管理会派往各乡招佃耕作公有土地的委员，雷氏报称："自奉命以来，前往各乡招佃耕作，无奈近年经'匪'蹂躏，土地为之分散，佃农完全更换，难以查考。除探仿〔访〕查确有据外，仍有多数田亩，无从查考。现值晚稻收成，理合将情呈报钧长察核，恳请出示分贴各乡，严饬各保甲长协同查报，俾便收租管理，实为公便。"[1]在雷吉椿的请求下，宁化县政府随即发布了要求各保甲长协同调查公有田地的公告，效果如何尚不清楚。

时至1940年初，宁化县公产管理问题仍未处理妥善。曹际隆向县长林善庆控诉，清宁化县考棚是其祖上曹树堂公独资捐建，"并捐谷三百石，以权子母，专为兴办教育、修葺考棚及津贴赴省科考膏伙之需"，为此全县士子在考棚的厅堂立牌位祭祀曹树堂，"并按年奉给公裔来城登记一切费用一百二十余元"。入民国后，转为宁化教育基金并延续清代旧例。后在革命和战乱中该项基金被废弃，曹公牌位也被毁。"自民国廿三年收复后，租产全归县财委员收管。经民函请财务委员会委员李藩西、马牧初等均无函复，并开已将捐谷并入四公项，现作行政费用，于地方款内统收统支。而先祖牌位又于地方遭匪时毁弃，讫未复置。地方收复后，于无形中停止祭祀，及通知公裔结算权、管理权及登记费用之种种惯例，疏背先祖义举及地方人士歌颂之本旨。"宁化县财政局将原属私人捐建的教育基金和祭祀经费悉数纳入县级财政，令曹氏后人十分不满，因而向宁化县长申请，要求恢复旧例，"并恳补给廿四年起祭祀一切费用及将捐谷专充教育经费，以昭激励而策来"。[2]遗憾的是，该函并未得到县长的批示，其结果亦无法改变。

因资料限制，尚难探知宁化县田赋征纳的具体情况。1936年秋，宁化县接到福建省政府的训令，根据实业部的要求，各县应按式填报税捐情

---

[1] 《呈请准予出示布告责成各乡保甲长协同查报本县四项公产由》，《公产》，档号：103-7-6。

[2] 《为推翻原例埋灭义举叩乞转请恢复原状以昭激励而策来兹由》（1940年1月11日），《公项公产整理》，档号：103-7-35。

形，"为编制二十四年份全国实业统计总报告，亟应调查各省市县农业捐税情况，以资编制"。①

根据要求，宁化县于1936年12月31日填报了1935年全县的税捐情况，该表按照宁化县财政沿袭填写，并备注："1. 亩系以本县旧制为标准；2. 纳税面积本县以两计算，省税每两该 \$4.274，地方附加税每两该 \$0.692；3. 山、地、塘，本县尚未征税。"② 不过，该表提交到省政府后，又被打回来要求重填，并指出了具体修改建议：一是说明每亩省税、附加税的数字从何而来；二是纳税面积需折算成旧亩和公亩；三是田赋之数当为1935年的实征数；四是呈报者必须签名盖章。经过一番修改后，于1937年3月再次提交，即为表3-2。

表3-2　1935年宁化县农业税捐调查

单位：元，亩

福建省宁化县		查报时间：民国26年3月30日		
项　别	田	地	山	塘
每亩省税	0.44116	—	—	—
每亩县附加税及地方公款	0.07143	—	—	—
纳税面积	230837.81	—	—	—
税收　省税总计	10919.456	—	—	—
附税总计	1232.132	—	—	—
合　计	12151.588	—	—	—

查报者：丁哲芸

注："元"是核算后的单位，即"\$"。
资料来源：《令重填农业捐税调查表具报以凭核转由》（1937年4月17日），《有关税收调查》，档号：103-7-15。

尽管没有足够的资料显示表3-2中的县级财政收入是否足用，但民国档案显示当时地方财政和民众生活十分困难。确切地说，老百姓的赋税负担相当沉重，城镇居民有各种税捐，农村则有各种摊派。1935年底，县政府再次向第五区各保摊派保安经费，并承诺该摊派可抵充来年丁粮："该区自上年十二月起，向各保殷实住户借款若干，前经令催具报，未据遵

① 《准实业部咨送农业捐税调查表仰依式查填具报以凭核转由》（1936年10月6日），《有关税收调查》，档号：103-7-15。
② 《遵令呈送农业税捐调查表由》（1936年12月31日），《有关税收调查》，档号：103-7-15。

办。兹再铁限文到五日内务将借户姓名、银数列册二份呈报来府，以凭核明，转令财务委员会掣给印收发，交该区长转给各借户，俾可持向粮书抵廿四年份丁粮。如再逾限不报，应即着赔，以为玩忽者戒，仍将奉文日期及遵办情形先行具报备查。"不过，区长张树庭并未认真按期遵办，并建议挪用其他款项抵补。其言如下：

> 惟查职区去冬奉令办理借款时，曾转饬所属，向各殷实住户再三宣导，只以各殷户劫后归来，咸感困难，未能办到。俟经各联保主任会商，金以际此年值欠收，民食不足，前经叠奉明令，促办积谷，今尚久悬，未能应命，并非民不乐为，实是无谷可积。而今保安经费又待借亟殷，不容稍缓，若将积谷、借款双管齐下，人民确实无法应付。无已，当将此项借款准作积谷。遵经各联保向各户以款替代积谷，全区统计收集大洋一千五百一十二元四角一分。前奉钧谕饬借之保安费，亦系于该款项下挪借，拟俟钧府归还后，并作地方积谷，以免人民负担益重，兼好一举两得。业于去年十二月三十日，专文呈报有案。故除垫用保安第二大队十二月经费大洋五百四十八元九角外，一月、二月保安经费尚在此款项下挪用。殊本春壮丁训练、义务征工及垦荒诸要政，同时加紧，对于积谷蒂欠及文庙费等等，均分毫不能追收。故值此文庙费亟待解缴之时，不已，拟将垫存钧府之保安费，抵作修整文庙经费。此项抵出外，尚存大洋九百一十二元四角一分。业于各县联保主任，分领积谷备荒。查此次通盘计划，按户抽借而来之积谷款项，若以抵作廿四年份之丁粮，手续已感烦剧，而且有失信义。盖全区住户一万余户，按户给予收据，固属可能，但款项星散，按户抵粮，实感棘手。且无粮可抵者，实居多数，有粮可抵者，即使遵命硬干执行，无粮可抵者又难处置。奉令前因，竟将此项积谷款项须否移抵二十四年份之丁粮，理合将情据实呈复钧长察核。[①]

引文显示，此次县政府提出的向殷实民户所"借"之费为保安经费，此前

---

① 《为二十四年份所筹之积谷款项须否抵作丁粮请示遵由》（1936 年 2 月 20 日），《公产》，档号：103-7-6。

已以筹办积谷为名，向民户"借"了一次，经区公署的努力劝导，虽未能如数实现，但已基本完成，收集积谷款项 1512.41 元大洋。为此，张氏建议此次向民所借的 600 元大洋保安经费，可以从积谷款项中挪用，无须再向民户摊派。如此考虑，一方面是民户确实已无余粮，无法操作，即使尚有余粮也难以按户摊派；另一方面保安费用十分急迫，积谷款项及文庙修缮费用尚可延缓。从张树庭的角度看，如此挪用地方财政似无不可，一能缓解保安经费之急需，二能减轻民户的负担。不过，郑县长看到张树庭的报告十分气愤，随即否定张氏的建议，并令其赶紧办理，批复道："查该区十二月份以前每保摊筹廿元尚能办到，何以此次每保筹借五元反感困难？积谷系为备荒要政，不能任意挪借，至修理文庙经费，自应另行劝捐，不能抵除积谷之款。借款丁粮系属通案，仰照筹办前令办理，不得借词抵塞。至该区垫支保安经费，前已通知来府具领，改系挪用积谷之款，应即补送印领准予如数拨还，赶速购办积谷。"郑县长此意甚是明确，各款项各有用处，区公署不能任意挪用，更为重要的是，所有款项的支用必须经过县政府。张树庭此举意欲为何，难以窥测。不过，他们理应清楚，所谓"抵补二十四年"旧账一事，只是个说辞。据此可推断宁化县社会经济的概况：一是县级财政着实拮据，上一年田赋尚未收足，而需用经费之处甚多，如壮丁训练等保安活动、垦荒、积谷、文庙修缮等文化项目建设，这些需索只能通过临时摊派和向民户借款解决；二是地方经济恢复艰难，乡村殷实之家劫后回归尚未心安，农业收成亦有灾欠，需承担的赋税却名目繁多，全无稳定可言；三是县级以下行政人员行事艰难，县级政府的各种摊派、借款催促日甚，民间疾苦亦不能置若罔闻，几乎没有实现平衡的可能性。无论是官是民，大家都生活在水深火热之中，俨如煎熬。

在《福建财政史》中，陈克俭、林仁川等前辈学者认为，经过 1934—1936 年的整顿，福建省虽未对财政制度进行根本性变革，地方财政也不可能摆脱结构性的病态与危机，但省级财政大为好转，确有较为明显的进步。[①]从宁化县的情况看，县级财政极可能尚不能满足自身的基本行政支出，福建省级财政好转不过是省政府加大了对县级财政的索取罢了。

---

① 陈克俭、林仁川主编《福建财政史》上，第 204—205 页。

二 战时赋税实践

全面抗战爆发后，地处福建沿海的厦门不久便陷于日寇的枪炮之中，省城福州亦危如累卵。1938 年 5 月，厦门、金门相继沦陷，福建省政府内迁至闽中永安，闽南地区陷于战争状态，全省财政不断集中于战争供给。"为此，福建当局除了采取加紧土地编查、整理田赋，催收国难防务捐等战时税捐的措施外，还进一步兴办省营事业，扩大鸦片专卖，成立卷烟公卖局，以扩充战时财源，同时大量发行公债，弥补收支差额。"① 宁化县档案中最早关于征收战争税捐的记载，始于 1938 年 5 月初收到的省政府指令——4 月初通过的《本省剧场娱乐捐征收章程》，省政府要求国统区各县按照章程派征娱乐捐，并规定"此项捐款……务须切实进行，毋任观望，至经收之款应以国难防务捐为项，剧场娱乐捐为目，解缴省库核收"。②

约莫同时，编查土地和田赋改革如期而至。据时人回忆，福建省政府于 1938 年起通令各县设立土地陈报处，编查土地，整理田赋。大致程序是，由土地陈报处通告业户陈报土地，按丘插标，注明界址，再由土地编查队派员实地测量面积，并按照墩田、排田、垄田三类型评定等则产量，分片分段绘图，各领户册，既而办理土地注册和转移过户，做到田有主，主立户，有户有粮，粮从田出。尽管实地测量中有偏差和新的弊病，但对比过去要好得多，在一定程度上清理了长年的田赋积弊。③ 土地编查等工作尚未完成，新的政策又来了。1940 年秋，福建省政府制定了《福建省田赋改定征收实物米折标准办法》及其实施细则，经中央政府批准后于当年 10 月正式实行，要求各县以抗战前一年的平均米价为标准，将现有田赋正附赋额折成米额，改征米谷，并将其他田赋的临时附加取消。至次年 9 月，各县陆续建立了田赋管理处接管各地赋政。在实际征收过程中，田赋征实对老百姓极不友好，政府每收缴 1 担谷物，老百姓的负担是 2 担或 3 担，

---

① 陈克俭、林仁川主编《福建财政史》上，第 246 页。
② 《令切实进行剧场娱乐捐以国难防务捐科目解库盼遵办具核由》（1938 年 5 月），《征经（娱乐）捐税章程》，档号：103-7-24。
③ 刘振邦：《宁化田赋改革概况》，《宁化文史资料》第 1 辑，第 83—84 页。

加上各地无度苛捐杂税、摊派等项，大量农民抛弃田地，相率逃亡，导致各处耕地荒芜严重，匪盗遍地。① 为应付田赋征实，宁化县于 1941 年设立了田赋管理处，专管田赋征收。县政府增设粮政科，专管赋谷的储运、调拨。1943 年，田、粮二科室合并，改为田赋粮食管理处，处长由县长兼任。②

在田赋征实过程中，拖欠赋谷的行为随处可见，拖欠者往往是富绅大户。1944 年冬，新一轮田赋开始限期交纳，县长傅柏翠深感工作难以完成，向省级政府函请派员支援。函称："查本届田赋业于本月二十一日开征，据报征获数量尚数寥寥，征收时间现奉层令县十二月底前完全征足，限期迫促。……拟照长汀成例，函请查找，希在各乡镇公所每所指派职员二名，暂归各该乡镇办事处指挥催征。二个月期满，由处考核成绩单列。函请分别奖惩以资鼓励而赴事功。"③ 当然，支援职员到岗后，效果似乎有所改善，但仍未达到上级部门的要求，福建省田赋粮食管理处又来电对拖欠赋谷的行为做出了进一步指示：

> 查各县区历年欠赋为数甚巨，迭经严饬催征，结果仍少成绩。推原其故，不外以下二点。（1）由于富绅大户任意规避，以为拖过截限，即为免缴。大户如此，中小之户相率观望，引起民众不良观感，影响征收，实非浅鲜。……各县区在此□征时期，所有粮户欠赋应先从大户入手，按册清查。专列一表呈核，并布告周知，一面破除情面，督饬所承严限追结，不得再任其拖欠。倘有恃势抗纳者，尽可恪遵委员长蒋盐科赣电旨并《战时田赋征收实物条例》规定传案追缴。如仍不交纳，即依法强制提取其收监。或具他资金，或将该欠赋土地拍卖抵价，使其他中小之户知所警惕，自动补完，以利追催。④

引文显示，福建省田赋粮食管理处指出各县拖欠赋谷者多为富绅大户，他

---

① 陈克俭、林仁川主编《福建财政史》上，第 254—258 页。
② 刘善群主编《宁化县志》卷 20《政权政协》，第 504 页。
③ 《函为征期迫促请在每一乡镇公所指派职员二名归由办事处指挥催征并祈具复由》（1944 年 11 月），《催征田赋》，档号：103-1-140。
④ 《为奉电历年欠赋多属富绅大户等任意规避应依法处理等因由》（1945 年 6 月 11 日），《催征田赋》，档号：103-1-140。

们试图通过拖过期限来规避税收，以致中小民户相率观望。因而提出抓典型的针对措施，即通过查清大户应纳之数，先布告周知，再督促追结，倘若不依，则依法处置，该收监的收监，该没收财产的没收，以期告诫其他人等尽快纳税。在石壁地区，似有人对上述省级政府的指令置若罔闻。1945年7月，田粮管理处处长（兼任）练平向省政府报告了石壁乡张恩禧拖欠赋谷一事："兹将张恩禧传处询明，委系压存挨延不缴。"张恩禧曾是乡公所办事人员，在乡村社会应是具有一定声望的地方精英，他经手压存的赋谷有5816斤之多，且在田粮管理处的传唤质询中承认不讳。因此，练县长批准了石壁乡乡长张运高等申请扣押张恩禧一事，并令国民兵团副团长张子波立即执行，以"严追清缴"。[①]

全面抗战时期，税捐是地方财政的重要组成部分。自1938年至1941年春，税捐收入主要统归省政府；自1941年夏至1945年秋，多数税捐收入归县政府。在后一阶段，国民政府于1939年颁行《县各级组织纲要》后，福建省政府参照相关内容，颁布了《县各级组织纲要实施办法》，按该办法划分省县财源，规定将屠宰税、筵席捐、迷信捐、旅馆捐、娱乐捐等全数归县，田赋（附加）及营业税一部分归县。[②] 例如，前文提及的娱乐捐，福建省政府规定的征收办法是："兹委补助非常时期财政起见，决定举办剧场娱乐捐，其征收标准就入场券价加收十分之五。此项捐款取诸看客，于人民生计并无妨碍。至不肖公务人员无票观剧，并应严加取缔，以维营业。"又《本省剧场娱乐捐征收章程》第二条规定，该娱乐捐"为省地方收入，由福建省政府财政厅所辖各税务局征收"。[③] 不过，一个月后宁化县回复称，"呈报本县兹无剧场"。[④] 时至1941年春，省政府又来训令称："查本省剧场娱乐捐业经划归县市地方收入，兹参酌地方情形，与各县区原有征收之戏捐，合并制定《福建省各市县政府及特种区属戏剧娱乐

① 《函为张恩禧压存领运赋谷陆仟余斤请予扣押追剿由》（1945年7月20日），《催征田赋》，档号：103-1-140。

② 陈克俭、林仁川主编《福建财政史》上，第279页。

③ 《福建省政府训令附发章程一份》（1938年5月3日），《征经（娱乐）捐税章程》，档号：103-7-24。

④ 《令切实进行剧场娱乐捐以国难防务捐科目解库盼遵办具核由（呈复公文）》（1938年5月），《征经（娱乐）捐税章程》，档号：103-7-24。

捐征收章程》。"[1] 此次的娱乐捐囊括了演戏的捐税，且归入县财政。从宁化各乡镇的报告看，该戏剧娱乐捐是确实执行了的。1942 年 6 月初，乌村乡因募资创办中心小学校需要，雇募了一个名作"禾口戏班"的戏班子，在乌村墟演了长达 20 天的大戏，负责募捐的邱大彬和时任乡长刘师问向林县长申请免除戏捐，获得批准。[2]

在此期间宁化县向省政府填报的地方税捐调查表和战前不同，田赋正额已不在 1938 年、1939 年的调查范围。结合此两年的调查表，可了解其大概（如表 3-3 所示）。第一，全面抗战爆发后，宁化县税捐调查表的填报内容以田赋正额外的附加税和其他税捐为主体，由此间接说明抗战前宁化县仍沿袭以田赋为主的传统财政，1938 年后才成体系地征收各种税捐。第二，随着抗日战争的进行，地方政府征收的税捐名目不断增多，要求完成的税捐数额增长为原本的 3 倍多，不过实际完成额度仍有不足。第三，结合表 3-3 提及的田赋正额，时至 1939 年宁化县的非农业税比重与农业税比重趋同，意味着中国传统的以田赋为主体的赋税制度逐渐被新式的以非农业税为主体的赋税制度取代。第四，在抗战时期沿海民众内迁时，闽西地区虽社会经济有所发展，但在并没有实现实质性突破的情况下，如此大幅度增加税收，从百姓手中榨取的经济资源越多，意味着百姓的日常生活越发拮据。

表 3-3　宁化县 1938 年、1939 年县地方捐税调查

单位：元

税捐名称	1938 年			1939 年	
	税　目	税　率	年　额	实征数	年　额
田赋附加	教育附加	20%	1829.02	19647.99	20665
	一成教育附加	19.2%	1756.45		
	警察附加	20%	1829.02		
	基干附加	30%	2713.66		

---

[1]　《令颁福建省各市县政府及特种区属戏剧娱乐捐征收章程由》（1941 年 4 月 29 日），《征经（娱乐）捐税章程》，档号：103-7-24。

[2]　《为呈请免税本市戏捐由》（1942 年 6 月 8 日），《征经（娱乐）捐税章程》，档号：103-7-24。

续表

税捐名称	1938 年			1939 年	
	税 目	税 率	年 额	实征数	年 额
契税附加	教育附加	50%	83.58	287.48	480
屠宰税附加	教育附加	35%	1563.85	19059.80	16361
	基干附加	20%	2199.40		
房铺宅地税			22190.65	42261.21	41600

	1938 年			1939 年		
	税 目	税 率	年 额	税 目	实征数	年 额
其他				纸捐	5024.65	4800
	下沙过境猪（苗）	30%	571.5	迷信捐	1138.70	300
				猪牛过境捐	10499.90	900
	财产收入		281.35	国民教育捐	5023.16	20000
	行政收入		101.34	盐商乐输税	4504.40	3000
	契依留县料价	20%	4	筵席税	140.66	300
				□□□捐款	964.73	17879.20
总计			35123.82		108552.68	126285.20

资料来源：根据 1939 年 4 月的《地方捐税种类表》和 1940 年 6 月 21 日《地方捐税调查表》制作，《有关税收调查》，档号：103-7-15。

　　除了屠宰税、筵席捐、迷信捐、旅馆捐、娱乐捐等属于县财政的税捐外，宁化县还需派征统归中央政府的税收（如契税、印花税）和自设的税捐。1938 年底，临县长汀给宁化的一份公函写道："查贵县办理国民教育捐及墟场捐颇收成效，希将上项税捐征收办讫及有关各项章则抄寄一份，俾资参考，并盼见复为荷。"宁化县给予的回复是："查本县各区联保办公处及各小学，前有就地抽收货物通过税及墟场费以为经费。本府为统收统支计，将上项税捐，一律以国民教育捐名义划归本处及各经征分处征收拨充教育经费，并经分别予以改良减轻。其征收地点计有七处，均系交通要隘。"[①] 其中之意是，宁化县的国民教育捐是通过抽收货物税和墟场费而来，其货物税的征收办法是在县内 7 处交通要冲设置征税点。

　　① 《函复本县教育经费征收办法（拟）》（1938 年 12 月 27 日），《教育公摊》，档号：103-7-37。

一般来说，各项税捐名目应由县政府先根据省政府的规定制定财政预算，明确各税捐的征收原则，再由各乡镇经征处及其下辖的经征所或保甲人员向相关征收对象派征。筵席捐是宁化县财政收入的重要组成部分，为此县政府准备讨论修订了《福建省宁化县筵席捐征收暂行章程》。该章程规定的筵席捐征收大致如下：第一，筵席捐的征收对象是"凡在本县境内开设菜馆，或其他店铺附设饮食部及厨商以烹调筵席□人宴会为业者"；第二，筵席捐的征收部门为"县政府经征处暨各分处各经征所"；第三，征收的捐率为顾客消费额的3%或筵席价值的5%，但"凡消费额或筵席价值不满一元者，概免纳捐"；第四，筵席捐征收的具体程序是，先由各菜馆或厨商向经征处领取统一印制的日用账簿（账单），在顾客消费后或筵席结账时菜馆负责人或厨商代收筵席捐，"各菜馆负责人或厨商于每日或每次营案结账时（厨商以每次计算），应将当日代收捐款连同账簿、账单存根，并于翌日上午十时以前径送征收机关核收，制给捐单"；第五，各菜馆负责人或厨商如有违反相关规定，"另用他种账簿、账单或对于应征捐款有隐匿短报或浮收等情事，一经查实"，按其情节轻重，处 5 元以上10 元以下的罚款，严重者勒令停止营业。[①] 在征收税捐的过程中，因一些乡镇的行政经费无着落，常有"各级不肖人员乘机中饱流弊滋多"的现象。各乡镇公所曾被要求稽查所属保甲人员有无私派的情况，淮土乡的回复是，"奉令各县创办捐税或增加税率未经呈奉核准，不得擅自征收，仰遵照查明报核等因。奉此，查本乡属辖各保向无擅自收捐情形"。[②] 当然，乡镇公所稽查下属徇私的情况，即使有也不会向上级报告。

屠宰税是全面抗战时期国民政府划归县级财政的重要税捐之一。对于福建省屠宰税的征收办法，《福建财政史》中论及，1935 年福建省财政当局收回了城市中屠宰税的征收权力，乡镇则仍实行包商制，直到 1939 年悉数收回并改为营业税，规定屠商须申请营业牌照后方可继续营业。1941年，福建省依据自定的《县各级组织纲要实施办法》划分了省县财源，规

① 《福建省宁化县筵席捐征收暂行章程》（1939 年 7 月），《筵席征捐》，档号：103-7-46。
② 《为呈复本乡属辖各保向无擅自收捐情形请核查由》（1941 年 11 月 17 日），《严禁保甲长预算外摊派款项》，档号：103-7-72。

定屠宰税属县财政。① 宁化县屠宰税的具体征收办法未见档案记录，似应与戏剧娱乐捐相近。1944 年底，宁化县重新制定了屠宰税包商承办的办法，是为包税制。1945 年初，宁化县以乡镇为单位，令各乡镇中的商人认缴屠宰税，并和县政府签订一份保证书，保证书内确认商户每月认缴的生猪屠宰数量，"按旬依额清缴"，由各乡镇税捐经征处代收，"如有违令或欠款，保人愿负责赔偿；如非政府收回直接征收，应负责认缴至年终止，半途不得卸责任"。对于各处偏僻乡村的屠宰税征收，则委托保甲长代征。南田乡坪上墟的商户罗合兴号在 1945 年正月就认缴了南田坪上、泗溪坝等处屠宰税，然而由于当地土匪四出，"几无宁日"，严重影响了该店的经营，原本试图通过承包屠宰税赚点钱的愿望落空，向县政府申请减轻原额，然遭到县长的拒绝。②

由个体商户认缴屠宰税的做法在宁化县各乡镇都引起了不满，乃至引发冲突，除了上述地方经济不稳定的因素外，另有原因。生猪养殖和屠宰并非以乡镇为单位进行，一些地方的民众善于养殖生猪，一些地方屠宰的生猪主要依靠外乡供应，由此部分养殖乡镇严禁生猪外运，而生猪养殖不善之地的屠宰税就成了无源之税，由此产生了乡镇间的冲突；加之认缴商户向屠户征税也难有法律保障，导致认缴商户与屠宰户之间冲突不断，邻近乡镇之间矛盾四起。至 1945 年夏天，各地乡镇公所纷纷出来代替商户作为认缴人与县政府签订保证书，承包各乡镇的屠宰税。安丁乡乡长李胜隆于 8 月 1 日向县政府报告称："查本乡猪口均系靠安营、龙中等乡运入，本地喂养甚少，销量亦微，每月实无力认缴七十五头之额。嗣蒙钧长莅乡面谕，准自八月份起，于本所派员直接征收，并蒙核减为每月七十头等谕。为此理合填造申请保证书一份，备文一并呈请钧长察核指遵，并恳赐发屠宰税单以利征收，实为公便。"③ 并在新的保证书上签字。

相较于县内其他乡镇，宁化西区六乡采取的是联合行动。7 月 2 日，

---

① 陈克俭、林仁川主编《福建财政史》上，第 260、279 页。

② 《呈为商承屠宰税请酌情减轻由》（1945 年 1 月 14 日），《屠宰招商承办》，档号：103-7-103。

③ 《为呈送本乡认缴屠宰税申请保证书察核由》（1945 年 8 月 1 日），《屠宰招商承办》，档号：103-7-103。

石壁乡乡长张石麟、禾口乡乡长张国根、淮土乡乡长吴登辉、凤山乡乡长夏贤孚、济村乡乡长曾玉成、南田乡乡长丁光宗 6 人联合向县政府申报了《六乡屠宰议定联合征收办法》，办法指出，"西乡六乡屠宰税况，因产地与售市等种种关系，纠纷迭出，屠商因得假隙偷漏"。有鉴及此，六乡"为防止此项漏洞起见，特拟定联合征收办法数点，以资整理"，并承诺"具切结字人张国根等今向宁化县县长练台前结得宁西六乡屠宰税，自经议定联合征收办法之后，每月共应负责征收三百条，如有偷漏减报，愿负全部赔偿责任"。六乡的联合征收办法共 6 条，具体如下：

> （1）西乡六乡屠宰税收为避免产地与售卖场重复发生纠纷起见，且国（民）教（育）基金无着，拟一并兼筹，特订定六乡统一征收屠宰税办法，以资把注。（2）六乡在产地统一收税，并由乡公所以政治力量执行之，各乡以乡长、乡民代表主席、中心国校校长共同出名承包，负责裁票收款，每旬清缴。如有故意徇情逃税或挪移税款，即由主持人将情呈请政府收该乡乡政经费先行扣抵所应罚之罚金，但其受罚责任仍由承包人共同负担。（3）六乡设制［置］发票收缴税款之专责人员一员，在禾口市。（4）每乡负责保荐心腹征收员一名，互调其他乡征收税款，并主持逃税情报之□。（5）各乡主持人及当地权贵，如有逃税，以十倍处分；其他人以五倍处分。负责情报人员可得罚锾百分之二十奖金。（6）各乡多设密告箱，由奉派驻乡征收员□送六乡收款缴款主持人照办。①

引文显示，西区六乡的屠宰税由各乡乡长、乡民代表主席和中心小学校长联名承包认缴，并以各乡行政经费为保障，制定了统一征收办法，即征收对象为待宰的生猪，征收人员为各乡推荐的心腹人员，交换征收，严惩仗势逃税之人。该文上呈后，宁化县长练平给予了重视，7 月 5 日便做出了批示，基本同意了六乡的联合申请，也指出几点修改建议：一是成立西区六乡屠宰税整理委员会，选一人为主任委员；二是由县委派专员担任驻乡

① 《宁化西区六乡联衔呈屠宰税征收办法》（1945 年 7 月 2 日），《屠宰招商承办》，档号：103-7-103。

征收专员，协调各项事务；三是合理派收和积极投入国民教育基金。不过，8月1日代表西区六乡签订保证书的人却是张济仁，每月征收屠宰的生猪数量是260头，担保商户是恒丰、永和祥两家，担保人是禾口墟的主要商户张运饶、张耀鉴（绍渠）二人。[1] 此外，西区六乡能够形成联合办法，可能与已卸职的区长张树庭有重要关系，时人一度认为是张树庭认缴了屠宰税并将盈利部分充作道南中学办学经费。

有学者认为，抗日战争时期施行田赋征实的政策对地方政治和农村社会产生了深刻影响，一些被称作"新绅士"的社会贤达回归乡村社会和地方政治舞台，由此削弱乃至扭转了国民党政权着力打压和控制地方精英的基本方针。[2] 从宁化石壁地区的实践看，我们不能高估基层社会中的富豪绅士对战时国民政府税收政策的配合程度，想得到地方政府的认可并获得基层治理的权力，恐怕会有倾家荡产的危险，更可能的情形是地方精英对国民政府的一系列赋税政策是避之不及的。必须面对各种摊派和税捐的精英人士，往往还是进入基层行政体系的各种有官衔的人，他们既逃不出地方政府的查处，也不能随意将缴纳各种税捐的任务转嫁给已经无粮可交、无钱可借的普通民众。

三 战后田赋改革

抗日战争胜利后，全国各地的赋税负担一度减轻，福建省政府也有意借此整顿县级财政，并于1945年10月废止了县乡预算外收支办法，规定不得再任意摊派，并对公有款产、债务进行清理，调整收支。[3] 宁化县在1946年接到福建省政府核定税捐的训令："各县市政府对于房捐、营业牌照税、使用牌照税、警捐，应于年度开始后两个月依法调查，核定税额，编造底册开征。一面依照规定各项统计表格，二于每年三月底以前编造呈

---

① 《宁化县各乡镇整理委员会认缴屠宰税申请保证书》（1945年8月1日），《屠宰招商承办》，档号：103-7-103。

② 尹红群：《抗日战争时期田赋征实与新绅权的确立》，《南京社会科学》2017年第12期。

③ 陈克俭、林仁川主编《福建财政史》上，第307页。

送本府察核。"① 不过，整体上实际情况与福建省政府的计划相距甚远，宁化县不仅派征的税捐数额增多，名目也有新的内容，唯有田赋有减租的措施。

在准备征收 1946 年度田赋时，福建省政府下达的训令称："查本三十五年度田赋，已奉中央明令颁布分二年平均减免。本年度新赋仅免一半（即全年赋额五成），尚有一半仍应征实，征借、粮食带征、省县公粮带募积谷，推该县本年度田赋经省政府委员会议决议通过，列为改征代金县份并收田粮储运机构改隶方案，光后通饬在案。"为了规范和减免田赋的征收，福建省要求县级政府发行并填写田赋征收联单，并提供了样张和具体的填写方法，"俾各县预为明白了解联单之内容、填法，与各项征率折算之标准，便于准备并将应注意各点摘要核示如左"。相关摘要共 7 点，其比较重要的 2 点如下：

> （1）新联单内"本年度豁免半数后，实应征额"栏，即照原应征赋额栏所在田及农、基、荡、菜之原赋额减去半数填入。例如，原应征赋额"田"为十元减半只五元。余类推。（2）田征收实物部分"征实""征借""累进征借""省县公粮""积谷"等五栏均以联单上栏内所填（应征半数）之额数分别折算填列。②

引文显示，福建省政府的要求是将是年征收的折算方式和具体数额填入联单，包括田赋原额、征实、征借、带征等项。不过，省政府仅提供了样单，而未统一发放空白联单，因而需要连夜印制。实际印制过程中，各地由专区政府负责印刷，遇到人手不够的问题，随即又由专区向各县乡征调税务人员前往长汀帮助联单的印制。石壁乡公所接到县政府的指令，"查本县田粮机构改隶本府（长汀专区），本届田赋开征在即，造单乏人，兹调该乡事务员一人来府改造联单，尽限十月五日以前携带墨砚算盘，来府报到为要"，随即便派遣税务员龚有濂前往，并"携带墨砚算盘等项如期前来报到"。③

---

① 《令仰遵限编造三十五年度各项底册税统计表呈核由》（1946 年 6 月 14 日），《房捐》，档号：103-7-447。

② 《为发新制联单样张并摘要各点仰遵办由》（1946 年 8 月），《田赋联事》，档号：104-1-71。

③ 《宁化石壁乡公所呈文》（1946 年 10 月 14 日），《田赋联事》，档号：104-1-71。

从档案资料看，田赋征收发放联单的事情在宁化县得到切实实践。1947年初济村乡反馈联单发放情况时提及，"查本乡本届田赋通知单，因姓名不符，住址不明，未发出者共有333张，曾呈送在案。奉令前因，理合备文报请察核"。① 为更好地贯彻省衙的训令，宁化县在1946年10月制定了来年执行田赋减免政策的基本规范，以指导税务人员准确地填写联单及掌握相关税目的核算。具体内容如下：

（1）凡统计核算征册人员应先向登记人员具领田赋征收第［地］册（简称征册）。

（2）核算规定标准如下：甲、征实每元折征稻谷三市斤（中央及省五成折收代金，县得五成征收实物）；乙、征借每元折算稻谷三市斤，即每市石折征代金五万六千；丙、省县公粮（并附加带征国教经费）每元一市斗五升；丁、积谷每元募收稻谷五市升。

（3）征实不分田及农、基、荡、菓五地目及赋额多少，均应征实，并依照第二条规定标准核算分别征收实物或代金券。惟农、基、荡、菓四地目仍照原案折征法币。

（4）征借以田一种（农、基、荡、菓免借）赋额减半后满二角以上者应征借，不满二角者免借，并依照第二条规定标准核算之。

（5）省县公粮（附加带征国教经费）不分地目及赋额多少，均应征纳公粮，并依照第二条规定标准核算实物。惟农、基、荡、菓四地目仍照原案折征法币。

（6）积谷以田一种赋额每元带募稻谷五市升，但亦减半后赋额自五角零五厘起带募，不满五角零五厘者免募。

（7）核算上列征实征借省县公粮积谷等，各项应切实认真逐一核算，填列征册，标签内如经校对发生错误时，每起应扣核算人薪津壹仟元，以示警戒。②

从前述税务人员的工作规范看，抗战胜利后宁化县的田赋征收沿袭了抗战

---

① 《宁化济村乡公所呈文》（1947年3月7日），《田赋联事》，档号：104-1-71。

② 《宁化县政府三十六年编造田赋联单工作须知》（1946年10月15日），《田赋联事》，档号：104-1-71。

时期的主要税目，即征实、征借、带征、募收四种，后三种其实是田赋附加税，不过是折算起课的标准不一致而已。不难发现，抗战胜利后国民政府所谓减赋活动，仅仅是蠲免一年田赋且是分两年执行，而非要改良赋税政策和征收税目，亦即国民政府并没有要削减因抗战新增的田赋名目的意思，不过是玩个花招将新增田赋合法化。

与此同时，国民政府还下达了用行政手段推行"二五减租"的命令。1946年4月底，福建省政府向各县电令推行"二五减租"的执行办法。"查'二五减租'办法前经电饬遵照在案，事关中央特饬要政，各县市政府于收到命令后，应即布告周知，并责成各级农会转为宣传，务使家喻户晓，切实实行，以贯彻政府维护佃农之本旨。"严格要求在"减租办法公布后，业主不得（以）任何理由要求加租或拒绝减租，更不得借故撤佃，各县市政府应随时查察、制止、纠正"。① 在具体执行过程中，宁化县先是派遣"二五减租"宣传员，前往各乡各保挨个宣传和说明中央政府之本旨，并制定了《宁化县推行"二五减租"实施办法大纲》，由乡镇政府派员至各保主持召开保民大会，四处张贴关于"二五减租"的标语，但不执行减租或借故撤佃的行为时有发生。按照当地的传统，田租变更应由业主和佃户商议，二者约定后第二年开始遵循。国民政府要求当年执行，明显与上一年的租佃协议有冲突。另外，宁化县参议会议长马贻谦还提及，"惟本县曾于民国十九年起，自动实行二八减租，至今仍照原减租率办理"。② 若在此基础上再减1/4，对田主而言无疑难以承受。可想而知，"二五减租"在推行过程中必然会遭到田主们的反对，对此国民政府早有计划，理论上的解决方式是由当地农会调解，实际则是让各乡的警察所或分驻机构强制田主退还租谷。③ 折腾了一年多后，时至1948年，"二五减租"政策不了了之。

---

① 《为二五减租办法公布后业主不得拒绝减租或借故撤佃仰遵照由》（1946年4月29日），《二五减租》，档号：103-3-235。

② 《准贵县长交议切实执行二五减租一案经大会决议查照由》（1946年3月），《二五减租》，档号：103-3-235。

③ 《宁化县推行"二五减租"实施办法大纲》（1946年7月），《二五减租》，档号：103-3-239。此外，宁化还有"大小租"的问题，因史料缺乏尚无法窥探其具体实践做法。有关"二五减租"实践中涉及"一田二主"问题的研究，参见曹树基《两种"田面田"与浙江的"二五减租"》，《历史研究》2007年第2期。

若从税捐的征收看，减税一事则是若有似无。1946年初，一位宁化县财政局的职员向县长练平请示了数条改革税捐的建议，主要内容是简化税捐手续和防治屠宰税逃税。其中获得县长批示的内容有："（1）查本府送印花税单，事前审核人员甚多，惟事后验印人员尚付阙如。径自本年一月份起，已指定财务稽查员验印、盖章、登记，历年老税单一律裁角，以减少事端。（2）本年度屠宰税单已一律改用红色，如各乡发现其他颜色税单，即以舞弊议处，通令各乡知照。（3）县库支出浩繁，县税亟待加紧整理，征收员能力孱弱者，拟即以淘汰。请钧长加以调整。（4）各乡屠宰税现只收圩场上猪只，致数目甚少，拟在离圩场十里以外者一律照保甲长代征办法代征。（5）本县屠宰场猪毛，过去未以注意，拟责令屠宰场管理员以遗弃物品科目，每价解库，如无意散失，应由管理员赔偿。"① 在原有税捐系统的基础上，福建省政府于1946年夏依照中央政府的规定，将契税划入县级财政，福建省政府的训令提及："查抗战结束，建国正殷。本（财政）部为充裕地方自治财源起见，依据《改订财政收支系统实施要点》之规定，将契税一项，自本年七月一日起一律划为县市收入，并由地方机关自行办理。"②

1946年6月全面内战爆发后，国统区的物价失去控制，僻远的宁化县亦难以逃脱经济危机的波及。为了维持政府的正常运作，宁化县不仅增加了旧有税捐的额度，还新设了税目，业已推行的各式减租政策也废而不行。是年10月，宁化县开始新增货物税。一份署名为"财政局郭燊"的《财政部福建区货物税局布告》写道：

> 查各省产制及国外输入之麦粉、水泥、茶叶、皮毛、锡箔、迷信用纸及饮料品、化妆品等项货品，现奉《财政部卅五年九月六日京税三字第1739号训令》，定于本年十月一日起，一律开征统税。所有各该货品应征税率，麦粉为从价征收百分之二点五，水泥为从价征收百分之十五，茶叶为从价征收百分之十，皮毛为从价征收百分之十五，

---

① 《请示》（1946年1月17日），《催收各项捐款》，档号：103-7-403。
② 《为抄发财部订颁契税业务移交地方接管办法令仰遵办接报由》（1946年8月），《征收契税》，档号：103-7-448。

锡箔及迷信用纸为从价征收百分之六十，饮料品为从价征收百分之二十，化妆品为从价征收百分之四十五。[①]

引文中麦粉、水泥、茶叶、皮毛、锡箔、迷信用纸、饮料品、化妆品等项中，需征税的机器加工产品有水泥、饮料、锡箔、化妆品等，财政部指定的农产品和手工业产品有茶叶、皮毛、迷信用纸等，唯有麦粉是机器制成的农产品。对于产地均为福建省内的产品，"应由商人于开征之日起，依照条例规定，报由该管税务机关或驻厂、驻场人员征税发照，方准运售。其已先期出厂（或离厂）之货，尚未售罄者，应于开征之日起一个月内，准予就地行销。惟运往外埠暨由外埠运入者，概应照章补税"。[②]

在此基础上，地方税捐不断增加。1947年底税捐经征处课长刘汉文报告称：

> 查本年度房捐征收底册数额，前经奉谕可比照去年征收数目，约增二倍。至城东、南两镇房捐业已照增全部填发通知单，嗣因奉县府指令以改征土地改良税致未开征。迨至本月，又奉府令征收房捐，但因物价倍涨，币制［值］低落，全数征起仅有一百四十七万余，尤除各项纸张费用外，实得无几。似应增加，俾裕税收。惟现应增加几倍填单征收，理合将情签请钧核示遵。[③]

引文显示，宁化县1947年征收的房捐已经是上一年度的三倍，在准备征收之际，收到县政府指令（可能是转达的上级政府指令）改为土地改良税征收，不久又令征收房捐。如此一个往复，就新增了一项税收。然而，由于物价飞涨，纸币币值下降，上年度三倍的派征额仅能抵充税单纸张的费用，毫无增加财政收入的意义。为此，刘汉文报请上级部门确定具体的派征额度。税捐经征处处长陈汉澜的回复是，"所称属实，兹拟参酌实际情形，比照前发房捐通知单原列捐额一律增加三倍征收"。当然，比照原额

---

① 《财政部福建区货物税局布告》（1946年10月1日），《货物税》，档号：103-7-454。
② 《财政部福建区货物税局布告》（1946年10月1日），《货物税》，档号：103-7-454。
③ 《据刘汉文呈以本年度房捐应如何征收等情电请核示由》（1947年12月7日），《房捐》，档号：103-7-447。

增加三倍征收并不是民国税捐额度增加的终点。

时至 1949 年 1 月，时任宁化县县长徐沈毅鉴于时势，向参议会提出，"为适应实际需要，调整各项底册及比额税捐征收标准"，其理由为：

> 案查迩来物价步涨，有增无已，以致波动靡常。例如牲畜一项，在场支解，每猪一口仅收支解费八角、使用费四角，公家当须供备柴火及洋红之属。些微收入，不敷柴火之需。他如营业牌照税、房捐等，币制改革后，折合金圆征收，多只有数分而已，每项收入不足编印税单成本、工料费。上年（1948）十二月间省主席李手令，以各项比额税捐，由十二月份起，按原征额各提高四倍征收（例如原额一元，应改征五元）等因。本县房捐、营业牌照税、使用牌照税、契税、筵席税、娱乐税，以及圩场管理收费、屠宰场使用支解各费等，征收标准微乎其微，均有提高征收之必要。[①]

引文显示，货币制度改革带来了十分严重的物价上涨问题，对地方财政的影响堪称致命，故不得不及时大幅度提高征税的额度以维持财政收入。这一做法无异于饮鸩止渴，对民众的伤害则是不言而喻的。

不难发现，1934 年至 1937 年闽西地方初靖，宁化县财政拮据，地方政府的主要任务是确认土地产权和恢复生产，赋税征收多沿袭旧制。1938 年后，随着抗日战争局势的严峻和闽省沿海政府机构及人口的内迁，宁化县税赋压力陡增，除了田赋改征实物外，各式税捐名目繁杂，百姓着实无力负担，入职地方行政体系的地方精英利用各种形式勉为其难地应承。1945 年夏抗战胜利，县政府按照省政府的训令推行了一系列的减租措施，但并非真正意义的赋税改革，仅是转移劳苦大众矛头指向的缓兵之计。

清末以降，僻处闽西山区的宁化石壁地区受到了时代的猛烈冲击，地域社会由此发生了剧烈的变动。光绪年间创办的道南书院俨若闽西传统社会的余晖，极好地呈现了传统时代地方公共事务创办的运作模式，即在国

---

① 《函复决议调整各项底册税捐征收标准由（拟）》（1949 年 1 月 19 日），《催收各项捐款》，档号：103-7-403。

家授权前提下绅士领导乡族组织进行地方自治的历史实践。科举制废除、辛亥革命后，地方政权落入地方军阀之手，虽然晚清业举的读书人仍具有难以动摇的社会权威，西乡的张守先尚是名义上的首绅，管理着西乡的公共事业，但是商人阶层在地方政治舞台上日趋活跃；随着闽赣毗邻地区日趋动荡，掌握武装力量、获得商人支持的民团团总张立瑜的权势迅速加强，俨然成为基层社会新的权力中心，基层政治呈现出军事化的趋势。1935年，国民政府在闽西地区强力推行保甲制，建立区—乡—保—甲的基层行政体系，试图建立以基层政府为中心的权力网络取代传统的基层政治网络。从总体上说，通过确立保甲制度及与其相配合的自卫武装机构，国家权力委实前所未有地深入基层社会，在征收赋税层面体现得尤为明显，不仅通过基层政府整理了明清以来堪称混乱的田赋征收系统，而且成功地将新增的税捐名目摊派到乡民的头上。不过，保甲制度并没有创造出一套新的社会结构，宁化石壁地区的社会传统得到一定程度的延续，具体体现在以下两方面。一是基层政府的建置强化了原有的市场结构，即以禾口为中间市场的西乡成为县下的区级机构，以石壁、淮土、济村、凤山、南田为基本市场区的范围联保或乡镇，区—乡—保—甲的结构与中心市镇—基层市场—村落（宗族）—角落村（房支）的结构基本重合。二是进入基层行政体系的官僚难以构成一个新的权力阶层，因为基层官僚中既有素有乡族威信的绅士，也有大量受过新式教育的年轻人，但这些人多数是传统绅士的子侄。也就是说，新晋官僚对传统绅士的更新换代并非一个阶层挤压了另一个阶层的生存空间，而仅是地方权势自然更替，权力从老一辈手中逐渐传递到新一代人的手中。身处基层政府的新晋官僚既是国家权力的工具人，也是基层社会乡族权势的代言人，与传统绅士并没有本质区别。因此，虽然国家权力通过建立区乡保甲的基层行政得以前所未有地渗透到闽西山区，但闽西传统社会的基本结构也凭借基层行政的建置得到强化。即使在抗战时期和"新县制"施行后，宁化县按规定废除了区级行政机构，但作为"西乡"的社会结构和文化认同不仅没有由此解体，反而随着地方自治的推进更加牢固。

第四章

地域社会再结构

自《县各级组织纲要》颁行后，国民政府相继颁行了《乡镇组织暂行条例》（1941 年 8 月）、《地方自治实施方案》（1941 年 10 月）等地方自治的法令，要求在基层行政制度之外，推进各项地方自治事业的建设。大致内容有：经济上，实行开垦荒地、造产等项，"乡（镇）及保因时因地并依照现行有关之法令规定，利用当地民力、财力从事公共造产，其收益充作办理地方自治事业之用"，造产的范围包括农业、水利、渔盐、畜牧、蚕桑、纺织、小矿业等；教育上，设立基层学校，规定"每保设一国民学校，必要时得联合二保或三保设立之"，"每乡（镇）设一中心学校"，要求"学龄儿童入学者至少达全数百分之五十以上"；还有办理警卫，推进卫生，实施救济，厉行新生活；等等。① 为有效推进地方自治，福建省因应颁行了《县各级组织纲要实施办法》跟进地方自治的建设，并选任具有地方自治理念的年轻人前往各县推进地方自治建设。随着地方自治的推进，基层社会的乡族组织恢复活动，新形势下还产生了其他形式的乡族组织，在地方社会中也扮演了重要角色。本章拟通过论述 20 世纪 40 年代宁化石壁地区的地方自治情形，考察地域社会"再结构"过程中遇到的各种问题及其影响。

---

① 《地方自治实施方案》（1941 年 10 月 5 日），徐秀丽编《中国近代乡村自治法规选编》，第 245—249 页。

第一节　创办道南中学

　　科举废除后，清廷和民国政府相继推行了多种新学制，乡村地区也因应建立了一些新式学校，传播近代科学的思想观念，对乡村社会产生了剧烈的影响，尤以对乡村知识精英阶层最为明显。王先明认为，"在新学制的启动下，近代中国的乡村社会变迁获得了不同于传统变迁的方向和动力"，由此引发乡村士绅的结构性社会流动，即从乡村到城市的单程迁移，造成乡村精英的流失。不过，在抗日战争时期，福建沿海政府机构、学校单位和知识精英纷纷迁入闽西山区，为闽西山区带来了前所未有的机遇和动力，推动了闽西地区的基层教育改革，而创办基层学校是地方精英获取地方权威和国家认可的重要途径，是"权力的文化网络"的重要一环，也为乡族势力的恢复活动提供了舞台。① 无论是华北，还是江南，都能看到地方精英和乡族势力利用基础教育来巩固自身的权力和争夺更大的权势，闽西石壁自然不会例外。

一　宗族组织重建

　　一般认为，随着民国以来政治制度、法律规范、文化观念的变化以及国家权力向乡村社会的渗透，传统的乡族组织虽然得以延续，却逐渐失去了原有的社会权威，宗族尤为如此。冯尔康指出，由于经济衰败、战乱频仍，民国年间宗族的组织形式和实际作用、族长的社会权威无不走向衰弱，宗族组织曾经极为兴盛的苏区，"受到农民运动和政府实行的土地政策的冲击，内部也出现了分化，从而涣散了，甚至再也形不成有组织的团体"。在此情形下，宗族出现了一些新的变化，出现了族会等配合现代政治制度的形式，宗族观念也得到了更新。② 当然，不同区域的具体实践会

---

① 王先明：《变动时代的乡绅——乡绅与乡村社会结构变迁（1901—1945）》，人民出版社，2009，第30—70、253—314页。

② 冯尔康：《18世纪以来中国家族的现代转向》，上海人民出版社，2005，第262—267页。关于晚清以来宗族演变的研究，参见常建华《近十年晚清民国以来宗族研究综述》，《安徽史学》2009年第3期。

有不同的特征。在广东，宗族组织与保甲制度既合作又冲突，呈现出复杂的互动关系：地方政府既利用宗族力量来维持乡村社会秩序，又担心宗族势力膨胀会影响其对乡村社会的管理；而宗族一面配合国家行政目的，又一定程度抵抗国家权力的挤压，维持其在乡村的生存空间。① 在闽南地区，国民政府的现代政权建设与地方自治等政治活动——无论是基层选举，还是党团政治——都有宗族的烙印，甚至被宗族势力改造、重塑，足见国民政府的现代政权建设并未有效地抑制宗族势力，改变基层社会运作规则，更难说达成了建设现代国家的目标。② 在闽西地区，宗族组织虽然不至于改造、重塑党团政治，却也在地方自治中十分活跃。

抗日战争时期，宁化石壁地区出现了一个大规模撰修族谱的风潮。1937 年秋，石壁下市张氏率先完成族谱重修，主修者为张焕文。谱载：

> 迄民国甲寅年（1914），曾经十一修。自十一修以后，又廿载矣。诚恐世远年湮，生娶卒葬，纷纷不一，倘不汲汲修之，非尊祖敬宗收族之心也。是故，阖族耆哲于民国丙子年（1936）清明，祖祠致祭祀毕，预定章程，重修家乘，鸠梓开纂。予才疏学拙，蒙诸君钧命予为纂修，遂不辞责，与众伯叔共敷厥事，不敢告辞。批阅老谱，参互考订。已载谱者，率由旧章；未登谱者，复添新稿。兢兢业业，其难其甚。校世系，辨昭穆，合异同，联亲疏，纪生殁葬嫁娶，书庐墓蒸尝，载行述条例，表扬善行。本酌古准今，疑以阙疑，信以传信，遗者补之，误者改之，务期井井有条。越丁丑（1937）秋，谱牒灿然大备，宗法成立，遂至一族之人，大宗小宗以领之，则人同知曾祖，各知敬祢，富贵不得相攀援，贫贱不得遗弃。如此则同者和，亲者联，亲睦之风行而循良之俗复。③

从引文看，修族谱的方式同以往并没有什么差别，尽管下市张氏族谱因年

---

① 沈成飞：《保甲制度与宗族势力的调试与冲突——以民国时期的广东地区为例》，《福建论坛》2016 年第 5 期。
② 郑榕：《国家权力、宗族与基层社会——民国时期的闽南宗族》，《东南学术》2016 年第 6 期。
③ 张国柯主修《张氏重修族谱（十三修）》卷 1《玉屏祖祠十二修族谱序》（张焕文）。

久未修（前一次撰修时间是 1914 年）出现了破败的情形，修谱的具体内容亦无非是登载世系、笔笔削削而已。在石壁下市张氏的引领下，石壁地区各族相继完成族谱撰修，如石壁上市张氏于 1941 年完成第九修族谱，陂下张氏则在 1944 年重修族谱，官坑延陵吴氏更迟在 1947 年。通过民国间石壁各族张氏撰修的族谱中留下的记载，可窥探当时宗族重建的大致情形。

考虑到闽西地方战乱初靖，重修族谱势必有一些更加实际的目的。从石壁下市张氏族谱看，重修族谱的首要目的是恢复传统的人伦秩序。下市族贤张九皋在谱序中写道：

> 吾族之谱因破旧而颓毁，盖已数年于兹矣。所遗断简残编，若非即谋搜集，重付剞劂，将来或归湮没，不第婚姻、生卒，种种失征，而纲常伦纪诸大端，亦将区其维系耳。况在动荡时期，打破宗族观念之口号高唱，人云顽劣者，乘机鬼混，任所欲为，冠履倒置，人伦扫地，尤以婚姻问题，秽恶不堪入耳。政府已一时声究之不尽，而左右政府整饬风纪之工具，又不能不转资于各族，如是则谱牒尚焉。故夫谱也者，明人伦、奠昭穆、正名分、严嫁娶，一族之纲纪系焉。①

引文显示，在土地革命战争期间，石壁地区出现了"打破宗族观念口号""顽劣者任所欲为"等冲击宗族和原有社会秩序的行为，尤其是"秽恶不堪"的婚姻问题，令有识之士颇有"冠履倒置""人伦扫地"之感。故族中贤达试图通过重修族谱，达到"明人伦、奠昭穆、正名分、严嫁娶"的目的。类似上文的表述，在谱序中经常可见，张国钧撰写的新修谱序亦提及："可奈地方不宁，首尾五载，迁延因循，遂至有悖伦败纪之事，妃族犯科之行，无可讳言，本族同仁戚然伤之。爰于去年提议倡修族谱，虽廿年一修，事系旧例，而收族明伦，实为一大关键也。"除此之外，时逢全面抗战爆发之际，全国上下抗战情绪高涨，时任宁化县财务委员会委员长、宁化县抗日后援会副主任的张国钧，强调重修族谱对鼓舞族人的爱国情怀也具有重要意义。其言曰：

---

① 张国柯主修《张氏重修族谱（十三修）》卷首《重修族谱叙》（张九皋）。

再考吾国民族固有之精神，即孙总理所标榜之八德，蒋委员长提倡之四维。强国族者在此，炫外夷者（按：原文如此）亦在此。蠢尔倭奴，彼强权窥我华夏，前年既陷东北，今年复占平津。北望燕云，泫然欲涕。凡有血气者，未有不思直抵黄龙、饥餐虏肉。吾族于国家方面，似为黑子着面，无关轻重，但比之夏少康有众一旅，是不相上下。所冀吾族伯叔兄弟、诸姑伯姐，从此家乘重新之后，仍旧恢复原有亲亲长长之谊，存以忠孝行之礼义。一族如是，他族亦如是，扩而充之，均具此伟大精神，同到前线，歼彼丑虏，固我金汤。国兴即族兴，国史上增一页光荣，家乘上亦增一页光荣。[①]

据引文可知，从已在地方政府任职张国钧的角度看，撰修族谱、重建宗族组织，不仅可以恢复忠孝礼义、敬宗收族的社会规范，还可以从中挖掘忠义的品质，进而鼓舞族人热爱国家、共赴国难，支持处于艰难状态中的国家。将用来敬宗收族的忠孝礼义等观念与保家卫国的民族情结融合在一起，是新晋官僚实践新意识形态的体现。

石壁上市张氏重修族谱时，除了强调传统礼义规范的重要性，还设立了义仓，以备灾年，具有巩固宗族组织的社会意义。谱载："管子曰：仓廪实而人知礼节。思患预防，古人且然，况吾族世居石壁，户口稠密，不下数千家。田非膏腴之壤，地非富产之区，苟非丰年有以积之。而岁遭荒旱，曷以为计乎？辛巳之岁，爰集伯叔，合议祖祠演戏停止二年，每牌派谷以设义仓。一以御不虞，一以备岁歉。各房伯叔，举欣欣然，无一咨言者。是举也，吾族之幸事也，吾族之盛德也。"文中论及，1941年（辛巳），族众商议停止祖祠演戏两年，按照每块神主牌摊派的方式，设立义仓，并制定了《义仓规则》七条，"是薄〔簿〕编立三本，各房执一本"，"各房伯叔宜遵公令，如违公罚"。具体如下：

（1）派每牌以二百五十斤为额，近年谷贵，以二百斤为额。

（2）借义仓之谷，每一百斤加息谷二十斤，各房伯叔务求安人，先立票据，方许出谷。

---

① 　张国柯主修《张氏重修族谱（十三修）》卷首《重修清河族谱序》（张国钧）。

（3）各房借谷，只许总票，不准私票。经收之日如有延约，责成保人。

（4）开借以立夏，经收以立秋。开仓之日，当众申明，无故不得擅开。

（5）义仓为济饥而设，各房伯叔不得借众射利。

（6）祖祠或需演戏，蒸尝亦宜公使公用。

（7）出入经管，以公推人员，分外不得逾越。[①]

从上述规则看，石壁上市张氏的义仓管理并没有出现新的形式，仍是用传统宗族的方式进行管理，即由族中富裕之家担当保人，义仓之谷的借出和归还，均须在特定的时间，经过相同的手续，严格限制徇私，并在适当时候可以用于宗族的共同事务。不过，该义仓摊派谷子的单位是"牌"，即置于祖祠中享受祭祀和香火的神主牌，实际上是以牌上祖先为房支，进一步反映了上市张氏宗族的组织规则以经济原则为主，是合同式宗族的侧面体现。

由此可见，抗日战争时期宁化石壁地区出现的重修族谱、创办义仓等宗族建设活动，既是乡族领袖尝试重新获取社会权威和基层政府试图恢复原有秩序的努力，又反映了抗战时期激励民众爱国热情、鼓励奉献的时代需求，还是投身基层行政系统、获得权势的成功人士确立地位和巩固名声的有效举措。

二　创办道南中学

随着"新县制"的施行，宁化县的基础教育建设迅速跟进，重建后的宗族也积极投入其中。档案资料显示，1940年秋至1941年春，淮土、凤山、石壁、济村等乡镇国民学校初有成就，中心小学校亦相继筹设。石壁乡中心小学校的筹建会由时任乡长张介庭为主任，地方绅士张璧人、张九

---

① 张桢主修《石壁上市清河郡张氏族谱（十修）》卷1《石壁祖祠义仓记》。

皋、张运高等人出任筹设委员，后由张景稠任校长。[①] 不过，张景稠因病无法久任，8月初便提出辞职，随后更换为张兴道，张兴道未到任，又更换为张璧人。经几个月准备，石壁中心小学在张璧人的主持下于9月下旬开学。[②] 与上述几个乡不同，禾口乡的中心小学校为在道南书院的基础上改建而成。废除科举制后，道南书院先于光绪三十二年（1906）改称道南小学校，1935年又改称禾口中心小学校，学校的运转经费一直使用道南书院学田收入。

各乡中心小学校建成后，根据就近上学的原则，各乡的学生在本乡就学，进入学校读书的学生数量增加了不少，不过由此产生了两个亟待解决的问题。一是禾口中心小学校的学田收入原属于西乡各族，如今非禾口乡的生源不再入读禾口小学校，各族要求将其捐助的学田拨归各自所在的小学，引起了一些学田所属族众的舆论骚动。二是石壁地区生源增多，三五年后的小学毕业生明显增多，如何让这些孩子们顺利升学，同样成为西乡民众普遍关心的大问题。[③]

为了解决上述两个问题，业已卸任第一区区长、赋闲在乡的张树庭向西乡各族倡议，在原道南书院财产的基础上，再筹集一些资金，创办新式中学，为适龄儿童提供升学的空间，该提议得到了西乡民众的广泛支持。于是，张树庭自任董事长，邀集宁化县各界名人和西乡代表，拟在原来的道南书院校址基础上，向宁化县政府申办"宁化私立道南初级中学"。张树庭共邀集董事14人（见表4-1），其中7人是当时在宁化政界、党务、教育等机构任职的宁化籍人士，与西乡关系不紧密，另有7人则可能是石壁地区各乡的代表，如张振纲、张兴道是石壁乡人，王子谦是凤山乡人（详后），刘万机是淮土乡人，孙家淦、董恺堂、张景稠三人则是禾口乡人。由于资料不足，尚不能一一落实各董事所在宗族，但从其住所分布所呈现的结果看，似可代表西乡各族的意见。

① 《派该员为石壁中心小学校筹备主任由》（1941年5月7日），《筹设石壁中心小学》，档号：103-5-126。

② 《为呈报开学日期请察核由》（1941年9月19日），《筹设石壁中心小学》，档号：103-5-126。

③ 邱恒宽：《原道南中学调查》，《宁化文史资料》第2辑，第45页。

表 4-1　福建省宁化县私立道南初级中学校董会名录

姓名	性别	年龄	籍贯	职业	经历	担任职务	住址
张树庭	男	37	宁化	政	福建省政府咨议	董事长	宁化济村
雷寿彭	男	57	宁化	政	福建省临时参议会参议员	董事	永安吉山
伊爵言	男	36	宁化	党	中国国民党宁化县执行委员会书记长	董事	宁化城内
徐泰成	男	48	宁化	教	宁化县立初级中学校长	董事	宁化县中
伊爵贤	男	43	宁化	政	前宁化县教育会主席、现社会服务处主任	董事	宁化城内
李子向	男	44	宁化	政	前汀州公立甲种商业学校教员、现宁化田管处科长	董事	宁化泉上
马贻谦	男	55	宁化	政	前宁化连岗中学校长	董事	宁化安乐
张振纲	男	39	宁化	军	六十三军军部参谋	董事	宁化石壁
孙家淦	男	38	宁化	教	宁化县禾口中心学校校长	董事	宁化禾口
王子谦	男	33	宁化	政	前宁化清流等县卫生院长	董事	宁化凤山
张兴道	男	30	宁化	教	前宁化石壁中山民校校长、禾口小学教员	董事	宁化石壁
董恺堂	男	31	宁化	教	宁化禾口中心学校教员	董事	宁化禾口
张景稠	男	25	宁化	教	宁化禾口中心学校教员	董事	宁化禾口
刘万机	男	28	宁化	政	宁化淮土乡乡长	董事	宁化淮土

资料来源：《宁化县私立道南初级中学校校董会章程（附录）》（1942 年 7 月），《筹设私立道南初级中学》，档号：103-5-148。

1941 年 11 月，张树庭等人起草《拟设立禾口初级中学计划草案》（附有设计图一张），该草案写道：

现在该六乡除南田（即方田）一乡外，均设有中心学校。尤以禾口中心小学校历史悠久，学生特多，现计有四百余人。其他各乡中心学校学生，亦均达二百人以上。统计该六乡现时就学儿童人数一千二百余人之多，年约有毕业生二百人。以每年毕业生人数计，在此设立中学一所，对于该六乡就学学生，尚有未能系予收容之余。依据客观条件，实有在禾口设立中学之必要。……经商得禾口、济村、石壁、淮土、凤山等五乡热心教育人士之赞助，每乡已准备四千元。至于校经费，预算全年为二万元，并经商得禾口、济村、石壁、淮土、凤山等乡各姓族之赞许，情愿捐出各该姓族尝产为基本，统计约可收得租谷七百石，每年约可售值二万一千元。①

引文显示，由于各乡中心小学的设立，小学生人数大增，急需新建一所中学为他们提供升学的空间，而新设初级中学的办学经费，除了原道南书院捐出的尝产外，还有各乡热心人士捐助的 2 万元，业已基本足用。此外，张树庭亲自"募捐学谷 800 担，并开设染坊，经营商业，承包屠宰捐，以为道南中学经费"。②

张树庭等人申请提交后，很快得到了县政府的批准。实际上，时值抗日战争的僵持阶段，兴办新式学校也是当时福建各地面临的一大难题，虽然福建省政府大力鼓励地方士绅创办各式学校。然而，"查本省自二十九年度实施县各级组织纲要以来，全省校数量较之过去，虽有进展，但与预期目的相差仍远……各县市区政府须认识国民教育之重要，积极劝导地方人士捐资兴学，俾群策群力，共图发展"。③ 随之，道南初级中学迅速成立校董会，实际是地方名人组成的学校荣誉代表，颁行校董会章程十条，规定"本会负经营私立道南初级中学之全责并力谋其发展为宗旨"，"第一任校董由该设立者推选之，任期定为一年"。④

又经过大半年的准备，至 1942 年秋天，道南初级中学校董招聘了 7 名高学历教师管理教务与任教（后逐渐增加至 10 名）。随即，道南中学开始招生开课，共设国文、英语、数学、化学、公民、博物、地理、历史、物理、童军、图画、音乐和劳作等 13 门课程，外加生理卫生 1 门为校董王子谦无薪授课。据民国间士绅邱恒宽回忆，张树庭办学求质不求量，在精不在多，以求造就一批大学生。在此前后，福建东南沿海城市沦陷，闽西山区城镇如永安（福建省政府驻地）、长汀等城市又遭日寇轰炸，宁化一时

---

① 《拟设立禾口初级中学计划草案》（1941 年 11 月 22 日），《筹设私立道南初级中学》，档号：103-5-148。
② 刘善群主编《宁化县志》卷 35《人物·张树庭传》，第 879 页。
③ 《福建省政府训令》（1944 年 6 月），《筹设私立道南初级中学》，档号：103-5-192。
④ 《宁化县私立道南初级中学校校董会章程》（1942 年 7 月），《筹设私立道南初级中学》，档号：103-5-148。

涌进了大量的知识分子，促进了山区教育的发展。① 道南初级中学把握了这一时机，校董张树庭不惜重金聘请高级知识分子任教（见表4-2），如后任道南中学校长的张敬是留法学生，晏志超曾是武汉大学讲师。他们认真负责，知识面广，教学中积极灌输抗日爱国思想，对学生要求严、要求高。②

表4-2　1942年道南中学教职工一览

姓　名	职　务	学　　历	姓　名	职　务	学　　历
吴安仁	校　长	国立中央大学毕业	张　敬	教　员	法国高等农业学校毕业
郑伦彬	教导主任	中师养成所毕业	陈　宏	教　员	国立浙江大学毕业
张志农	事务主任	国立中山大学毕业	王子谦	校董、教员	福建省卫生行政人员训练所医师班毕业
邵致中	教　员	上海持志大学			

资料来源：《民国三十一年道南中学教职工》（1942年11月），《筹设私立道南初级中学》，档号：103-5-148。

据档案登载，道南初级中学1942年秋共招收82名学生，分两个班级，学生年龄在13—17岁，皆为男生，主要来自宁化本县且多为张氏。③ 1945年的招生略有变化，89名学员中有5名女生，分别是张香芹、张望春、陈毓秀、晏楚生、傅慕兰，祖籍均为安徽和县。④ 这几人可能是因抗战迁入宁化的外地人。抗日战争结束后，外地知识分子相继离开，学校教员的质量大大下降，生物、英语教师缺乏，尽管张树庭仍竭力寻找好的教员，但找到的多数是地方上学历相对高的人，有的还仅有小学任教经历，较之抗战时教员的水准，确实有很大的差距。⑤

尽管道南书院和道南中学均是宁化西乡各家族积极参与的地方公业，但二者性质不同，前者是传统国家在文化落后的地方推行教化的手段，后

---

① 林星：《抗战内迁与沿海省份内地城市的现代化——以福建为个案》，《抗日战争研究》2009年第2期。
② 邱恒宽：《原道南中学调查》，《宁化文史资料》第2辑，第46页。
③ 《民国三十二年度第一学期新生一览表》（1942年11月），《筹设私立道南初级中学》，档号：103-5-148。
④ 《宁化私立道南初级中学三十四年度第一学期学生一览表》（1945年12月），《筹设私立道南初级中学》，档号：103-5-334。
⑤ 《宁化私立道南初级中学三十六年度第一学期教职员一览表》（1947年10月），《筹设私立道南初级中学》，档号：103-5-334。

者则是在现代国家建设中推行基础教育制度的结果。不过，二者在学校经费的筹集和管理上却如出一辙，县级政府作为一个象征性的符号，授权基层社会创办基础教育，学校经费则主要来自乡族组织的捐献。

三　地方权势转移

道南初级中学的成功倡办并投入运营，引得西乡民众啧啧称赞，俨然是宁化县地方自治和发展教育事业的典范，而道南初级中学董事长张树庭也成为宁化县各地精英认识学习的楷模。据当事人回忆，在 1942 年冬前后，"张树庭倡办道南中学获得成绩之后，西区〔乡〕颂言盈耳，全县亦有盛名，且蜚声远播，直达上层。为其后攫取省参议员和国大代表的虚荣身份，捞到一定的政治资本"。张氏亦不满足于此，还积极插手地方政治："张树庭办学的方针和措施，是为实现一个政治阴谋，既获得盛名，又培植羽翼。安排道中校友充当（西乡）乡长，控制四个乡的政权。"[①] 张树庭社会威望得到提升，姿态极高，又试图控制西乡的地方政治，令宁化县长林善庆对之心存不满而生猜忌。

林善庆，生卒年不详，字治平，福建南安人，中央政治学校毕业，是战时福建省政府派往宁化县推行地方自治的年轻县长，任职宁化时刚通过国民政府举行的县长考试。按照当时内政部的要求，县长考试分四试进行：（1）三民主义、建国方略、建国大纲和中国国民革命史；（2）法学通论、经济学原理、政治学原理、中外近百年史、中国人文地理；（3）现行法令概要、国际条约概要、本省财政、本省实业与教育、本省路政及水利；（4）一次口试。[②] 林善庆出任宁化县长时，踌躇满志，他具有极高的学历，理论水平自非一般人能所及，其想法多令人有不切实际之感。曾任宁化第一区区长的刘振邦后来回忆说，林县长"下车伊始，自命不凡，在与地方士绅交谈中，满口总理遗教、总裁言论，一味诩诩自炫，不问民间

---

① 邱恒宽：《原道南中学调查》，《宁化文史资料》第 2 辑，第 47—48 页。

② 王奇生：《革命与反革命：社会文化视野下的民国政治》，社会科学文献出版社，2010，第 341 页。

疾苦，也无借重士绅协助治理县务的谦辞"。[1] 作为当时宁化颇具声望的地方士绅，刘振邦亲身经历所感，应为当时大多数人的共同感受。

行文至此，有必要对张树庭的身世做进一步的交代。张树庭（1906—1952），谱名捷标，乳名松子，学名张绩，出生于宁化县龙下里（今济村乡）长坊村。1909年，生父张士银（老蟾）病逝，其母将年仅4岁的张树庭卖予济村秀才张士波（1881—1918）为子。1922年，张树庭由禾口道南小学考入福州省立第二中学，毕业后回宁化晓华小学任教。1927年，国民革命军北伐攻克宁化后，张树庭加入国民党；次年，辞教回乡与其叔父张士豪共办团练，出任济村保卫团团总。随即，张树庭倡修大长坊张氏第十三修族谱，留下《十三修族谱谱序》一篇，署名为"宁化县民团总办处办事员兼第十四团团总"。[2] 据此推测，济村民团团总、禾口民团团总等地方组织其实是一种官方认可的武装机构。1930年，红军攻克宁化，张树庭叔侄欲率队逃亡福州，途经清流县时被红军击溃，张士豪不知所终，张树庭率残部潜回济村。回到济村后，张树庭一直坚持反共，通过使用各种手段，拉拢地方土匪及反共分子，发展势力。至第五次"围剿"时，配合国民党五十二师"围剿"红军，立下"战功"。1935年，年仅30岁的张树庭被委任为宁化第五区（西区）区长，统揽西区军、政、财政大权，成为宁化的"西霸天"。[3]

张树庭成为济村乡团总时还是一个二十出头的小伙子，他的"成就"应是大长坊张氏晚清以来几代人长期积累的结果。济村乡位于宁化县西北，石壁镇正北，境内有新田溪、济村溪流经，相继汇入西溪，新田溪汇入点在陂下村东。济村乡内群山起伏，村落和耕地主要分布在济村溪两岸的数百米宽的冲积区。[4] 张树庭所在的大长坊一族堪称济村的世家，拥有当地乡族首领的地位。其养父张士波，"光绪甲辰（1904）授章取入文庠"，是当地一个有名的绅士，祖父和曾祖父便是前文提到的地方豪强张华仪和张国奋。据张树庭的嫡孙张清东先生言，张树庭在世时是济村一带

① 王逸生、刘振邦：《西乡事变始末》，《宁化文史资料》第10辑，1989，第131页。
② 张金炎主修《大长坊张胜甫公十五修族谱》卷首《十三修族谱谱序》，2018。
③ 刘善群主编《宁化县志》卷35《人物·张树庭传》，第878—879页。
④ 福建省宁化县地名办公室编印《宁化县地名录》，第78—80页。

出了名的大善人，他年轻的时候经常听村里的老人讲其祖父助人为乐的故事。比如，每逢济村墟期（每旬三日、八日）为所有穷人提供免费饭吃；在区长任上，勤政爱民，征剿土匪，建设新村，拓展墟市；后来又置办济村中心小学，创立了道南中学，培育了大量人才。[①] 不过，在整个西乡，济村地理位置偏僻，地势崎岖，经济落后，是西乡的边缘地区而非社会文化的中心区域，以禾口为中心的西乡，地方政治向来被石壁村的上市张氏、下市张氏、陂下张氏等大族把持。张树庭受命区长一职，区署设在禾口墟，入主禾口，是传统较为边缘的宗族成员介入核心区的成功个案。

在任职西区区长期间，张树庭一方面利用国民党的"清党清乡"政策，对曾经的苏区工作人员、掉队军人、积极分子赶尽杀绝，并通过"剿匪""禁烟"等方式，排挤、陷害禾口周边原有地方势力中的竞争者。在时人的回忆中，这些往事仍显得惊心动魄。先是，张树庭将原禾口的保卫团团总、陂下张氏"祠胆公"张立瑜挤兑出地方政坛，张立瑜不得不退而求全，吃斋念佛。再是，利用大路背乡绅张恩利（下市张氏）与禾口市民刘承水发生纠纷之机，勾结县政府，将张恩利下狱。纠纷中涉案的土匪张新添，尽管当时已接受"招抚"，但张树庭忌惮他仍手握武装力量且得到了张立瑜、张恩利的支持，寻机将他暗杀。此外，他利用乡族传统发展新的社会关系，建构新的权力格局，其核心自然是张树庭本人。就职禾口后，张树庭立刻联系他的小学老师张守先，进而通过老师的网络团结了一大群同门，与石壁上市张氏的"祠胆公"张绍渠（详后）结拜为兄弟，并栽培了一批有文化的青年人。[②]"新县制"施行前，张树庭已卸职区长之职，相继担任宁化县参议院议长、长汀专署参事、保安司令部参事，至倡办道南书院时任福建省政府咨议、专员、省参议员等职，大部分时间赋闲在家。虽说张树庭仍与西乡各界有着紧密的联系，但这些权力多是在县政府授予下获得的。道南初级中学成功运转后，他赢得了西乡各个家族和当地士绅的拥护，成为战时福建省的名人，也意味着他拥有了源自乡族的传统权力——威望。

宁化县长林善庆在任上积极推进地方自治事业，但各地的绅士诚心配

① 济村乡济村，访问张清东（40多岁），2011年4月15日。

② 黄承爵、邱恒宽：《西霸天张树庭》，《宁化文史资料》第1辑，第93页。

合者鲜见。因此，林县长将把持基层政治的地方豪强当作其施展手脚的巨大障碍，而气焰甚高的张树庭则成为他打击的首要对象。于是，一场围绕地方实际控制权的争夺战悄然铺开。

为了打压张树庭，林善庆采取的措施是扶植西乡张树庭的敌对势力，其中最大的动作便是招抚土匪张泽庆。张泽庆，出生在龙上下里江头村，属大江头张氏，与张守先同族。自小跟随父亲做篾匠，后迁居陂下。①1938年，为逃避军役，上山加入张新添股匪，并担任张新添的"警卫员"。张泽庆入伙后，很快得到张新添的赏识，成为张新添的得力助手。1939年后，因张新添投诚，张泽庆不愿放弃做土匪的"事业"而自立门户，经过一年多的"惨淡经营"，拉帮结派，成为闽赣毗邻地区继张新添后的又一大股匪。张泽庆将匪巢安在宁化西南的治平乡山坑山。治平，原名寺岭背，山高谷深，山坑山更是险要，官府鞭长莫及，无须与时任区长的张树庭直接对抗；更为重要的是，治平一带为宁化、长汀、石城、瑞金四县交界处，是宁化玉扣纸的核心产地，往来商人频繁，足以提供生存所需的"经济来源"。②张泽庆股匪很快发展成抗日战争时期闽赣边界数县一带最为活跃的股匪之一。在1943年，宁化西南一带也仅有张泽庆具有能与张树庭分庭抗礼的影响力。

林县长招抚张泽庆的策略，是响应省衙剿灭土匪的政策，召集地方党政官员制定计划，争取长汀专区的支持，长汀专区也因此特派一人名云中鹤者协助实施招抚。云中鹤到宁化后，先与曾被张树庭诬告入狱的西乡名士张恩利取得联系，二人共同谋划计策。1942年冬，云中鹤携南田乡长罗世耀、绅士张恩利前往寺岭背，到张泽庆的贼窝谈判，因县政府许之厚利，谈判很快取得成功。随即，张泽庆股匪经林县长授意，悉数下山，驻军治平乡坪上村，编为独立分队，其部下土匪悉数接受编制，张泽庆被授予"宁化县特务队中尉队长"一职。③不过，张泽庆并未改过自新，反而更加肆意妄为。1943年春，张泽庆的特务队以维护治安为名，派遣巡逻

---

① 笔者在田野调查中，问及张泽庆是哪里人时，石壁乡民回答十分有趣。陂下村人多言张泽庆是江头村人，江头村人则说是陂下村人。

② 黄承爵等：《著匪张泽庆起灭记》，《宁化文史资料》第2辑，第59—70页。

③ 《招抚张泽庆股匪特务队官兵花名册》（1943年4月），《招抚张泽庆股匪特务队官兵花名册》档号：103-1-586。

队，在曹坊、治平等乡查路，收取保护费和烟叶捐，招致民怨沸腾。[①] 此后一年半左右时间里，张泽庆股匪将"抓羊牯"的行为合法化，至于有无钳制张树庭的作用，没有任何证据可以证明。在林县长和张树庭正面对峙时期，张泽庆股匪还在治平等地，日夜招兵买马，扩充实力。前述故事多引用亲历者的回忆性文字，难免有添油加醋之言。作为县长的林善庆自然不会倚靠招抚土匪来对付地方豪强，无非是希望在排除异己之时少一些障碍，待障碍扫除后再做打算罢了。

第二节　处理西乡事变

林县长对付张树庭的真正措施是在西乡建立警察制度，控制地方武装力量。宁化县的现代警察制度始建于民国初年，大革命后，警察制度被束之高阁，代之以民间自卫组织"保安团"的建设。随着"新县制"的推行，警察制度建设再次推进，《各县级组织纲要》规定，"区所所在地得设警察所，受区长指挥，执行警察任务"。[②] 1942 年秋，林县长从国家政策出发，着手建立乡村警察制度，实际则以原有自卫组织为基础，于 1943 年初在各乡相继设立了县警察所的分驻机构，西乡各处自不例外。宁化县第二自卫中队中队长赖少康称，1943 年 1 月，"职队奉令开赴凤山乡驻防，经派第一班班长张步青及第六班班长李仁淦合并成一班，率领固守该乡，已逾二月有余"。[③] 西区各乡分驻警察人数并不多，大约为一个班，具体数目不清。

一　西乡事变

1935 年以来，宁化西乡的社会治安一直由张树庭组建的自卫队负责，林县长派遣的县警察所警察进驻各乡，可以说将最大限度地遏制张树庭的

---

① 黄承爵等：《著匪张泽庆起灭记》，《宁化文史资料》第 2 辑，第 66 页。

② 《各县级组织纲要》，徐秀丽编《中国近代乡村自治法规选编》，第 218 页。

③ 《第二自卫中队赖少康报告》（1943 年 1 月 21 日），《西乡暴变处理》，档号：105-1-112。

势力，二者的矛盾暴露无遗。明眼人都看得出来，此时林县长与张树庭之间已成剑拔弩张之势。不过，林县长和张树庭之间的直接对话，竟然是源于林县长一次派出警察的不理智行为。

据刘振邦等人的回忆，当时被派往凤山乡驻防的一个班长，诱拐了当地一名王姓女子回城姘居。不久，女子家人在县城中发现了她，并将她带回凤山乡。因害怕惹上官司，王氏女子家人忍气吞声，并未将此事诉至公堂。然而，这个班长的上司保安中队长何金彰得知此事后，便向林县长报告说，凤山王氏依仗张树庭的势力，目无政府，在大庭广众之下，欺压妇女，扰乱秩序。林善庆闻之，便借机质问张树庭，何以纵容下属欺负民女，破坏社会秩序。在地方政治中混迹已久的张树庭，自然知道林县长的质问不过是欲加之罪。且自1942年秋后，他一直乡居，对警察班长拐卖村妇一事，确实未曾知晓。张树庭深感不妙，试图表明态度，避其锋芒，随即携带家眷，暂时迁居邻省江西宁都县长胜镇。[①]

张树庭离开宁化后，西乡地方势力已是群龙无首，林县长认为这是控制西乡、架空张树庭乃至完善乡村警察制度的大好时机。于是，林县长相继撤换西区的乡长，加派警察分驻各个乡公所驻地，再请特务队长张泽庆下山钳制张树庭的自卫武装。当时，林县长安插的亲信有三个，即南田乡乡长伊奉璋、淮土乡乡长邱今雄和石壁乡副乡长吴俊煌。据后二者称，"窃职等奉钧令委充淮土、石壁等乡乡长、副乡长等职，遵即于本月五日一同前往该乡接受"。[②] 林县长自以为控制住了西乡局势后，便展开了对张树庭的拘捕活动。

避居于宁都长胜镇期间，张树庭并不得闲。长胜镇是当时江西第五专区（宁都专区）区长黄镇中的家乡，抗战时期江西省内大量政府机构、学校转移至此处，邻省名人张树庭的到来，引来了各色人物慕名拜访。随着林善庆的步步紧逼，张树庭似乎发觉林县长并没有放他一马的意思，适逢春节来临，他觉得是时候回乡收拾残局了。不过，张树庭并未料到，林县长出手之快超出自己的预期，他刚离开宁都县踏入石城县境，就被宁都专区警察所的警察截住，并被带回宁都县城，软禁在一个名作陶陶招待所的

<hr />

① 王逸生、刘振邦：《西乡事变始末》，《宁化文史资料》第10辑，第131—132页。
② 《中队长邱今雄报告》（1943年1月20日），《西乡暴变处理》，档号：105-1-112。

宾馆。① 关于张树庭为何突然被扣押，笔者所见材料中并无确切记载。据刘振邦等人回忆，是由于张树庭在宁都时派头太大，引起了当地政府的怀疑，因而被宁都专区"请回"公署调查。笔者认为，这一解释过于表面，张树庭在宁都长胜镇非一日两日，而且张树庭在闽赣边界名声颇大，宁化和宁都临近，即使黄镇中这类地方豪强与他相交不深，但也早有耳闻。而且，张氏拥有福建省咨议员的政治身份，于公于私，宁都专区公署都不敢扣押张树庭。由此可以推测，张树庭被扣押一事，绝非事出偶然，而是闽赣两省超越县级政府的重大阴谋。

张树庭被宁都专区扣押的消息很快在西乡传开，让张树庭的旧部心急如焚，而西乡民众也惶惶不可终日。宁化林县长得知此消息后，随即派遣宁化警察局长石逢云假借剿匪之名，前往宁都县押解张树庭回县，"本月十八日奉令前赴江西石城县，府会商讨剿匪事宜，当遂带官警二十九名护送"，② 以期将张树庭交由林县长亲自处理。1943 年 1 月 18 日，警察局长石逢云率领 30 名武装警察，带着宁化县长林善庆的秘密命令，由宁化县城取道西乡禾口、石壁，前往江西宁都，押解被扣的张树庭。当石逢云等到达禾口乡陂下村，即将到达禾口乡公所时，石逢云向所带的警士宣达了一条秘密的指令，而正是这一道命令点燃了张树庭旧部的怒火。

原来，林县长为防止张树庭到达宁化后被旧部营救，在石逢云启程之前，密令他率队到达禾口墟市时，将张氏部下实际掌握武装的吴荣高、王荣浪二人秘密逮捕。据说，吴荣高是张树庭最亲信的爱将，从他办团练开始追随，在张树庭逃亡之中遇到红军堵截时，吴荣高曾舍身相救。张树庭得势之后，吴氏一直追随张树庭，并一度被委任为禾口、凤山等乡副乡长。这一次林县长咄咄逼人，张树庭有难，吴荣高四处奔走，无奈一介武夫，无计可施。石逢云率队潜入禾口墟场后，兵分两路，分别直捣吴、王二人家中，恰巧吴、王二人不在，警士扑空。为顺利完成任务，石逢云将所带人马分成两部分，大部分警士留驻禾口分所，以防止发生地方动乱，一小部分人继续前往宁都。不过，是日下午，石逢云率队离开禾口墟赶往石城后，留下的警士

<hr>

① 王逸生、刘振邦：《西乡事变始末》，《宁化文史资料》第 10 辑，第 131 页。

② 《为呈报本局在乡被缴损失造具清表请核示由》（1943 年 1 月 21 日），《西乡暴变处理》，档号：105-1-112。

中有与吴荣高等交厚者，偷偷将消息传出。吴荣高、王荣浪等人得知消息后，立马布置人手，发起反击。一方面，吴荣高亲自率领禾口壮丁队，往石城方向追赶石逢云等人；另一方面，部分壮丁队发动禾口民众将留在禾口墟的县队警察包围在禾口警察分所内，并收缴了警所的武器装备。于是，就发生了震惊战时福建政府的宁化"西乡事变"。

西乡事变的具体情形，可通过宁化县警察局侦缉组长陈明易等人向县长林善庆呈报的档案了解一二。其言曰：

> 职等于本月十八日奉令随同局长往禾口等乡工作。是日下午，在禾口警察分驻所突被暴徒袭击，经对抗数十分钟，结果因众寡悬殊，致被全部缴械，所有公物服装全被掳劫。查此次局长奉令出乡随带巡官郑启英及禾口警察分驻所巡官庄琛及职等并长警等二十名。当时职于禾口警察分驻所被围，因手枪子弹无多，弹尽被缴，并于背上、腿上跌伤，致无力抵抗，于是夜乘隙率同侦缉警魏开怡冲逃返局。现全部被缴，其余详况不明。①

引文显示，陈明易率 20 名警察在禾口警察所被禾口壮丁队袭击，对抗几十分钟便缴械投降，所内公物、服装悉数遭到抢劫。夜晚，陈明易和魏开怡二人逃跑，返回县城。

带队前行的警察局长石逢云遭遇的情况更加糟糕。当日下午，石逢云率其小部分警士从禾口出发，行至石壁乡南田村（禾口墟西约 15 里），被吴荣高等队丁赶上。吴等"出其不意，开枪射击，武警慌乱，立刻四散，有的被俘，有的弃枪逃走；石逢云走在最前头，骤闻枪声，自知不妙，拼命逃脱"。② 等到四天后侦缉组长陈明易向县长报告时，石局长尚不知去向。直到 1 月 31 日资料中才出现了石逢云亲自写的报告。石氏称："本月十八日奉令前赴江西石城县，府会商剿匪事宜。当随带官警二十九名护送，至石壁乡，不意该时近六乡为其首绅张树庭在赣被扣，要挟本县保张

---

① 《为据情呈报本局官警于禾口、石壁被暴徒围剿经过情形请察核由》（1943 年 1 月 20 日），《西乡暴变处理》，档号：105-1-112。

② 王逸生、刘振邦：《西乡事变始末》，《宁化文史资料》第 10 辑，第 133 页。

安全。突告暴动，掳杀队警人枪。"① 从石逢云的描述看，吴荣高还未冲动至上来就开枪的地步，而是试图和警察局长交涉，但局势已经超出了他的掌控，自卫队丁显然没有他这么冷静。不只如此，报告中明确论及吴荣高等拦截石局长是为了搭救在江西被捕的张树庭。

在劫了警察局长后，吴荣高又联合西区各乡相识对付林县长派驻的武装力量。当日晚上，除了林县长未派警察入驻的济村乡，西区其余数乡纷纷发生了围攻军警事件。在凤山乡，宁化县自卫中队第二中队长赖少康报称：

> 本月于十八日下午六时五十分正，在黄昏时，忽有该乡王副乡长（王荣浪）及该乡公所警备班班长李金生等率暴动，约五十余暴徒，各持长短枪、大刀来至驻地。经卫兵陈中唤其口令，惟该王副乡长答称送口令来。但口令系按日由该乡公所制发，以为事实，乃经班长张步青即行开放。王副乡长等不分青红皂白，对我驻兵扫射，以大刀乱砍。该班长张步青等视其势执汹汹，在该士等与之对抗中，另有数徒由该士背后扫射。当场被击毙中士班长张步青，二等领兵黄月望、邱术等三名，业已查明。确定被捉去者，一等列兵洪文生、陈中、安福来，二等列兵程春海等四名。查第六班下士班长李仁淦背部被砍一刀，绵衣均被砍破。该士幸有精识拳术，战斗经验丰富，砍该士之匪已被士击毙。才冲出，救回步枪一杆。再查上等列兵周民辟等，二等列兵赖瑞麟等二名因□□一时寻枪无着，以致随同班长李仁淦共同冲出。返队嗣后，此调查职队损失日造步枪一杆，□造步枪一杆，德造步枪二杆，闽造步枪三杆，土造步枪二杆，计共九杆；六五步弹六十发，七九步弹四百八十发，计共五百四十发及被服装具等全部损失。②

从赖少康的报告看，凤山乡副乡长王荣浪率自卫队袭击该乡警察驻所，发生了激烈战斗，打死了三名军士，抢走了不少枪支。类似的情况，亦发生

---

① 《为呈报本局在乡被缴损失造具清表请核示由》（1943 年 1 月 31 日），《西乡暴变处理》，档号：105-1-112。

② 《第二自卫中队赖少康报告》（1943 年 1 月 21 日），《西乡暴变处理》，档号：105-1-112。

在淮土、石壁、南田等乡。淮土乡长邱今雄、吴俊煌等报称："本月十八日晚十一时突来棍徒数十人，持枪冲入淮土碉堡，即将职等衣物抢夺一空。连同在身上所穿羊毛衣一并脱去，损失数千元。"① 在南田乡，乡长伊奉璋 19 日报称："本早忽有禾口之吴荣高率领武装三十余人，直抵方田里，声称凤山乡已与张泽庆股匪接火，吴某特帅队前来堵截等语。殊料吴荣高心存诡诈，闯入碉堡，公然将本乡警备班步枪六枝，子弹一百五十五发，弹□十条，完全缴去。又将职房内抽屉所存放空白免缓证百余张撕毁，本乡公所钤记长条被弄失，不知去向。（其余公务容查续报）王副处长亦被迫勒□往禾口。"②

此外，西区五乡各处的税捐征收所均遭到了一定程度的袭击，尤数禾口乡为最。禾口征收所主任吴景鹏上报给城区经征处的报告称："十八日下午约七点钟，忽有暴民十四人携枪十四枝来所，情势汹汹，声言缴械，大肆搜索，适因本所领用枪弹于本月十八日派征收员高瑞源、张志诚同淮土主任征收员张汉臣、税丁马积金等携带随同前往石壁、淮土催收税款。该暴民等搜索一小时之久，始行退出，本人看势不佳，旋即绕道单身脱险。"③ 历经半个月调查，宁化县政府城区经征处主任雷臻岷报告了西乡事变禾口等处征收所的"清查损失税款书目情形"，其文如下：

> 一、禾口征收所总共损失税款 5225.10 元。内主任征收员何幹忠经暴民强取 2000 元，征收员高瑞源在宦途缴枪时被暴民收缴 460 元；征收员艾陶富经淮土刘乡长万机提借 1000 元（有收据一纸为凭），吴荣高提借 1000 元，又经暴民数人强取 765.10 元。以上数目除刘乡长万机提借一千元有据，吴荣高一千元姓名已悉外，其余之款因各人均已解散，一时难于查明。业已面饬禾口征收所从速查明各人姓名，如数追回。二、淮土征收所总共损失税款数目 1200 元。内主任征收员张汉臣在淮土缴枪时被暴民数人搜缴 200 元，后经刘乡长万机提借 1000 元（有收据一纸为凭），其搜缴之款，因搜缴人姓名（不详），现正在

---

① 《中队长邱今雄报告》（1943 年 1 月 21 日），《西乡暴变处理》，档号：105-1-112。

② 《第二中队长何全彰报告》（1943 年 1 月 19 日），《西乡暴变处理》，档号：105-1-112。

③ 《为据禾口征收所被禾口暴民缴去转报钧察由》（1943 年 1 月 21 日），《西乡暴变处理》，档号：105-1-112。

调查追还中。三、凤山征收所总共损失税款数目 4939.90 元。内代旺
提借 3480 元（有收据二纸为凭）……以上除代旺提借税款有据外，
其余均无收据。[①]

引文显示，各项税款损失主要是刘万机等人提借，而非西乡暴民的蓄意抢
劫，也就是说对税捐征收处的袭击似乎并非在此次事变的计划之内，但西
乡民众趁机搜缴征收处职员的钱财，体现了这些人被认为是林县长的爪
牙，而非当地民众认可的自己人。

　　1 月 19 日下午，吴荣高、王荣浪等冷静下来，自知闯下大祸，邀请西
乡绅士张绍渠、王子谦等到道南初级中学商议善后问题。经过一番讨论，
西乡绅士决定采取以下措施：（1）统一言论，认定此事系属"官逼民反"；
（2）劝止纠众攻城，以免事态扩大；（3）为防林县长兴师问罪，西乡各地
应做好防御准备；（4）慰问被俘的文职官员，并保护其安全出境；（5）遣
送已缴械的警察士官出境；（6）安抚境内乡民，安定生产。[②] 张绍渠等人
的决定，将西乡事变的损失降到最低，西乡民众也未因事变而受影响。

　　在事变爆发两天内，西区五乡林县长安插的所有文职人员悉数离职遁
去，警察武装人员则多被俘虏，武器设备也被缴去。其中，分驻凤山乡的
警察班长张步青被定性为"为公殉职"，巡官庄琛身受重伤，此后一再要
求政府出钱为其治疗。这也意味着，林县长利用乡村警察制度消除张树庭
影响的做法宣告失败。

二　善后处理

　　西乡事变的消息传到宁化县城，县长林善庆大为震惊，既担心西乡武
装进攻县城，更担心乌纱难保。比林县长更担心的是城区的市民，西乡民
性素称彪悍，原本就是土匪横行之所，率众攻击县城的举动并未被人们彻
底遗忘。

---

① 《为呈报调查禾口淮土凤山税款损失数目情形请察核由》（1943 年 2 月 2 日），《西乡暴变
处理》，档号：105-1-112。
② 王逸生、刘振邦：《西乡事变始末》，《宁化文史资料》第 10 辑，第 134 页。

为了稳住西乡民众，林县长一面电报福建省政府，呈请派保安团协助平叛；一面派遣宁化城关地方绅士——时任宁化国民党党部书记长伊爵言、常务检察委员黎志刚二人前往禾口调停。禾口绅士张绍渠等给二人的答复是，如果林县长要武力解决事变，西乡民众将严阵以待；如果有诚意和平解决，则非等张树庭回乡不可。西乡民众可谓以最坚定的方式力挺他们的领袖。此时，林县长似没有了主见，一心听候上级命令。长汀专区司令陈逸风闻讯，经过与宁都专区的调解，将张树庭提解往长汀，听候审讯。①

西乡事变的善后处理持续 1943 年整年。当年 2 月，被押到长汀的张树庭，经府衙司令陈逸风等人审讯，又有西乡富商童德年、张润仰等担保，被认定为无罪，但要求其认真解决西乡事变，协助捉拿主要肇事者。3 月，府衙派参谋钟怀玉前往宁化县处理西乡事变一案，负责追还事变中损失的武装弹药及抚恤事变中受伤的公职、警察人员，并努力恢复事变中丢失的税款数据。直到 1944 年初，宁化西区各乡征收所的税款征收才恢复正常。5 月底，府衙拟定处理西乡事变四点原则：（1）交出凶手送由府衙惩办；（2）交还警察所及自卫队枪支；（3）抚恤被害队警家属；（4）交出枪支，分配禾口、淮土、凤山、石壁、济村、南田等乡公所为自卫之用，造册呈请县政府登记编查。② 6 月，西乡事变的急先锋吴荣高、王荣浪二人，因张树庭一再写信诱捕终于归案，当年夏天在长汀枪决，随后张树庭被释放。③ 7 月，府衙从"禾口等乡计缴出步马枪六十五枝，除该县石壁等五乡分配使用自卫步马枪五十枝外，尚有枪十五枝，经本署参谋钟怀玉交由府秘书吴志全带县暂予保管十二枝，尚有三枝现存本署"。④ 事后，有 50 支枪留在了西乡，作为自卫队的装备，似反增加了地方自卫队的武器装备。其间，回到宁化的张树庭在禾口宴请县长林善庆等人，希望一笑泯恩仇。10 月 19 日，府衙四点原则基本得到落实，钟怀玉写了一份报告，算是最终结案。

① 王逸生、刘振邦：《西乡事变始末》，《宁化文史资料》第 10 辑，第 134 页。
② 《派参谋钟怀玉前来该县处理西乡事变一案仰遵办具报由》（1943 年 5 月 27 日），《西乡暴变处理》，档号：105-1-112。
③ 王逸生、刘振邦：《西乡事变始末》，《宁化文史资料》第 10 辑，第 136 页。
④ 《据呈请准将西乡缴出之枪械充自卫队等情电》（1943 年 7 月 6 日），《西乡暴变处理》，档号：105-1-112。

张树庭回到宁化后，林县长虽未再为难于他，但西乡事变的影响远远超出了宁化县。福建省政府通过长汀专区和宁化县政府一再要求张树庭"往永安一谈"，张氏以主持建筑道南初级中学校舍以及料理家务一时未能脱身的借口一再拖延。至 11 月 20 日，府衙再次命令张树庭前往永安，"兹奉主席刘电，以张树庭准予保释，并饬来永一谈"。① 经不住府衙催促的张树庭，在家休养了一段时间后启程前往永安，接受福建省主席刘建绪的召见，谈话的具体内容不得而知，随即张氏被"委任为省府专员，任永安康乐新村主任"。② 没多久，张树庭又回到宁化，继续张罗道南中学校务。

　　西乡事变的实际影响，可能还超出了福建省，乃至引起了战时中央政府的注意。1943 年 12 月中旬，国民政府监察院福建浙江区监察使公署向宁化县政府直接下达了一道命令：

　　　　案据本署调查委员许世璋报告视查福建宁化县地方情形称，查该县尚有少数乡镇长及乡间士绅仍未脱封建思想，且因乡间枪枝甚多，致有拥兵自卫事情，如去年西乡暴变即种因于此。流弊所及，境内小股至今尚未能完全肃清，距城数里尚有绑架事件发生。冬防瞬届，隐患堪虑，请饬该政府严加防缉。③

　　宁化县长林善庆经此事后彻底放弃了打压地方势力的念头，转而依靠地方势力维持地方秩序，如宁化的乡村警察建设不再设立驻乡警察分所，而是按照原有的警察建置，分五区设区警察所，乡镇治安则由当地的国民兵队负责。至 1944 年，县长换届，林善庆被调任清流县长，并在清流县长任上主修《清流县志》，其继任者傅柏翠（1895—1993）似无心宁化政事，任由当地绅士开展各项地方自治活动。

　　张树庭虽在西乡事变中平安无事，但其无力保住吴荣高、王荣浪等旧

① 《奉转张树庭准予保释仰转饬取具保结并饬来汀一谈转赴永安将办理情形具报由》（1943 年 11 月 20 日），《西乡暴变处理》，档号：105-1-112。

② 王逸生、刘振邦：《西乡事变始末》，《宁化文史资料》第 10 辑，第 137 页。

③ 《据本署调查委员报告视查福建宁化县政情函请查照合办见复由》（1943 年 12 月 16 日），《西乡暴变处理》，档号：105-1-112。

部，"弃卒保帅"虽是无奈之举，但也令他在西乡民众心中的威信受到质疑。张树庭的旧部张耀添等人，看到吴荣高的下场后，认为张树庭忘恩负义，愤而上山落草，成为张泽庆股匪下山期间兴起的又一土匪势力。当然，在此期间下山受编的张泽庆股匪，因西乡事变的解决，自知已处境危险，在治平一带抢掠一番后，又回到了他的贼窝山坑山。1944年春，林县长曾派县警察队联合张树庭的自卫队试图剿灭张泽庆，这促成了张耀添股匪与张泽庆股匪合伙，土匪实力大增，乃至四出"抓羊牯"。1944年底和1945年初，福建省政府两度大力剿匪，才打垮该伙土匪的有生力量。不过，张泽庆股匪未被彻底剿灭，直至抗日战争胜利后，宁化县长练平与张树庭通力合作才剿灭之。遗憾的是，张泽庆并没有被抓获，而是携带多年的"积累"逃遁，不知所终。[①]

在西乡事变中，遭到西乡乡镇官员和民众打击的主要是林县长派驻各乡的警察所、税捐征收处以及几个文职人员，大部分的基层行政官员并未受牵连，西乡民众的意图十分明显，他们要保护的是他们认可的西乡领袖，要反对的则是试图迫害领袖的林县长及其代表者。林善庆虽是一个接受过高等教育的知识分子，想干一番事业，履行地方政府的职能，建设新式的警察制度，但其推行警察制度的目的并非维护地方治安，而是打压声势熏天的地方绅士，以期减少施政过程中的阻力，提升自己的威望，乃至获得更多的政绩。结果适得其反，警察制度的建设不仅没有削弱地方绅士的势力，反而将大量警察的枪支留在当地，更加壮大了地方绅士的力量。这说明，国民政府推行的一系列基层行政制度与传统社会的权力结构并不存在尖锐冲突，引起冲突的是施行这些制度的人的不同诉求。

第三节　构建权力格局

在地方自治的影响下，除了容纳自治的保甲组织，宗族、庙会等社会组织亦十分活跃，它们积极参与地方公益事业，还催生了一些受政府扶植

---

① 黄承爵等：《著匪张泽庆起灭记》，《宁化文史资料》第2辑，第59—70页。

的农会、手工业合作社、水利组织等新式的社会组织，是为因应国民党乡村治理政策的新事物。受到现代政治制度的影响，日趋活跃的乡族组织在地方政治活动中也发挥一定的作用。

一 自治组织

20 世纪三四十年代，国民政府为应对内部的革命活动和国外的军事入侵，发展乡村社会的社会经济，曾积极倡导各种生产合作组织，诸如手工业领域的生产合作社、农业领域的农会，以及四处推广乡村建设。这些乡村的社会经济组织虽然取得了一定的成就，但总体上并未改变乡村社会的基本面貌，或者说基本上是失败的，对此学界已有不少论述。[①] 不过，从地域社会的角度看，这些组织虽未有效地促进乡村经济发展，却为一些人士提供了展示自身活力的舞台，丰富了乡族组织的具体形式。

据档案记载，宁化县较早成立的经济合作组织是 1939 年底成立的宁化县纸业同业公会，该会的宗旨虽然是"维持增进同业之公共利益及矫正弊害"，但也涉及"会员营业之指导研究调查及统计"。[②] 在纸业公会的指导下，1941 年在宁化县西南造纸地区成立了以村落为单位的纸业生产合作社。档案显示，是年共有 22 个村落纸业生产合作社，合作社的社址及开会场所就是普通会员的家里，每个合作社都向政府备案，填写了负责人、主要成员及其年龄、住址等情况，合作社的宗旨是"发展纸业生产，共谋社员经济之利益"，入社的社员，"以在本社业务范围内或附近居住之人民，从事纸业生产或有纸业生产原料或工具者，年满二十岁，有正当职业，而不吸食鸦片或其他代用品，未受破产及褫夺公权之宣告者为合格"。[③] 从填写的章程看，这些以油印为主的章程是模式化的，即除了各个合作社的名

---

① 目前，学界有关工业合作、农业合作及其组织的研究非常多，有总体性研究、区域性研究、专业性研究等类型，详见游海华《抗战时期中国东南地区的工业合作》，《抗日战争研究》2015 年第 1 期。有关农业合作组织研究的相关回顾，详见王小平《民国时期福建农村合作运动（1935—1949 年）》，硕士学位论文，福建师范大学，2010。

② 《福建省宁化县纸业商业同业公会章程》（1939 年 12 月），《纸业同业公会请备案》，档号：103-4-16。

③ 《宁化县邱源村生产合作社章程》（1941 年 3 月 16 日），《铜盘村纸业生产问题》，档号：103-4-51。

称、社员等项，其余内容均是一致的。也就是说，此等合作社是在地方政府设计和推动下形成的生产组织，与抗日战争时期纸张供应紧张、各地政府极力倡导发展造纸业有莫大的关系。

生产合作社成立后，缺乏资金的槽户可以向政府申请贷款。1943 年秋，宁化县政府收到了来自县内不同乡镇的槽户的贷款申请，槽户廖瑞熊的申请书写道："窃槽户近因纸品滞销，资金难以周转，所须起槽、发灰、修山、雇定（订）工人之款颇巨，亟待政府接济。为此理合备文填同纸业申请书暨纸业借款约五份，呈请钧府察核。俯恳赐转呈建设厅借贷资金，以维生产而资救济，实为公便。"① 该文未提及槽户所在的地方，真实与否尚难推定。依照档案显示的程序，下发贷款的具体过程是：槽户向县政府提出申请，县政府收到申请后，将之转呈给福建省建设厅，建设厅会来函要求县政府进行核查，核查为实则可由建设厅转呈给福建省银行，再由福建省银行发放贷款。不过，此需耗时多久，尚难确定。一份发自福建省建设厅的电报论及，槽户借款要填写五联借约，其文曰："兹检发纸业借款申请书及借约格式一份，希依式翻印，分发填用。惟该项申请书、借约应备五联：第一联由县政府转交，申请借款人收执；第二联由建设厅转送当地县政府存查；第三联存建设厅；第四联由福建省银行收，转当地分支行处存查；第五联存福建省银行总管理处。请查照为荷。"② 上述五联借约填写和存查已经非常具体，福建省建设厅委托银行向宁化县的槽户发放贷款，应为实有其事。

宁化石壁地区以农业为主，农民是当地的主体人群，各地自然少不了农会组织。1942 年，西乡石壁乡、济村乡、禾口乡相继成立以乡为单位的农会，确立农会章程，随即向县政府申请许可证。济村乡农会发起于 1942 年 7 月 19 日，20 日正式成立，发起者有 15 人，为首的是张树庭和他的叔叔张士豪，以"发展农民经济，增强农民智能，改善农民生活而图农业之发展，以利抗建为宗旨"。③ 禾口乡农会的成立时间较晚，发起人包括张绍渠、伍敬国、张运饶等 11 人。张绍渠向县政府提请许可证的时间是 1942

---

① 《呈送纸业借款申请书乞将核由》（1943 年 11 月），《槽户借款》，档号：103-4-74。
② 《电复检发纸业贷款申请书及借约格式一份请查照由》（1943 年 5 月 26 日），《槽户借款》，档号：103-4-74。
③ 《函送指导人民团体组织总报告表请查照由》（1942 年 11 月 25 日），《石壁乡农会名册》，档号：103-1-1051。

年 8 月，其言曰："查宁化迤西地方，以禾口为中心，地广人众，农耕生活。只缘一般农友，守旧性深，各自为政，偶遇自然灾害，未能设法控制，循致荒歉频仍，影响国计民生，至深且巨。渠等有鉴及此，爰发起组织禾口乡农会，借以团结农民，互助合作，增进生产。为此，备文恳请钧长派员指导，准予筹设进行，实为公便。"① 据此可知，禾口乡农会的宗旨大体是"团结农民、互助合作、增进生产"等。比较两个农会的宗旨，其实质上与手工业生产合作社并无二致，不过因资料不足，尚难以将诸多发起人的身份一一落实。

前文已多次提及的张绍渠（1905—1952），谱名耀鉴，字镜人，是石壁上市张氏始祖宣诚公的二十四世孙，也就是张四郎公一族友诚公的二十二世孙，其父便是前文论及与张立瑜共同管理禾口保卫团的张思诚。土地革命前，绍渠毕业于汀州公立师范学校；1935 年后，任禾口中心小学校校长。作为张思诚的唯一继承人，凭着先父的家业和自身的学力，逃难返回后，便成了老墟中最具实力的商人，积极参与禾口地方的教育、经济建设。20 世纪 40 年代初，作为道南中学的校董，张绍渠亦获得了极高的声望，不仅成了石壁上市张氏的"祠胆公"，还因"热心公益"的美称成功当选为 1943 年宁化临时民大代表、宁化县参议会议员。② 西乡事变爆发后，西乡民众对张绍渠的期待及其在其中发挥的作用足以显示，他不仅是禾口墟最富裕的商人、具有高学历的绅士，也是宁化西乡社会权威仅次于张树庭的乡族领袖之一。

相对而言，石壁乡农会申请许可证的资料相对详细，为了解该乡农会的成立及其发起人和农会的基本结构提供了更为直接的证据。1942 年 7 月中旬，石壁村的张兴道、张运高等发起人同样向县政府申请颁发农会许可证，其文曰：

> 窃本乡僻处山陬，全属住民均以务农为业，惟以民智闭塞，守旧性成，未能地尽其利，以致终岁勤劳难获一饱。际兹抗战方殷，后方

---

① 《为遵令推定张绍渠等十一人为禾口乡农会等筹备员即日成立筹备会呈报核备由》（1942 年 8 月），《禾口乡农会》，档号：103-1-27。

② 《临时乡镇民代表会代表选举票数》（1943 年 1 月 27 日），《乡镇民代表选举》，档号：103-1-114。

生产至关重要。若不设法改进，农村前途隐忧殊深。兴道等为欲改善农民生活，改进农林水利，增加粮食生产，计拟依照《农会组织法》第三十一条之规定，组织乡农会。俾便团结有方，领导得所，为此理合造具发起人名册一份，随文呈送钧府核准颁发许可证，俾得组织，实为公便。①

引文显示，张兴道等人将农会置于抗战后方的背景之下，依照《农会组织法》进行组织，并提供了发起人名册。7月21日，宁化县民政局收到申请，对石壁乡农会予以准许，"派本县西南区署驻禾指导员吴启明前往指导"，并命石壁乡农会，"仰即推定筹备员，组织筹备会，呈新备案，至许可证，经令政为立案证书，依照《非常时期人民团体组织法》第十六、十七条规定，应予人民团体组织完成时造具会员名册，职员略历册，同□□各五份，呈县立案"。② 随后，民政局根据当时的法令，向石壁乡农会提出了一些调整意见，至9月初指导员吴启明前往石壁乡具体指导，历时一个月，完成了农会成立相关程序，包括推举筹备员、组织筹备会并呈报备案，指导筹备会拟定章程草案，指导征求会员并审查资格，出席发起人及筹备会议，指导筹备会召开成立大会，指导造具会员名册、职员略历册等项，并将上述活动行程的文件悉数呈报立案。10月3日，吴启明返回驻扎地，简要地梳理了石壁乡农会的基本情况，论及该会的经费来源有两种：一是"入会金，每人一角"；二是"常年金，每人五角，必要时请政府补助之"。农会的主要任务亦有二：一是"关于本乡土地水利及种子肥料等之改良暨水旱虫灾之预防及救济等，均属积极专业"；二是"拟遍植森林，设法普及农业教育以增农民智识"。③ 吴启明报告中还附有石壁乡农会的成员名册，中载会员54人，又有职员名册，职员是该会的管理人员。据表4-3可知，石壁乡农会的9名理事/监事，来自江头、江家、江口、桃金、桂头（今杨村）、陈屋以及石前、石后等8个保，除了石后保2人

---

① 《为依照农会规定发起组织乡农会请核发许可证由》（1942年7月），《石壁乡农会名册》，档号：103-1-1051。

② 《令石壁乡农会发起人张兴道等为依照农会规定发起组织乡农会请核发许可证由》（1942年7月21日），《石壁乡农会名册》，档号：103-1-1051。

③ 《石壁组织报告表一份》（1942年10月3日），《石壁乡农会名册》，档号：103-1-1051。

外，每保各 1 名代表，不过这 8 个保仅是石壁乡 21 保中小部分。再看理事/监事的履历，张介庭、张运高曾任石壁乡、禾口乡乡长，着实是石壁乡的头面人物，其余人士也多曾任或现任保长，或是乡民代表，均属于各保中的精英人士。因而，尽管石壁乡农会理事/监事均具有"有农地"的资格，然他们和禾口乡的张绍渠、济村乡的张树庭等人一样，即便此刻未有基层的行政官职，却仍属于地方上的领导阶层。

表 4-3　宁化县石壁乡农会职员名册

职　别	姓　名	性　别	年　龄	籍　贯	略　历	资　格	(国民党)党员	住　址
常务理事	张介庭	男	30	宁　化	曾任石壁乡长	有农地	是	石壁乡江家保洋丰村
理　事	张咸泽	男	41	宁　化	曾任乡民代表	有农地	否	石壁乡江头保丰溪坑
理　事	张运高	男	38	宁　化	曾任禾口乡长	有农地	是	石壁乡江口保大泾口村
理　事	张恩谓	男	31	宁　化	曾任石前保长	有农地	是	石壁乡石前保
理　事	张清钧	男	40	宁　化	曾任石后保乡民代表	有农地	否	石壁乡石后保枫树垄
监　事	张恩监	男	50	宁　化	现任石后保乡民代表	有农地	否	石壁乡陈屋保三坑村
候补理事	张耀西	男	43	宁　化	曾任乡民代表	有农地	是	石壁乡桂头保邓坊桥
候补理事	张河澄	男	38	宁　化	曾任保长	有农地	是	石壁乡石后保
候补理事	张应文	男	42	宁　化	曾任石壁乡经济主任	有农地	是	石壁乡桃金保

资料来源：《宁化县石壁乡农会职员名册》（1945 年 5 月 25 日），《石壁乡农会名册》，档号：103-1-1051。

　　宁化各地农会组织的宗旨是发展农业、提高生产，若要达到此目的，具体途径很多，最为直接的应当是改善农田水利设施，让农田免受水旱灾害。当然，石壁乡民和地方政府对此是心知肚明，故农会组织尚未认真运作起来时，就开始了新的社会组织——农田水利协会的筹建。1944 年 6 月 15 日，济村乡在乡公所的主持下召集辖属各保业主，成立农田水利协会，

"嗣复选出张士豪、曾玉成、余茂寿、徐德绍、巫国柱、张择日、巫文如
等七人为理事，并互选余茂寿为理事长，当场并通过修建本乡武层水堤工
程等案，刻正实施，调查受益田亩事项"。① 名义上该协会由 72 岁的徐茂
寿为理事长，但实际事务由时任乡长张干桢和张树庭的叔父张士豪负责。
是年冬，南田乡亦成立农田水利协会，以张连发为理事长，"照福建省各
地农田水利协会组织通则之规定，经拟具章程，召开创立会，选举理监事
组织水利协会，计划兴办禾头下、沙罗坝等地水利工程"，共有会员 42
人，业务范围为南田乡全境，通讯处为乡公所，主要业务是"请求贷款，
兴办农田水利"。② 禾口乡、石壁乡水利协会成立时间不详，1947 年底张
绍渠写给县长练平的辞呈中论及相关情况，其文曰：

> 石壁、禾口两乡水利协会组织空疏，极不健全。绍渠未经公举，
> 亦未呈报，只以义务所在，于叠次召集会议时，权充主席，协助工程
> 进行，终鲜实效。刻因环境关系，尚拟在城勾留，而开渠筑堤、配派
> 民工、抵补材料费之工作进行，计时已晚，不容再缓。为免贻误工程
> 起见，为此肃函陈请鉴核，准予辞卸仔肩，另派干员办理为叩。③

据引文可知，石壁乡、禾口乡的农田水利协会组织应当早已成立，却未向县
政府报备，故未能在档案中留有记录。据张绍渠所言，两乡的水利协会已经
召开过几次会议，而张氏为会议的主席，且已将修整水利工程付诸行动，
但效果不佳。又因张绍渠因故未能在乡，耽误了在建的水利工程之进度。

相对而言，农田水利协会具有较强的实践性，济村乡、禾口乡均获得
了贷款，得以修建水利设施。1944 年 11 月中旬，济村乡乡长张干桢向宁
化县长汇报该乡水利工程的建设进度："首期修建武层水堤工程调查工作
已告完成，计受益稻田八百八十五亩。惟工程浩大，需用人力一千二百工
以上，又松木大小七百二十三杆，土方五千三百担，石方一千七百担。除

---

① 《为呈报农田水利协会成立日期请察核由》（1944 年 11 月），《水利》，档号：103-4-140。
② 《呈为组织南田乡农田水利协会请钧核备查由》（1944 年 11 月 9 日），《水利》，档号：103-4-88。
③ 《呈为辞去农田水利协会主席职由（拟）》（1947 年 12 月 1 日），《水利》，档号：103-4-257。

砍树、修路人工不计外，购料价款及匠人工资约需八万五千元。嗣经第一次理事会议决，以该项水堤之兴建，为本乡惟一农田水利之重要工程，亟宜速予动工，俾得早日完成。人工拟按受益田亩之比例征派，购料价款巨大，贷款手续往返费时，为争取时间，计自不宜待款拨领后再行兴工，故对于购料价款，在请贷尚未核发以前，拟一如征工比例，然不论佃户抑自耕农，均依田亩而暂征干谷，俾购料周转有金，而工程得以依照程序顺利进行。"①

禾口乡的水利工程规模浩大得多。在档案中保存了一份福建省建设厅水利局第七区工程处连城工务所编写的《福建省宁化县禾口乡江家排陂灌溉工程计划书》，该计划书先介绍了以禾口为中心的石壁地区概貌，指出当地"大部业农，掮商为其副业，民风强悍，智识固陋"，有河名西溪者，汇石壁、淮土二乡之水，出禾口而汇南田溪，"可通行载重约二千斤之民船，交通便宜"，"且禾口为宁化赴江西石城之交通孔道，如治安稳固，商旅畅行，禾口实有繁荣希望之乡镇"。然而，西乡地区"大部为黄土层，南、西、北高，而东面低，土质饶瘠，人民对于林木培植保护，一任自然，而民间之燃料，任意砍刈，以致童山濯濯，表土毕露，一经天雨，黄土随水下注，满溪尽赤，而水源亦因无林木之含蓄一泄无余，以致大部田地无水灌溉，生产锐减，农民生计日艰，驽桀者铤而走险，以致影响治安，殊堪惋惜"。不只如此，"查该乡可耕之地大部为山麓平原或梯田，土质砂壤宜于种植，为渗漏较大，故三五日不雨则感水荒"，以致"西乡之粮食，丰年仅足六月之粮，若遇荒歉，民食之艰难更可想见"。尽管以前有不少"筑坡引水灌溉田地"，"但或因筑法简陋不能持久，或则目光大小，不能发挥宏效"。因此，宁化西乡着实有必要修建水利设施以灌溉农田、增加生产，"故解决西乡粮食之道，是为有计划的兴修农田水利工程，则农产日增，农民生活安定，而治安问题亦解决过半矣"。② 为了实现上述目的，水利局做了细致的调查，认为关键是做好江家排筑陂的引水工程。其言曰：

---

① 《为将情报请修建武层水堤工程并恳出示维护以利农田水利由》（1944年11月19日），《水利》，档号：103-4-140。

② 《福建省宁化县禾口乡江家排陂灌溉工程计划书》，《水利》，档号：103-4-88。

江家排地方，距禾口乡约十华里，该地有淮土溪，测勘时为三十三年九月七日。该溪之流量，估测约秒一点五立公方，现在水位约四公寸，冬枯时水位约三公寸，推测其流量约一点零秒立公方。坝位拟建于夏家嘴地方，该处河床系岩石，唯两岸系土，河面宽计十八公尺。春夏时天雨水涨，普遍高水位约深二公尺，雨停则退，至最高洪水位，据调查约六公尺，两岸均受淹没，惟涨退甚快，对农作物无大妨碍，且约二三十年方有一次。该坝完成后，可能灌溉之面积为四千五百亩。①

引文所述饮水工程，档案中留有完整的设计图，具体建设包括七项。(1) 拦水坝：本工程因施工地点石料缺乏，故拟在夏家嘴地方建木框坝一座，两岸砌石护坡。(2) 进水闸：在渠首建进水闸一座，闸座拟用 1∶3 白灰浆，砌门用松板，亦节制水量，天雨水涨时，进水闸闸板关闭，洪水由坝顶滚泄。(3) 木闸门：在总渠与排砂渠分歧之处，于总渠及排砂渠渠首各设木闸门一座，以控制水量。冬间放砂时，将渠道闸门关闭，以免砂流入渠道。(4) 排砂渠：本工程拟设排砂渠一道，约长五十公尺，每于冬季将引水渠木闸门关闭，进水闸及排砂渠闸门开放，使河床淤砂泄出一部分，以免河床淤积。(5) 灌溉总渠：总渠计长约七公里，有石方之处约四百公尺。(6) 水渡槽：间径三公尺，槽座用挡土板，梁用十五公分圆木，渡槽架于梁上用钉钉牢，计二道。(7) 放水斗门及支渠：放水斗门之大小视需用水量而定，临时计划之，至于支渠则征用佃农自行修建。

禾口乡江家排工程的具体推进情况不详。不过，在当地耆老的回忆中，该工程确实是被执行了，只是效果不尽如人意。《隆陂水库建设的前前后后》一文载："禾口境内多光山秃岭，水土流失严重，耕地多属黄壤和赤沙土壤，由于地理条件的特殊和缺乏水利设施，自古以来形成了宁化县的一大旱区。……1947 年至 1948 年间，禾口大绅士张树庭试图解决部分旱片水利问题，集资筹款上千银圆，选址淮土溪出口处瑶背江拦河筑坝，引水灌溉石壁、小吴、立新三村的千亩农田。因违背科学，加之经费被贪、被挪，一场洪水冲得上千银圆无影无踪，旱田滴水未灌，血汗

---

① 《福建省宁化县禾口乡江家排陂灌溉工程计划书》，《水利》，档号：103-4-88。

空抛。"① 文中强调，该项工程是由张树庭等人筹集建设，可见撰者不清楚该项目获得了大量的政府贷款，也反映出确实有地方绅士为该项目进行筹资。故时隔多年后，当地人还记得张树庭的贡献——尽管该项目的结果是令人颇为失望的。

尽管目前没有发现任何资料足以证明，纸业生产合作社和获得建设厅的贷款为纸业发展和槽户的经营带来了怎么样的积极效果，抑或农会多大程度上增加了农田产量和农民的收入，更大的可能是这些组织对乡村的手工业和农业生产并没有发挥明显作用。这些组织成立的背后是地方政府增加税收的财政目的。1944 年底宁化县地方建设委员会的电报写道：

> 查乡镇造产，为增筹地方财源，促进自治事业基础，迭经令饬各乡镇切实推行在案。为查各乡镇大多未能依照原定计划推进，以致成效甚鲜，影响自治事业至巨。……第二次县政会议通过决议：三十四年度每一乡镇切实推行造产，其总收益最低限度应占乡镇岁出额二分之一，分饬各乡镇应依照本议案办法先选二三项办理，至其他经济事业可以公营者，如垦植、畜牧、炸油房、水车、水碓及其他简易工业等，仍应因地制宜，自行拟定详细计划，限三十四年二月十五日前报核。②

引文显示，无论是生产合作社，还是农会、农田水利协会，它们被指导成立的目的与地方建设委员会所谓的造产之策并无区别。但这份报告更能直接体现出，宁化县政府是着眼于地方财源，即造产是为了增加税收。可笑的是，其所谓的 1945 年造产计划，不过是要求各乡镇增产到当地年产出的 1/2 而增加税收，却没有采取任何的具体措施。时人讥讽类似的情况，称"公共造产其名，公共派产其实"。③

---

① 张瑞栋、罗华荣：《隆陂水库建设的前前后后》，政协福建省三明市委员会文史资料委员会、福建省三明市水利水电局编印《三明文史资料》第 11 辑《闽江源头星璀璨》，1993，第 35 页。

② 《电请转函各地区分会切实协助推行乡镇造产俾收宏效由》（1944 年 12 月），《地方建设委员会》，档号：103-4-90。

③ 邓宗海：《论现阶段的县公营事业和乡镇公共造产》，《福建省银行季刊》第 1 卷第 2 期，1944 年，转引自陈克俭、林仁川主编《福建财政史》上，第 285 页。

抗战时期石壁地区出现的三种新式社会组织，即手工业的生产合作社、乡镇农会和农田水利协会，虽然是在地方政府的指导下成立，但它们的具体管理者多是不具有官方身份的成员，而且以普通民众为主体，以村落或乡镇为单位，均属地缘性组织，可以说是抗日战争时期乡村社会出现的新式乡族组织。当然，这些社会组织并未实现它们的宗旨，但可以断定的是，通过这些组织，地方政府进一步将国家权力渗透到更深的基层：代表地方政府的纸商进一步控制了宁化各地槽户的生产和纸张成品的销售活动，与地方政府利益一致的农会、水利协会具有更多的途径向乡民摊派各种劳役和财物。

二　国大代表选举

在国民党执政的最后几年中，现代国家组建的民选组织与传统的乡族组织并非两个对立的事物，地方政治运作中往往掺杂了传统乡族因素，在各式民选活动中体现得尤为明显。

1947 年秋，国民党为准备来年的"行宪国大"，选举"制宪国大"后的第一次全国国民代表总统选举会，颁行了参加国民会议的国大代表选举方案。宁化县获得一个国大代表的名额，自 9 月起着手全县范围内普选国大代表。根据国民政府国大代表总选举事务所的规定，各选举县市均需组建国大代表选举事务所，作为省级选举事务所的下属机构，负责此次国大代表的选举工作。具体来说，设县市级选举事务所 1 个，置委员 3 人至 5 人，"组织选举委员会，以各该县市之行政长官当然委员兼主席，其委员人选由选举总事务所派充之"；再设选举事务所总干事 1 人，"其最高级职员兼任干事助理，干事事务员若干人，均承选举委员会主席及长官之命办理选举事务，依事实上之需要并得设雇员，其员额与事务员同"；在选举事务所内，"置选务、事务两科，科设科长一人，由干事兼任，科得分股，设股长一人，由助理干事兼任，承长官之命，办理一切选举事务"。[①]

宁化县的选举事务所主席由县长练平兼任，除县长外另有 4 位委员，

① 《国民大会代表各县市或其同等区域选举事务所组织规程》（1947 年 9 月），《国民大会代表立法院立法委员》，档号：103-1-1250。

分别是雷臻枬、黎志刚、刘振慧、吴少刚。是年 11 月 1 日下午 3 时，宁化县选举事务所召开了第一次委员会议，会议审核了 4 位国大代表参选人的资格，并讨论了黎志刚和雷臻枬的几点提议，且多数获得了"保留"的决议，算是宁化选举事务的补充规定。黎志刚有两点提议，一是在部分乡镇增设投票点，其言曰："此次国大选举对于人民政权之行使，关系至大。惟目前一段人民政治兴趣尚欠浓厚，为鼓励便利其参加选举起见，关于区域辽阔、交通不便及选民数较多之各乡，如大同、新村、招贤、永丰、湖峰、石壁、南田等乡，或因原系两乡合并，或因地势阻隔，或因人口散处，设不分所投票，则阻碍滋多，费时耗力必巨。殊失鼓励及便利人民参加选举之本旨，故上述各乡实有分设投票之必要。"决议按照黎氏所拟乡镇在大同等乡各设两个投票点。二是防止选举过程中因选票问题产生流弊："查选举票选为民之意思所表示，候选人当选与否以得选民之选举票多寡为断，关系至为重大。此次国大选举票，系由坊间承制，虽经派员监视，唯恐万一发生流弊，势必引起重大纠纷，无法解决。故应设法防止，以昭郑重。"雷臻枬的提议也有二：一是酌情增加各乡镇选举事务所的办事员；二是对于选举权证或国民身份证未齐备的选民（因为当时各乡镇转发选举权证和国民身份证有时间差），建议只要能够确认选民身份均应当赋予他们投票的权利。[①] 在票据转发过程中，确实存在一些基层行政人员利用职务之便冒领、压存选票的情形。11 月中旬，福建省选举事务所向宁化县发送了一则注意事项，文中提及，"查选举权证应发交各选民盖章具领并由县乡派员按保严密稽查，以免有冒领压存情事。经代电饬遵在案，兹发报各县市选举权证仍有被乡保长压存操纵情事，应即严切查究，限期清发"。[②]

关于宁化县国大代表选举工作的具体开展情况，保存下来的档案有限。不过，《宁化文史资料》第 9 辑中有当地耆老谌响才基于档案和回忆写成的《张、马竞选"国大代表"实录》一文，[③] 以此为线索，可了解国

<hr />

① 《宁化县选举事务所选举委员会第一次会议录》（1947 年 11 月 1 日），《国大代表选举委员》，档号：103-1-1251。

② 《为选举权证已否清察应由县派员稽查由》（1947 年 11 月），《国民大会代表立法院立法委员》，档号：103-1-1250。

③ 谌响才：《张、马竞选"国大代表"实录》，《宁化文史资料》第 9 辑，1988，第 79—86页。本小节有关张树庭、马贻谦竞争的引文，未注明者均出于此文，特此说明。

大代表选举大致情形。国大代表选举的准备工作始于 1947 年 9 月初，全县有名望者摩拳擦掌，最终有 4 名参选人获得选举资格，分别是李子向、刘春海、马贻谦和前文论及的西乡首绅张树庭。时人认为，前 2 人当选希望甚微，主要竞争者是县东北安乐乡的马贻谦和张树庭。李子向毕业于汉美书院，时年 45 岁，名望较为逊色；刘春海，时年 62 岁，日本中央大学经济科毕业，旅外多时且本人在京，乡间知其名者甚少。马贻谦，字牧初，时年 61 岁，福建高等巡警学堂毕业，高等文官考试及格，曾分发山西省候补知县，实任福建省归化县知事，还是宁化县国民党元老，在地方上声望甚巨，并且有宁化县国民党党部的鼎力支持。宁化县选举事务所要求各乡镇做好宣导和选民登记工作。9 月 8 日，济村乡乡长曾玉成向县长练平呈报该乡选举人名册，并论及在收到县选举事务所训令后，立即采取相关行动：

> 遵即分别派员驰赴各保召开保民大会，宣导选举意义，并将奉发国大代表选举人名册暨抄条文布告等，分别张贴于各保办公处门首公告。凡选民之姓名错误或遗漏者，均已向本所申请更正或补列。奉令前因，理合造具选举人名册校正表九份，电请察核，恳予校正。①

据引文可知，济村乡依据县政府训令开展选举事务的基本程序是：先是前往各保召开保民大会，向各地民众宣导此次国大代表选举的基本精神，然后发给选举人填报名册，再将相关布告以及选举人名单张贴在各保的办公地点以示公告，公示之后再核查选民名单是否有错误和遗漏，最后呈报给县选举公所备案。

经过两个多月的准备，宁化县国大代表的直接选举于 11 月下旬相继在各乡镇展开，选举结果于 11 月 30 日公布：张树庭得票 29453 张，马贻谦得票 27436 张，李子向得票 423 张，刘春海得票 100 张。尽管无法确认上述数据是否真实，但结果是肯定的——张树庭在国大代表选举中惊险胜出。当然，张树庭的胜利来得极其不易，足可谓用尽了浑身解数，而这或

---

① 《电为转送国大选举人名册错误校正表九份请察核校正由》（1947 年 9 月 8 日），《选举国大代表立法委员》，档号：103-1-115。

许正是胸有成竹的马贻谦的不足之处。

在选举过程中，马、张二人均组织了竞选团队帮助拉选票，马贻谦的团队叫"翠华俱乐部"，成员以文教界人士为主，试图通过"联合"（也有说法称为"贿赂"）文化精英带动各自亲友获取选票；张树庭的团队叫作"正社"，成员以各乡镇官员、参议员为主，无所不用其极地拉选票。前文论及，马贻谦是国民党元老，有宁化县党部的支持，其实马氏是国民党中央党部的提名人选。11 月 6 日，宁化县选所收到了一份来自南京选举总事务厅的快邮代电，内称："该县（宁化）国大代表候选人由政党提名者，已准中国国民党中央党部将国民党及社会贤达国大代表候选人名单函送选所，该县国民党候选人为马贻谦一名。"① 以至于竞选过程中，马贻谦团队花了极大的力气向上级选举事务所举报张树庭未经政党提名、不具备候选人资格，因为一旦举报成功，国大代表自然是其囊中之物。张树庭团队对此极为不满，认为既然是普选，就不应该由国民党内定。张树庭的选举人资格在福建省选举事务所的审查中一度被取消，不愿放弃的他将官司打到南京，在选票公布后的 12 月 5 日终于等到了总选举事务所的回电，内称"查张树庭是国民党第三次提名之候选人"，再经省选举事务所确认，"由民选依法签署登记之候选人，非有法定原因，不应撤销其候选资格，所得选票仍应计算"。回电最终确定了张树庭当选国大代表有效，次年可以前往南京参加国民代表大会。

张树庭团队的拉票活动主要体现在准备期的联宗修谱（详后）和投票当日的粗暴干涉。马派的监选报告汇聚了乡民票选当天各地张派干涉乡民投票的粗鲁举动。11 月 20 日，西乡王云浪、张运高等率武装力量到永丰乡、中沙乡撕毁马贻谦的宣传布告，威胁选民只能投张而不能选马；21 日南田乡，道南中学学生冲击警察队兵，殴打票选马贻谦的乡民代表；24日，招贤乡寒溪保保长谢明鉴带人沿途盘诘选民，逼迫有谓选马者回家，并殴打抵抗者；25 日石壁乡，道南中学学生数十人代选民写字，轮流进入选举所投票，并阻止选马者入场；在安远乡，张善甫派武装队兵威胁保甲长在选民尚不知情时代写选票，并威胁选马之民不许入场投票。张派势力

---

① 《政党提名国大代表中国国民党候选人名单先经发希依法登记并审查公告》（1947 年 11 月），《国民大会代表立法院立法委员》，档号：103-1-1250。

干涉票选的活动不胜枚举，透过这些活动，可以看到张派的倚赖对象包括道南中学的学生、张树庭的旧部下以及参与张氏联宗的宗亲，他们能够组织在一起，共同为张树庭选举出力，背后的原则并不是现代国家宣传的民选、民主等西式话语，甚至也不存在明显的共同利益，仅是出于共同的地缘——他们都在一定程度上与宁化西乡有某种关系，或是受业之情，或是知遇之恩，或是宗亲之谊，这些都是传统乡族组织实现连接的纽带。

三 宁化张氏联宗

1947年秋宁化县获得了1个"国大代表"名额，当选后可在来年前往南京参加国民政府举办的"行宪国大"，这是宁化张氏第三次联宗修谱的直接原因。据亲历者谌响才回忆，张树庭选举胜出的关键是通过联宗修谱获得了全县张姓宗亲的大力支持。前文论及，早在乾隆七年（1742）、同治四年（1865），宁化张氏两次联宗修谱，已构建了以张君政为始祖的世系关系。此次重修张氏联宗族谱，张树庭自然是希望由此加强宗亲感情以获得同姓宗亲及其亲属的支持。张姓是宁化县的第一大姓，县境内有1/3的人口为张氏，联宗修谱在此次选举中似扮演了举足轻重的角色。因而，有必要对张氏三次联宗修谱的具体内容做进一步考察。

联宗修谱一经提出，西乡各族张氏多积极响应，并由年近八旬的张守先担任总修，总裁各项事务，宁化县他处张氏闻之，亦拿族谱来要求参与其中。在联宗谱的"书后"中，张守先略带无奈地写道：

> 今总谱赓续联合者，自远方来，祁祁云集，如前序所述。自是有心人招徕，即滑石水东一族，本为凤公系，其先人出自君政公否，无从稽考，亦以礼为罗灿（按：原文如此），列简篇名，实仍不相蒙，当局亦惨淡经营矣。①

据此可知，此次张氏联修族谱的范围已经扩大到西乡以外的地区，滑石乡

---

① 张恩庭、张桢主编《张公君政总谱（四修）》上册，第592页。

的水东张氏宗族是新加入联修的家族。该族始祖的世系仅能追溯到文凤公，无法建立与君政公的关联，但经过故总谱撰修者的"惨淡经营"，还是进入了联宗族谱。在祖先世系的总体架构上，此次联修没有太大的变化。面对纷杂的世系，张守先只能是尽力安排，为新加入宗族找到合适的位置："由君政公上湖挥公三千余年，源本荒渺，难稽经史，留名万一耳，固不敢掇拾补苴，妄为饾饤，而总谱旧传名氏，亦不妨别作流传而弗论，可矣。君政公而下，至今虽千余年，然唐末以来，各祠谱牒林立，近祖远宗，无不丝牵珠贯，互相校勘，益见分明。兹值赓续联宗，错综交错之下，乌可惮烦不为揭示乎？谨举大纲，以质后起之不忘祖者。"① 值得注意的是，此次张氏联宗组织获捐了总祠，以祭祀始祖君政公及各族的始祖。张守先所撰《张氏统宗祠记》载：

> 民国戊子，吾族有修总谱之举，各展旧谱，沿流溯源，推而至于（君政）公……幸族有哲人展敬宗深情，扩收族雅量，肯以其禾口私祠原祀其支祖宣诚公者，升祀君政公，以为统宗枢机……其允各祠朝宗联宗胪名，祀其分祠一世于此，示不外也。而今而后，有道曾孙遝迤，报本于一堂，譬诸百川到海而汇……此次各祠联宗，以宣诚公禾口私祠为宗祠，只于总红丁款内付修整祠堂银洋三百余元，新造窝金退光楹联二对、金漆联一对、油料联五对，支洋银一百七十余元，各祠晋横牌神主共二十二行，每行坐［座］牌礼银洋八元归宣诚公。②

引文显示，张氏联宗的统宗祠实际上是石壁上市宗族捐献的私祠，该祠位于禾口墟，名为德馨堂，始建于道光十三年（1833），咸丰间毁于兵，同治间重建。是时，禾口墟已在道光间从下市张氏手中转移到上市张氏之手。③ 作为张氏联宗的总祠，祠内的主祀对象也换成了君政公。在此基础上，添设了对联、神主牌等，观念上已然是张氏联宗共有财产。各参加联宗的宗族要将各自族始的祖神主牌放入总祠，需按每座牌位8元交纳费用，作为对上市张氏的补贴。作为捐祠者，上市张氏享有一定的特权，"嗣后

---

① 张恩庭、张桢主编《张公君政总谱（四修）》上册，第599页。
② 张恩庭、张桢主编《张公君政总谱（四修）》上册，第548页。
③ 张桢主修《石壁上市清河郡张氏族谱（十修）》卷首《禾口墟记》。

235

总祠倘须修正，各祠应斟酌相助，或君政公别立新祠，无向宣诚公祠索取前列各款之问题"。①

在此基础上，此次张氏联宗制定了15条族规，其内容与前述下市张氏的族训相似，其中"子道宜尽""悌道宜敦""廉耻宜励""讼端宜息""宜习正业""宜重儒术""谱牒宜珍""宜锄族蠹""宜禁女淫""宜慎婚姻"等条为传统族规，强调尊尊亲亲的儒教伦理、扬善惩恶的社会规范，以及对当地的同姓通婚表达反感，提出"在礼，妻不娶同姓，所以别嫌，男女辨姓"的道理，不过在语气上要缓和许多。"宜禁匪类""宜禁窝匪"两条显示，民国间宁化石壁地区张氏族人不少为匪为盗，"迩来民风不靖，不良份子相率以此为生，涯不知反以速死"；"社会宜审"则表明当时有一些新的社会隐患，"党国时代，社会盛行，谓协力合作才可集事，个人之思想感情结合，不必定在同宗同堂……虽伯叔兄弟亦反眼若不相识，不仅为家庭枭獍，必至为邦国乱贼，世之巨寇，可为寒心"。当然，最为重要的当是"宗族宜睦""宗盟宜笃"两条。"宗族宜睦"条指出，"相友、相助、相扶持，同井之人尚然，况谊同本支而忍秦越视乎？悯鳏寡、恤孤独，化猜嫌、解纷难，抑强暴、扶良弱，皆族之大要，非煦煦为仁而已也"。"宗盟宜笃"条指出，"外辱之来，一本之亲可借以相援，岂可亲者不亲，而疏者反亲之理？……葛藟，犹能庇其根本，况人乎？召穆公思周德不类，故纠合宗族于成周作为《棠棣》之诗，可以鉴矣"。② 二者之意，无非是要求同姓宗亲团结起来，一致对外，联宗的目的显而易见。张氏联宗总谱虽完成于"国大代表"竞选结束之后，但同姓联宗的精神却在选票中早有体现。

第三次联宗修谱完成后，总修张守先感慨万千，自谦地认为总谱仍有一些不完美之处。一是总谱撰修确实事务繁杂，难免有疏忽之处："若夫三寨一祠，先皆总谱中人，今忽有多房，如河溢为荥，殊出意外，统宗实难，谱事劳勚。"二是他本人着实年事已高，难以事事躬亲："老夫耄矣，一切谢责，只行文不容辞，垂尽春蚕，漫织蛛网，识者谅之。"更重要的是，他还意识到联修总谱过程中作为地方大族的上市、下市张氏宗族的态

---

① 张恩庭、张桢主编《张公君政总谱（四修）》上册，第549页。
② 张恩庭、张桢主编《张公君政总谱（四修）》上册，第602—605页。

度差异甚大。他在"书后"中写道：

> 惟下市各祠，皆君政公苗裔，其族要人亦有百川汇海之思，因初举纲领，手续颇繁，未克猝辨［辨］。上市则驾轻就熟，刻日兴事，迫不及待，（然）则江别为沱，朝宗犹待他年。①

此次张氏联宗修谱，石壁地区的多数宗族曾参加前两次联修，以故他们的始祖早已与君政公建立了世系联系，故可说"皆君政公苗裔"。不过，下市张氏族中贤达虽认为有必要参加联宗，但很多族人对此并不积极，导致总谱谱局花了不少心思来做下市张氏的动员工作。而上市张氏则显得非常积极，有"迫不及待"之感，不仅捐献了私祠，实际运作上也是"驾轻就熟"。据此推测，上市张氏之所以显得如此迫切和熟练，一方面可能是因为上市张氏宗族的历次修谱均需处理新加入宗族的世系关联问题，具有一定的操作经验；另一方面是因为在同治年间的联宗修谱中上市张氏已经发挥了领导作用，此次献出私祠成为联宗的总祠，不仅能够巩固其主导地位，而且其极有可能通过同姓联宗获得更大的权势。也就是说，尽管名义上参加同姓联宗的各个宗族之间是平等的关系，但在实际运作中往往是财力雄厚、实力强盛的宗族发挥了主导作用。

综上所言，"新县制"推行后，闽西宁化的各项地方自治措施相继落地，由于战时政府财政困难，相关项目的进行尚需仰赖地方人士和乡族组织的捐资献策，这为石壁地区宗族组织的恢复建设和乡族势力的扩张提供了机遇，也为以乡族为中心的地域社会再结构过程的推进腾出了空间。与闽南、广东等地相似，地方政府希望借助宗族稳定社会秩序、恢复经济生产，乃至渗透国家意识形态，宗族组织自然会配合地方行政而迅速重建，甚至在地方自治的名义下，成为乡族领袖争夺基层政治权力的工具。绅士阶层进入地方政治舞台的形式，也和许多地方相近，即利用倡办基础教育建设的机会争取基层社会的认可和乡族势力的支持。宁化张树庭还利用为官时期的人际网络和地方政府的议员头衔，将石壁地区的基层政府和乡族

---

① 张恩庭、张桢主编《张公君政总谱（四修）》上册，第 592 页。

势力结合在一起，为开展地方自治的各项措施消除了大部分的阻碍，也在一定程度上限制了县政府权力的实际执行，大幅度削减了县级政府对基层社会的控制，进而遭到了县级长官的猜忌和排挤。当县级长官与乡族领袖争夺权力的冲突得到缓和时，石壁地区的公共事务和地方自治事业，诸如基础教育、地方治安、水利设施等，均能够十分顺利地开展，其主导者是乡族领袖，参与者包括商人阶层、宗族组织、基层政府，创办方式则日趋接近国家授权下的乡族自治。其中，直接体现国家权力的基层政府成为地方精英获取权威的权力文化网络中的一个要素，俨然有"内化"为地域社会一部分的趋势。从日常政治的角度看，石壁地区的乡族势力挪用了"新县制"时期的地方自治政策，将新晋绅士、宗族组织及各种新式的乡族组织套上了彰显国家权力的外衣，将传统社会结构嵌入国家政权建设的各个环节，基层社会形成了符合现代国家要求的新结构。不过，这一结构的维续时间极短，难说已经形成了稳固的秩序。

第五章

禾口新旧市场争执

现代司法制度是国家政权建设的应有之意，一套完善的国家法律实践体系是维护现代国家政权的必要手段。民国时期宁化的司法建置虽较之清代略有发展，但整体上并不完善。当代《宁化县志》记载："民国时期，县设司法处和警察局，刑事案件由县长令警察局侦破，而后县长以检察官身份向司法处提起公诉，由司法处审判。司法处的行政职务及监察职务均由县长兼任，司法名为独立行使职权，实则由县长集权独揽，司法沦为压迫人民的工具。"① 诚如所言，宁化县虽建有司法处，但实际判决权仍由县长一身独揽，与明清时代较为接近。一般认为，中国古代的法律是一个由中心向外发散的权力场，越在权力的中心区域法律规范越密集，越是边界地区的规定越发粗疏。在边远地区的基层社会则以习惯法为主，各种乡规俗例发挥着极为重要的作用。梁治平教授曾言："习惯法的权威与效力，并非由国家授权而取得……都是在国家法律之外产生出来，他们所行使的裁判权，乃是自己的创造，而非出自某种更高权威的授权。这种局面的形成，很大程度上因为国家没有、不能也无意提供一套民间日常生活所需的规则、机构和组织。"② 有鉴于此，本章拟在梳理档案资料的基础上，叙述"缘起"部分论及的"禾口新旧市场争执"事态发展及其所涉及的调解方式，分析抗战胜利后宁化石壁的社会结构以及乡族势力与县政府

---

① 刘善群主编《宁化县志》卷 22《司法·前言》，第 565 页。
② 梁治平：《清代习惯法：社会与国家》，中国政法大学出版社，1996，第 38 页。

之间的互动关系。

第一节　禾口新市建设

1944 年秋，宁化县长换届，林善庆改任清流县长，宁化县长由上杭傅柏翠接任。傅柏翠曾在闽西上杭县推行"新农村建设"运动，取得较大成绩，将上杭发展成闽西山区的"独立王国"。[①] 为了巩固和加强自身的社会地位，傅柏翠上任不久后，张树庭便主持成立了西乡建设委员会，以图效仿傅氏在上杭的乡治模式，在西乡各地开展乡村建设活动。在地方自治的名义下，宁化西乡乡村建设活动由乡族势力主导，县政府往往只是象征性出场，基层绅士阶层及其领导的乡族组织换了个"马甲"，仍然在影响基层政治的实际运作。抗日战争后的禾口新市场建设是西乡建设委员会负责的项目之一，未曾料到的是，新市场开墟后遭到了禾口老墟成员的集体反对，并引发了本书"缘起"中提及的杀人事件，时人称为"禾口新旧市场争执"。

一　西乡建设委员会

西乡建设委员会（简称"西建会"）是抗日战争末期石壁地区开展乡村建设的领导机构，名义上由时任县长担任主任委员，宁化县长傅柏翠、练平相继担任该职，实际领导人则是西乡的张树庭，主要成员为西区六乡的乡长和当地知名人士。西建会下设建设组、教育组、治保组、总务组四个机构。建设组负责计划和推动西乡各乡市场与街道建设，教育组负责协助道南中学校董会筹集经费及各乡小学校舍修建，治保组负责维持西乡治安和肃清张泽庆等土匪势力，总务组协调各组工作。总务组主任由禾口经征处主任郭南熏担任，郭氏是傅柏翠的亲信，上杭人，从西建会成立伊始至 1947 年春离开宁化，其间一直负责总务组的工作，郭氏离开

---

① 张雪英：《新农村建设史上的特殊篇章——傅柏翠新村建设的实践及其启示》，《龙岩学院学报》2008 年第 4 期。

后，西建会停止工作。① 当然，西建会的成立也是响应国家政策的产物。抗战期间，国民政府推行的"新县制"中，有规定提及，区公署"可以设建设委员会，作为区内乡村建设的研究、设计、协助、建议机关，由区长、区署各指导员以及区长所聘请的区内'声望素著并热心地方公益'人士组成，由区长担任主席"。②

在西建会的统一筹划和推动下，西区各乡小学也都不同程度地新建或扩建了校舍，西乡各地的土匪势力也基本肃清，并先后完成了在石壁、方田、凤山等地旧市场改善、扩展街道的建设。据说，道南中学的办学经费一直处于紧张状态，西建会以支持乡村建设的名义向西乡各大宗族募捐学田，作为学校经费的补充，不只如此，西建会还筹措经费对禾口、石壁、淮土、凤山、济村等地的中心小学校校舍进行了部分修整。③ 民国时西区各乡墟市的规模不大，如石壁墟，"街道很窄，宽不足一丈，长不足百米，本地仅有布店两家，杂货食品店三家，豆腐店三家，酒店四家，墟日有临时性小吃店三家，外来摆固定货庄的有三十余个。市场有猪牛鸡鸭、柴米布匹等日用杂货。时间也不长，九点多后渐趋热闹，午时便渐趋冷落，下午二时基本已无生意"。④ 正因如此，几个基层市场的改建工作相对容易推进，唯有中心市镇禾口墟的规模要大得多，改建工作难以推进。

1945 年夏，抗日战争进入尾声。值此之际，西建会提出了改建禾口墟的计划，并成立了"新市建筑委员会"作为改建工作的执行机构。一年后禾口乡长张国根向练县长呈述时说："去秋抗战凯歌初奏、匪乱方庆敉平之际，在钧座仁明领导与西建会得力协助之下，禾口、石壁、淮土均次第兴建新市。……禾口新市为一开放市场，倡议出于禾口乡公所与乡民代表会，指导进行完全由当时钧长所主持之西建会。"⑤ 禾口老墟市民代表张绍

---

① 王逸生：《宁化西乡建设委员会与禾口新老市纠纷》，《宁化文史资料》第 10 辑，第 128 页。

② 魏光奇：《官治与自治：20 世纪上半期的中国县制》，商务印书馆，2004，第 222 页。

③ 王逸生：《宁化西乡建设委员会与禾口新老市纠纷》，《宁化文史资料》第 10 辑，第 129 页。

④ 罗华荣：《石壁传统社会调查》，杨彦杰主编《宁化县的宗族、经济与民俗》下册，第 497 页。

⑤ 《新市建墟签呈》（1946 年 6 月 21 日），《禾口新旧市场争执》，档号：103-4-208。

渠向府衙申诉时亦称，"宁化地方豪强张树庭等，于宁化禾口原有地址因无预分，密商练宁化县长，同意于距原有墟市二里……建屋数十间，名曰新市"。① 由此可见，新市建筑委员会是一个由县长主持，地方豪强张树庭领导，隶属于西建会，专门负责禾口新市建设的组织。

1945 年秋，新市建设的"参与建筑者，有济村、禾口、石壁、淮土、凤山、南田、治平等七乡人士"。② 所谓"七乡人士"，实际上多是当地的精英人士，包括了西区六乡的乡级"领导班子"，各乡有一定财力和权威的保长以及地方绅士，其核心成员则是新市建筑委员会，即张国根、王子谦、张绍渠、刘承瑶、李宜章、吴良炯、张运饶、张启波、张维清、吴登辉、张超、张占吉、罗招远等 13 人。当然，投资新市的人还有张德河、张恩钦、张恩俭、张国道、张立伦、张龙汪、张乃绩、张清木、张启根、张仕珍、张维涌、张维仕、张运发、张耀亮、张元勋、张运鸿、张运高、张新兴、张秀生、吴登练、吴国泮、吴国俭、吴光荣、吴光坤、吴光清、吴光铭、吴光棠、吴景文、廖开顶、廖善禧、廖逢祥、廖士银、廖有根、伍兆平、伍禧、伍开鸿、杨立栋、杨瑞殿、刘序凤、刘名发、俞文轩、严海水、王富旺、黄胜宝、蓝秉明、邱爵桃、徐德其、徐立灿、罗招达等 49 人。"七乡人士"中，近 20 人是乡镇级官员，他们是宁化县驻禾口乡参议员王子谦、禾口乡民代表会主席张兰芬（郁斋）、禾口乡乡长吴光棠（代张国根）、宁化县驻石壁乡参议员张绂麟、石壁乡民代表会主席张兴道、石壁乡乡长张运高、宁化县驻凤山乡参议员孙家淦、凤山乡民代表会主席王景云、凤山乡乡长孙杨海、宁化县驻淮土乡参议员刘万贡、淮土乡民代表会主席张恩财、淮土乡乡长黄承爵、宁化县驻南田乡参议员罗丽文、南田乡民代表会主席刘顺冬、南田乡乡长刘承水、宁化县驻济村乡参议员张郁文、济村乡民代表会主席曾玉成、济村乡乡长邱恒孚等。可以确定的保长有张运鸿 1 人，其他地方的保长则难以一一核对。

从这些人的名字中，还可以通过其字辈判断出所属宗族，如张恩钦、

---

① 《奉令查办巫显仕被杀一案仰迅查缉凶犯移送法办具报由（附件）》（1946 年 10 月 17 日），《禾口新旧市场争执》，档号：103-4-208。

② 《为抄发该县禾口争执新旧市场原呈二件仰查明并案办理具报由（抄呈）》（1946 年 7 月 25 日），《本县禾口新旧市场争执纠纷》，档号：106-2-1821。

张恩俭属于石壁下市张氏族人，张国道、张立伦属于陂下张氏族人，张耀亮、张运高等为石壁上市族人，吴光荣、吴光清等属于官坑延陵吴氏族人（其他吴氏可能有官坑渤海吴氏族人），杨立栋等应为杨边杨氏族人，刘序凤等大致是淮阳（淮土乡）刘氏族人，廖氏则基本是禾坑、礤下（皆淮土乡）廖氏族人，其余伍氏、罗氏等可能是属于禾口墟周边的商人或商人后裔。

由于材料限制，笔者未能找到一份明确的西乡建设委员会成员的名单。在禾口新市建筑委员会中，宁化西乡的基层政府官员，如禾口乡乡长张国根、禾口乡前乡长刘承水、济村乡中心小学校长张超、凤山乡乡长吴登辉，以及民意机构代表张绍渠等，多是传统绅士的子侄，且得到了首绅张树庭的栽培和信任。新市建筑委员会中，禾口大商人张绍渠"出任新市建筑委员会兼经济倡首计划建筑筹款督工"，[1] 担任主任的则是张国根。前文已详述他的家世和仕途，此处仅补充其基层官员的履历。1937 年，张国根被县府委任为官坑小学校长。1938 年，调任禾口联保主任。1940 年，宁化施行"新县制"，联保改设乡镇，禾口联保则成为禾口乡，张国根从福建省行政干部训练团毕业后继续担任禾口乡乡长。任职禾口乡乡长时，因两次剿匪投入过大，张国根身患重病，辞职回家。1945 年 5 月，张国根奉令再一次出任禾口乡乡长一职。新市建筑委员会成员中的张超，其实就是早年与张国根一起办理保甲等善后事宜的张万伟。张万伟（1909—1950），字卓才，学名超，道南高等小学校毕业，曾就读福建省立第七中学，因家贫而辍学。张万伟是张立瑜的侄子，其父张立瑶是晚清的文学生，第五次"围剿"后，张万伟得到张树庭的赏识，不久被张树庭保举为济村联保主任、济村中心小学校校长、禾口乡乡长等职。[2]

其中，唯有王子谦出身单薄，凭借自己努力学得本事而成就一番"事业"。王子谦（1911—1986），生于龙上下里凤山村（属今淮土镇）。祖父王昌南、父亲王荣畅，世代务农。大约 1928 年，王子谦在宁化连岗中学读书，担任学生组织干部，成为中共地下党员发展对象，1929 年加入中国共

① 《呈为巫显仕被杀案嫌疑犯张维清等经传讯交保并提起公诉请察核由》（1946 年 10 月 30 日），《禾口新旧市场争执》，档号：103-4-208。

② 张国根主修《清河郡张氏族谱（十三修）》卷 7《卓才先生家传》（董凯堂）。

产党。红军进入宁化后，王氏受组织委派，在禾口地方发展共产党组织和党员，开展革命活动，曾领导和发动了宁化的"西乡暴动"。事后，被国民党通缉，王氏逃亡广东汕头学医。1932年，王子谦返回宁化，进入红军医院学习，当过红军某医院院长。红军长征后，转战赣南等地，不久回凤山老家。1935年，被张树庭的部下捉拿，因张树庭与王子谦曾是禾口小学、连岗中学的同学，关系甚密，故被暂留下充当医生。不久，在张树庭许可之下，王子谦在县城开私人诊所，此后一直以行医为掩护，从事地下革命工作。不久，王子谦的行为暴露，再次离开宁化，辗转于闽西各地。1938年，经朋友介绍，王子谦前往福州戒烟所任职；1939年，戒烟所改为卫生院，王子谦代任卫生院院长。福州沦陷后，随省政府迁往永安，随即被调任清流县卫生院院长。1942年辞职回宁化，后成为宁化参议院驻禾口乡参议员和道南中学校董兼卫生教员。①

随着乡村建设活动的推进，西乡范围内的石壁、淮土等处墟市设备相继得到有效改善，为此西建会内要求改善禾口墟内设施的呼声越来越高。起初，西建会拟与西乡其他几个乡镇的墟场一样，在原有的基础上加以改造即可，毕竟西建会实际投入建设的经费十分有限，为此西建会曾以张绍渠（他是石壁上市张氏"祠胆公"）为代表与禾口老墟业主商讨如何改造市场。遗憾的是，尽管张绍渠当时是墟内最大的铺主，拥有最多的业务，但该提议并未得到市内商民的同意。随后，西建会又向禾口墟的所有者上市张氏宗族提议："开放门户，增加建筑，其建筑基地拟请责令接连老岗上旧粜米坪以东，并指定增建数量，限期完成。假如双方房铺仍犹不能衔接，则中间隙地，拟请辟为买卖米豆油盐及牲肉等等诸市市场。"经过双方的几番讨论，禾口老墟市民仍不满意上述方案。不久，有人提议另建新市，并提出新市"地段无论东西两方，均应接连旧市，不可脱节，兹仍本此意缀合之。于是则彼此迁就，新旧可融成一片"。② 正是基于新旧市场能够连接这样一个不成文的协议，禾口新市建设并没有遭到任何反对，但实际情形与之相差甚远，是为冲突的隐患。

---

① 张国玉：《王子谦同志传略》，《宁化文史资料》第15辑，1994，第10—15页。
② 《张璧人密函》（1946年7月3日），《本县禾口新旧市场争执纠纷》，档号：106-2-1821。

二　禾口新市建设

　　宁化西乡的基层官员和地方精英对另建新市十分积极，并提出了"门户开放"的口号。明面上讲，诚如禾口新市建筑会的主任委员张国根所说，是"响应党国建国建乡的号召，改善禾口市容，加强街道管理，取缔非法活动，如赌博、抽大烟、娼妓等"的地方义举。作为老墟市民代表的张绍渠亦不反对此说，"绍渠等当时以此举原可助长地方建设，未加反对"。① 然西建会原本经费不多，另辟地方新建，耗资甚大，为筹集款项，"民等……竭尽绵力，或为毕生精血所积集，或为变卖挪借所支持"。② 实际原因，其实是希望能借新建禾口市场之机，打破石壁上市张氏一族独占禾口墟的传统，分享繁荣墟场所带来的经济利益，在禾口墟的利益蛋糕中分一杯羹。

　　现有资料显示，禾口墟是西乡开设最早的乡村市场，大概始设于明万历年间，到崇祯时已经成为西乡重要的商品集散地。③ 在两宋时期，宁化西乡有石壁一处草市，但是在元明之际的战乱中废弃。④ 相传，禾口设墟的重要因素是其水陆运输的便利交通条件，万历间形成了渡口，成为沟通县城与淮土、凤山等地的必经之路。清初兵燹后，禾口成为闽西水上交通上的一个重要起点。康熙《清流县志》称："（清流）县西溯流而上，七十里至宁化，又三十里至禾口。"⑤ 清康熙间，禾口墟形成了每旬四、九两日逢墟的惯例。是时，西乡的济村、石壁、淮土等处也发展成墟市，不过这几处墟市每年仅在重要的日子才有集会，且一年仅一次。⑥ 历经清代百余年的长期发展，时至晚清民国其他几个墟市也发展为常市，具有各自的墟期。民国《宁化县志》记载："县之西四十里者为龙上下里，为墟者三，曰禾口，每月四、九日；曰石壁，每月以四、九上半日；曰凤凰山，每月

① 《为抄发该县禾口争执新旧市场原呈二件仰查明并案办理具报由（抄呈）》（1946年7月25日），《本县禾口新旧市场争执纠纷》，档号：106-2-1821。

② 《新市建墟签呈》（1946年6月21日），《禾口新旧市场争执》，档号：103-4-208。

③ 崇祯《宁化县志》卷2《墟市》。

④ 嘉靖《汀州府志》卷3《墟会·宁化县》，《天一阁藏明代方志选刊续编》第39册，第220页。文载："石壁墟，在县西四十里，宋时旧有，今废。"

⑤ 康熙《清流县志》卷1《疆界·水路》，厦门大学图书馆藏抄本。

⑥ 康熙《宁化县志》卷1《疆界志·村市》，《中国方志丛书·福建省》第88号，第41页。

以一、六日。"① 但是，这几处的繁华程度和规模，远不能与禾口墟相提并论。从施坚雅提出的市场层级的角度看，济村、石壁、淮土、凤凰山（即凤山）等处属于基层市场，禾口墟则是中间市镇，是较基层市场更为高级的市场。② 从地理位置角度看亦是如此，禾口在西溪几条支流汇聚的下游，济村、淮土、凤山、石壁等地前往县城，禾口又是必经之地。

清代禾口墟内商业繁荣，一度成为石壁上市张氏宗族和下市张氏宗族拼死相争的重要产业，直到道光年间才确定了禾口墟的归属权，为上市张氏一族独占。上市张氏族谱中明文规定，墟内所有店铺、设备不许他人染指，并留有墟图（见图5-1）为证。《禾口墟记》记载：

> （禾口）于万历年间时开墟市，所造屋宇、店房、上岗、下街，岗、街之租，先年三房均分为定。遗有空基所造蓬厂之租，抽归四郎公位下春秋供祭之需，轮流经理。遗穴基，于道光十三年（1833）阖族兴工建造祖祠德馨堂，倡首成梧、荣伦、华绅等。而鱼坪里、冈头上，三房先年编与以善为己业，竖立界石为据。……举市周围，寸土悉属四郎祖太价买之业。予非谬笔，详参数世原谱，秉载悉明，世代为记。③

引文显示，墟场上的店屋租金已经由上市张氏三大房支按股份分配，还严厉告诫子孙后代"举市周围"均为该族所有，不许他人涉足。为了确认这一结果，全族于道光十三年修建了德馨堂作为管理机构和戏台、茶亭等配套设施，以及界碑作为标记。清咸同间太平军过境时，因没有独立的防御设施，禾口墟曾遭到毁灭性的打击。上市张氏族谱记载，"咸丰初，发逆窜扰，而蹂躏宁西……纵火焚毁，市变荒基"。动乱结束后，"遂鸠工庀材，先后建大厦，起高楼，营货栈，旧所毁复之，前所无者益之……既而倡议重建祖祠德馨堂"。④ 清末地方稍靖，禾口墟得到了一定的恢复，至民国初年，"宁化禾口市集自明季万历间经四百余年，每逢四九墟期贸易，

① 民国《宁化县志》卷4《城市二·坊巷墟市乡村》，第480页。
② 〔美〕施坚雅：《中国农村的市场和社会结构》，史建云、徐秀丽译，中国社会科学出版社，1998。
③ 张桢主修《石壁上市清河郡张氏族谱（十修）》卷1《禾口墟记》。
④ 张桢主修《石壁上市清河郡张氏族谱（十修）》卷首《太学生荣任公行略》（1889）。

繁荣为全邑之冠"。① 不过，受战争的影响，直到抗战结束禾口墟虽贵为县城之下的第一集市，却未有之前的繁盛。

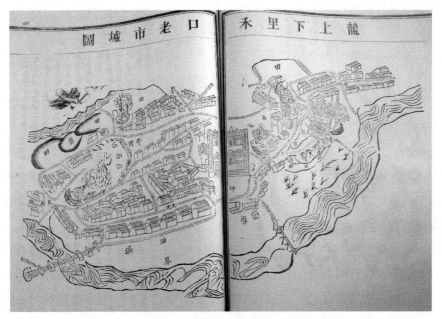

图 5-1　龙上下里禾口老市墟

资料来源：张桢主修《石壁上市清河郡张氏族谱（十修）》卷1《禾口墟记》。

据当地学者调查，民国间禾口墟的商品货物，既有本地各村生产的日常用具和生活用品，也有从外地依靠挑夫或船运输而来的外地商品。如布匹（夏布）主要源自禾口墟北五里的官坑村。大约从清代嘉庆年间开始，官坑的村民多以织夏布维持家计，民国间全村有 30 多户人织夏布，全村共 120 多架织布机，最多的人家有 7 架，其主要销售对象便是禾口的布商。淮土乡多产木材等山产，溪背村生产各式生活陶器、杨边村出鸭苗、税下（即桂林）村人打草鞋、小吴村编织草席，加上石壁与禾口的商人，西乡各村落间的合作分工形成了一个手工产品体系。西乡的商人遍及各地，成为西乡与外地联系的重要方式。如禾口商人张福铭，"年十六，即从商业发展，足迹半闽境，福州、将乐、上洋、将溪各商埠，无不经营治生。……年逾

---

① 《县长亲临调处本件存》（1946 年 6 月 28 日），《禾口新旧市场争执》，档号：103-3-241。

不惑，始南走粤……丈以民国五年由粤迁乡，年七十矣"。① 此外，还有大量依靠"打担"为生的挑夫，来往闽赣等各地区。②

经过一段时间的酝酿，另建禾口新市的提议得到了地方各界的认可，在基层政府的推动下，另建禾口新市的事宜便提上了日程。1945 年 5 月 16 日，禾口乡公所召开乡民代表会，由各保长代表、地方绅士参与，省政府专员苏节列席。"联席会议中，提议建设新市场，以增加自治财政收入，减轻民众负担，而促进建设，改善市容，并聘地方士绅组织建筑市场委员会，筹划进行等议案。即聘张国根、王子谦、张绍渠、刘承瑶、李宜章、吴良炯、张运饶、张启波、张维清、吴登辉、张超、张占吉、罗招远等为委员，互推张国根为主任委员，王子谦为副主任委员。"③ 不久，西建会便向宁化县政府提出在禾口老墟东约 2 里的地方另建新市的申请，结果自然很快得到批准，具体事宜由新成立的新市建筑委员会全权负责。实际参与新市建设的投资者，也有禾口老墟的商户，如"张绍渠等自筹备建筑新市，以及决定迁墟所有历届会议，均有出席，并无异议。即张四郎公子孙在新市建筑店铺落成之十余家"，④"占全市八分之一"。⑤ 在西建会的倡议下，通过集资的方式获得了建设资金"国币一万万元"，登记筹建二百余间店面。又经宁化县政府同意，"派建设科长翁骚、技士伊光亨等人到地查勘地基，绘具图案"，⑥ 为新市的建设准备施行方案。禾口新市建设档案的图案仍保存完好，但由于是铅笔绘画，痕迹已经模糊。

从翁骚等人所绘的设计图看，新市的形制大致是一个十字街，街道宽3.3 丈，即 10 米。十字街的东西向较开阔，且较南北向长很多，十字街东端北面是禾口乡公所，乡公所往北数十米便是私立道南中学；南面是戏

---

① 张桢主修《石壁上市清河郡张氏族谱（十修）》卷首《宗丈福铭公传》。

② 罗华荣：《石壁传统社会调查》，杨彦杰主编《宁化县的宗族、经济与民俗》下册，第 538—564 页。

③ 《宁化县禾口新市建筑委员会呈文》（1946 年 6 月 25 日），《禾口新旧市场争执》，档号：103-3-241。

④ 《为张四郎公子孙张绍渠等恃强不遵规定恳请令饬禾口警察所严厉执行由（拟）》（1946 年 8 月），《禾口新旧市场争执》，档号：103-4-208。

⑤ 《新市建墟签呈》（1946 年 6 月 21 日），《禾口新旧市场争执》，档号：103-4-208。

⑥ 《宁化县禾口新市建筑委员会呈文》（1946 年 6 月 25 日），《禾口新旧市场争执》，档号：103-3-241。

台，不远处就是西溪。在新市中心与乡公所中间的北边方向设有一间公厕，其所占土地的主人是下文将提及的张启顶；在十字街街道上，放置大量墟篷，而街道两边则自然是店房，整个布局非常整齐。此外，按"原定计划，于十字街之西侧建造市场四座。至经费来源，除由临时市场收益项下拨付百分之卅外，不敷之数，拟恳由县临时事业费向下拨助百分之卅，本乡临时事业费向下拨助百分之四十"。① 相比之下，此时的禾口老墟，仍旧保留着传统样式，街道仅四五米宽，"原有市街店歪斜、街道狭窄，且地面高低不平，已无空隙余地。每逢墟期，均在张四郎公所有之街道及岗上露天买卖，向无市场设备"。② 而且，老墟房屋错综复杂，三教九流，无所不有，国民政府一再整饬的嫖妓、赌博、吸大烟等社会问题，依旧横行，对乡镇市场管理造成极大的不便。

　　新市地址定于距离禾口老墟大约 1000 米、地名军墘上（亦有"金墘上"之称）处。禾口老墟原被一座名为军山的小山丘三面包围，③ 军山东面有一条小溪称陂下溪，是禾口（今名红旗村）与陂下村的分界线，距汇入西溪处不足百米。新市建成后，老墟张绍渠称该市建设，"占据民田十余亩，夷平建屋，毁古亭四座，没收砖瓦，便利私用，建屋数十间，名曰新市"。由于时代变迁和材料限制，有关古亭的情况，已无从知晓，提及的十余亩"民田"尚有记录。所谓民田分布于军山南麓，即陂下溪与禾口老墟之间的一片稍微向南倾斜且较为开阔的稻田，其年产大约为 600 石，该稻田大部分属于上市张氏和下市张氏二族。在新市建设之前，此处已建有道南书院，即道南中学（今名宁化二中）的前身，新市所在位置就在道南中学西南不足数十米的稻田中。"军墘上田全无水源，三年两旱"——解放前，军墘上的稻田因有军山阻挡与山北的水源隔绝，距离西溪虽近，但西溪水位很低，饮用和日常生活用水尚构不成问题，灌溉用水则严重不足，水源问题一直没有得到很好的解决，以故该处田亩十分贫瘠，"如以五年丰年纳租、旱年平分，平均收租计算，每石每年最多不到二十斤"。

---

① 《为呈报本乡建筑市场情形请察核示遵由》（1946 年 11 月 24 日），《禾口新旧市场争执》，档号：103-4-208。

② 《为呈报本乡建筑市场情形请察核示遵由》（1946 年 11 月 24 日），《禾口新旧市场争执》，档号：103-4-208。

③ 今宁化至石城新修公路便是沿着军山的北面山路，完全绕过了禾口墟。

虽然如此，对于稀缺土地的贫民来说，无论贫瘠与否，都非常重要，处理好新市建设的土地问题是新市建设顺利动工的前提。

毋庸置疑，新市所占民田实为向田地的所有者征用而得。为处理好新市建设中的民田征用问题，新市建筑委员会曾拟定了三个原则："新市已建筑及将来建筑之房铺市场街巷所需之土地，业经该新市建筑委员会厘定'换田''纳租''补价'三原则，通知各田主分别向该建筑会交接，订立换田或纳租字约及具领田价手续。各田主接通知得〔得通知〕后表示满意接受，且由各该田主开会商讨。在原则之下，详订纳租额及田价额等办法。"[①] 为此，时任乡长张国根先后两次主持召开"公开田主会议"，协商解决新市建设所占农田办法。

1946 年 1 月 11 日举行的第一次征地会议，由乡长张国根主持，与会者大抵是新市投资者，会议讨论出解决"民田问题"的几个方案：（1）划定建筑范围；（2）按原定之原则（调换、纳租、补价）通告业主声请；（3）由建筑委员会及业主双方各推代表三人协议，并公推张镜人（绍渠）、张国根、刘承瑶、张维兰、张维清为本会代表；（4）建筑所损失之农作物，依照作物好歹按等第由各建筑人还田主（甲、每担补偿国币 1000 元；乙、每担补偿国币 700 元；丙、每担补偿 500 元）。2 月 23 日，在禾口乡公所内举行第二次会议，新市建筑委员会领导张国根、张运鸿、王子谦、吴登辉出席，军墩上田主张耀发、罗招远、张九根、张士有、张华珪、张泽元、孔令谷、张新辉、光孝姐、陈坑女、孔从仁、孔令明、孔祥保、罗招生、张荣光嫂（张华珪代）等参与。经过三个多小时的讨论，会议做出了以下五个问题的决议：

> （1）由田主公推代表罗招远、张泽元、张华珪、孔法宣、张士有等五人，向建筑委员会协议解决，有关新市场建筑所占田地的维业权问题。（2）关于本年新市场田地农作物之损失，大豆每担补国币一千二百元，番薯每担补国币七百元。（3）关于建筑所占田地，田主根据自身意愿，按调换田地、按地纳租、补还地价三种办法由代表向建筑

---

① 《新墟场公开田主会议记录》（1946 年 9 月 21 日），《禾口新旧市场争执》，档号：103-4-208。

委员会协议处理。（4）关于新市所占土地的租额及地价，决议通过两种方式：甲、租额径内田每石每年纳谷三十五斤，租额径外田每石每年纳谷三十斤，田赋过割由店完纳；乙、补还地价按每担径内地光洋十二元，外径地十元。（5）限在古历正月廿五日（1946 年 2 月 26 日）以前，由田主代表邀同建筑会代表收测地面积手续办理完竣。①

引文显示，新市建筑委员会与军墈上新市所占土地的业主之间在相对友好的基础上协商解决了土地征用的问题，即业主可以选择调换土地等三种方式满足各自的要求。不过，上述办法的真实性值得怀疑，因为该文件是1946 年秋新旧市场争执爆发之后，因福建省主席刘建绪的不断追问，代乡长吴光棠往上呈交的会议记录。该会议记录是否伪造难以确定，即便是真的，原乡长张国根是否认真执行亦不可知。之所以提出上述怀疑，是因为在档案中还保留了陂下村乡民代表张立瑜等人撰写的不同意见，并存有田主张启顶要求赔偿的诉讼记录。

据载，上市张氏族人张启顶等人确有旱田在新市划定的区域内，此前并未对此有异议，禾口市场争执爆发后，曾上诉至宁化县司法处，要求张国根赔偿损失，并立案调查。不过，宁化县司法处的回复明显有偏颇之嫌，表示"前来前该张国根所称建筑新市地价补偿曾由贵府派员会议决定办法一节，究竟是否属实，本处无案可稽"。② 早已"灰心世事，托足佛门，诸事不问"的乡民代表张立瑜则说："去年秋间，禾口乡长张国根、参议员王子谦建议新筑市场于距原有老市二里许之稻田内，各田主啼哭咒骂之声不绝。此不过亲见，小民怨声载道，诚恐政府耳目不周，故敢掬诚报告，以尽职责，别无作用。"③ 张立瑜与张国根等的看法完全不同，孰是孰非，尚难定论。可以确定的是，以张国根为代表的新市集团在全力争取建设禾口新市的合法性，以期分享乃至独占禾口市场的商业利益；石壁上

---

① 《新墟场公开田主会议记录》（1946 年 9 月 21 日），《禾口新旧市场争执》，档号：103-4-208。

② 《为张启顶等与张国根赔偿损失事件据张国根辨述各情请查明见复由》（1946 年 8 月 23 日），《禾口新旧市场争执》，档号：103-4-208。

③ 《呈为呈请准予备案并恳令饬警察局长及西区各乡公所负责保护安全由》（1946 年 7 月 14 日），《禾口新旧市场争执》，档号：103-3-241。

市张氏及禾口老墟的所有者不愿放弃原有利益，而张立瑜明确地站在老墟居民这一方。从宗亲关系来说，张立瑜和张国根是同村同宗，似应支持张国根的主张。不过，张国根是抗战时期崛起的地方新秀，与当时西乡首绅张树庭的关系更加密切；而张立瑜与张绍渠之父张思诚是旧识，关系甚笃，因而替张绍渠等老墟民众说话，也是可以理解的。

在征地问题基本解决后，禾口新市的店房建设进行得非常快。三个多月后，"练县长莅临视察，以建筑房已足敷用，为加速完成与便利发展起见，一再令饬提早迁市"。[①] 为了迎合宁化县长、西建会名义主席练平的建议，也许还有地方豪强张树庭的意思，新市建筑委员会召开委员及店主会议，决定禾口新市将在 5 月 29 日（农历四月二十九日）正式开墟。为了准备新市开墟，新市建筑委员会还"将迁市广告遍贴宁西各乡"，宣告农历四月二十九日正式开墟。新市开墟后，未曾料到的是，新市投资者们信心满满地期待的生意火爆的场面并没有发生，相反，前两次逢墟日禾口新市门可罗雀，不免有些尴尬。这样的结果，让多数新市建设的投资者深感忧虑，他们势必要想办法改变如此冷清的局面。

作为一项乡村建设的项目，禾口新市建设颇为成功。尽管多数学者认为乡村建设运动是失败的，它不是解决中国乡村问题的根本之路，[②] 但它将改造农村作为中国现代化的关键问题，提出了一套具有现代化意义的建设模式，具有一定的借鉴意义。[③] 依据主导乡村建设者的身份和目的，可将民国时期纷杂的乡村建设活动分为五种类型，即以山东邹平为代表的"儒家模式"，以河北定县为代表的"西化模式"，以江西黎川为代表的"基督模式"，以重庆北碚为代表的"地方模式"和由中央政府直接派选的人员开展的"国家模式"。[④] 从类型上说，宁化西乡的乡村建设属于地方模式。梁漱溟先生在总结乡村建设运动时，曾遗憾地指出，"号称乡村运动

① 《为抄发该县禾口争执新旧市场原呈二件仰查明并案办理具报由（附件）》（1946 年 7 月 25 日），《本县禾口新旧市场争执纠纷》，档号：106-2-1821。

② 郑大华：《民国乡村建设运动》，社会科学文献出版社，2000，第 473、533 页。

③ 虞和平：《民国时期乡村建设运动的农村改造模式》，《近代史研究》2006 年第 4 期。

④ 王景新等编著《民国乡村建设思想研究》，中国社会科学出版社，2013。关于研究回顾参见何建华、于建嵘《近二十年来民国乡村建设运动研究综述》，《当代世界社会主义问题》2005 年第 3 期。

而乡村不动"，其根源在于倡导乡村建设的知识分子与农民"从心理上根本合不来"，不能代表农民的要求；加之，乡村建设严重依赖政府提供的建设资金，时常因缺乏资金而陷入一种两难的境地。[①] 西建会领导的禾口新市建设则没有梁先生指出的问题，西建会提出的项目以及前述张树庭倡导的西乡水利建设，均是当地社会迫切需要的，因而能得到基层社会和县级政府的共同支持，用于乡村建设的活动经费则源于各乡镇政府的自治经费和地方精英集资。在禾口新市建设中，西乡人士积极参与，乃至其资金"或为毕生精血所积集，或为变卖挪借所支持"，足可谓乡村社会完全动起来了，尽管不甚充裕，亦能在一定程度上摆脱对上级政府严重依赖的困境。仅此而言，西建会主导的乡村建设活动似乎取得了鲜见的成效，是一种有别于民国乡村建设各种模式的新形式，可称之为乡族模式。不过，地方精英的投资目的性更加明显，更加迫切地期望获得实效，易出现内部矛盾。

第二节　新旧市场争执

禾口新市场建设获得了在任县长的支持，初步完成后新市建设的投资者大张旗鼓地欣然开墟，却未曾料到当地民众对其视而不见，仍旧前往禾口老墟赴墟。新市建筑委员会乃至西建会的成员自然要想办法让新市场繁荣起来，否则砸锅卖铁投下的钱就打了水漂。不过，由于未能比较周全地考虑各方利益诉求，新市一方贸然利用行政力量采取强制迁墟的行动，招致老墟民众以宗族组织为纽带进行反抗，最终导致西建会出现了分裂和乡村建设活动走向失败。

一　新旧市场冲突

若如张国根等人所述，新市开墟后建置规范、空间宽敞，理当受到欢

---

① 《我们的两大难处》，中国文化书院学术委员会编《梁漱溟全集》第2卷，山东人民出版社，1990，第573—585页。

迎，而现实却与之相反，当地民众不愿前往新市摆摊交易。据当地老人回忆，原因其实很简单，新市屋舍新建，污泥满地，又逢雨水季节，排水不畅，街道坑洼不平，这些因素导致新市着实对民众聚集不便。相对的，老墟街道铺有鹅卵石，地面干净且不易积水，加之数百年的惯性，民众为便利起见自然是首选老墟。

为了让新市迅速繁荣起来，新市建筑委员会召开成员大会，决定将原有禾口市场的买卖悉数迁往新市，主任张国根还利用乡公所的职权，派遣禾口自卫队前往禾口老墟强迫业主搬至新市。新市建筑委员会在做决定时，禾口老墟代表张绍渠并没有参加会议和提出异议。然而，在该决定执行两期后，张绍渠领导老墟市民大举反对迁墟，认为新市开墟纯属"张国根为自私自利起见"。不仅如此，当练县长并不出面调处新老市争执时，张绍渠进一步呈文向省政府领导指出，禾口新市建设其实是县长练平与宁西豪强张树庭等人相勾结的产物。当然，张绍渠的这一行为招致新市建筑委员会其他成员的批评。曾经与张绍渠多次并肩作战的筹委会副主任王子谦毫不客气地说："张绍渠等自筹备建筑新市以及决定迁墟所有历届会议，均有出席，无异议。……以其个人店铺尚未建筑完成，而原有摊庄收入蒙受重大损失，出尔反对新市，实为设陷阱人。不惟新市其他姓族衔恨在心，即张四郎公子孙在新市建筑店铺落成之十余家，亦当恨之入骨。骗人骗族，真狗彘不若。"①

新市建筑委员会通过禾口乡公所将禾口老墟的全部买卖迁往新市的做法，未得到老墟居民的认可，老墟居民也不愿意迁往新市。张绍渠称："禾口原有市场已建店屋四百余间，居民四五百户，其繁荣之利益，为多数贫民所共享。"② 首先，在老墟经营有方、获利较大的市民不愿迁墟。如张绍渠占有老墟 1/3 的店铺，而且他在新市投资的店房又未建好，如若迁墟，何止是损失重大，简直就是破产。而经营状况良好的吴兴记、恒丰、永和祥、信万成记等商店也不同意迁墟，迁入新市就得重新经营，还要与

---

① 《为张四郎公子孙张绍渠等恃强不遵规定恳请令饬禾口警察所严厉执行由（拟）》（1946年8月），《禾口新旧市场争执》，档号：103-4-208。

② 《呈为恳请准予不分原有市及新市均听自由发展以杜争端仰祈示遵由（拟）》（1946年7月15日），《禾口新旧市场争执》，档号：103-3-241。

基层政府争利，势必增加经营成本。其次，大部分普通的老墟市民并不愿意迁往新墟，对他们来说，商业买卖可能是唯一的谋生方式，而且他们并没有多余的资金来投资新市。如果新市取代了老墟，老墟被"消灭"，这些原住在老墟依靠小本生意而生存的贫民，将毫无生计。因为新市的规定中，并没有任何补救或救济措施。再次，对于并不居住在禾口老墟的小商小贩们来说，迁墟也意味着一种毁灭性打击。禾口老墟虽然名义上为张四郎公嗣孙一族占有，但在几百年的传统中，已经形成了一族所有、全民公用的局面。其他逢墟而来的小商贩已经熟悉了他们的摊位、顾客，迁入新市，意味着面临陌生的摊位和新的税收。与其使用新市的帐篷和摊位并上缴新的税收，不如继续露天贸易。最后，老墟房屋的混杂，为不少新社会打击的行业保留着存活空间，这些行业的存在是那个时代人们习以为常的。老墟迁走，毫无疑问烟馆、赌场将遭受灭顶之灾，而娼妓也是反对迁墟的人群，"黄赌毒"群体势必将站到老墟居民一边。总之，禾口迁墟，将影响到老墟居民的实际利益和生计。

为了让老墟市民就范，禾口乡政府指使乡公所警备班借"前往老市捉赌"之名，故意破坏老墟正常贸易秩序，"自农历四月二十九日起，每逢四、九墟期，（乡公所）派出武装队丁驱逐乡民，迫往新市交易。某（绍渠）经将情呈报制止有案，嗣后或借军队过境派伕，或假选送受训警察，均向原市市民贸易正盛时，突然拉送，以致秩序大乱，市民四散奔逃"。[①] 毫无疑问，乡公所如此偏袒新市一方，甚至"滥用职权"，利用政府强制手段迁墟的方式，引起了禾口老墟居民的强烈不满，老墟居民便在张绍渠、张耀西等人的号召下，利用宗族凝聚力团结族众，打算与新市一方做持久的抗争。

面对新市一方的汹汹来势和乡公所队丁的横加破坏，老墟居民不会坐以待毙，张国根自然清楚，"西乡向为蛮悍难治，该族（上市张氏）尤称多事"。[②] 上市张氏宗族称，张四郎公嗣孙虽一向守法，"自逊清迄民国二

---

① 《呈为恳请准予不分原有市及新市均听自由发展以杜争端仰祈示遵由（拟）》（1946 年 7 月 15 日），《禾口新旧市场争执》，档号：103-3-241。

② 《为呈报本乡新市市面被垄断经过情形请察核指遵由》（1946 年 6 月 8 日），《禾口新旧市场争执》，档号：103-3-241。

十余年，均由各粮户自动输纳，不终一日，即可扫数完清，叠蒙政府奖励"。① 但只要稍加关注宁化县的剿匪记录便可以发现，抗战时期被剿灭的西乡土匪张耀添便是上市张氏族人，张恩标（小名金水仔）"与匪张耀添同祖发脉，曾在其部下服务甚久"，即便他"改邪归正"，仍匪气难泯，"自新老市发生争执以来，近据说其枪随身藏带"。② 而且，上市张氏代表张启烘等有言在先，"恐人口众多，高压之下，难于忍受"。石壁上市张氏一族要面临如此大的损失，岂能善罢甘休！

　　石壁上市张氏族众对迁墟的意见很大，新市一方理当知晓。1946 年 6 月 7 日下午 2 时，张国根以乡公所的名义，"召请地方各界，举行联谊会。张四郎公裔孙张绍渠等亦均到会，交换意见。渠等所要求者，为自由贸卖，公所采不管态度"。据此，张绍渠代表老墟一方所提出的意见是新旧市场双方自由发展——任凭民众前往新旧市场赴墟，任凭商户选择在新旧市场贸易，反对新市一方为繁荣新市而动用国家权力强制将老墟业务悉数迁往新市。当然，新市一方也清楚，这等要求断然不能答应，新市目前面临的窘境就是由此"自由贸易"造成。因此，新旧市场双方的谈判无法继续，新市一方因而指摘"张绍渠等假借自由买卖名义，造谣惑众，垄断市面"。③

　　作为对新市一方的回应，在禾口新市开墟的第三个墟期，6 月 8 日（农历五月初九），石壁上市张氏族众及部分老墟居民，在族贤张耀西的主持下，到石壁村的张氏家庙召开宗族会议，讨论"如何恢复禾口原有市场市面"的问题。是日，与会者总共 50 人，张绍渠亦在其中，而且还是真正的领导者。张耀西，生卒年不详，名星辉，字雨山，耀西其派名，宁西石壁乡陈塘湾人（与张绍渠同村），曾任石壁乡副乡长，是禾口墟颇有产业的商人。谱载："（张耀西）生而颖悟，成童时，高小毕业，困经济无力升学。……遂择邓坊桥市，懋迁有无。其存心公而恕，其接人温而恭。公故不欺，恕故不刻，温则易近，恭则易亲，所以近悦远来，有如蚁慕。……

① 《为禾口乡公所派出队丁压迫市民迅恳恩电饬制止由（拟）》（1946 年 6 月 8 日），《禾口新旧市场争执》，档号：103-3-241。
② 《呈报遵令维护市场情形备文送请察核由》（1946 年 8 月 11 日），《禾口新旧市场争执》，档号：103-4-208。
③ 《为呈报本乡新市市面被垄断经过情形请察核指遵由》（1946 年 6 月 8 日），《禾口新旧市场争执》，档号：103-3-241。

民国辛未（1931），地方沦陷，奉父恩坤公避乱，左右就养。……壬申（1932）冬，乃徙顺昌界，往来洋口、将乐间，既复奔波各处，足迹半闽境，经营衣食，非常拮据。……戊寅（1938）秋，负父骨归葬故乡，追悼隆礼，所费不赀。"① 经过半天的讨论，石壁上市张氏的宗族会议做出如下决定：

> （1）禾口原有市场照旧做买卖，但各房族代表均应戒饬子弟，严守法纪，不得有粗暴之举动。（2）禾口乡市场，自应不分新旧，均听人民自由往来买卖，人民对于应缴政府之租费自应照章一律缴纳。（3）乡长公所队丁如或打伤或拘禁人民时，应个别负担刑法上之责任，乡长应负故意伤人、损害之责任。（4）乡公所队丁如或毁损市民所有商品时，应负法律上赔偿之责任，乡长应同负责任。（5）为执行（3）、（4）两项决议，预选代表人，一遇事实发生，即行正式起诉。②

引文显示，在张绍渠、张耀西等人的推动下，禾口老墟民众有理有节地应对新市一方的强制迁墟措施。一方面，提出己方自由贸易的要求，并告诫族人要安分守己，不要有过激的行动，同时也一定程度地威胁对手，若要求不能得到满足，将拒绝纳税并有粗暴之举；另一方面，明确告诫张国根及禾口乡公所不要乱来，老墟民众已经成立一个领导小组，准备与新市一方对抗到底，并威胁将向更高级政府提出诉讼。当然，其所谓代表人，自然是上市张氏的"祠胆公"、禾口老墟的商业领袖、具有良好教育经历和极高社会威望的县参议员张绍渠了。

据说，张绍渠等为了有效地执行上述决议，曾变卖尝产，在禾口老墟杀猪犒请族人，张贴标语、制造谣言以宣传造势，并以除谱威胁，令族人挨户派人赴老墟维持秩序。与此同时，派遣一帮被乡长张国根称为"流氓"的人，"四出威胁阻拦赴墟民众，断绝新市场应市货物来源，造成封锁局面，张光眼、张耀根等在南田来路口，张元茂在石壁来路口，张恩连等在淮土来路口等拦截赴新市商民；派遣流氓张元柱、张启学、张启海、

---

① 张桢主修《石壁上市清河郡张氏族谱（十修）》卷首《张雨山先生传》。
② 《石壁上市张四郎公嗣孙代表为恢复禾口原有市场会议记录》（1946 年 6 月 8 日），《禾口新旧市场争执》，档号：103-3-241。

张启伦、张运生、张元生等四出拖拉市民，禁止经过老街民众行动"。① 不仅如此，"从古历五月初九日起，按户派人到老市场聚会。每逢墟期，指派流氓四出拖拉赴墟民众，拦阻不许到新市交易，并扬言准备械斗，嗾使流氓扰乱新市。假借整理市容，苛派族人巨款，压迫在新市建店达十余间。各族人不得迁入新市居住与交易"。② 上述张国根描述的情况或有不实之嫌，然其指名道姓，或真有其事，不过即使属实，亦当是模仿新市一方的举动。

面对禾口老墟民众的强烈抵制，新市一方领导者似已失去了作为基层行政官员应有的理智。档案资料记载："6月12日，（乡公所队丁）变本加厉，由县及由俞坊、溪背各保人民往来原市之道路路面数处均被破坏，阻止行人往来，妨碍交通，并将破坏所得之大块麻石搬取他用。6月13日，禾口乡公所联合西区各乡，召集武装队丁分布原市外围，阻止行人不得通过原市，均须往新市买卖。同时并登记姓名住址，如不前往新市者，已经察觉，即予严惩以为恐吓。6月18日，流〔刘〕村住民张福仔挑米一担，自动往原市出售，武装队丁张帐苟（乳名）阻止其前往，胆敢实弹示威，幸被解救，未至肇祸。"禾口老墟一方认为，乡公所派遣队丁无端威胁普通民众的举动已经越过了政府行政职权的范围，而将乡公所告上了县政府，"值此实施宪政，还政于民之时，乡公所自应严饬队丁，恪守纪律，岂容仍有非法之举动"。③ 不只如此，不仅禾口乡公所一处基层行政人员直接参与到禾口新旧市场争执当中，"西区各乡"也派遣了武装队丁加入了阻碍民众前往禾口老墟的队伍，亦即石壁上市张氏正在面临整个西乡的压力。

新市一方利用乡公所的职权做出如此不合法纪的举动，进一步激起了禾口老墟民众的抵抗情绪。据说，张四郎公嗣孙扬言要与新市一方拼个鱼死网破，张绍渠等人准备变卖家产，"预约日内聚众，其企图如何不得而知"。地方有识之士（孙家淦等）对此十分担心，认为"禾口新老市场争

① 《为呈报本乡新市市面被垄断经过情形请察核指遵由》（1946年6月8日），《禾口新旧市场争执》，档号：103-3-241。
② 《宁化县禾口新市建筑委员会呈文》（1946年6月25日），《禾口新旧市场争执》，档号：103-3-241。
③ 《为禾口乡公所破坏路面妨碍交通并派武装队丁阻止人民往来买卖实弹示威几至肇祸恳请察核严究由》（1946年6月21日），《禾口新旧市场争执》，档号：103-3-241。

执甚烈,恐于二十九日墟,必将发生械斗,演变堪虞"。① 同时,在张绍渠等向县政府申诉后,时任县长练平对张国根及禾口乡公所的行为进行了严厉的训斥,并要求禁止此类事件再次发生。在新老市场的第一回合较量中,张国根因滥用职权而处于理亏状态。

二 县政府调解

由于禾口新老市场双方谈判未能达成统一意见,派遣队丁骚扰亦不能解决问题,故双方均电请县长练平亲往禾口调解纠纷。不过,练县长"因政务常缠,未能亲自来乡调节[解]",而派"军事科长叶礼湑代表本人,来乡调处",协同禾口乡的县参议员孙家淦、刘万贡以及西乡的几个乡长刘承水等进行调解,试图将禾口市场冲突当成一个普通争端,由地方士绅协调解决。② 但结果令人失望,因为刘承水等人本就属于新市一方成员,故军事科长、本地参议员等人无法提出任何新的解决方案,禾口新旧市场的争执情形正在恶化。

宁化县长派员调解无效,不得已亲临禾口探讨解决方式。时任县长练平(1908—1974),原名练文澜,字维波,号不鸣,化名陈士道,福建武平县象洞乡人。土地革命战争时期,练氏曾积极支持闽西革命,担任中共武平县委书记。1934 年,红军长征后,他投靠国民党,回家养病。1938 年,加入国民党,任龙岩三民主义青年团书记。不久,被任命为闽西日报社社长。此后,长期追随傅柏翠。1941 年 5 月,由傅柏翠推荐,练氏被福建省政府委任为上杭县县长,在县长任上,练平生活简朴,不受贿,不食请,被当地百姓称为清官。1945 年 8 月至 1947 年秋,接替傅柏翠任宁化县县长。任职宁化期间,练氏在剿灭土匪、维护地方治安和"治理县城卫生方面",颇有政绩,获长汀专署(福建省第七行政督察区兼保安司令公署,下同)的多次表扬。1948 年初,调任龙岩县县长。③ 练平在宁化的政绩中有"县城卫生建设"一项,

① 《宁化县政府译电》(1946 年 6 月 25 日),《禾口新旧市场争执》,档号:103-3-241。
② 《电派军事科长叶礼湑来乡调处市场纠纷由》(1946 年 6 月 26 日),《禾口新旧市场争执》,档号:103-3-241。
③ 福建省武平县县志编纂委员会编《武平县志》卷 34《人物·练平传》,中国大百科全书出版社,1993,第 828—830 页。

与指导禾口新市建设密切相关。

7月5日，县长练平在禾口乡公所召集地方人士，讨论如何解决禾口市场争执。练县长的具体措施未见档案记录，从张绍渠的描述看，县长此次明显偏袒新市一方。其言曰："只因乡长张国根自私自利起见，所召集与会者，均系张乡长一派人物，并不邀请地方公正人士与会。由此可见，完全意气用事，罔顾大众利益，此种会议，绍渠故不出席。……结果该会所提出调处办法五点计：（1）分墟期；（2）分市场；（3）新老市自由发展；（4）新市另择墟期（增加墟期）；（5）繁荣新市消灭老市。查考当日与会者，坚持以第五点为投票之决定，其有意危害地方，可为凭证。"由此可见，由于未能与张绍渠等取得共识，练县长主持的调解会议实际上是一次单方面的讨论，其结果自然得不到老墟居民的认可，也被宣布无效。张绍渠等随即呈文质问县长，会议决定消灭老市的荒诞之举，"试问老市居民果有何辜，要受消灭之非法处分。幸钧长明察，制止开票，并宣告此项投票无效，化眚为祥，实遏乱萌，现事体尚未解决，难免其恶焰重生"。①

综观禾口新旧市场争执持续的半年多里，练平起到的作用堪称尴尬：作为西建会主席，练县长虽暗自支持新市一方的要求，却无力弹压和安抚老墟一方；作为宁化县长，一县之父母官，又未能公正地处理地方纠纷，获得民众的信赖。不过，在练县长亲临禾口期间，他撤换了深陷纠纷的时任禾口乡乡长张国根，用自称为第三方的吴光棠代任乡长一职。

吴光棠（1908—1970），字景芳，号荫堂，家住禾口墟北5里的官坑村，属延陵吴氏一族。吴光棠祖上也是族中贤达，祖父吴其球是晚清文庠生，然家道中落，"三龄失怙，十六岁失恃"，勉强读完禾口道南小学后从军。在军队里，吴光棠"遂由班长而排长，而上尉，旋卒业于中央军校特训班，升迁少校。屡建军功，甚得上官之器重"。抗日战争结束后，"告假荣旋"，"其孑然而去，携眷而归。抚今追昔，戚党为之欢颜"。②关于吴光棠退伍归来的缘由，他在推辞禾口乡长一职时称："钧长不以庸材见弃，委为禾口乡长一职，本应竭尽绵薄，以图报效于万一。奈因旧伤复发，吐

---

① 《为呈俯准禾口新老市自由发展并乞示遵察核由》（1946年7月9日），《禾口新旧市场争执》，档号：103-3-241。
② 吴大洪主修《延陵吴氏族谱（九修）》卷2《光棠表侄行述》（1947）。

血剧烈，万难服务，为此迫不得已，备文呈报。"① 也就是说，他是因受伤而退伍。吴光棠回乡后，也并未闲着，"人有急难，莫不相周；有争讼，委屈排解。地方公益，靡不竭力提倡，种种政绩，阖乡老幼，啧啧称善"。② 伤愈后，吴光棠先是被地方政府安排做"福建□田处禾口办事处主任"，未几辞职。更值得玩味的是，其族谱记载，"同年秋，适当民选开始，被选为禾口乡第一届民选乡长"，而在吴与县长的书信中，却毫无"民选"之词，而是以"第三者身份委充"。由此观之，对于百姓而言，吴光棠是第一届民选乡长；对县长而言，他只是代替张国根处理禾口市场纠纷之人。当然，吴光棠也清楚，这次任命并非等闲，势必要碰不少钉子："因张前乡长国根兼禾口新市建筑委员会主任委员，对此纠纷未能调息……蒙钧长以光棠为第三者身份委充乡长职务。为调和双方意见，光棠明知面对难题，处理稍不慎重，难免卷入漩涡。曾经一再固辞，后蒙面谕新老市场纠纷已派警察所专驻禾口维持，并责以大义，不（得）已勉为其难。"③ 值得一提的是，吴光棠接任禾口乡长一职后，张国根摇身一变成了禾口乡民代表主席，继续担任禾口乡的领导职务。

那么，吴光棠是否真如其言是第三方，抑或能够做一个公正的第三方呢？从档案资料看，是年 6 月 21 日、7 月 25 日新市集团呈述的报告中，署名的禾口新市市民中，"吴光棠"三个字赫然在列，而且还位列前五名。也就是说，对老墟居民来说，所谓的第三方是并不存在的。不过，吴光棠在任职最初的两个月里，曾努力做一个第三方，"光棠对于新老市之争端毫无左右袒，因为身居乡长地位，只愿地方无争，亦不敢稍存偏袒之念"。具体来说，主要体现在枪杀商民事件（详后）后，当自卫队的人污蔑张绍渠等私藏武器时，吴氏说了一句公道话："则所谓暗藏武装，未免太无根据。"除此之外，吴光棠就是一个十足的新市市民成员。在禾口市场争执中，吴光棠临危受命，所做的事情主要有两件：一是配合长汀专区（府

---

① 《因旧伤复发不堪服务请派员接替乡长职务由》（1946 年 9 月），《乡镇长任免》，档号：103-1-177。

② 吴大洪主修《延陵吴氏族谱（九修）》卷 2《光棠表侄行述》（1947）。

③ 《为呈复巫显仕在禾口赴墟被难情形请察核由》（1946 年 8 月），《禾口新旧市场争执》，档号：103-4-208。

衙）所派税捐经征处主任陈汉澜调查并分配市场营业种类；二是在 8 月 11 日召集西乡"驻乡参议员代表主席联席会议"，讨论如何处理枪杀事件。但对事情的解决没有起到任何作用。随着禾口市场争执的扩大及府衙、省政府的介入，吴光棠只能充当一个信息传递员的角色。

关于县长练平的态度，有更多的资料显示，他自始至终倾向于履行作为西建会主席的职责。在民国司法科的案件档案中保存了一封写于 7 月 31 日的书信，收信人是练县长，写信者是福建省第七区（亦称长汀专区，档案中时作"府衙"）行政督察专员兼保安司令高恺，即长汀专区时任最高长官。从该信称练县长为"吾兄"等语气来看，应该是一封私人书信。在信中，高恺阐述了他对禾口新旧市场争执的看法。其言曰：

> 文澜吾兄县长：贵县禾口市场纠纷一案，迭据新旧双各具理由，呈诉到署。按诸法令根据，营业地点人民本可自由选择，不得出诸强制行动。倘依此原则决定，正合旧市场之要求。新市场若非以庞大资本及长久时间，用竞争方式抑低物价争取营业市面，不免因自然环境而受淘汰，果尔，亦非政府扶植新兴事业之本旨。欲求两全，惟有邀集双方予以适当调处。据查新旧市场相隔不过一里路之遥，两旁均为田地，若能将楼阁、学校移设此空隙地点，并鼓励民间起盖商店或住宅，并可酌置公园、运动场等□易充实，则新旧市场彼此衔接，自由营业，当无地利可言。此种办法不行，先与双方主持者商决而行。如不得协议，可由吾兄所拟处理办法三点予以指定分配。但应注意者，就不同地点市场予以分配营业种类，应依《福建省各县市墟场租赁及管理投资办法》第三条规定，先将新旧市场收归公有后，始为合法。又闻此事不予迅速处理，或处理不当，均有发生械斗可能，希速进行。如果决定采取收归公有分配营业办法，本署可就贵县呈报之件，即予指令，使吾兄有所根据，而便于执行也。①

引文显示，最晚 7 月下旬长汀专区已经收到了张绍渠、张国根等新旧双方

---

① 《高恺致练县长信函（拟）》（1947 年 7 月 31 日），《本县禾口新旧市场争执纠纷》，档号：106-2-1821。按：《福建省各县市墟场租赁及管理投资办法》，当时文献中有不同称呼，不另注。

的诉讼要求（详后），不过高恺并不打算按照法律原则来处理，而是希望练平提供更好的解决办法。作为长汀专区的负责人，高恺自然熟悉当时法律和当时的地方政治。就禾口市场争执本身而言，禾口老墟一方的要求是合理合法的，新市一方则是以权谋私。但是，依法决策则不合当时国家扶植新兴产业的政策，更不符合练县长的政绩诉求，乃至极有可能导致禾口新市破产。因此，只能用调解的办法争取两全，即在一定程度上同时维持双方的部分利益，高恺的建议是将新旧市场之间的空隙连接起来，建以住宅或公园等，使双方通过自由经营而实现共赢。这一想法确实不错，但现实是，不论是西建会还是地方民众，并无如此经济能力持续投入。高恺似乎也想到了这点可能行不通，于是提出按练县长所拟具体办法，再通过府衙的训令进行调处。说白了，就是官官相护，所谓调处不过是县长自导自演的戏，县政府派往禾口执行相关办法的各色基层官僚，不过是练平的道具罢了。

在禾口老墟一方将官司告到福州后，10 月中旬，在回复省政府一再追问纠纷调处的详细过程时，练县长"兹将本案要点申述如次"：

> （1）禾口建筑新市场完全系张绍渠主持计划，有该市建筑委员会历次会议录为凭。迨市场完成，竟公然反对，出尔反尔，张绍渠如何自圆其说？（2）枪伤市民有关嫌疑犯，均移司法处讯办。张绍渠亦为本案被控嫌疑要犯之一，既不应传讯到庭，反逃匿福州，似有畏罪规避情事。（3）本府对该新旧市场纠纷原则，秉公处理，绝无左右袒护，均呈照专署指示办法。（4）本案曾经高专员及专署陈科长亲自来县调查，全案经过请饬七区专署，查报当更详确。至张绍渠之无理纠闹，应予责办，借维正义而端风气。[①]

从引文所述内容看，此时的练县长处于恼怒的状态，其所谓"秉公处理"原则已荡然无存，非但没有将自己置于局外的评判人位置，反而深陷争执之中，除了推卸责任外，俨如站在新市一方无端指责张绍渠等人，罔顾国

---

① 《呈为本县禾口新旧市场争执案前经详报谨再申述要点复请察核由》（1946 年 10 月 17 日），《禾口新旧市场争执》，档号：103-4-208。

法民情。因此，希望如此官员能求得"两全之策"无异于与虎谋皮，练县长的调处自然难以实现。

三　长汀专区调解

练县长不能公正处理禾口新旧市场争执，禾口老墟代表张绍渠似早有准备。档案资料显示，长汀专区曾于7月3日向宁化县政府去函，了解有关禾口市场争执的概况。从该文件内容看，6月底张绍渠等在军事科长叶礼淯等人调解无果时便向府衙申诉，其内容是希望府衙饬令禾口乡公所禁止派遣队丁压迫商民赴老墟贸易，以恢复正常贸易秩序。

7月5日，张绍渠再一次将《禾口老市全体民众为陈述维护老市理由及调解意见书》呈至府衙，罗列了16条意见，并在文后附了两点调解诉求：（1）由政府准予新、老市自由发展；（2）除四、九日外，由新市另择市期。为更好地了解老墟一方的诉求，现将其意见悉数抄录于下：

（1）老市为西乡交通中心，于明万历年间经西乡人士同意，定四、九日为市期。开市以来，讫［迄］四百余年，从未变更，而新市仅由少数人主张建筑，事前并未通过多数人士。

（2）老市人烟稠密，多至四百余家，客籍居民亦夥，数百年来均能相安无事。

（3）老市地址虽为石壁上市张四郎公嗣孙所有，但他们除名义上的享有外，至于市场地址均供市民共用，并无特殊的利益可言。

（4）老市居民数百家，房屋数百间，分类市场，应有尽有，管理极便，地址宽敞，将来地方真正繁荣，亦堪尽量发展。

（5）老市商民关于政府应约之市场租金等税，向均遵章缴纳。

（6）老市市容自当逐步整理，市场亦正规划建筑中。

（7）据新市人士说，去年建筑新市时，张绍渠并未反对等语。查建筑房屋，原有自由。绍渠何人，岂敢反对。唯四、九墟期原是老市所有，新市人士当时并未规定新市市期，更未宣布要消灭老市。依国父遗著所载，人民有了选举权，复有罢免权，有了创制权，复有复决权，以杜流弊而济其穷，岂有一成不变之理。张绍渠事初虽被蒙惑，事后眼见人民往来买卖，失去自由，恨警觉之过晚，于是代表人民伸张正义，维护老市原状，顾全多数人民之利益，于理于法并无不合。

（8）新市之建设，原为助长农村之繁荣，岂有建一数十间店房之新市，而摧残四百余年老市之理。在理应以商业竞争设备比赛为前提，倘价廉物美，乡民趋之若鹜。如以威力镇压乡民，终难心服。值此实施宪政、还政于民之时，乡长为推行自治领导人员，自应尊重民意，维护法律，何得压迫民众，限制自由买卖。

（9）即使新辟市场，应听自由发展，如福州之福星马路，南京之中山马路，均为新辟之市场也，未闻当局将福州、南京之旧市场摧残，驱人民于新市场者。本县城内城外均有市街及市场，城内街市，较老市容亦差，薛家坊更甚，未闻当局将城内及薛家坊老市街及市场摧残而使城内城外的人民不得自由往来买卖者。禾口与城厢同一县治，何得独异不同。

（10）以新市所有的房屋间数及其价值与老市比较，老市房屋及其价值均较新市超出几千百倍。

（11）以新市的居民人数与老市互相比较，老市居民人数多出新市数百倍。

（12）老市固有的繁荣与利益为多数贫民所有共享，而新市居民不过二十户左右，多数富商，何得以多就少，摧残多数人民的利益而维持少数人民的利益。

（13）老市建筑市场均有现成地址可以用，新市置店既毁稻田，名为造产，实相违背。若再添盖市场，必将该埵稻田全部损毁。当今政府注重增产，繁荣农村，岂有复将良田损毁倒行逆施之理。

（14）自农历四月二十九日起，每逢墟期禾口乡公所派出武装队丁，在禾口各路进口要害驱迫人民往新市交易，又将到达原有市场之道路掘毁，似此压迫民众破坏交通，实属目无法纪，应请严予制止。

（15）政府对于老市、新市的人民，原属一体，对维持市场，当应不分新老，一视同仁，因新市、老市共存共荣，各有租税收入，假设主张消灭老市，单独维持新市繁荣，政府租税收入不特不能增加，反将日形减少。

（16）张绍渠以禾口新旧市场争执事，前后晋谒县长数次，并承谕以此系地方事，我不干涉，并应不分新市、老市，均听人民自由往来买卖等因，绍渠当将谕旨转告民众知照，均以县长至公至正、至慎至明，讴颂载道，今后自当恪遵县长前命，听由人民自由往来买卖，并准予新老市自由发展，以此权衡法理，并无不合，舍此以外，无更好调解办法。①

上述 16 条意见大致从四个角度来表达老墟市民的诉求。（1）从道义的角度阐述老墟的历史和优势，认为老墟开墟已 400 余年，人口稠密、商客云集，市场设备齐全，地址宽敞，名义上一族所有，实际则全民公用，其老墟市民依法纳税，是大多数群众包括贫民的利益的体现，并承诺将改善市容，完善建设。（2）从现实的角度突出新市建设的不足，认为新市店屋缺乏、居民稀少，消灭老墟是为少数人的利益牺牲多数人的利益。（3）从法理的角度强调乡公所滥用职权，破坏交通，欺压赴墟商民。（4）运用现代国家话语维护正当权益，指出新市建设毁坏稻田与国家注重增产政策不符，并引用"国父遗著"，阐述还政于民、公平竞争、尊重民意等现代意识，以及例举南京中山路、福州福星路、宁化薛家坊等市场处理情况相比较，要求自由发展。

约莫同时，宁化县政府将新市一方 6 月 25 日的呈述报告转交给府衙，其辩护的内容为：

查福建省政府为各县市圩场便利人民交易，俾裕地方财源起见，经订定《各县市墟场租赁及管理办法》。（1）本省各县市辖境商号、摊贩，除系开设店铺者外，概应集中市墟场内营业，不得沿街设摊，兜揽买卖。但附近五里内未设市场者，不在此限。（2）本办法实行后，各县市墟场原系地方募款建筑及自治团体经营者，应依照《整理

---

① 《禾口老市全体民众为陈述维护老市理由及调解意见书》（1946 年 7 月 5 日），《本县禾口新旧市场争执纠纷》，档号：106-2-1821。

各县市公有款产规则》之规定，划归公有。其为私人所有者，予以补价收购，收购不成时，得呈请政府征用之。（3）各县市未经设立市场者，应由县市政府利用当地公有空地或公共亭台修建市场，其面积大小以足敷用为准，由该乡镇临时事业费内开支。其余承租及管理等办法规定綦详，毋庸赘叙。禾口新市场之建筑虽在政府所订办法颁布之前，但意义与办法悉相符合，此其一。原有市场除破烂、狭隘、歪斜之店铺外，无任何市场设备，每逢墟期，摊庄、杂贩集结老冈坪内交易；新建市场，除二层楼式店房外，尚有乡公所募集款项建筑之各项分类圩篷，晴雨均合利用，此其二。老市场利益为张四郎公祠孙张绍渠等十余家独占，新建市场不分姓氏界域，市场收益为自治经费之泉源，此其三。老市场错综复杂，历来赌博、鸦片不绝，破获困难；新市整齐划一，易于管理且合新生活标准，此其四。老墟与新市场相距约半里之遥，自不容于古历四、九日之内，同时集墟，致市民无所适从；且老墟利用宗族流氓阻挠市民到新市贸易，妨碍新市繁荣，此其五。综上所述，新老市之利弊优劣，已可概见。新市场之建筑又为政府计划领导所促成，提早迁市亦系县长所指示。为维持政府威信，推进乡村建设，维护新市安全，推行政府法令起见，伏恳迅饬宁化县政府按市场管理办法，如实实行，并即日派警到地维持治安，取缔老市沿街摊贩，制止非法行动。一面派员接收新建市场，征收应纳租税。①

引文显示，新市一方俨然以政府自居，试图论证新市建设是政府新政的具体措施，主要体现为以下三点。（1）强调新市建设的合法性，认为新市是县长领导的新政事业，新市的措施是政府威信的体现、代表国家的意志，并且认为这将为地方自治建设提供经费。（2）站在政府角度，将新市建设作为政府公产，并根据新订实行的《福建省各县市墟场租赁及管理投资办法》来维护新市权利。此时的新市一方无论如何也不曾料到，上述法规中的第二条，后来成为新市合法性的致命弱点。（3）突出新市的整齐划一，

---

① 《宁化县禾口新市建筑委员会呈文》（1946 年 6 月 25 日），《禾口新旧市场争执》，档号：103-3-241。

设备完善，与老墟破烂、狭隘、歪斜等形成明显对比，认为新市由各姓共同捐资建成，其利益全民共享，不同于老墟一族独占。新市一方的意思就是要消灭老墟，将商业贸易悉数迁至新市。

总体上讲，新市一方对老墟的态度十分强硬，有灭之而后快之意，而张绍渠等人的诉求有理有节，并无非分之举。或许是宁化县长练平和府衙官员经过一番商讨，府衙下达的调处办法与之前县长意见、禾口市场双方的诉求都不一样，既没有同意新市集团所要求的消灭老墟，迁墟新市，也没有同意老墟代表所谓自由发展、另辟新期，而是根据《福建省各县市墟场租赁及管理投资办法》规定，将禾口墟市贸易总量平分给两市场分别交易，并派员去做市场调查。该办法仍以县长练平的名义，以县政府布告的形式张贴在县城和禾口新旧市场。其文如下：

> 查禾口位西区各乡中心，为闽赣交通孔要道。前为促进地方繁荣，经由地方人士筹建，筑新市场一座，近因开市与旧市场发生争执。爰本存荣相与之旨，订具处理办法如次。（1）由本府派员前往新旧市场查明摊庄名称、种类、数量、营业概况等，予以分配。（2）照省颁布市场管理办法，必须具有市场架及度量衡器等，并不得抽收任何货物杂捐及聚赌、抽烟情事。如有故违，一经查出，即予停止营业。（3）双方如再有意见，准予具呈本府，转报省府，依法律解决。但自布告之日，即须遵守订定办法，否则强制执行。西区各乡民情，自能善体斯意，共同遵守。出派本县税捐经征处主任陈汉澜前来新旧市场遵照订定办法第一点详切调查，平分新旧。仰各遵守为要。①

据引文所示，长汀专区的调处办法虽名义上平分，实则有意偏袒新市一方。言辞大有威胁老墟之意，如严厉查处聚赌、抽烟，不容老墟讨价还价、立即执行等项。自7月12日起，上述调处办法开始施行，新旧市场暂时安定，宁化县税捐经征处主任陈汉澜携股长黄启俊随即到达禾口前往禾口老墟调查市场贸易情况。3天后，禾口老墟商铺、摊位及贸易情况调查结束，陈汉澜称："查十二日适为禾口墟期，新旧市场，营业皆甚热闹。

---

① 《宁化县布告》（1946年7月），《禾口新旧市场争执》，档号：103-3-241。

惟新市方面极力要求取消老市，维护新市繁荣以符原旨。而老市方面则要求听任人民自由买卖、自由发展。虽经一再宣导无效，莫由解决。"① 并将新老各市场货物调查统计表及新市场设置摊庄平面图（图像已难辨）各 1 份上报县政府。具体而言，陈汉澜所做的调查内容，仅是 2 份营业种类表，新旧市场各 1 份。新市营业调查表中有营业项目 17 种，分别是米摊、猪肉摊、盐摊、布匹摊、新鸭摊、洋货摊、豆腐摊、点心摊、米粉摊、柴火摊、草席摊、菜菇摊、石灰摊、碸砵摊、香摊、拉杂摊、米糠摊等。老墟 21 种，分别是猪肉摊、油摊、豆子摊、花生摊、京果摊、酒摊、烟摊、点心摊、蔬菜摊、绳索摊、骨头摊、糙摊、狗猫摊、生猪摊、生牛摊、种子摊、木桶摊、木板摊、竹摊、篾器摊、扁担摊等。② 合二者营业内容，新旧市场总的营业种类 38 种，仅猪肉摊有"上路来的在老市、下路来的在新市"等字样，并没有具体数据。以此为基础，陈汉澜根据新旧市场的总量制定了营业种类分配表（如表 5-1 所示）。

表 5-1　拟定禾口乡新/旧市场各项货物分配（1946 年 7 月 12 日查报）

货物（摊位、店铺）名称	新市分配数	老市分配数	合　计	备　注
米　摊	290 担	91 担	381 担	新
猪　肉	13 案	10 案	23 案	上老下新
盐　摊	54 摊	49 摊	103 摊	新
油　摊	24 摊	13 摊	37 摊	老
酒　摊	13 摊	3 摊	16 摊	老
豆　腐	3 摊	2 摊	5 摊	新
烟　摊	14 摊	3 摊	17 摊	老
布　摊	28 摊	19 摊	47 摊	老
京果摊	16 摊	7 摊	23 摊	新
点心摊	26 摊	26 摊	52 摊	上老下新
药　摊	6 摊	2 摊	8 摊	老
鸡　摊	14 只	43 只	57 只	新

---

① 《陈汉澜报告（拟）》（1946 年 7 月 14 日），《禾口新旧市场争执》，档号：103-3-241。

② 表 5-1 所载摊、店形式与此微有不同，后文表述以此为准。

货物（摊位、店铺）名称	新市分配数	老市分配数	合　计	备　注
鸭　摊	11 只	70 只 又小鸭 3 担	81 只 又 3 担	新
狗猫摊	6 头	4 头	10 头	老
生　猪	5 头	5 头	10 头	老
生　牛	5 头	10 头	15 头	老
柴　火	7 担	41 担	48 担	新
豆　摊	17 担	5 担	22 担	老
洋货摊	6 摊	1 摊	7 摊	新
粉干摊	6 摊	7 摊	13 摊	老
种子摊	7 担	35 担	42 担	老
理发摊	2 摊	2 摊	4 摊	上老下新
蔬菜摊	14 摊	5 摊	19 摊	新
木桶摊	41 根	18 根	59 根	老
木板摊	21 担	1 担	22 担	老
竹　摊	26 枝	8 担	34 枝	老
篾器摊	6 摊	6 摊	12 摊	老
草席摊	1 摊	5 担	约 6 担	新
菜菇摊	8 摊	8 摊	16 摊	新
米糠摊	2 摊		2 摊	老
石灰摊	6 担	9 担	15 担	新
绳索摊	3 摊	1 摊	4 摊	老
扁担摊	10 枝	11 枝	21 枝	老
药材店	4 间	4 间	8 间	老
烟　店	1 间	1 间	2 间	上老下新
洋货店	2 间		2 间	上老下新
杂货店	14 间	6 间	20 间	
布匹店	16 间	3 间	19 间	
染布店	1 间	1 间	2 间	
点心店	1 间	2 间	3 间	
酒　店	7 间	4 间	11 间	
西药店	1 间	1 间	2 间	
豆腐店	1 间	6 间	7 间	

续表

货物（摊位、店铺）名称	新市分配数	老市分配数	合 计	备 注
客 店	2 间	3 间	5 间	
锅 头		4 口	4 口	
拉 杂		21 担	21 担	上老下新
碗砵摊		2 担	2 担	新
糍 摊		5 摊	5 摊	新
做衫店		3 间	3 间	
打铁店		2 间	2 间	

注：上路来的在老市，下路来的在新市。确切地说，应该是西路来的在老市，东路来的在新市；禾口地处宁化县城西部偏北，故而往西称上路，往东称下路，且禾口新市在老墟东面。

资料来源：《陈汉澜报告（拟）》（1946 年 7 月 14 日），《禾口新旧市场争执》，档号：103-3-241。

表 5-1 中总共有摊贩商店 50 种。仅一个市场有的货摊 8 种，新市 2 种分别是米糠摊和洋货摊；老墟 6 种分别是锅头摊、拉杂摊、碗砵摊、糍摊、做衫店、打铁店，这几种所需占店房较大不易搬动。剩余 42 种中，有 10 种新老市场数量相等，21 种新市占优，11 种老市占优。备注栏中，有 6 类"上老下新"，其中洋货摊为新市仅有，拉杂摊为老墟仅有；注有"新"为 14 种，注有"老"字为 19 种，无任何标记者为 11 种。陈汉澜等拟定的市场分配办法在禾口新旧市场的公布时间为 7 月 29 日（农历六月二十七日），不过，该办法刚出来的 7 月 15 日，新旧市场的核心人物就已经知道了结果。对于上述办法，新旧市场双方的态度不一。老墟居民对此分配办法极不满意，同时张绍渠等再次向县政府、府衙申述，要求重新考虑调处方式，进而抵制县政府规定的分配办法。7 月 15 日，张绍渠、张耀廷等立即向县长练平申述，要求"不分原有市及新市，均听自由发展，一面制止乡公所自后勿得再派队兵压迫民众，以杜争端"。并认为，"今乃强制划分市场于两市，使货物不得集中，人民购买日用必需品，都有分走原有市及新市之烦。既感不便，又费时间，损失不可数计。而乡公所将复利用权威，干涉贸易，限制自由"。还威胁道，"西乡民性原属刚强，必将引起纠纷"。[1] 不过，练县长并没有认真考虑张绍渠的意见，而是置而不理。

---

[1] 《呈为恳请准予不分原有市及新市均听自由发展以杜争端仰祈示遵由（拟）》（1946 年 7 月 15 日），《禾口新旧市场争执》，档号：103-3-241。

7月25日，张绍渠向府衙再次申述，并重新整理了对新市建设的主要看法："去年八月间，少数发国难财者，于距原市二三里处，强占人民私有稻田，开辟新街市。绍渠等当时以此举，原可助长地方建设，未加反对。讵料该新市仅筑成新店房数十间，内有居民十八户，乡长张国根为自私自利起见，便滥用职权，每逢四九墟期派出武装队丁荷枪实弹，分布原有市场进口要道，驱逐乡民，迫赴新市。绍渠等往县政府设法制止，蒙练县长亲临调处，经饬禾口乡公所于本月五日召会讨论，被召与会者多系张乡长一派人物，并不邀请地方公正人士，此会企图达到摧残原市之目的。幸县长公明不为所惑，业经布告决定将原市摊贩货物种类划分半数，到新市发卖，似此削损原市场繁荣，并使买卖双方人民奔走原市与新市场之间，极感不便。"因而提出令赴墟商民"自由贸易"，新市"另订墟期"以及"维持原有市场之完整繁荣"。① 事已至此，老墟一方尚比较理智，一方面对县长练平表示出足够的尊重，只是用"恐起纠纷"等语来加强语气。不过，张绍渠的这一申述石沉大海，过了将近半个月，府衙仍没有做出答复。此时，市场分配办法已经向外公布，也就意味着新市集团及县政府将严格执行分配办法。8月8日，张绍渠等将调查员陈汉澜等人分配办法中不公正之处一一揭露，不仅呈交至县政府，同时呈交至府衙，还有可能转到了省政府。文曰："蒙派税捐经征处主任陈汉澜到禾口调查……只因公务人员公务过忙，走马观花，调查诸多失实。根据陈主任调查报告于本年七月二十九日发出布告，将原墟市盐、米、布匹、米粉、洋货、鸡鸭、拉什、猪肉（猪肉一种下路来的十分之八）等日用大宗货物划归新市买卖，以致原有墟市居民感受莫大损失。来赴市之人，亦群感不便。……如钧府再为处分公平适当，自无不遵，不敢以此有所请求。如或新市强词申请，要求过度，为民父母者，又有顾此失彼之难，则不得不求一最后之决定也。"② 言辞间似有与新市乃至县政府做殊死一搏的打算。

　　与老墟居民越来越激烈的抗议抵制不同，新市一方不仅同意县政府调

---

① 《为抄发该县禾口争执新旧市场原呈二件仰查明并案办理具报由（附件）》（1946 年 7 月 25 日），《本县禾口新旧市场争执纠纷》，档号：106-2-1821。

② 《为奉读划分禾口墟市货物市场布告申明理由请求变革处分析迅批示由》（1946 年 8 月 8 日），《禾口新旧市场争执》，档号：103-4-208。

处办法，更希望县政府、乡公所尽早执行上述分配办法。7 月 29 日该办法公布后，时任乡长吴光棠 8 月 6 日称，"警察所任所长（守雅）及赖征收员前往新旧市场实地设置标牌"。7 月 31 日，"当古历七月初四，为避免地方人民摩擦起见，经前往新旧市场宣达政府调和市场之意旨，尽量劝导免生争端。经劝结果，应在新市发售货物，全无应市。间有张四郎公嗣孙用引诱方法将下路来应市发售之货，亦被其勾至旧市发售。查新市住民一贯遵从政令，净［静］待政府执行"。8 月 2 日，"任所长始率警到乡，阖乡民众莫不鼓舞欢欣，均谓新旧市场纠纷当可告一段落"。宁化西区警察所代所长任守雅与征收员赖某等，在禾口新旧市场按照布告规定，划定市场摊位摆设地点，并设置标志。8 月 5 日，"初九墟期，当任所长分警察管制新旧市场"，任所长继续管制新旧市场，由于警察所力量单薄，任务无法执行，同时乡长吴光棠等公务人员到老墟，"宣达政府调和市场纠纷之旨意"。然而老墟居民并不遵守政府调和的主张，不仅按布告规定应到新市发售的商品无一搬至新市，而且老墟居民还往道路上招揽赴墟民众，更有甚者"大肆恶言，视政令为具文"。因此，新市方希望县政府及时严厉执行分配办法，吴光棠称："若再迁延时日，必致酿成事端。职有感事体重大，未敢缄默不已。披沥渎陈，将情报请钧长察核，恳请饬令警察所依照市场分配办法严厉执行，以维政令，而息争端。"①

8 月 8 日，"古历七月十二日，县自卫队亦奉令来乡协助维持秩序"。8 月 10 日，"古历七月十四日墟期，曾分队长奉钧长电谕关于新老市场分配管理办法全由警察所执行。唯恐有暴徒发生意外，警察所所长以警士人数太少乃向本所要求派丁协助。惟乡公所原设所丁只有三名，专任传递公文，无人可派，不已抽派国民兵十一名，由乡队副廖钦彬率领，经职（吴光棠）亲交任所长指挥"。② 正是禾口乡公所强烈要求强制执行市场分配办法，使新老市场冲突白热化，最终酿成了 8 月 10 日的枪杀惨案。

---

① 《为呈报依照分配市场管理办法谨将办理情形呈报请察核恳乞迅赐指遵由》（1946 年 8 月 6 日），《禾口新旧市场争执》，档号：103-4-208。

② 《为呈复巫显仕在禾口赴墟被难情形请察核由》（1946 年 8 月），《禾口新旧市场争执》，档号：103-4-208。

从新市场的建设到新市一方与老墟民众的冲突，无不显示禾口新旧市场争执实际上是宁化西乡内部的结构性矛盾，即石壁上市张氏宗族一族独占禾口墟的经营利益与西乡其他各种势力试图分享中间市场的经济利益之间的矛盾，这导致了西乡各界联合起来针对石壁上市张氏一族。不过，石壁上市张氏宗族富有斗争经验，在以禾口乡公所为中心的势力面前，上市张氏族众团结一致，虽然略占下风，但有理有据有节，将禾口市场争执不断扩大，最终上诉至福建省政府。

第三节　枪杀案及纠纷处理

由于禾口老墟商民和西乡赴墟民众拒绝配合县警察局的市场分配办法，禾口乡长吴光棠不得不向县政府请求支援，希望加派警力，严厉执行市场分配办法。收到请求后，任守雅鉴于上次执行任务失败，率领曾广铿分队及其队员十二三名，协同禾口国民兵 11 人（由队副廖钦彬率领），经乡公所吴乡长交接，由任所长统领，共赴新旧市场执行任务。1946 年 8 月 10 日，适逢禾口墟期。根据王子谦等人的估计，当日赴墟民众至少 5000 人，禾口新岗二保的原住民 418 户 1693 人，[①] 外加乡公所工作人员以及执行任务的警察，这一天禾口新旧市场人口多达六七千人，其中大部分聚集在禾口老墟。来自城南镇社背保的篾匠巫显仕在这六七千人中是极为不起眼的一个，然而下午 3 时，巫显仕不幸中枪，将禾口市场争执由民事纠纷升级成了刑事案件，"巫显仕枪杀案"也成为日后禾口市场纠纷的导火线。

一　商民被杀

8 月 10 日，农历七月十四日。上午 9 时，宁化西区警察所长任守雅率其警士往禾口老墟维持秩序，执行市场分配办法，廖钦彬率国民兵 11 人往新市维持秩序。任所长所率的警士在老墟执行任务时，相对平和，毕竟与

---

① 《禾口户口统计报告表》（1947 年 3 月），《乡镇保甲户口统计》，档号：103-1-460。

在场的人没有直接利益冲突。他后来所拟报告说：

> 墟场营业单位六七处之多，每单位仅能分配警士2名，向民众极力和平劝告。当日赴墟民众尚能服从政府指定营业摊位地点排列。上午九时至下午二时，秩序非常平静良好。惟下午二时许，有老墟场十余人不照政府指定营业摊位地点。职先以和平劝告该商民，稍有抗拒，经把秤具收回警所，后经张参议员绍渠说情，即将秤具发还。①

引文显示，虽说禾口老墟商民有不遵规矩者，但尚在控制之中。也有一些人在抵制市场分配办法，而"张绍渠公然喝令族众（绍渠之血叔恩求等），仍将食盐、布匹数十余担摆市售卖"。总体上讲，上午9时到下午2时，老墟的情形基本正常。新市那边不是分配市场摊位的主要区域，故无任何异常情况。

下午3时许，负责禾口新市秩序的11个国民兵，包括廖钦彬、伍开鸿、俞文轩、张清木、张维清、刘序凤等在禾口新市有投资者6人，他们手握武器，装备精良，有"轻机枪一挺，步枪七支"，因新市无事，便从禾口新市出发，"由禾口道南中学背后至蓝家屋背"，悄然将枪口对准禾口老墟，连发三枪，"当时赴墟民众有数千之众，人声嘈杂，发枪地点亦无从断定。且民众纷乱，各自逃跑，秩序大乱，继即乱枪连响十余枪"。② 正在老墟维持秩序的任所长闻得枪声，立即赶往事故现场。"经细心观察，枪声似系老墟场之北，约距离四百公尺左右森林叶茂小高山发出。任所长一面派遣队警分途搜索缉凶，一面调查被乱枪伤亡民众。搜索结果，凶犯逃匿无踪，在距离老墟场之北约四百公尺左右森林下发现子弹壳一籁［颗？］"。③ 其伤亡调查结果为重伤1人，轻伤2人。轻伤者，一为禾口乡老岗保居民张志清，一为杨边保居民张启隆，2人后接受禾口乡公所提供

---

① 《任守雅报告（拟）》（1946年8月10日），《本县禾口新旧市场争执纠纷》，档号：106-2-1821。

② 《任守雅报告（拟）》（1946年8月10日），《本县禾口新旧市场争执纠纷》，档号：106-2-1821。

③ 《任守雅报告（拟）》（1946年8月10日），《本县禾口新旧市场争执纠纷》，档号：106-2-1821。

费用治疗，材料中极少提及。重伤者乃城南镇社背保保民巫显仕，"脑部中弹，至晚八时毙命"。巫显仕是一个普通篾匠，家有弱妻幼女，"全靠小手艺维持生活，家徒四壁"，"古历七月十四日禾口墟期，当将制成之竹椅二把挑往禾口老墟售卖"。① 由于当时市场秩序大乱，又未能当场缉获开枪者，凶手一时尚难确定。当日，任所长将其所知情况呈文至县政府处。傍晚，禾口乡乡长吴光棠亦赶往事发地点，并在向县长练平报告事发情况时将怀疑对象指向了张绍渠："据应市民众谓，自张绍渠染坊内发出枪声，有谓在墟市外围发出枪声。除商请警察所与自卫队会同侦缉凶犯未获外，现仍继续侦查，致受伤民众现已延医为之诊治。"②

"巫显仕枪杀案"引起了西乡的震动。吴光棠次日便召集西乡各驻乡参议员召开会议，讨论处理方案，即继续执行府衙调处办法和安葬、医治受伤市民等；同时，张绍渠、巫显仕之妻池福金女向县长提出控诉。8月11日。吴光棠召集的西乡各地驻乡参议员召开会议，商讨解决市场纠纷的办法，处理10日的枪杀事件。该会的出席者包括罗丽文、张兴道、刘承水、黄承爵、张运高、张兰芬、张郁文、孙杨海、曾玉成、吴光棠、邱恒孚、罗蕴岱、刘顺冬、张恩财、王子谦、刘万贡。这些人大多是新市集团的成员，不少还是张树庭的旧部。遗憾的是，该会主旨似乎并非要解决突发事件，而是将责任推给老墟一方。其决议主要有四点：一是认为张绍渠既未能"一本初心"，支持新市，也不愿"维持原议案及遵照县府分配市场规定以息争端"；二是希望练县长"另饬新老市场当事人不得再生争端"，进一步执行县政府的市场分配办法；三是指责老墟一方为滋事者，"查生事起因是老市以布摊（四郎公嗣孙）不遵政府规定，鼓众生事，伤害人民。除请警察所、驻乡自卫队、乡公所彻查暴徒再行呈请政府究办外，一面饬警察所、驻乡自卫队、乡公所严审保护商旅安全"；四是由禾口乡公所设法挪借殓葬、医治被害及负伤商民费用，"俟破案由肇事者负

---

① 《呈为亲夫巫显仕被禾口乡公所派员开枪击毙叩恳缉凶依法治罪以慰冤魂而维法纪实》（1946年8月12日），《禾口新旧市场争执》，档号：103-3-241。
② 《吴光棠关于枪杀案之报告（拟）》（1946年8月10日），《禾口新旧市场争执》，档号：103-3-241。

责偿还"。① 除了这次会议，新市一方在别处亦多将枪杀案件的真凶指向张绍渠。当日率队丁在禾口新市执警的国民自卫队驻禾口分队队副廖钦彬向县长呈文中称，老墟一向安静，"突然于张绍渠药店内发出枪声数响，其枪决意致职于死命，幸有天理昭彰"。② 廖钦彬在呈述中像是一个受委屈的孩子，字句都在指责张绍渠要对他下毒手，而细读之后，颇感逻辑不清。该呈文被县长转呈府衙后，府衙官员认为该报告不合政府公文规矩，要求重写。王子谦亦认为："张绍渠、张运饶、张耀廷、张启南等又顽抗如故，不遵规定。近复变本加厉，于农历七月十四日，竟敢鼓众肇事，伤害人命，实属目无法令。"③

前乡长张国根则转引济村赴市乡民林镇坤之言："窃查禾口新老墟发生争执一项，迨农历七月十四日枪击至伤人命。其枪击射时，民当在老墟岗上应市，观见张绍渠染坊门前岭墈下发枪射击之烟火，其竹器商民巫某登时中弹受重伤。"④ 新市一方唯一说了公道话的人是乡长吴光棠，其文曰："查当日集合老市之武装，有自卫队、有警士，且据报又有张绍渠私人武装隐藏。光棠对于新老市之争端毫无左右祖，因为身居乡长地位，只愿地方无争，亦不敢稍存偏祖之念，则所谓（张绍渠）暗藏武装，未免太无根据。"⑤ 在吴光棠召开参议员会议的时候，未与会的参议员张绍渠则赶往宁化县城，"面谒练县长，报告一切"，认为枪杀案件乃禾口新市一方的国民兵队员张维清、廖钦彬、张清木、俞文轩等人一手造成，并将他们携带的武器、行走的路线、开枪的地点都陈述在内。然而，县长"反云不理"，随后几天张绍渠数次拜见练县长，呈述严惩凶犯、重新处理市场纠纷，但由于案情真相仍在调查，县长亦未做进一步的答复。8 月 12 日，被

---

① 《宁化西区六乡驻乡参议员代表会主席乡长联系会记录》（1946 年 8 月 11 日），《禾口新旧市场争执》，档号：103-4-208。

② 《呈报遵令维护市场情形备文送请察核由》（1946 年 8 月 11 日），《禾口新旧市场争执》，档号：103-4-208。

③ 《为张四郎公子孙张绍渠等恃强不遵规定恳请严厉执行由（拟）》（1946 年 8 月），《禾口新旧市场争执》，档号：103-4-208。

④ 《为新旧市场发生争执危害商民情形报告察核由》（1946 年 8 月 13 日），《禾口新旧市场争执》，档号：103-4-208。

⑤ 《为呈复巫显仕在禾口赴墟被难情形请察核由》（1946 年 8 月），《禾口新旧市场争执》，档号：103-4-208。

杀商民巫显仕之妻，巫池氏（池福金女）向县长申诉其亲夫被无辜杀害一事。从池福金女的呈述中可知，巫显仕家住城南社背保和生源七甲，乃"一介贫民，无势无力"，以制作竹器为生，其妻年仅 21 岁，巫显仕应大不了几岁，女儿尚在襁褓之中。巫池氏恳请县长为民做主，"迅予缉凶，依法究办，以慰冤魂，而正国法"。①

练县长虽未给予张绍渠等人答复，但派自卫中队队长傅庆澜前往禾口调查。傅庆澜称，"惟凶手及捣乱歹徒究属何方面，实非一时易于清查。新老市双方人士各执一词，系避嫌及移祸之语调。老市场方面云，乡公所、新市打成一片，警备班及后备队，悉由其调用，发枪肇事者，系新市指挥之后备队，人数姓名所带枪械均可指出（即在老市西侧小丛林一带）。新市方面亦云，彼乃在政府领导下所建筑之市场，断无发枪肇事行为，且言有人目睹枪口由张绍渠柴房（此店亦在老市场西侧）伸出等语。双方理由各有充分，但一时均无法予以证实"。② 几天后，验尸结果出来，却出现了十分离奇的说法。吴光棠称："八月十三日，司法处杨书记官、王检验员等检验巫显仕尸体，维系生前受伤致死。"不只如此，他恶毒地表示："不料尸妻池福金女，以妇女无知受人唆弄，不查事之真相，忽向钧府妄控所谓'查确系禾口乡公所派员争墟市场，暗藏武装于蓝家屋地方开枪杀人'等语。"③ 由此可知，傅庆澜等人的所谓"调查"，不过是些代人之言，对真相的查证没有任何作用。

综观各方之言暂可得以下结论：一是禾口老墟一方不是凶手，没有证据表明张绍渠实际控制了武装力量或拥有枪支；二是西区警察署队丁也没有嫌疑，他们不是利益关系者，且老墟秩序尚能维持；三是最大嫌疑者应该是禾口国民兵队丁，他们是新市的支持者，且手握武器。但问题是，从实际情形看，县政府已经在严厉执行府衙的市场分配办法，这对新市一方是非常有利的，他们耐心地等待即可，为何还要去破坏分配的执行呢？张绍渠认为，这是练县长、张树庭与新市一方欲图消灭老市、繁荣新市的阴

---

① 《呈为亲夫巫显仕被禾口乡公所派员开枪击毙叩恳缉凶依法治罪以慰冤魂而维法纪实》（1946 年 8 月 12 日），《禾口新旧市场争执》，档号：103-3-241。

② 《傅庆澜报告（拟）》（1946 年 8 月 10 日），《禾口新旧市场争执》，档号：103-3-241。

③ 《为呈复巫显仕在禾口赴墟被难情形请察核由》（1946 年 8 月），《禾口新旧市场争执》，档号：103-4-208。

谋，故"召西区六乡乡长至县集议，征集六乡枪支，发交雇佣市井无赖及新市居民使用"。① 笔者在当地调查时听到另一种说法，禾口老墟居民张启徐回忆称，国民兵队丁开枪确属事实，但杀人则为误伤。当时禾口国民兵队丁手持武器，却眼看着老墟买卖仍旧红火而新市冷清，故有人试图去老墟开枪扰乱秩序，以期赴墟市民前往新市交易。开枪时枪并未指向墟场，但子弹在飞行过程中遇到石头折射，导致民众伤亡。如果直接向市场内扫射，死亡人员肯定不止1人。② 且存其说。

县政府对待禾口新旧市场争执有失公允的态度，令枪杀案件中的受害人和被波及者感到失望，巫池氏于8月14日转而向府衙提出申诉，要求缉拿凶犯以正国法。这一次巫池氏明确指出，杀夫之人乃张维清等国民兵队员。因为是刑事案件，府衙十分重视。至16日，府衙便下达指令，要求宁化县警察局、自卫中队、西区警察所、禾口乡公所彻查此案，并限于8月25日前破案。8月18日，府衙下达了对禾口新旧市场争执的新调处训令："（1）查该新、旧市场相隔一里路，两旁均为隙地，可由该府先行召集双方当事人商定，鼓励人民起盖商店、住宅，使其衔接营业，自可自由发展；（2）上项为困难办，则应依照省颁《市圩场租赁及管理收费办法》第三及第五条规定，将该新旧市场收归公有后，由该县府查明营业状况，按照贩卖物品种类数量，划定摊位编列号数予以分配指定营业。"③ 不过，这次调处建议未执行便被搁置。8月22日，府衙再次下达指令，要求按照之前县政府公布的分配办法办理，④ 但还是没有任何效果。

府衙之所以调解失败，与其不公正有莫大关系。对张绍渠和巫池氏的回应，府衙仅仅停留在文件上，并未派员到现场做任何调查。9月初，巫池氏再一次向府衙哭诉，"当经将情哭诉练县长，除初次见面时，蒙允缉究外，后经一再请求见面，均未获准。……何以对此案已隔半月，竟知凶

---

① 《据该县参议员张绍渠呈为该县长与张树庭勾结滥用枪枝伤害人命民怨沸腾请饬严办等情仰遵照由（附件）》（1946年10月17日），《禾口新旧市场争执》，档号：103-4-208。

② 2011年4月8日访于禾口君政公祠（德馨堂）。张启徐，1929年生，上市张氏族人，时就读于道南中学。

③ 《府衙布告》（1946年8月18日），《禾口新旧市场争执》，档号：103-3-241。

④ 《据报张绍渠等聚众肇事批示由、禾口新老市场营业应以本府布告办理由》（1946年8月22日），《禾口新旧市场争执》，档号：103-4-208。

不究，任彼等凶徒法外逍遥。氏殊为大惑不解，为此合及沥情哭诉钧座作主"，并提出了"给抚恤费"的要求。[1] 禾口乡长吴光棠对府衙要求 8 月 25 日前破案的期限，仅用"本案真相，因当时驻地武装不甚单纯，墟期人众，一时秩序混乱，究属谁开枪，一时不易明了"等数语搪塞之。[2] 不久，府衙再次规定破案期限，要求在 9 月 10 日前缉获凶手，亦未能如期实现。

不论是处理禾口新旧市场争执，还是应对巫显仕被枪杀一案，宁化县政府和长汀专区都未能拿出公允、有效的办法，实际上并非他们不能，而是因为偏袒新市一方刻意为之。宁化县政府和长汀专区无疑都称不上是公正的仲裁者，也未能发挥地方政府该有的作用。

二　省政府调解

枪杀惨案发生后，禾口新旧市场争执由民事纠纷转化成刑事案件，二者纠结在一起。不过，无论是省、府、县、乡等各级政府机构，还是新老市场双方，焦点都在人命案上。在一片杂乱中，得到省政府指令后的长汀专区，依照省政府的意见对争执进行了第三次调解，或因争执时日太长，新旧市场双方均已疲惫而达成妥协。

1946 年 9 月，是禾口市场纠纷解决和巫显仕枪杀案破获的关键时间。约莫在 8 月中旬，鉴于新市一方在枪杀案件中的明显优势且手握精良武器，又听闻王子谦等昔日好友要"拔刀相向"，张绍渠出于人身安全的考虑，带着老墟居民的请求，前往福建省城福州，准备向省政府控诉禾口市场纠纷及巫显仕杀人一案。9 月 3 日，张绍渠以"禾口乡公所及新市负责人征集西区六乡枪枝发交新市居民张维清等开枪伤害在禾口原有墟市赴市人民巫显仕等一案"为名，第二次向省政府申诉枪杀案件情形。由于"前经呈报钧署察核究，旋奉批示，已饬宁化县长秉公处置等因在案"，故而此次

---

① 《据池福金女呈诉其夫巫显仕被张维清等枪杀法办给恤等情仰查明处理具报由（抄件）》（1946 年 9 月 4 日），《禾口新旧市场争执》，档号：103-4-208。
② 《为呈复巫显仕在禾口赴墟被难情形请察核由》（1946 年 8 月），《禾口新旧市场争执》，档号：103-4-208。

呈文的主要内容如下：（1）强调自身的无辜，以及王子谦等包庇凶犯，廖钦彬等嫁祸于己；（2）投诉县长袒护新市集团及凶犯，对案情不予理会，以致凶手至今仍逍遥法外。① 9 月 14 日，张绍渠直接向省长刘建绪呈述禾口市场纠纷与巫显仕被杀案情。此次申诉，张绍渠的侧重有重大不同。一是增加了能触及省政府神经的要点，指出宁化县长"反云不理，显属有意左袒"。更为重要的是，论及枪杀案件背后可能存在的问题："旋由地方豪强首领张树庭主使王子谦等朦报宁化县政府以'绍渠鼓众肇事、伤害人命'等语，以为庇凶嫁罪，借词抵塞。业经呈报，察究有案。查宁化地方豪强张树庭等拥有多枪，密布爪牙，垄断权利，借口联乡建设，实则形成割据。练县长与之勾结，互为利用，各以自固。故对开枪肇祸之流血惨案，竟置不理，民怨沸腾。"二是对处理新旧市场争执的要求也大有不同："迅恳挽救危局，并爱饬宁化政府办理：（1）严密登记民枪及管制公私枪枝；（2）究凶惩办；（3）不分原有墟市及新市均听人民自由往来买卖；（4）保障原有墟市居民及绍渠家族之安全，以息祸根而安地方。"② 是时，宁化西乡首绅张树庭已是福建省参议员，对此无论是省政府官员还是省长都不能置若罔闻，且省政府仍未忘记张树庭"私藏武装"和"欲成地方割据之势力"的故事，此次他又"与县长勾结"，事情的严重性已然超出了个别的凶杀事件。很快，张绍渠的诉求得到了明确的回复，福建省政府由此介入了禾口市场争执的调解。

档案中所见福建省政府介入的材料，最早是 9 月 6 日的一份《省政府指令》，该指令由福建省主席刘建绪下发，但内容较为简单："准照所拟处理办法调解。如敢抗违，应依法严惩。至因开枪，伤亡民贩，限立即破案报核。"文件中并无附抄"所拟处理办法"。不过，9 月 10 日府衙司令高恺提出了新的调解办法，应是省政府所谓办法的大概内容。其文曰："查在不同地点分配种类营业，人民购买物品确有不便，且执行稍有松懈，纷乱立见，此后争执恐又难免。兹为避免纠纷，以经永久计，特定办法为下。

① 《据张绍渠呈以张维清等枪杀巫显仕等一案王子谦等朦报鼓众肇事仰从速秉公处置理由》（1946 年 9 月 24 日），《禾口新旧市场争执》，档号：103-4-208。
② 《据该县参议员张绍渠呈为该县长与张树庭勾结滥用枪枝伤害人命民怨沸腾请饬严办等情仰遵照办由（抄件）》（1946 年 10 月 2 日），《禾口新旧市场争执》，档号：103-4-208。

（1）将禾口原有墟期分配新旧市场，平均轮流营业（禾口墟期每逢四、九，将墟期分配为老市逢四营业，新市逢九营业）。（2）另加定墟期，仍照上项办法分配（如原墟为四、九，另定墟期为二、七，可分配新市场为二、九市期，旧市为四、七）。为此，营业可得平均发展，纷争亦可同时解除。"① 据前文推测，福建省政府对禾口市场争执提出了两种调解办法：一是将现有墟期轮流营业，二是新增两个墟期各自营业。这一建议到达县政府后，经宁化县半个月的商讨，于24日由县政府贴出调解布告。该布告共印制30份，张贴于西乡各处。具体内容如下：

> 查禾口新旧市场争执案，经本府先后将情转请上峰核示调处，将禾口原有墟期分配新旧市场，平均轮流营业，为此可得平均发展。奉此，查禾口墟期每逢四、九，兹着分配老市逢四营业，新市逢九营业。希各商民经依令营业，以免争执为要。并令饬警察所、乡公所、经征处调处执行。②

这一调处意见，新老市场双方都不满意，但亦未有过激的行动，于是禾口新旧市场的交易活动日趋稳定。不过，这一结果的达成，民间还有其他说法。据张绍渠儿媳谢碧霞女士回忆，在枪杀案件发生之前，张树庭借福建省咨议员前往福州开会之机，到福州某大学看望了正在读书的张绍渠的两个儿子，并送给两位尚不知家乡事变的晚辈50块大洋。当张绍渠到达福州准备在省政府告状时，到学校看望儿子，才得知张树庭以叔叔之名给了两个儿子这么多钱。此举后来在禾口老墟传开，张绍渠备受老墟市民的指责，认为他是因为受贿才同意新旧市场四、九分墟。③ 尽管此说源自当事人的儿媳，但具体情况亦难考究。不过，禾口老墟民众对结果着实不满是真，且企图继续对抗。1946年冬天，据府衙调查，"迩来竟有宵小份子，乘此冬防期间，企图扰乱社会，公然贴出'禾口老市民众制'荒谬标语多种"，府衙令饬西区警察所"严密侦缉，解府究办"。档案中保存的相关标

---

① 《据张绍渠呈以禾口原有大宗日用品划归新市蒙感不便等情另拟办法仰筹办据报由》（1946年9月10日），《禾口新旧市场争执》，档号：103-4-208。
② 《宁化县政府布告》（1946年9月24日），《禾口新旧市场争执》，档号：103-4-208。
③ 2012年5月25日，禾口立新村访问张绍渠儿媳谢碧霞（79岁）。

语有"新老市场的争端试问练县长何必前后布告自相矛盾""老市场民众应候省府法律解决市场问题，在未奉省府命令以前，不受任何妥协""老市场全体民众已再向中央政府诉请秉公判断，非达到正确调解不可""绝对不接受任何汀州专员公署四、九划分调解办法"。[①] 这些标语所体现出来的是禾口老墟普通市民的诉求。由于新老市双方并没有继续发生冲突，省政府亦没有深入追究，而是将注意力转移到枪杀案件上。

禾口作为宁化的第一大乡村市场，为何在府衙提供的两点办法中，县政府采取的是第一点，而没有另定墟期，或再增设墟期？档案中亦可找到答案。1947 年 1 月，纠纷平息数月之后，有人向专区提议增加墟期，练县长以此征求禾口乡领导意见，王子谦、张国根、吴光棠等人联名回复道："自经七区专署以新旧市划分九、四墟期后，商民各有依归，市容已复原状。乃专署于纠纷平息数月之今日，忍徇少数商人之请求，罔顾民生之利害，遽倡增加墟期，实属不胜诧异。查示禾口地瘠民贫，五日一市，已足适用。在同一地区增加墟期一倍，以每墟赴圩民众之最低数字五千人计算，即每月增加消费民众三万余人，亦即减少从事生产者三万余人。劳民伤财，莫此为甚。本县泉上犹以墟期过多，群议缩减，已收成效，岂可重蹈覆辙。况二、七为石壁墟期，相距咫尺，更不应墟期重复，致邻乡发生异议，再起纠纷。子谦等生斯长斯，忝为民众代表，有关人民生活事项，自不敢缄默，恳予转呈福建省政府迅饬专署，收回成命，以安民生。"[②]

福建省政府对禾口市场争执的调查，涉及禾口新市建设的三个关键问题：一是禾口新建市场如何处理土地，二是禾口新市建设的经费来源为何，三是新市建筑计划图是否符合标准。这三个问题，第一个关系到南京国民政府保护农田、增加生产的政策，第二个和第三个则关系到禾口新市建设的合法性问题。前文曾提及，长汀专区曾以《福建省各县市墟场租赁及管理投资办法》为据，要求新老市场达成妥协，否则将把两个市场收归

---

① 《为禾口市场发现荒唐标语仰缉解究办由》（1946 年 11 月 18 日），《禾口新旧市场争执》，档号：103-4-208。

② 《王子谦等呈请收回成命》（1947 年 1 月 21 日），《禾口新旧市场争执》，档号：103-4-208。

公有。省政府同样依据这一办法指出，如果新市实属商人投资，就可以"参酌原契据价格及现值与所有权议定价格予以收购。收购不成，则请征收之"。① 省政府的调查结果令新市一方后怕，后两个问题均与新市一方所称相差甚远，即新市建设经费出自商人而非公众，新市设计图也不合标准。不过，新市一方恐怕无论如何也想不到，如此结果竟是练县长的手笔。一份落款日期为 12 月 11 日的档案显示，练县长在回复省政府追问新市经费来源的问题时写道："至于经费来源，已成部分系由商人自由投资，兴建计完成十八间，因纠纷迭起，未完成工程，已将终止。"② 也就是说，禾口新市建筑原为"政府扶植之新兴事业"，主要投资者为西乡政府要员以及誓为努力贯彻"建国建乡"之宗旨的西建会，在练县长笔下却成了私人财产，投资者也不过是自由投资的商人。面对省政府的质问之时，新市投资者以及西建会已经被其名义主席出卖了。

值得注意的是，在有关福建省政府介入禾口市场之争的文件中，最早的既不是关于市场纠纷的，也不是关于枪杀案件的，而是张立瑜的一封请求保护书。前文曾提及，张立瑜是一个大革命时期的大人物，具有"通天"人脉。在巫显仕被杀前后，张立瑜认为，"新市场当事疑瑜挑拨，播弄是非，旋有指戈相向、暗杀谋害之传"，又自感"房弱丁稀，不得不思患预防"，③ 遂向县长写信要求县警察所给予保护，县长置之不理，张立瑜随之致信省政府。8 月 19 日，时任省政府主席刘建绪下达了两份密令，一份要求县政府彻查张立瑜所报之事，一份要求禾口乡长查明具报。该事件以吴光棠呈报"经查毫无事实，纯属自起猜疑"而了结。④

持续几个月悬而未决的禾口新旧市场争执，严重损害和降低了禾口乡政府的公信力和执政效率。1946 年 8 月底，乡长吴光棠已感到本乡工作几乎难以开展：

① 《具呈新旧市场发生争执及调处情形指令遵照由》（1946 年 9 月 22 日），《禾口新旧市场争执》，档号：103-4-208。
② 《呈报本县禾口新市场建筑计划图书等已向禾口新市建委员送呈钧府化案请察核由》（1946 年 12 月 11 日），《禾口新旧市场争执》，档号：103-4-208。
③ 《呈为呈请准予备案并恳令饬警察局长及西区各乡公所负责保护安全由》（1946 年 7 月 14 日），《禾口新旧市场争执》，档号：103-3-241。
④ 《乡长吴光棠回复省、府有关谋害张立瑜情由》（1946 年 9 月 2 日），《禾口新旧市场争执》，档号：103-4-208。

职此次奉命长乡政，为政府推行政令，自应克尽厥职，以竟全功。但任职伊始，乃查近数月来对政令之推行，员丁工作之效率，疲缓实多。虽时经派员赴保推行，毫无效果。揆其原因，实缘本乡市场之争执，本属张姓，尚有数保抱负成见，窃词困难，视政令为具文，乡政变成僵局。驯良保份，尤数观望，政令无法推行，工作未有开展，徒呼负负。①

对于乡政来说，各保视政令为具文，实为乡长之难事。然而，对保长而言，处于乡政和宗族之间，更是进退维谷。张运鸿是禾口乡老岗保保长，与张绍渠等一样，在新市建设伊始，砸锅卖铁，投资新市；在新旧市场争执发生之后，因为他是石壁上市族人，其现实利益与他的族人并不完全一致，而"一再遭受威迫"，甚至面临黜谱的危险。② 这使生活在密集的乡族网络中的保长，在"理智"和"道义"面前，显得无所适从。

三　枪杀案审判结果

巫显仕枪杀案的审判涉及诸多部门，除了上文提及的县警察局、西区警察所、自卫中队、县政府、乡公所、禾口乡国民兵队，还有宁化县参议会、国民党监委会、司法处等县级组织，加上长汀专区和福建省政府，前后总共有 11 个部门参与其中。

前文提及，府衙两次饬令警察局等机构分别于 8 月 25 日、9 月 10 日前破案，然宁化县警察局局长赵柏璋 9 月 23 日的报告称，"奉谕前饬查复巫显仕毙命禾口市场一案"，所呈报告与西区警察所长任守雅所呈报内容大体一致，③ 案件的侦破并未有实质性的进展。在此期间，国民党福建省宁化县执行委员会于 8 月 14 日收到参议员张绍渠的申诉，书记长曹继何

---

① 《为呈报本乡工作无法开展恳请迅予设法补救由》（1946 年 8 月 30 日），《禾口新旧市场争执》，档号：103-4-208。

② 《为抄发该县禾口争执新旧市场原呈二件仰查明并案办理具报由（附件）》（1946 年 7 月 25 日），《本县禾口新旧市场争执纠纷》，档号：106-2-1821。

③ 《呈复巫显仕毙命禾口墟场情形请察核由》（1946 年 9 月 23 日），《禾口新旧市场争执》，档号：103-4-208。

随即将文转呈宁化县政府。① 8 月底又出现了国民党福建省宁化县监察委员会常务监察委员黎志刚向县长兼检察官练平报告该会的"第五次委员会议议决，'函请本县兼检察官依法缉凶究办，以重法纪'等语"。② 9 月 24 日，省政府首次对张绍渠的申诉加以批阅并指令县政府认真办案。由于档案资料不足，尚不足以细化具体的审判过程。不过，到了 10 月 17 日，巫显仕枪杀案基本定案。县长向省政府报称："枪伤市民有关嫌疑犯，均移司法处讯办。"③ 从案发到 9 月 23 日一个半月的时间里，案件侦破似乎毫无进展；到 10 月中旬真相大白，福建省政府的介入无疑对破案起了重大的推动作用。

10 月以后，有关巫显仕枪杀案乃至禾口市场之争的档案急剧减少，与枪杀有关的材料仅 3 份公文。10 月 30 日，一份向府衙呈报枪杀案件却没有署名的公函称，有关巫显仕被杀案的"嫌疑犯张维清等经本县司法处传讯交保并提起公诉"，"唯张绍渠应为本案被控，有关重大嫌疑犯之一，既不应付到庭，反逃匿福州，似有畏罪规避情事，应请转呈省府饬予到案对训"。④ 此时，案件已经进入了最后的审判阶段，张绍渠仍在福州，不过对他的要求仅是"对训"。一周之后，府衙便做了批示，同意向省政府转呈"饬张绍渠到案候训"等语。⑤ 之后，张绍渠是否到案候训已无从知晓，但这已经不会影响枪杀案件的处理。1947 年 1 月 31 日，府衙再次向宁化县长下达指令，有关"禾口市场巫显仕被击毙命案，应饬查究凶，务获法办报查"。⑥ 随后，县长将此指令转呈司法处。至此，因禾口市场之争而起的"巫显仕枪杀案"对死者家属总算有了个交代，此案确实是张维清等禾口自

① 《中国国民党福建省宁化县执行委员会公函》（1946 年 8 月 14 日），《禾口新旧市场争执》，档号：103-3-241。
② 《中国国民党福建省宁化县监察委员会公函》（1946 年 8 月 29 日），《禾口新旧市场争执》，档号：103-4-208。
③ 《呈为本县禾口新旧市场争执案前经详报谨再申述要点复请察核由》（1946 年 10 月 17 日），《禾口新旧市场争执》，档号：103-4-208。
④ 《呈为巫显仕被杀案嫌疑犯张维清等经传讯交保并提起公诉请察核由》（1946 年 10 月 30 日），《禾口新旧市场争执》，档号：103-4-208。
⑤ 《据呈巫显仕被杀案已提起公诉请呈省饬张绍渠函案对训等情指令遵照由》（1946 年 11 月 6 日），《本县禾口新旧市场争执纠纷》，档号：106-2-1821。
⑥ 《府衙训令》（1947 年 1 月 31 日），《禾口新旧市场争执》，档号：103-4-208。

卫队员所为。不过，案件的最终结果却扑朔迷离，作为本案主犯的张维清似乎没有得到应有的处罚。张维清（1902—1950，字子澄），道南小学毕业，是张树庭扶植的地方人物，也是民国间溪背张氏的绅士。溪背村在禾口东南，西溪南岸，联宗中属于下祠范围。当地老人张贤伟说，张维清是解放前溪背张氏最后一任"祠胆公"，因为在土地革命战争时期杀过红军，解放后随同一些反共分子逃到山上，不久被俘，随即在宁化县城枪毙。① 也就是说，在张维清后辈的记忆中，他并未因巫显仕枪杀案件受到惩罚。

提笔至此，顺便交代一下禾口市场争执结束后的人事关系。1947 年 5 月，临危受命的禾口乡长吴光棠任期已满，禾口乡准备进行第二次乡长民选。在一份名为《禾口乡长候选人名册》的文件上，写着一连串熟悉的名字：

张国根，37 岁，曾任禾口乡乡长。

王子谦，37 岁，县参议员检定合格，曾任宁化、清流等县卫生院院长。

伍　禧，36 岁，曾任禾口乡中心学校校长、禾口乡民代表大会主席。

张绍渠，43 岁，曾任禾口乡乡长，宁化县参议员。

张　超，43 岁，曾任禾口乡乡长。

张运饶，28 岁，曾任禾口乡中心学校教员。

刘承水，29 岁，曾任禾口、淮土等乡乡长，现任南田乡乡长。

吴光棠，38 岁，中央军校毕业，曾充上尉中队长，现任禾口乡乡长。

张郁斋，29 岁，曾任禾口乡中心学校校长兼教员。②

一个月后，乡长民选的结果公布，下一任禾口乡长，既不是吴光棠，也不是张国根、张绍渠等一度把持禾口乡政的要员，而是排在最后的张郁斋。③ 张郁斋的名字既没有出现在禾口新市集团的名单中，也不曾出现在

① 2012 年 5 月 25 日，溪背村访问张贤伟（75 岁）。又见《张维清传》，张新接主修《（溪背）清河张氏族谱（八修）》，1995。

② 《禾口乡长候选人名册》（1947 年 5 月），《乡长民选》，档号：103-1-263。

③ 《按令报移接清单乞核示情》（1947 年 6 月），《禾口乡乡长交代》，档号：103-1-274。

老墟居民的名单中，其履历仅仅是禾口中心小学校校长兼教员。或许这就是民意吧。

历经了禾口市场争执后，宁化县长练平也不能再以西建会主席的身份与他的下属们继续合作了。1947年夏，练平调任上杭县县长。随着解放战争的局势变化，1949年练平毅然加入了闽西新民主建设社，策划闽西国民党军政人员起义。不久，担任闽西人民临时行动委员会秘书长、中国人民解放军闽西义勇军政治部主任。解放后，继续担任上杭县人民政府县长，至"三反""五反"运动中下台，参加了一段时间农业生产。1973年，练平因病退休，1974年病逝于老家，终年66岁。① 1949年初，解放军兵临城下，大江头的张守先听闻，整理衣衫，投井自杀。在人民解放军进驻宁化时，张树庭向人民政府投诚，上交了大部分这些年积累的枪支，成为宁化县人民政府的副县长。1952年，张树庭发觉新政府将对其进行调查，于是弃官逃至西乡崇山峻岭中，靠旧时心腹送粮为生。不过，没多久便被捕，随即枪决。宁化解放时，老墟居民代表张绍渠已经是私立道南初级中学的校长，人称镜人先生。面对新政府，张绍渠再一次向军队首长呈请，希望禾口老墟恢复四九墟期与新市自由发展，但未获同意。张绍渠未曾想到的是，禾口乡人民政府成立后，政府治所设在新市，在新政府的指令下，禾口老墟贸易悉数迁往新市。② 1952年，张绍渠以"大资本家"之名被捕，在监狱中自杀。③ 张国根和吴光棠因担心被处死，解放军刚到之时便逃亡他处，至20世纪50年代后期才相继回乡务农。十余年后，吴光棠因旧伤复发而病死，张国根亦因病去世。④ 另一位民国西乡绅士王子谦是中共地下党员，解放后成为中共宁化县党支部的重要成员，凭借医术在宁化县城一度十分自在，后在政治运动中被打倒，改革开放后得到平反，活到80年代中期，寿终正寝。⑤

---

① 《武平县志》卷34《人物·练平传》，第829—830页。

② 王逸生：《宁化西乡建设委员会与禾口新老市纠纷》，《宁化文史资料》第10辑，第131页。

③ 2011年4月8日，立新村君政公祠访问谢碧霞。

④ 2012年5月27日，官坑村访问吴光棠妻子金秀兰（1922年生）。

⑤ 张国玉：《王子谦同志传略》，《宁化文史资料》第15辑，第16—18页。

篾匠巫显仕无辜被杀，虽泛起了一丝波澜，却未影响到禾口新旧市场争执的最终结果。县级政府和警察局对枪杀案的调查俨如走过场，国法对杀人犯的惩罚十分潦草，更没有人认真执行，一切似乎不过是地方权势阶层用以维护和争夺利益的工具和手段。尽管如此，通过完整地论述禾口新旧市场争执事件的发生过程，可以呈现宁化石壁地域社会"再结构"后的基本情形。具体而言，1946年前后石壁地区的关系网络主要体现在以下几个层面。首先，清初以来石壁地区以宗族为主导、乡族网络密集的地方传统得到延续。禾口墟是西乡的经济中心，掌控禾口墟的上市张氏依然是石壁地区最具权势的宗族势力，而且石壁上市张氏的内部结构稳定，宗族领袖具有极高的社会威望，且可动用权力文化网络中的多种力量。不仅如此，宁化西乡内部几个基本市场区的关系更加紧密，尤其是张树庭代表的济村乡势力领导了"新县制"时代石壁地区的乡族势力，并在"国大代表"的竞选中，进一步强化了西乡的社会整合。其次，新市建筑委员会成员是西乡建设委员会的核心成员，体现了宁化石壁基层政治权力格局中的两对关系。一是地方自治组织中基层政府与乡族势力间的权力关系。西建会的主体成员是各乡镇的领导班子以及县级参议员驻乡代表，前者是基层行政体系中的官僚阶层，后者则往往是乡族利益的代表，但二者结合在一起，成为乡村建设活动的领导阶层。这表明，地方自治组织由基层行政官僚与地方精英人士共同组成，基层官僚可以凭借其行政地位在自治组织中获得权力，但也仅是地方权力结构中的组成部分。二是自治组织与基层社会之间的权力关系。西建会主要领导人张树庭是西乡首绅，尽管他有"省政府咨议"的头衔，但是没有实职，实际上就是乡居的致仕官员，他在乡村社会中具有极强的号召力，很大程度上是因为他作为基层社会的代言人，和西建会一样也是石壁地区乡族网络的组成部分，使西建会倡建的自治事业多能得到基层社会的广泛支持。再次，尽管基层政治中新晋官僚和乡族势力是合作的，但经济关系层面则有着结构性的冲突，延续的乡族组织自然希望维系既有的社会经济占有形式，而新晋的官僚和地方精英势必会利用所占有的政治权力谋取自身的经济利益，即新晋阶层欲重构地方社会经济分配形式的诉求和乡族组织维系原有格局之间的矛盾。作为中间市镇的禾口墟具有巨大的经济利益，改建老墟、"门户开放"等皆不过是新晋阶层觊觎市场利益罢了，占据禾口墟所有权的上市张氏宗族屡次拒绝乡公所的提议后，自知已无力阻挡，只能同意另建新市。但新晋阶层为繁荣新市，要以消灭老墟为代价，遭到老墟所有者上市张氏宗族殊死抵抗，这既体现了石壁地区经济发展程度有限，也体现了新晋官僚和老墟一方在经济利益上存在难以调和的矛盾。最后，国家权力在基层社会的存在方式是分层级的。乡公所已然与基层社会结合在一起，前文已有论述。县级政府不再是王朝国家时期高高在上的象征存在，国家权力主要是县级政府长官个人意志和政治利益的体现。西乡建设委员会及其主持的各项自治事业得到了县长练平的授权和支持，以地方自治的方式推进和完善地方公共事业的建设，练县长亦将之当作政绩来保护，以故在新旧市场争执中努力维护新市一方，这一点也被基层新晋阶层用来争夺地方社会经济资源。省政府是最高级的地方政府，也是地方法令的创制者和阐释者，在禾口新旧市场争执中扮演的是调解者的角色。省主席相对公正的法令解读和严肃追责，使事态发展超出了练县长的掌控，于是练县长迅速撇清关系，顺手"出卖"了一直大力支持他的新市一方。需要强调的是，禾口新旧市场争执引发的新晋阶层与宗族势力间的冲突，并非地域社会的关系网络之破坏，而应理解为其内部调整，是"再结构"过程的必要内容，矛盾解决后的社会结构将有助于新社会结构的巩固。

结 语

巫显仕的故事无疑是真实而悲惨的。在动荡的时局中，普通人的生命俨如一叶浮萍，巫显仕如此，禾口墟的普通市民亦是如此。当然，本书的重点不是要抒发对历史上个体生命的感悟，而是试图将一个个平凡而鲜活的故事置于具体的地域社会的结构过程中进行理解，进而努力阐释闽西山区地域社会的特征及其可能具有的学术价值。

一　闽西山峒社会的结构过程

宁化石壁地区是东南丘陵地区一个狭小而普通的山峒——在起伏不平的山地中，伴生着一片稍微开阔的山间小平原，通过为数众多、或长或短的溪流，山区和平原自然地联系在一起。生活在山地和山间小平原的人们，经过长时间的交往，织就了一张复杂的关系网络，形成了一个具有地域共同体性质的社会结构，可称之为山峒社会。

宁化石壁地区地处武夷山脉深处，四周环山，北有武夷山余脉东华山，南有鸡公崇，西有站岭，东部则是延绵的低矮丘陵。区内河网密布，溪流短小湍急，易涨易退，其主要河流名作西溪，发源于南边的方田泗坑，自东南流向西北，经方田、禾磜，过淮土北流至禾口，纳石壁溪称禾口溪，拐往东流，至陂下纳刘村溪，至分水坳纳新田溪，一路再纳村头溪、古武溪，直至汇入翠江，全长42.5公里，流域面积513平方公里，即石壁地区的总面积。在漫长的岁月中，石壁地区发育出众多大小不一的山间小盆地，最大的一个名作石壁盆地，面积约为 200 平方公里。石壁盆地位于西溪的中游，由源自南边的淮土溪、源自站岭的石壁溪和西溪共同冲刷而成。石壁地区便是由山地、丘陵、溪流、山间盆地共同构成的既具有一定的对外封闭性，又能实现对内互通的地域环境，是为石壁地区内部经济发展、社会建构和文化创造的地理基础。

隋唐时期，宁化石壁地区的历史尚未见于史籍。不过，唐贞观间宁化设县，初名黄连，当地豪强巫罗俊开辟山峒，西至站岭，石壁地区理应已在县衙的管理之下，亦即王朝国家的"毛细血管"开始渗透进石壁地区。两宋时期，宁化县为汀州望县，编户齐民已有 3000 户以上，是汀州仅次于府城附郭县长汀的人口大县，这是国家户籍制度得到施行的体现，也意味着国家赋役制度和乡里制度的建立。南宋时期，县下曾实行乡团（里、坊）制，石壁地区属于桂枝乡攀龙里（坊），石壁地区已发育出不少聚落，石壁村则发展为草市，这或许是南方地区的祖源传说中各族先祖曾于石壁村定居的原因。这说明，两宋时期石壁地区的核心区域已日趋开化，是王朝国家行政网络的一部分。不过，对宋代王朝国家在闽西山区的控制力不应估计过高，石壁地区亦尚未形成相对稳定的社会关系，因为广袤山区仍处在"俗犷而气暴，时多寇掠之虞"的状态。元代闽西山区秩序更加不稳定，汀州府衙登记在案的人户远不及宋代，山区到处有相聚为寇的乌合之众。

明洪武初，因军阀陈友定降明，明军顺利地统一八闽，随着县级行政的日趋完善，地方官府招揽流亡、开垦土地、劝课农桑，推行里甲制度，石壁地区也被圈进了画地为牢的国家体系。明前期，宁化县的乡里制度体现为里—图—甲三个层次，共 12 里 51 图，登记户数 1.2 万余，远超南宋的数据。其中，"里"沿袭宋代的乡，是一个区域概念而非实体的行政单位，石壁地区分为龙上上里、龙上下里、龙下里等三个里，石壁村所在的龙上下里有三个图，嘉靖间石壁下市张氏的张伯诚被族推举为粮长，曾率里甲运粮至京。据此推测，龙上三里被当作一个整体，除了地理位置上接近，还可能是由于同属于一个粮长区，为石壁地区社会关系网络构建提供了制度基础。在里甲制度的编排下，闽西宁化社会井然有序，"士夫知读书进取，民庶安稼穑勤劳"，"少营商贾，燕享不废，鲜竞于汰奢"，"富家专守禾税，贫夫力治山畬"，俨然一幅明太祖设计的理想图景。明中叶以后，里甲制度逐渐败坏，官府对基层社会控制日趋松弛，地方官府的职能不断萎缩而将部分职能下放给乡族组织，士大夫阶层配合官府在基层社会推广儒家的礼仪和社会规范，导致画地为牢的社会秩序难以维系，各种社会力量则日渐活跃。在宁化石壁地区，较早受到鼓舞的是洪武特赐状元张显宗的后嗣，府县官员因表彰乡贤，将祭祀张显宗的私祠扩建为乡贤祠，并捐赠了祀田，推动了陂下张氏明确世系、修建族谱、经营祀田等继承式宗族的建设，促进了儒家礼仪和社会价值观的传播。此外，这一时期人口增多、土地开发，山区的竹木流入外地市场，商品经济得到长足发展，至万历年间禾口墟发展为每旬两次的常市。同时，社会矛盾日趋尖锐，尤以地主与佃农间的矛盾最为突出。清兵入关并追剿南明小朝廷进入闽西山区后，因国家权力及地方官府更迭，基层社会失去控制，宁化县境内各种矛盾瞬间爆发，随后长年处于纷繁的战乱，以里甲制度为基础的社会秩序彻底崩溃。由于资料限制，明代宁化石壁地区社会运作的具体情形尚不清楚，大体上说，经历唐宋至明中前期，宁化石壁地区基本完成了"由化外到化内"的社会变迁，建立了以里甲制度为基本架构的社会秩序，即由王朝制度和国家权力主导的小农社会；明中后期，以里甲制度为基础的社会结构逐渐解体，石壁地区聚落规模壮大、商品经济发展，儒家礼仪传播，出现了市场、宗族、庙会等乡族组织，为地域社会的形成奠定了社会经济基础，但乡族势力倡导公共事务建设的现象并不多见，具有共同体性质的地域社会尚未成型。

清康熙中期以后，为巩固赋税收入，清廷在各地相继推行"自封投柜"的政策，福建在此基础上实行"粮户归宗"的办法以及倡导"宗族乡约化"和族正制度，推进了地域社会的新一轮结构过程。随着社会日趋安定，闽西山区接续了晚明以来社会经济的发展势头，各种势力轮番登场，基层社会充满了活力。宁化石壁地区毗邻赣省，"左为宁化之当涂，右为琴江之古道"，是沟通两省之孔道，为商品经济提供了便利；山区资源得到空前的开发，杉木、毛竹广泛种植，大量山产流入外地市场。一方面，山区资源的深度开发，促进了山区市场的发育，时至清中叶，宁化石壁地区形成了以禾口墟为中心市镇，以石壁墟、淮土墟、凤山墟、济村墟、方田墟等为基层市场的两级市场结构；另一方面，催生了大量的富裕商人，康熙年间富商阶层救济族人，完善宗族组织，倡导地方公益建设，俨然是宁化石壁地区乡族势力的领导者。社会承平日久，时至雍乾年间，石壁盆地村落人口剧增，不少村民迁居至周边的山地，形成新的聚落，发展出相对独立的祭祀圈，又与母村长期保持紧密的社会联系，形成了跨村落的仪式联盟，其中还可能包含周边没有血缘关系的村落，并参与区域性的香会组织，进而构成了区域性香会—跨村落联盟—村落祭祀圈的神庙祭祀网络。在清代石壁地区密集的乡族网络中，宗族应是具有主导地位的社会组织。宁化石壁地区的宗族组织肇兴于晚明，清康熙间在商人阶层的倡导下蓬勃发展，至清中叶时遍地开花，士大夫阶层取代了商人成为宗族的领导者，建祠堂、修族谱、置族田，宗族建设也日臻完善。宗族组织形态经历了从继承式宗族向依附式宗族和合同式宗族的演变，最终发展为跨村落、跨家族的同姓联宗。具体而言，石壁地区基础性的宗族组织是继承式宗族，主要职能是维系族内的传宗接代和组织祭祀活动。较高级的宗族形态均是由继承式宗族以特定方式排列组合而成，聚居的依附式宗族由继承式宗族的成员贫富分化发展而来，族中的精英阶层通过宗族制定各种规范控制族人和维护社会秩序；散居的合同式宗族是由几个相对弱小的继承式宗族联合而成，主要功能是团结各房支的力量应对周边宗族的竞争和挑战；区域性同姓联宗则是在地方精英的倡导下，经过认定始祖、建构世系，由不同形态的宗族联合而成，主要职能是应对超血缘、跨地域的区域性事务。时至清中叶，宁化石壁地区存在有着不同形态的宗族组织，这既是儒家意识形态深入基层社会并实现文化整合的具体呈现，也是基层自治范围不断扩大后地域社会实现整合的重要形式。

由此可见，历经清代前期社会经济的发展，至嘉道年间宁化石壁地域形成了一系列复杂的关系网，地域社会业已得到了较高程度的整合，构建了一套较为稳定的社会秩序，即一个由密集乡族网络织就的内部联系紧密的地域单元。经济上，各村落间有较为明晰的生产分工，形成了两级的市场结构；社会上，乡民聚族而居，宗族组织深刻地介入了民众生活，各宗族间相互竞争与协作；文化上，多数村落有自己的神庙，村落间又有仪式联盟，还有区域性的进香活动，发展出一套共享的民俗活动。在基层政治活动中，乡族势力的领导阶层亦由清康熙年间的富商逐渐替换为士大夫阶层，儒家文化得到进一步传播，在宗族广泛发展的基础上，建构了区域性的同姓联宗。晚清咸同之际，经历太平天国运动的石壁地域社会并未解体，恰恰相反，在清廷的鼓舞下士大夫阶层积极组织团练、镇压动乱，不仅维续了原有社会结构，还通过倡办书院进一步巩固了地域社会的结构，形成了"西乡"的文化认同，宁化西乡俨然是石壁地区的同义词。

综上所述，自隋唐之际宁化县见于史籍至清末民初，宁化石壁地域社会经历了两次较为完整的结构过程，唐初至明中叶的近千年间是第一个结构过程，它以王朝国家权力的不断深入为主线，至明前期逐步形成了以里甲制度为主导的画地为牢的社会体系。晚明至民国的三百年间是第二个结构过程，是本书着力探索的部分，它以基层社会自治化为主线，最终形成了以绅士阶层为领导的乡族势力主导的社会结构，即本书所称的山峒社会。山峒社会仅是传统时代地域社会的一种类型，自然具有传统社会的共同性。就宁化石壁地区而言，山峒社会还可能具有以下几个特征。一是地域社会发育于一个相对封闭且内部相通的地理环境，即以山区为主，间有小盆地，又有溪流和陆路相联通的闽西山峒。二是复杂的社会组织交织在一起而形成密集乡族网络，包括两级市场结构、复杂的宗族组织和祭祀组织，其中先后由富商和士大夫阶层领导的宗族组织占据核心地位，是实现地域社会整合的重要形式。三是地域社会内部存在中心与边缘的相对关系，地势平坦的盆地往往是聚落规模较大、人口集中、经济较为发达的中心地带；地形崎岖的山区相对边缘，聚落和人口相对分散，但居住在山区与小盆地的民众有着血缘、产业、跨村落仪式等方面的紧密联系。换句话说，山峒内的中心与边缘应是相辅相成的。四是国家权力一直存在并在地域社会的结构过程中发挥了重要的作用。明前期国家权力透过里甲制度渗透到基层社会，是宁化西乡地域认同的制度基础；晚明以后，国家权力适当地退缩，改以适当授权和意识形态的方式深入民心，它是士大夫成为基层社会领导阶层的强大后盾，也是地域社会实现整合的内在动力。

二 现代政权建设的乡族模式

清末，科举制废除，四民社会解体，石壁地区的商人阶层再度活跃，地域社会出现了军事化的趋势。随之而来的土地革命摧枯拉朽般冲破了乡族网络，传统绅士、富商纷纷离乡，宗族无法发挥作用，传统社会结构骤然解体。趁此之机，国民政府迅速推进了区乡保甲的基层行政建设，试图将国家权力渗透至基层，以期实现全方位的社会控制。抗日战争全面爆发和"新县制"的施行，国民政府全力攫取地方财政，实行地方自治，为乡族势力重建和地域社会的"再结构"留出了空间。因时间较短，宁化石壁地域社会的"再结构"难说基本完成，国家权力、乡族、土匪之间还存在一定竞争关系，难称确立了稳固的新结构，然作为基层行政运作的具体实践，仍可作为一个观察国家政权建设的窗口。

1935 年，在"清乡"政策的高压下，闽西山区全面实行严格的保甲制度。作为一项全国性的制度，宁化石壁地区保甲制度的具体实践有一些通性，也有地域性的特点。从总体上说，保甲制度及其自卫武装的确立，强化了国民党的统治秩序，对稳定闽西社会秩序也具有重要作用，国家权力因此而前所未有地深入基层社会。这一点在征收赋税方面体现得尤为明显，政府不仅重整了混乱的田赋系统，还新增了各种名目的税捐。禾口乡乡长张国根为完成军役而派人入室捉兵役乃至发展至杀人，张绍渠也一再强调老墟市民按期缴纳租税，足以证明国民政府的基本目的实现了。作为基层政府延伸机构的保长，亦处于"两难"的境地，必须面对乡公所和乡族权威的双重压力。不过，宁化石壁地区村落结构在保甲体制下并没有解体，反而得到了国家权力的认可。在区—乡—保—甲的建制下，宁化石壁地区以禾口为中间市场的西乡成为县下的区级单位，分别以禾口、石壁、淮土、济村、凤山、南田的基本市场区为联保或乡镇，以聚族而居的村落为保，这一结构与当地的市场结构基本吻合，以故将区署一度设在禾口墟的第五区，直接被地方官称作"西区"。在抗战时期的税捐征收中，宁化西区各乡亦结合成为一个赋税共同体，这说明传统宁化石壁的村落结构在基层行政制度中得到了空前强化，为"新县制"时期宁化西乡地域社会的

"再结构"夯实了基础。随着基层行政机构的完善，一批异于传统绅士的官僚阶层因应而生，他们或为乡公所官员，或在自治组织中任职，如陂下村的青年张超、张国根等因积极投入基层教育工作、担任乡公所官员而跻身西乡精英之列。他们虽受过新式的教育，但对传统绅士的取代与其说是一个阶层挤压了另一个阶层的权力空间，还不如说是地方权势代际更替的自然法则，因为大部分年轻人的祖父一辈已是绅士阶层。正基于此，身处基层政府的新晋官僚仍然受到宗族、村落等因素的影响，在"赋闲"期间仍要投身公共事务和宗族事业，努力在传统权力的文化网络中寻找自己的位置。他们是国家权力的工具人，也是基层社会乡族权势的代言人，虽然称不上传统的"保护型经纪"，却也不是地痞流氓式的"营利型经纪"。因此，通过建立区乡保甲的基层行政体系，代表国家权力的实体机构以前所未有的渗透力进入了闽西山区，但现代国家政权建设不仅没有重组基层社会，反而以行政制度强化了传统的村落结构，传统绅士的权势地位则由他们的下一代传承下来。

抗日战争全面爆发后，地方政府希望借助宗族稳定社会秩序、恢复经济生产，乃至渗透国家意识形态，宁化石壁地区的宗族组织配合地方行政而重建，出现了一系列重修族谱、创办义仓的宗族活动，地方绅士则通过重建宗族而获得社会权威和参与地方自治项目重回基层政治舞台。1940年，闽西实行"新县制"，福建省政府内迁进一步加强了国家权力对闽西山区的影响，宁化石壁地区的社会秩序渐趋安定，基层社会出现了乡政府、警察署、乡民代表大会等一系列基层政府机构，也新成立了传统时代没有的新式社会组织，如农会、西乡建设委员会等，这些组织和机构为精英人士提供了大量的晋升机会，并将他们纳入了国家权力体系。在地方自治的名义下，西乡首绅张树庭利用倡办基础教育获得了基层社会的广泛认可和乡族势力的支持，通过担任区长期间积累的人脉关系和省参议院咨议的头衔，笼络和拉拢了大量的基层政府官员和地方权势人物，成功地将基层政府、社会精英、乡族组织联合起来，形成了一股极大的地方势力，大力提倡乡村建设，推动了基础教育、地方治安、公共事务等各方面的建设。教育方面，宁化西乡各乡镇的中心小学以及道南初级中学均在西乡首绅张树庭的主持下完成，教育经费由绅士领导的乡族势力共同负担；治安方面，宁化西乡先后建立了自卫队等武装形式，配合政府的"剿匪"工作，打击和招抚土匪势力。其他公共事务，如乡村市场建设，地方水利设施，多是在"西建会"的领导下得以推进。"新县制"时期的公共事务建设多以乡族自治的方式进行，即国家授权之下地方精英领导乡族组织捐资筹建，当然基层政府也发挥了一定的作用，但不是主导作用。

乡族势力的强大，在一定程度上限制了国家权力的有效执行，大幅度削减了地方政府对基层社会的控制力。张树庭在西乡的影响日重，招致宁化县长林善庆的猜忌和打压。作为一个受过现代教育的知识分子，林善庆自信满满地推进"新县制"，却受到地方豪强的掣肘，故试图通过建设新的警察制度，联合土匪力量挟制地方豪强，亦即代表国家权力的县政府与代表基层社会的地方豪强之间产生了难以调和的矛盾，最终引发了"西乡事变"。西乡事变中，乡公所官僚、县参议会议员等公职人员几乎毫不犹豫地选择维护西乡首绅，站在了县政府及县长的对立面，足见基层官僚仍是乡族势力的组成部分——所谓"尚有少数乡镇长及乡间士绅仍未脱封建思想"。西乡事变的处理结果没能让林县长如意，各种武装器械留在了基层自卫队，反倒助长了乡族势力的膨胀。事变之后，林县长以及继任县长，多采取与乡族势力合作的态度，石壁地区由此获得了一段较为宝贵的建设时间，禾口新市场建设便是宁化西乡建设委员会倡议的项目之一。在地方自治中，不同的县级行政长官的态度是不相同的，国家权力的具体呈现与县级政府长官个人意志和政治利益有极大的关系。林善庆满腔热血地推行新的国家制度以集中地方行政权力，而老江湖练平则采取与地方士绅合作的态度，将地方自治的权力下放给乡族势力，乃至使之成为实现地方豪强利益的工具，以获得更多的政绩和政声。在"禾口新旧市场争执"中，石壁上市张氏一族在"祠胆公"张绍渠等的领导下抵抗乡公所的决策，导致各保保长视政府文件为具文。这说明，"新县制"时期的地方政府名义上具有了现代国家的理念，实际运行过程中仍陷于传统地方官的困境，即要贯彻国家制度并将国家意识形态渗透到基层社会，需要正确地处理与绅士阶层的关系：当二者利益一致时，绅士阶层是地方官的辅助者；二者利益存在分歧或相反时，绅士阶层就是地方利益的代言人，极可能会站到地方官员的对立面。

不过，在禾口新旧市场争执中，练县长代表的县级政府一度试图将之当作一般的民事纠纷，让地方绅士加以调解。当绅士调解失败后，他不得不亲自参与到纠纷解决之中。然而，他既没有运用现代法律规范判处，也未发挥应有的调解作用，而是对新市一方百般维护，罔顾老墟民众的实际困难。直到最高级地方政府省政府——地方法令的创制者和阐释者介入，才出现了国家权力机关应有的超越纠纷的调解者角色。一旦事态发展超出了掌控，练县长便迅速撇清关系并"出卖"了支持他的新市一方。可见，现代国家政权建设在一定程度上推动了地方政府的转型，县政府实际上也介入了基层社会的权力斗争，并与之形成了一定的利益关联。因此，在考察近代国家政权建设时，似应将作为全国性制度实际推动者的县级政府当作一个动态对象来考察，而非概之以抽象的"国家"或"国家权力"。

综观"新县制"时期宁化石壁地区发生的一系列事件，在自治建设和地方冲突中，始终贯穿着一对矛盾，即以基层政府为中心的权力网络和以乡族组织为中心的传统权力网络之间对地域社会控制权或领导权的争夺。西乡事变是县长林善庆和西乡首绅关于地方控制权的争夺，禾口新旧市场争执是新晋精英阶层和传统宗族势力之间关于经济资源的争夺，不过二者均未造成地域社会关系网络的破坏，以故当理解为地域社会关系的内部调整，是社会"再结构"过程的必然。当主要矛盾得到一定程度的解决后，社会"再结构"将向前迈进重要的一步，代表国家权力的基层行政机构可能被迫"内化"为"权力的文化网络"中的一个要素，最终极可能发育成一个以乡族为主导、容纳了国家权力的地域社会新结构。

从国家权力的角度看，国民政府在闽西宁化的政权建设，不能算是失败的，这不仅是因为乡村地区建立了行政、治安、赋税等一系列的国家机器，通过这些机构，国民政府将国家权力的触角伸向基层社会，基本实现了攫取民间财富支持战时财政的目的，而且在于通过新晋的官僚阶层，国民政府倡导的现代国家意识广泛传播，民众参与国家政治的积极性也得到了一定程度的提升。但也谈不上成功，因为地方政府无力重新建构一套以国家权力为中心的基层权力网络，反而被乡族势力整合成以乡族组织为主导的权力网络的要素之一。从日常政治的角度看，不论是县级政府官员，还是乡族领袖或精英人士，大部分人都在利用国家政权建设的机遇，在不明显悖于国家制度的情形下，最大限度地实现各自的利益，然后才是各自所代表阶层或群体的利益。甚至可以说，乡族势力利用国家政权建设的不同形式，将传统乡族社会结构巧妙地"嵌入"了基层行政体系：区—乡—保的行政建制是传统村落结构——中心市镇区—基本市场区—村落的新外衣，"新县制"下的地方自治是传统绅士领导下的乡族自治的新表达，基层选举也不过是地缘性乡族竞争的新形式。这一异于华北及其他地方的历史实践，体现了闽西民众的"被统治的艺术"，姑妄称之为国家政权建设的乡族模式。

深处武夷山脉腹地的宁化石壁地区，仅仅是东南山区万千山峒之一，难说是东南山区社会的典型，石壁地域社会也难说是闽西山区社会的代表。尽管如此，考察宁化石壁地区的历史实践，还是有一些值得注意的地方。一是东南山区地域社会的"结构"和"再结构"过程均可能是复数的，它既非单一的"儒家化"或"国家化"过程，亦非仅有血缘或拟血缘的宗族构成的社会关系——尽管二者在地域社会结构过程中非常重要。我们应该注意到，国家权力在很早之前已经进入这里，不同朝代介入基层社会的形式也不尽相同。在基层社会，不是只有士大夫能扮演领导阶层的角色，没有功名的商人也曾发挥领导者的作用，各种符合儒家文化的话语极可能仅仅是时人希望后人看到的样子。更为重要的是，地域社会中相互交织的复杂的关系网络应是不同形式的国家权力与不同类型的乡族势力长期互动的结果。二是随着州县衙门建设和乡里制度推进，明清时期的东南山区已经被国家权力层层包围，基层社会虽有一定空间利用国家制度"套利"和挪用官方话语以最大限度谋求自身利益，实现基层自治，却没有足够的空间让人们实现"逃避国家"，即便是作为官府对立面的土匪也时刻受到国家政策的影响。相反，散居到山地的民众不仅与平原地区长期保持了社会经济和文化上的紧密联系，而且一直在努力壮大自己，伺机回到平原地区去争夺更大范围的政治权力。三是每个人均是特定社会关系和文化传统中的一部分，面对"生于斯，长于斯"的地域社会，没有人能真正地跳出自己所处的位置和摆脱当地社会对自己的定位，国家政权建设实践所倚赖的一个个具有特定位置的人亦不例外。因此，通过地方精英建构以基层政府为中心的权力网络，必然要触及地方传统及其张力，结果往往是强硬的国家权力在无所不在的社会惯性中慢慢消解，成为构成地域社会的一个要素。

附录一　人物关系简表

名　字	生卒年	家　世	经　历	社会关系	备　注
张树庭，谱名捷标，学名张绩	1906—1952	生父张士银，养父张士波，叔父张士豪。属济村乡长坊张氏	小学教员—济村民团团总—宁化第五区区长—宁化县参议院议长—道南中学校董—福建省参议员—国大代表	与张立瑜敌对，曾与张绍渠合办道南中学等	1935年后，宁化"西霸天"
张绍渠，谱名耀鉴，字镜人	1905—1952	父亲张思诚，禾口商人，曾任禾口民团团附。属石壁上市张氏	汀州公立师范毕业—禾口大商人—禾口中心小学校长—道南中学校董—宁化县参议员—石壁上市张氏家族"祠胆公"	处理"西乡事变"善后，曾与张树庭交好	老墟市民代表
张立瑜，字璧人，号肖瑾	1890—1952	父亲张正笏，大商人，例贡生，创办道南书院。属陂下张氏	国学生，早年经商—参加大革命，任国民革命军第一军军参议—禾口民团团总—陂下张氏"祠胆公"—陂下乡民代表	与张绍渠关系良好	1935年后，吃斋念佛
张国根，字懋芳，学名树德	1909—1972	父亲张万才，热心地方公益。属陂下张氏	办理善后事宜—官坑小学校长—禾口联保主任—两次福建省干部培训—禾口乡乡长—赋闲在家—再任禾口乡乡长—禾口乡民代表—陂下张氏"祠胆公"	受张树庭提拔和器重，与张超交好	主持修族谱
张守先，字植三	1869—1949	石壁大江头张氏	宁化县学廪膳生—道南书院山长—广东省广宁县典史—道南小学教员—参修《宁化县志》	与张绍渠有姻亲关系	清末文魁，西乡名士
张万伟，又名超	1909—1950	祖父张正笏。父亲张立瑶，晚清文学生。属陂下张氏	办理善后事宜—济村联保主任—济村小学校长—禾口乡乡长	受张树庭器重	张立瑜侄子

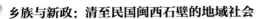

续表

名　字	生卒年	家　世	经　历	社会关系	备　注
王子谦，又名子键	1911—1986	世代务农，淮土乡凤山村人	1931年学医—1939年代任清流卫生院院长—1942年回禾口为县驻乡参议员—道南中学校董	与张树庭同学，并被搭救	中共地下党员
吴光棠	1908—1970	祖父吴其球，晚清文学生。属官坑吴氏	少年从军—任少校—受伤转业—禾口乡乡长	新市成员	
张泽庆	1922—？	父亲为篾匠，定居陂下村。属大江头张氏	1938年开始当土匪—自立门户—被县长招抚任特务队长—1945年势力被灭，逃跑	与张树庭势不两立	土匪

附录二 禾口纪事

时　间	事　件	出　处
1941 年	私立道南初级中学创办	档案 103-5-148
1943 年	西乡事变	《宁化文史资料》
1944 年	西乡建设委员会成立	《宁化文史资料》
1945 年		
5 月 16 日	召开禾口乡民代表大会，商讨新市建设情况	档案 103-3-241
1946 年		
1 月 11 日	乡长张国根主持新市占用田讨论会	档案 103-4-208
2 月 23 日	召开新市代表与田主会议	档案 103-4-208
5 月 29 日（四月二十九日）	禾口新市开墟，禾口乡公所队丁压迫墟民赴新市	档案 103-3-241
6 月 7 日	乡公所召开联席会议，第一次商讨解决市场纠纷办法	档案 103-3-241
6 月 8 日（五月初九）	1. 张国根向县长呈报老墟等破坏秩序和规定 2. 上市张四郎公嗣孙召开宗族会议 3. 张启烘等向县政府上诉新市	档案 103-3-241
6 月 12 日	1. 乡公所队丁破坏往来原市道路 2. 张国根呈报老墟准备武装械斗	档案 103-3-241
6 月 13 日	1. 禾口乡公所队丁阻止行人不得通过原市并登记姓名住址 2. 县长饬令禾口禁止派队压迫市民	档案 103-3-241
6 月 18 日	刘村住民张福仔往原市遭武装队丁张帐苟（乳名）阻止	档案 103-3-241
6 月 21 日	王子谦等向县长呈报新市建设乃西建会领导	档案 103-4-208

续表

时　间	事　件	出　处
	1946 年	
6 月 25 日	1. 县长令军事科长叶礼湝与禾口议员孙家淦、刘万贡等出面协调禾口争执。随后，孙刘等回电请县长亲临调处 2. 禾口新市建筑委员会向县长呈新市建设概况与省处理乡村墟市办法	档案 103-3-241
6 月 28 日	张绍渠等要求县长亲临禾口调处纠纷	档案 103-3-241
6 月（?）	宁化县参议会向县政府转呈禾口市场纠纷情形	档案 103-3-241
7 月 3 日	1. 张绍渠首次向府衙申述 2. 张守先给县长写信，张璧人呈	档案 104-2-1821
7 月 5 日	1. 张绍渠再次以十六点理由要求自由发展 2. 县长练平往禾口乡公所召开民众会议，但张绍渠等未参加	档案 104-2-1821 档案 103-3-241
7 月 9 日	1. 张绍渠等再呈县长解决市场纠纷 2. 县长向府衙/省长刘建绪呈报禾口市场纠纷情形	档案 103-3-241
7 月 10 日	府衙训令禾口纠纷以平分市场处理	档案 103-3-241
7 月 11（?）日	县政府贴出平分市场布告	档案 103-3-241
7 月 12 日	税捐处陈汉澜等往禾口市场调查	档案 103-3-241
7 月 14 日	1. 张立瑜呈请县长保护人身安全 2. 陈汉澜回县复命禾口市场调查情形	档案 103-3-241
7 月 15 日	1. 陈汉澜呈报市场调查情况 2. 张绍渠得知划分情形要求重新处理	档案 103-3-241 档案 103-3-241
7 月 16 日	县长转达府衙训令要求警察局调查谋杀张立瑜事件	档案 103-3-241
7 月 17 日	县军事科转达府衙训令，要求禾口乡公所调查谋杀张立瑜事件。	档案 103-3-241
7 月 20 日	张立瑜向省政府申诉要求保护	
7 月 25 日	1. 府衙训令要求县长调查禾口市场之争 2. 张绍渠等向县长要求制止乡公所压迫市民，并担心引起变故	档案 104-2-1821 档案 103-4-208

续表

时　　间	事　　件	出　　处
	1946 年	
7 月 31 日	府衙长官高恺致信县长练平	档案 104-2-1821
8 月 6 日	吴光棠向县政府呈报市场调处不周情形	档案 103-4-208
8 月 8 日	张绍渠又向县长申述市场纠纷情形	档案 103-4-208
8 月 10 日	1. 西区警察所长向县长报告禾口枪杀案 2. 下午 6 点乡长吴光棠电报乡长枪杀案情	档案 104-2-1821 档案 103-4-208
8 月 11 日	1. 张绍渠向县长呈报枪杀情形 2. 国民兵队副廖钦彬向县长呈报枪杀情形，不久被转呈至府衙	档案 103-3-241 档案 103-4-208
8 月 12 日	1. 司法处转呈县长禾口枪杀案情 2. 吴光棠向县长报告验尸员调查结果 3. 任守雅向县长转呈张绍渠呈述枪杀情形 4. 巫显仕妻巫池氏向县长申述枪杀案	档案 103-3-241
8 月 13 日	1. 吴光棠向县长呈报林镇坤报告 2. 吴光棠向县长呈报西乡联席会议情况	档案 103-4-208
8 月 14 日	1. 巫池氏再次向县长诉亲夫被杀 2. 城南镇长黄为尊转呈巫妻之诉讼 3. 张绍渠向府衙申述枪杀事件 4. 张绍渠向宁化国民党党部申诉枪杀申述，并转呈县政府 5. 自卫中队长傅庆澜向县政报告情形	档案 103-3-241 档案 103-4-208 档案 103-3-241
8 月 13 日之后（？）	吴光棠向县长报告枪杀案前因后果	档案 103-4-208
8 月 16 日	1. 府衙训令要求自卫中队报告枪杀事件 2. 府衙训令要求乡公所、警察局 8 月 25 日前破案	档案 103-4-208 档案 103-3-241
8 月 18 日	1. 府衙第二次调处意见，建房或平分 2. 宁化县在禾口及县城贴出府衙第二次调处布告	档案 103-3-241
8 月 19 日	省政府分别秘密向县政府、乡公所要求彻查谋杀张立瑜一事	档案 103-4-208
8 月 22 日前	王子谦等向府衙申诉枪杀情形	档案 103-4-208

续表

时　间	事　件	出　处
1946 年		
8 月 22 日	1. 府衙指出廖钦彬报告不符规定 2. 府衙批示王子谦等查明枪杀案，并按平分市场办法处理市场争执 3. 府衙指令乡公所核查林镇坤指证张绍渠一事 4. 县长转呈府衙要求呈述案发后的西乡联席会议记录	档案 103-4-208
8 月 23 日	1. 县司法处向县长呈报张启根等向张国根索赔田地等事，请求确认是否派员监督 2 司法处向县长呈述已派检验员验尸以核准警察局函请	档案 103-4-208
8 月 26 日	县参议会转呈池福金女（巫池氏）申诉	档案 103-4-208
8 月 28 日	王子谦等召集西区各乡领导商讨，要求政府收私有墟场归共管	
8 月 29 日	1. 府衙令乡公所 9 月 10 日前破案 2. 县监委会（党）向县长兼检察官呈述禾口枪杀案	档案 103-4-208
8 月 30 日	1 乡长吴光棠向县长呈述乡政难行 2 县长通知王子谦等四九分墟	档案 103-4-208
9 月初	巫池氏女向府衙申述县长不管枪杀案	档案 103-3-241
9 月 3 日	1. 宁化县参议会/监察会员会代府衙饬令县政府破案 2. 张绍渠向省政府呈枪杀案情，并称县长有意偏袒	档案 103-4-208
9 月 3 日后（？）	县长令乡公所、警察局、西乡警察所、自卫中队尽快破案	档案 103-4-208
9 月 6 日	省府令宁化县政府按新办法解决市场纠纷并限立即破案	档案 103-4-208
9 月 10 日	府衙训令县长四九分期或另加墟期办法	档案 103-4-208
9 月 12 日	1. 县长答司法处未派员监督 2. 参议会长马昭望呈请暂缓调处布告 3. 县长向府衙报告案发后申述情况	档案 103-4-208

续表

时　　间	事　　件	出　　处
1946 年		
9 月 14 日	张绍渠向省长刘建绪呈报张树庭勾结县长垄断权力制造惨案	档案 104-4-208
9 月 19 日	乡长吴光棠向省政府呈述新市占地赔偿办法	档案 104-4-208
9 月 21 日	省主席刘建绪要求市场土地赔偿呈述附录会议记录	档案 104-4-208
9 月 22 日	省政府令县长查明新市资金来源	档案 104-4-208
9 月 23 日	1. 宁化警察局长赵柏璋向县长呈报枪杀案情 2. 县长回复府衙以四九分期为调处办法	档案 104-4-208
9 月 24 日	1. 府衙第三次（经省府）调处办法公布贴出 2. 省府令县长彻查张绍渠称王子谦庇凶案情	档案 104-4-208
9 月 27 日	按府衙要求枪杀案应今日移交司法处，但进展延期	档案 104-4-208
10 月 2 日	省政府令县长办理张绍渠 9 月 14 日申述	
10 月 4 日	府衙训令要求县政府尽快破案	档案 104-4-208
10 月 14 日	县长向福建军管区司令刘均呈报巫显仕被杀案情	档案 104-4-208
10 月 16 日	县长催促乡公所尽快破案	档案 104-4-208
10 月 17 日	县长向省府主席复电，在其他疑犯均移司法处，应将张绍渠捉拿归案	档案 104-4-208
10 月 30 日	县长呈述府衙，张维清等已被公诉，但张绍渠仍在逃	
11 月 6 日	府衙指令县政府对巫显仕被杀案提起公诉，饬张绍渠到案候训	档案 104-2-1821
11 月 10 日	县长向府衙报告实行四九分墟并派警驻扎执行	档案 104-4-208
11 月 24 日	张国根向县政府呈报经费来源和建设图说等情形	档案 104-4-208
12 月 11 日	县长向省府呈报新市图说和经费来源，称系商人投资	档案 104-4-208

续表

时　间	事　件	出　处
1947 年		
1 月	省政府指令，禾口图说不合标准并要求具报新市造价等情	档案 104-4-208
1 月 21 日	王子谦报请县长收回增加墟期成命	档案 104-4-208
1 月 31 日	府衙训令县长法办枪杀凶犯	档案 104-4-208
2 月 8 日	县长向司法处转呈府衙法办凶犯指令	档案 104-4-208
禾口市场之争之后		
1948 年	1. 吴光棠总理延陵吴氏八修族谱 2. 张树庭在西乡民众支持下当选国大代表，后前往南京参加国大会议 3. 练平调任上杭县长	《延陵吴氏重修族谱》 刘善群主编《宁化县志》 福建省武平县县志编纂委员会编《武平县志》
1949 年 4 月	宁化解放	
1952 年	张树庭、张绍渠、张立瑜等人相继去世	

参考文献

一 原始资料

1. 宁化县档案馆藏民国档案

2. 族谱

廖美松主修《莲塘廖氏族谱》，1992，藏淮土乡磜下村廖氏宗祠。

吴大洪主修《延陵吴氏族谱（九修）》，1990，藏石壁官坑村吴惟诚家。

吴彩林主修《渤海郡官坑吴氏宗谱（十一修）》，1996，藏石壁官坑村（渤海）吴氏宗祠。

杨实华主修《杨氏重修族谱（十三修）》，1990，藏石壁客家祖地藏谱阁。

张恩庭主修《石壁追远堂张氏重修族谱（十四修）》，1996，藏石壁下市张氏家庙。

张恩庭、张桢主编《张公君政总谱（四修）》，2002，藏石壁村上市张氏家庙。

张国根主修《清河郡张氏族谱（十三修）》，1944，藏石壁镇陂下村张显宗公祠。

张国柯主修《张氏重修族谱（十三修）》，1989，藏石壁村下市子禧公香火堂。

张捷新主修《大长坊张胜甫十四修族谱》，1990，藏济村乡长坊村香火堂。

张金炎主修《大长坊张胜甫公十五修族谱》，2018，赣南师范大学朱忠飞教授提供。

张经德主修《清河郡张氏族谱（七修）》，1993，藏石壁客家祖地藏谱阁。

张万溢主修《张氏族谱（十四修）》，1994，藏石壁陂下村溪背山张朝禄家。

张新接主修《（溪背）清河张氏族谱（八修）》，1995，藏石壁溪背村张氏宗祠。

张新旺主修《张氏族谱（十三修）》，1990，藏税下村张氏宗祠。

张泽柱主修《（江头）清河张氏族谱（十四修）》，1992，藏江头村张达道家。

张桢主修《石壁上市清河郡张氏族谱（十修）》，1990，藏石壁村上市张氏家庙。

3. 地方志

乾隆《长汀县志》，厦门大学图书馆藏。

嘉靖《清流县志》，《天一阁藏明代方志选刊续编》第 38 册，上海书店，1991 年影印本。

民国《福建通纪》，台北：大通书局，1968 年影印本。

道光《福建通志》，台北：华文书局股份有限公司，1968 年影印本。

（明）何乔远编撰《闽书》，厦门大学古籍整理研究所、历史系古籍整理研究室《闽书》校点组校点，福建人民出版社，1994。

（宋）胡太初修，赵与沐纂《临汀志》，长汀县地方志编纂委员会整理，福州人民出版社，1990。

（明）黄仲昭修纂《八闽通志》，福建省地方志编纂委员会旧志整理组、福建省图书馆特藏部整理，福建人民出版社，2006。

道光《宁都直隶州志》，国家图书馆藏道光刊本。

民国《宁化县志》，《中国地方志集成·福建府县志辑》第 38 册，上海书店出版社，2000 年影印本。

乾隆《柘城县志》，国家图书馆藏乾隆三十八年（1773）刊本。

民国《清流县志》，《中国地方志集成·福建府县志辑》第 38 册，上海书店出版社，2000 年影印本。

刘善群主编《宁化县志》，福建人民出版社，1992。

光绪《长汀县志》，《中国方志丛书·福建省》第 87 号，台北：成文出版社，1967 年影印本。

福建省宁化县地名办公室编印《宁化县地名录》，1981。

中国人民政治协商会议福建省宁化县委员会文史组编印《宁化文史资料》第 1—18 辑，1981—1997。

宁化县志编纂委员会编印《宁化方志通讯》，1985 年第 3 期。

道光《清流县志》，清流县志编纂委员会整理，福建人民出版社，1992。

嘉靖《汀州府志》，《天一阁藏明代方志选刊续编》第 39、40 册，上海书店，1991 年影印本。

政协福建省三明市委员会文史资料委员会、福建省三明市水利水电局编印《三明文史资料》第 11 辑《闽江源头星璀璨》，1993。

（清）杨澜：《临汀汇考》，光绪抄本，厦门大学图书馆藏。

余保云编著《宁化掌故》，中国华侨出版社，2000。

（清）王廷抡：《临汀考言》，《四库未收书辑刊》集部第 21 册，北京出版社，1997。

康熙《清流县志》，厦门大学图书馆藏抄本。

光绪《柘城县志》，清光绪二十二年（1896）刻本。

乾隆《汀州府志》，《中国方志丛书·福建省》第 75 号，台北：成文出版社，1967 年影印本。

张恩庭编印《宁化寺观》，2001。

张宣等编印《汉帝庙记》，2008。

崇祯《宁化县志》，明崇祯八年（1635）刻本，清顺治补修本，北京图书馆藏版。

康熙《宁化县志》，《中国方志丛书·福建省》第 88 号，台北：成文出版社，1967 年影印本。

4. 其他史籍

《册府元龟》，周勋初等校订，凤凰出版社，2006。

《道藏》，上海书店、文物出版社、天津古籍出版社，1988 年影印涵芬楼本。

《旧唐书》，中华书局，1975。

（宋）李纲：《梁溪集》，《景印文渊阁四库全书》集部第 1126 册，台北：台湾商务印书馆，2008。

（元）刘将孙：《养吾斋集》，《景印文渊阁四库全书》集部第 1199 册，台北：台湾商务印书馆，2008。

（宋）刘克庄：《后村先生大全集》，《四部丛刊初编》第 1311 册，上海书店，1989 年影印本。

彭明主编《中国现代史资料选辑》，中国人民大学出版社，1983。

（清）魏礼：《魏季子文集》，道光十五年（1835）刻本，厦门大学图书馆藏。

（清）吴任臣：《十国春秋》，徐敏霞、周莹点校，中华书局，2010。

于建嵘主编《中国农民问题研究资料汇编》，中国农业出版社，2007。

《元史》，中华书局，1976。

中国社会科学院历史研究所清史研究室编《清史资料》第 1 辑，中华书局，1980。

二　专著

〔美〕包筠雅：《文化贸易：清代至民国时期四堡的书籍交易》，刘永华等译，北京大学出版社，2015。

陈柏心：《地方政府总论》，商务印书馆，1941。

陈克俭、林仁川主编《福建财政史》上，厦门大学出版社，1989。

陈允文：《中国的警察》，商务印书馆，1935。

程懋型编《现行保甲制度》，中华书局，1936。

〔美〕杜赞奇：《文化、权力与国家：1900—1942 年的华北农村》，王福明译，江苏人民出版社，2010。

〔法〕费尔南·布罗代尔：《地中海与菲利普二世时代的地中海世界》，唐家龙等译，商务印书馆，2013。

费孝通：《乡土中国》，江苏文艺出版社，2007。

费孝通：《中国士绅》，赵旭东、秦志杰译，生活·读书·新知三联书店，2009。

费孝通：《乡土重建》，华东师范大学出版社，2015。

费孝通、吴晗等：《皇权与绅权》（增补本），华东师范大学出版社，2015。

〔美〕费正清主编《剑桥中华民国史》（第二部），章建刚等译，上海人民出版社，1992。

冯尔康：《18世纪以来中国家族的现代转向》，上海人民出版社，2005。

傅斯年：《史料论略及其他》，辽宁教育出版社，1997。

傅衣凌：《傅衣凌治史五十年文编》，中华书局，2007。

傅衣凌：《明清社会经济史论文集》，中华书局，2008。

付志宇：《中国近代税制流变初探——民国税收问题研究》，中国财政经济出版社，2007。

韩延龙、苏亦工等：《中国近代警察史》，社会科学文献出版社，2000。

黄海妍：《在城市与乡村之间：清代以来广州合族祠研究》，生活·读书·新知三联书店，2008。

黄志繁：《"贼""民"之间：12—18世纪赣南地域社会》，生活·读书·新知三联书店，2006。

〔美〕黄宗智：《华北的小农经济与社会变迁》，中华书局，2000。

〔美〕黄宗智：《清代的法律、社会与文化：民法的表达与实践》，上海书店出版社，2001。

惠刚盈等：《结构化森林经营》，中国林业出版社，2007。

江士杰：《里甲制度考略》，商务印书馆，1944。

〔美〕卡尔·A. 魏特夫：《东方专制主义》，徐式谷等译，中国社会科学出版社，1989。

〔美〕孔飞力：《中华帝国晚期的叛乱及其敌人：1796—1864年的军事化与社会结构》，谢亮生等译，中国社会科学出版社，1990。

〔英〕科大卫：《皇帝与祖宗：华南的国家与宗族》，卜永坚译，江苏人民出版社，2009。

〔英〕科大卫：《明清社会和礼仪》，曾宪冠译，北京师范大学出版社，2016。

〔日〕濑川昌久：《族谱：华南汉族的宗教·风水·移居》，钱杭译，上海书店出版社，1999。

李德芳：《民国乡村自治问题研究》，人民出版社，2001。

〔美〕李怀印：《华北村治——晚清和民国时期的国家与乡村》，岁有生、王士皓译，中华书局，2008。

李里峰：《土地改革与华北乡村权力变迁：一项政治史的考察》，江苏人民出版社，2018。

李宗黄：《现行保甲制度》，中华书局，1943。

林美容：《祭祀圈与地方社会》，台北：博扬文化事业有限公司，2008。

梁治平：《清代习惯法：社会与国家》，中国政法大学出版社，1996。

刘永华：《礼仪下乡：明清以降闽西四保的礼仪变革与社会转型》，生活·读书·新知三联书店，2019。

刘志伟：《在国家与社会之间：明清广东地区里甲赋役制度与乡村社会》，中国人民大学出版社，2010。

刘志伟：《借题发挥》，社会科学文献出版社，2019。

鲁西奇：《谁的历史》，广西师范大学出版社，2019。

鲁西奇：《中国历史的空间结构》，广西师范大学出版社，2021。

罗志田：《权势转移：近代中国的思想与社会》（修订版），北京师范大学出版社，2014。

〔美〕罗兹曼主编《中国的现代化》，国家社会科学基金"比较现代化"课题组译，江苏人民出版社，2003。

〔法〕马克·布洛赫：《历史学家的技艺》，张和声、程郁译，上海社会科学院出版社，1992。

〔德〕马克斯·韦伯：《儒教与道教》，洪天富译，江苏人民出版社，2010。

马戎、周星主编《21世纪：文化自觉与跨文化对话》（二），北京大学出版社，2001。

〔美〕马若孟：《中国农民经济》，史建云译，江苏人民出版社，1999。

〔英〕莫里斯·弗里德曼：《中国东南的宗族组织》，刘晓春译，上海人民出版社，2000。

南开大学中国社会史研究中心编《中国社会历史评论》第10卷，天津古籍出版社，2009。

〔美〕裴宜理：《华北的叛乱者与革命者（1845—1945）》，池子华、刘平译，商务印书馆，2007。

〔美〕彭慕兰：《腹地的构建：华北内地的国家、社会和经济（1853—1937）》，马俊亚译，社会科学文献出版社，2005。

彭兆荣等：《边际族群：远离帝国庇护的客人》，黄山书社，2006。

钱端升、萨师炯等：《民国政制史》，商务印书馆，1945。

钱杭：《血缘与地缘之间——中国历史上的联宗与联宗组织》，上海社会科学院出版社，2001。

瞿同祖：《清代地方政府》，范忠信等译，法律出版社，2011。

冉绵惠、李慧宇：《民国时期保甲制度研究》，四川大学出版社，2005。

〔日〕森正夫：《"地域社会"视野下的明清史研究——以江南和福建为中心》，江苏人民出版社，2017。

〔英〕沈艾娣：《梦醒子：一位华北乡居者的人生（1857—1942）》，赵妍杰译，北京大学出版社，2013。

〔美〕施坚雅：《中国农村的市场和社会结构》，史建云、徐秀丽译，中国社会科学出版社，1998。

〔加〕宋怡明：《被统治的艺术：中华帝国晚期的日常政治》，〔新加坡〕钟逸明译，中国华侨出版社，2019。

唐立宗：《在"盗区"与"政区"之间——明代闽粤赣湘交界的秩序变动与地方行政演化》，台北：台湾大学出版委员会，2002。

王景新编著《民国乡村建设思想研究》，中国社会科学出版社，2013。

王奇生：《革命与反革命：社会文化视野下的民国政治》，社会科学文献出版社，2010。

汪熙、〔美〕魏斐德主编《中国现代化问题——一个多方位的历史探索》，复旦大学出版社，1994。

王先明：《变动时代的乡绅——乡绅与乡村社会结构变迁（1901—1945）》，人民出版社，2009。

王铭铭：《溪村家族——社区史、仪式与地方政治》，贵州人民出版社，2004。

魏光奇：《官治与自治：20世纪上半期的中国县制》，商务印书馆，2004。

闻钧天：《中国保甲制度》，商务印书馆，1935。

巫能昌：《仪式、神明与地方社会：闽西灵应堂法师传统研究》，台北：新文丰出版公司，2019。

〔韩〕吴金成：《国法与社会惯行：明清时代社会经济史研究》，崔荣根译，浙江大学出版社，2020。

吴滔等主编《南岭历史地理研究》第 1 辑，广东人民出版社，2016。

吴毅：《村治变迁中的权威与秩序——20 世纪川东双村的表达》，中国社会科学出版社，2002。

徐秀丽编《中国近代乡村自治法规选编》，中华书局，2004。

萧公权：《中国乡村：19 世纪的帝国控制》，张皓、张升译，九州出版社，2018。

徐晓望：《明清东南山区社会经济转型——以闽浙赣边为中心》，中国文史出版社，2014。

杨国安：《明清两湖地区基层组织与乡村社会研究》，武汉大学出版社，2004。

杨懋春：《一个中国村庄：山东台头》，张雄等译，江苏人民出版社，2001。

杨彦杰主编《宁化县的宗族、经济与民俗》，香港国际客家学会、海外华人资料研究中心、法国远东学院，2005。

叶涛、周少明主编《民间信仰与区域社会：中国民间信仰研究论文选》，广西师范大学出版社，2010。

犹他家谱学会、沙启敏、钱正民编《中国族谱与地方志研究》，上海科学技术文献出版社，2003。

于建嵘：《岳村政治：转型期中国乡村政治结构的变迁》，商务印书馆，2001。

余新忠：《清代江南的瘟疫与社会：一项医疗社会史的研究》，中国人民大学出版社，2003。

〔美〕詹姆斯·斯科特：《逃避统治的艺术：东南亚高地的无政府主义历史》（修订译本），王晓毅译，生活·读书·新知三联书店，2019。

张国刚主编《中国社会历史评论》第 5 辑，商务印书馆，2007。

张仲礼：《中国绅士——关于其在 19 世纪中国社会中作用的研究》，

李荣昌译，上海社会科学院出版社，1991。

赵世瑜：《在空间中理解时间：从区域社会史到历史人类学》，北京大学出版社，2017。

赵世瑜：《历史人类学的旨趣：一种实践的历史学》，北京师范大学出版社，2020。

郑大华：《民国乡村建设运动》，社会科学文献出版社，2000。

郑振满：《明清福建家族组织与社会变迁》（增订版），北京师范大学出版社，2020。

郑振满、陈春声主编《民间信仰与社会空间》，福建人民出版社，2003。

郑振满：《乡族与国家：多元视野中的闽台传统社会》，生活·读书·新知三联书店，2009。

中国文化书院学术委员会编《梁漱溟全集》第 2 卷，山东人民出版社，1990。

周联合：《自治与官治——南京国民政府的县自治法研究》，广东人民出版社，2006。

周雪香：《明清闽粤边客家地区的社会经济变迁》，福建人民出版社，2007。

朱德新：《二十世纪三四十年代河南冀东保甲制度研究》，中国社会科学出版社，2008。

三　论文

曹树基：《两种"田面田"与浙江的"二五减租"》，《历史研究》2007 年第 2 期。

常建华：《二十世纪的中国宗族研究》，《历史研究》1999 年第 5 期。

常建华：《清代宗族"保甲乡约化"的开端——雍正朝族正制出现过程新考》，《河北学刊》2008 年第 6 期。

常建华：《近十年晚清民国以来宗族研究综述》，《安徽史学》2009 年第 3 期。

常建华：《近十年明清宗族研究综述》，《安徽史学》2010年第1期。

常建华：《近年来明清宗族研究综述》，《安徽史学》2016年第1期。

陈海斌：《新时期的中国华南宗族研究（1980—2018）》，博士学位论文，华东师范大学，2019。

寸云激、马健雄：《坝子社会：一种历史人类学的视角》，《开放时代》2022年第4期。

代洪亮：《复兴与发展：学术史视野中的中国社会史研究（1980—2010）》，博士学位论文，山东大学，2011。

代洪亮：《中国历史人类学研究的困境与新进路》，《中国社会科学评价》2022年第2期。

杜靖：《百年汉人宗族研究的基本范式——兼论汉人宗族生成的文化机制》，《民族研究》2010年第1期。

杜靖：《从社会组织到礼制实践：汉人宗族研究的新转向》，《青海民族研究》2018年第1期。

方志远：《"传奉官"与明成化时代》，《历史研究》2007年第1期。

傅衣凌：《中国传统社会：多元的结构》，《中国社会经济史研究》1988年第3期。

管彦波：《理论与流派：社会史视野下的中国水利社会研究》，《创新》2016年第4期。

何辉：《宁化客家运动的文化复象》，硕士学位论文，厦门大学，2000。

何建华、于建嵘：《近二十年来民国乡村建设运动研究综述》，《当代世界社会主义问题》2005年第3期。

黄向春：《"畲/汉"边界的流动与历史记忆的重构——以东南地方文献中的"蛮獠—畲"叙事为例》，《学术月刊》2009年第6期。

黄雪垠：《近三十年中国近代乡村社会史研究回顾与思考》，《福建论坛》（哲学社会科学版）2013年第9期。

黄志繁：《从同姓到同宗：宋明吉安地区的宗族实践》，《安徽史学》2018年第2期。

〔英〕科大卫、刘志伟：《宗族与地方社会的国家认同——明清华南地区宗族发展的意识形态基础》，《历史研究》2000年第3期。

〔英〕科大卫、刘志伟：《"标准化"还是"正统化"？——从民间信仰与礼仪看中国文化的大一统》，《历史人类学学刊》第 6 卷第 1、2 期合刊，2008 年。

柯伟明：《民国时期税收制度的嬗变》，《中国社会科学》2019 年第 11 期。

〔美〕孔复礼（孔飞力）：《公民社会与体制的发展》，李孝悌、沈松侨译，《近代中国史研究通讯》第 13 期，1992 年。

李德芳：《略论民国乡村自治的社会制约因素》，《贵州社会科学》2001 年第 3 期。

李发根：《"国家政权建设"与中国近代乡村史研究省思》，《近代史研究》2019 年第 1 期。

李伟中：《南京国民政府的保甲制新探》，《社会科学研究》2002 年第 4 期。

林星：《抗战内迁与沿海省份内地城市的现代化——以福建为个案》，《抗日战争研究》2009 年第 2 期。

刘永华：《17 至 18 世纪闽西佃农的抗租、农村社会与乡民文化》，《中国经济史研究》1998 年第 3 期。

刘永华：《亦礼亦俗——晚清至民国闽西四保礼生的初步分析》，《历史人类学学刊》第 2 卷第 2 期，2004 年。

刘永华：《墟市、宗族与地方政治——以明代至民国时期闽西四保为中心》，《中国社会科学》2004 年第 6 期。

刘永华：《道教传统、士大夫文化与地方社会：宋明以来闽西四保邹公崇拜研究》，《历史研究》2007 年第 3 期。

刘永华、郑榕：《清初中国东南地区的粮户归宗改革——来自闽南的例证》，《中国经济史研究》2008 年第 4 期。

刘志伟：《地域社会与文化的结构过程——珠江三角洲研究的历史学与人类学对话》，《历史研究》2003 年第 1 期。

鲁西奇：《内地的边缘：传统中国内部的"化外之区"》，《学术月刊》2010 年第 5 期。

鲁西奇：《"水利社会"的形成——以明清时期江汉平原的围垸为中

心》，《中国经济史研究》2013 年第 2 期。

　　鲁西奇：《"下县的皇权"：中国古代乡里制度及其实质》，《北京大学学报》（哲学社会科学版）2019 年第 4 期。

　　罗志田：《科举制度废除在乡村中的社会后果》，《中国社会科学》2006 年第 1 期。

　　钱杭：《宗族建构过程中的血缘与世系》，《历史研究》2009 年第 4 期。

　　乔素玲、黄国信：《中国宗族研究：从社会人类学到社会历史学的转向》，《社会学研究》2009 年第 4 期。

　　邱源媛：《华南与内亚的对话——兼论明清区域社会史发展新动向》，《中国史研究动态》2018 年第 5 期。

　　〔日〕森正夫：《〈寇变纪〉的世界——李世熊与明末清初福建省宁化县的地域社会》，《中国文化研究》2005 年冬之卷。

　　孙旭：《山河一体：流动性与人文地理视野下的区域层级整合》，未刊稿。

　　饶伟新：《同姓联宗与地方自治——清末民国时期江西地方精英的文化策略》，《学术月刊》2007 年第 5 期。

　　沈成飞：《保甲制度与宗族势力的调适与冲突——以民国时期的广东地区为例》，《福建论坛》（人文社会科学版）2016 年第 5 期。

　　沈松侨：《从自治到保甲：近代河南地方基层政治的演变，1908～1935》，《"中央研究院"近代史研究所集刊》第 18 期，1989 年。

　　沈松侨：《地方精英与国家权力——民国时期的宛西自治，1930～1943》，《"中央研究院"近代史研究所集刊》第 21 期，1992 年。

　　唐晓涛：《清中后期村落联盟的形成及其对地方社会的意义——以"拜上帝会"基地广西浔州府为例》，《清史研究》2010 年第 3 期。

　　王传：《华南学派史学理论溯源》，《文史哲》2018 年第 5 期。

　　王奇生：《战前中国的区乡行政：以江苏省为中心》，《民国档案》2006 年第 1 期。

　　王小平：《民国时期福建农村合作运动（1935—1949 年）》，硕士学位论文，福建师范大学，2010。

　　汪雪芬、王博：《"国家政权建设"的概念旅行：从西方到中国》，《中共杭州市委党校学报》2017年第2期。

魏德毓：《明以来正一派道教的世俗化——对闽西火居道士的调查》，《社会科学》2006年第11期。

夏维中：《宋代乡村基层组织衍变的基本趋势——与〈宋代乡里两级制度质疑〉一文商榷》，《历史研究》2003年第4期。

萧凤霞：《传统的循环再生——小榄菊花会的文化、历史与政治经济》，《历史人类学学刊》第1卷第1期，2003年。

肖如平：《理想与现实的两难：论国民政府的地方自治与保甲制度》，《福建论坛》（人文社会科学版）2004年第12期。

谢重光：《宋代畲族史的几个关键问题——刘克庄〈漳州谕畲〉新解》，《福建师范大学学报》（哲学社会科学版）2006年第4期。

熊万胜：《"国家与社会"框架在乡村政治研究中的适用性——综述和评价》，《华东理工大学学报》（社会科学版）2003年第3期。

杨扬：《从宗族到联宗：明清南昌万氏宗族的个案研究》，硕士学位论文，南昌大学，2014。

游海华：《抗战时期中国东南地区的工业合作》，《抗日战争研究》2015年第1期。

虞和平：《民国时期乡村建设运动的农村改造模式》，《近代史研究》2006年第4期。

张俊峰：《中国水利社会史研究的空间、类型与趋势》，《史学理论研究》2022年第4期。

张雪英：《新农村建设史上的特殊篇章——傅柏翠新村建设的实践及其启示》，《龙岩学院学报》2008年第4期。

张勇华：《客家联宗的族缘性特征研究：以闽西宁化张氏故事为例》，《赣南师范大学学报》2021年第2期。

赵世瑜：《结构过程·礼仪标识·逆推顺述——中国历史人类学研究的三个概念》，《清华大学学报》（哲学社会科学版）2018年第1期。

郑榕：《国家权力、宗族与基层社会——民国时期的闽南宗族》，《东南学术》2016年第6期。

郑振满：《神庙祭典与社区发展模式——莆田江口平原的例证》，《史林》1995 年第 1 期。

郑振满：《明后期福建地方行政的演变——兼论明中叶的财政改革》，《中国史研究》1998 年第 1 期。

郑振满：《清代闽西客家的乡族自治传统——〈培田吴氏族谱〉研究》，《学术月刊》2012 年第 4 期。

郑振满：《明清时期的林业经济与山区社会——福建永泰契约文书研究》，《学术月刊》2020 年第 2 期。

Fei Hsiao-tong（费孝通），"Peasantry and Gentry: An Interpretation of Chinese Social Structure and its Changes," *American Journal of Sociology*, Vol. 52, No. 1, 1946.

Philip A. Kuhn（孔飞力），"Local Self-Government under the Republic: Problems of Control, Autonomy and Mobilization," in Frederic Wakeman and Carolyn Grant, eds., *The Conflict and Control in Late Imperial China*, University of California Press, 1975.

后 记

兴许每一个本科专业是历史学的"80后"，都曾被亲戚朋友追问："学历史有什么用？"说实话，直到现在我也没有找到满意的答案，即便如今已是职业的历史学从业人员。当年在面对这个问题时，多少有些无奈和委屈，因为我也是被调剂到这个专业的。

本科去南昌上大学不久，还不熟悉的表哥廖杨听闻我学的是历史，便要跟我探讨祖先的历史，尤其是距离并不遥远的前辈们：在我们听过的故事里，解放前，前辈们究竟过着怎样的生活？很遗憾，如此符合专业特点的问题，我一无所知。想必多数历史学专业的学生也不知道，因为我们从小被灌输，只有成了英雄才可能被写进历史。故事里的前辈们，虽曾是村里风云人物，但对历史书而言，委实不值一提。

临近大学毕业那年，受"次贷危机"影响，学生们就业压力剧增。我选择了考研，同时还得上课凑够毕业所需的学分。在报考那天，因时间冲突，我逃了黄志繁老师的课。尽管这可能是我在大学里唯一一门只逃过一次的课，但这次逃课给我留下了极大"阴影"。那以后的一段时间里，黄老师每次见到我便说同一句话："有次课非常重要，你这个家伙竟然没来。"这让我意识到，尽管如此"其貌不扬"，但还是会有老师认识我，以后只能不逃课了；曾经自以为反正老师不认识我而频繁逃课的行为，是多么地愚蠢。时至今日，黄老师一直鼓励我坚持把学问做下去，黄老师的话也依然激励着我认真准备每一堂课。

考研上岸，在厦门大学三年的硕士学习生活，紧凑而充实。当然，我不再逃课了，而且尽量旁听不用拿学分的专业课以及同年级的人类学专业课。每个学期都会有刘永华老师的课，课外总是要读一大堆英语文献，可怜如我，英语一塌糊涂，还是硬撑着努力读懂每一篇文献——实际大多没读懂，因而只能在下课后追着老师请教各种问题。刘老师不得不耗费大把时间，一遍又一遍指点懵懂而好学的我和师兄弟们。旁听鲁西奇老师的课，能极大拓宽视野和感触史料分析的乐趣——听不写作业的课，就是这么爽。还有，张侃老师、钞晓鸿老师、林枫老师、黄向春老师的课，都非常有趣。我积极地参加师兄们组织的读书会，获得了许多学习的机会，郑莉、朱新屋、朱忠飞、林昌丈、曾龙生、杜玉玲、曾伟诸位师兄、师姐对我十分关照，为我指点迷津。新屋师兄是一位实在的兄长，在学习、生活各方面对我照顾有加，令人钦佩。在班级集体中，我是活跃分子，经常与董乾坤、方勇骏、朱水林、王昌雷、张霞、韩轲轲、陈文浩在海韵公寓门口吃麻辣烫，畅聊学术，一起进步。方勇骏是我们班同学中古文功底最好的，他承担了我大部分有关疑难字的辨认问题，十余年来一直被我各种"骚扰"，竟也没有任何怨言。董乾坤年长几岁，我们几个经常跟着他"瞎混"——若不是听他忽悠，恐怕当时没有勇气在那年秋天喝下第一杯白酒。当然，年长几岁不是虚长，酒也不是白喝的，人的成长需要亲近的人指引方向，董乾坤就是那个能给我们很多生活经验的人。

最欣喜的莫过于跟饶伟新老师去做田野调查。十多年过去了，我依然记得闽北元坑的世外桃源、闽南西坪的漫山星光以及赣南南桥的遍野橙香，这些场景都曾深深震撼我的心灵。正是在饶老师的鼓舞下，我才有勇气面对一个完全陌生的地方，完成关于宁化石壁村历史文化的调查工作，并顺利地撰写出硕士学位论文——本书的基础。起初，选定宁化石壁村作为田野点，我颇为兴奋，但随着实地调查的推进，我感到压力陡增。一是石壁村被称作"客家祖地"，图书馆里关于石壁与客家历史的研究堆满了两书架，好不容易将它们翻完了，发现所写内容已十分详尽，似乎难有拓展的空间；二是在石壁地区做调查，不论到哪里，乡亲们都会打听来访者是否认识不久前来过的某位学者，如此一个被"掘地三尺"的田野点，似乎很难再发现新的资料。更痛苦的是，我的史料功底差，校读搜集到的资料难度很大，且史料呈现的历史和我对客家学的基本认识无法建立关联，以致有一段时间我不知道该怎么办。基于上述困惑，几经与饶老师商量，我将考察的重心从客家文化转移到宁化县档案馆藏的民国档案，此后在老师的指导下阅读当时学界关注度很高的华北"现代国家政权建设"研究，最终将主题确定为"新政在闽西"。如此，具体研究的开展变得更加容易——只要不断地投入劳动力，即使"边际效益递减"，总会有些收获。在写作过程中，饶老师反复帮我研读史料，陆续提出了很多需要认真思考的具体问题。直到拙著完成初稿，饶老师仍会指导我的行文表述。本书若有些许可取之处，完全得益于饶老师的耳提面命。

硕士学位论文答辩前夕，我收到了考博成功的消息。我抑制不住内心的激动，将硕士学位论文提交给郑振满老师，请求赐教。不久，在一次"蹭课"的时候，郑老师和蔼可亲地提了一些建议：题目只保留两个关键词——"乡族"与"新政"，调整部分内容的论述顺序，学术论文表述应平实而严谨。课后，我依据郑老师的建议尽量修改，将一些"小说式"的表述删除，由此奠定了本书的基本框架。又是一次"蹭课"时，郑老师对我说："宁化石壁的资料很好，可以写篇博士论文。"听完，我激动万分。但到了读博的时候，难免想到曾经的不知所措，便一心只想换个没人关注的地方做研究。时隔多年，拙著将付梓，篇幅较硕士学位论文已经翻倍，堪比一篇博士学位论文，姑且算是对郑老师当年期许的交代。

在实地调查和搜集资料过程中，宁化石壁乡民给了我尽可能的帮助。宁化县客家办的刘恒主任、档案馆的李方杰主任将我引荐给当地学者，为搜集档案资料提供了诸多便利；石壁村客家祖地的张海军主任，为我进入藏谱阁拍摄族谱资料提供了便利；吃住在张远富夫妇、张河斌夫妇经营的旅馆中，惬意而自在；还有诸多老人，言无不尽地为我解答没完没了的琐碎问题，他们是石壁村的张耀达、张清雄，禾口的罗华荣、谢碧霞，陂下的张万筹、张国器、张朝辉，溪背的张贤伟、张贤酬，官坑的吴祖爱，桃金的张先铭，南田的张起雄，江头的张达道，济村的张清东等。实际上，石壁村人热情好客，给予我帮助的远不止我记得名字的乡亲。在石壁村内，上至九旬老者，下至三岁幼童，都视我为朋友。感谢之情无以言表，我唯一能做的是尽可能如实讲好石壁先民的故事——即便他们不是英雄，也值得后人传颂。

我曾想过修改硕士学位论文的多种方式，最令人心动的莫过于改写成一部历史小说，既因为清末民国宁化石壁的故事堪比黄土高原上的白鹿村，甚至更加精彩，也因为我搜集到的很多素材无法用史学的方式呈现。不过，胸中的那点灵气，这些年已经消磨殆尽，不知该如何下手。我所服务的重庆大学虽是工科院校，但近些年积极支持基础文科的发展，学院同人朝气蓬勃，科研氛围良好。正是得益于学校的资助，我才督促自己将本书修改出来。在撰写书稿的过程中，李杨、杨佳强二君尽心帮忙整理史料、核对文字。社会科学文献出版社的郑庆寰、陈肖寒两位老师及其团队对拙著的出版提供了诸多帮助，并校对了拙稿的不少错误。

在此，谨对上述诸位一并感谢！

最后，还要感谢家人对我的理解，毕竟我也没有办法解释清楚为何要执着于学历史这件没有"用处"的事情。感谢妻子十几年如一日的陪伴，也希望孩子们能尽快地明白"爸爸就知道工作"的意义。

2024 年 5 月 20 日

于重庆凤鸣山

图书在版编目（CIP）数据

乡族与新政：清至民国闽西石壁的地域社会／廖涵
著 . -- 北京：社会科学文献出版社，2025.3
ISBN 978-7-5228-3206-7

Ⅰ.①乡… Ⅱ.①廖… Ⅲ.①客家人-社会发展史-
研究-福建-清代-民国 Ⅳ.①K281.1

中国国家版本馆 CIP 数据核字（2024）第 024407 号

乡族与新政：清至民国闽西石壁的地域社会

著　　者／廖　涵

出 版 人／冀祥德
责任编辑／陈肖寒
文稿编辑／孙少帅
责任印制／王京美

出　　版／社会科学文献出版社·历史学分社 （010）59367256
　　　　　　地址：北京市北三环中路甲 29 号院华龙大厦　邮编：100029
　　　　　　网址：www.ssap.com.cn
发　　行／社会科学文献出版社 （010）59367028
印　　装／三河市龙林印务有限公司

规　　格／开 本：787mm×1092mm　1/16
　　　　　　印 张：21　字 数：325 千字
版　　次／2025 年 3 月第 1 版　2025 年 3 月第 1 次印刷
书　　号／ISBN 978-7-5228-3206-7
定　　价／89.00 元

读者服务电话：4008918866